术 名 著

中 的
巧

hnique in
ar I

D. Lasswell）／著

内容简介

　　本书是被奉为传播学"四大奠基人"之一的拉斯韦尔的博士论文，他完成此论文时24岁。

　　拉斯韦尔选择第一次世界大战中的宣传内容作为自己的论文题目，他首先考察了宣传的组织问题，后将研究重点放在了第一次世界大战中的宣传信息所使用的符号上，包括报纸、宣传手册、传单、书籍、海报、电影、图片等，并着重于宣传运动中的技巧分析。

版社

法学阶梯

行政诉讼法
判决条款评注

主　编　王贵松

撰稿人　毕洪海　陈天昊　成协中　黄　锴
　　　　马立群　梁君瑜　王贵松　王钧民
　　　　王世杰　赵　宏

中国人民大学出版社
· 北京 ·

图书在版编目（CIP）数据

行政诉讼法判决条款评注 / 王贵松主编. -- 北京：
中国人民大学出版社，2025.2. -- ISBN 978-7-300
-33655-8

Ⅰ. D925.305

中国国家版本馆 CIP 数据核字第 2025B8W753 号

行政诉讼法判决条款评注

主　编　王贵松

Xingzheng Susongfa Panjue Tiaokuan Pingzhu

出版发行	中国人民大学出版社				
社　　址	北京中关村大街 31 号		**邮政编码**	100080	
电　　话	010－62511242（总编室）		010－62511770（质管部）		
	010－82501766（邮购部）		010－62514148（门市部）		
	010－62515195（发行公司）		010－62515275（盗版举报）		
网　　址	http://www.crup.com.cn				
经　　销	新华书店				
印　　刷	涿州市星河印刷有限公司				
开　　本	720 mm×1000 mm　1/16		**版　　次**	2025 年 2 月第 1 版	
印　　张	24 插页 3		**印　　次**	2025 年 2 月第 1 次印刷	
字　　数	400 000		**定　　价**	108.00 元	

作者简介

毕洪海，法学博士，北京航空航天大学法学院副教授。

陈天昊，法学博士，清华大学公共管理学院副教授。

成协中，法学博士，中国政法大学法学院教授。

黄　锴，法学博士，浙江工业大学法学院副教授。

马立群，法学博士，西南政法大学行政法学院教授。

梁君瑜，法学博士，武汉大学法学院副教授。

王贵松，法学博士，中国人民大学法学院教授。

王钧民，中国人民大学法学院博士研究生。

王世杰，法学博士，中国人民大学法学院助理教授。

赵　宏，法学博士，北京大学法学院研究员。

序　言

《行政诉讼法》自 1990 年实施至今已经有三十多年的历史，于 2014 年修正后实施也有了十年的光景。《行政诉讼法》的每一个条文都得到过实践，大多数条文都得到过讨论，在理论上和实践中也产生了林林总总的问题。如何给法律实践提供适当指引？如何凝聚共识、减少适用歧义？撰写法律评注无疑是可行的路径之一。

一、法律评注

在我国，法律评注还是一项刚起步的工作。我们学习的对象是德国和日本，在那里，法律评注是较为成熟的一种体裁，德国称作"Gesetzeskommentar"，日本称作"条解"（逐条解说）或"コンメンタール"（Kommentar 的音译）。

所谓法律评注，就是指在某一法律内对某一条文作出解释说明。法律评注不同于现有的释义或注释书。注释书，仅就近代法律而言，在我国已有很长的历史。早在 1908 年，尚在日本留学的汤化龙就在法政研究社出版了《大清违警律释义》，对《违警律》作出逐条诠注，参以学理，于学理不合者间或附以改良的评论。在当下，每一部法律颁布之后，旋即就有释义书问世，讲述立法背景，阐明立法意旨。法律评注大致可以算作这种释义书的一种，但不同之处在于，它通常在法律实施一段时间之后有了相当的学说和判例的积累才能写就。

法律评注是一种工具书，是法律适用的指南。法律评注的目的在于把握当前的理论和实务状况，为某一法条的适用提供明确的指引。法律评注不是仅仅探求立法参与者的相关资料或思考。法律评注的重点在于阐明法条意旨，梳理法条沿革，分析几个条款之间的关系、本法条与其他相关法条之间的关系，把握本法条的体系定位，解释法条中的重要术语内涵，整理法条适用中的法律问题，归纳过去的有关学术观点和实务观点，全面展现某一条款的适用问题及其解决方案。当然，评注者可以在此基础之上提出一点自己的认识和主张。

法律评注不同于通常的学术论文。法律评注主要不是就某个问题提出自己的主张，一般也不会质疑条文本身的正当性并提出修法建议。评注以法律文本为基础，旨在阐释法律。这虽然限制了研究范围，但也成为学术交流的重要前提。我们是在现行法之下探讨某一法条的适用问题，而不是不设前提天马行空地讨论问题。评注是在阐释本国的法律条文，仅在解释说明相关法条需要的范围内谈及外国法的理论和实践，而学术论文则不存在这些限制。

二、判决条款的评注

法律评注可大可小，大型评注动辄数卷，小型评注也可以一册完成；法律评注多为合著，也有独著；多为整部法律的评注，也有分编分专题的评注。现行《行政诉讼法》共103条，要对其整体进行评注，自然是一个不小的工程。本书以行政诉讼法判决的相关条款为对象，开展专题的评注，先行试点，积累经验，再徐徐展开，以期早日完成整部行政诉讼法的评注工作。

本书评注了《行政诉讼法》有关判决的一些条款，主要包括五类：(1) 一审的七种判决类型，即第69条（驳回判决）、第70条（撤销判决）、第72条（履行判决）、第73条（给付判决）、第74条（确认违法判决）、第75条（确认无效判决）、第77条（变更判决）；(2) 判决的实效性保障，即第71条（禁止反复效力）、第76条（确认判决的责令补救和赔偿）；(3) 特殊类型案件的判决，即第78条（行政协议诉讼判决）、第79条（复议决定的一并裁判）；(4) 二审的判决，即第89条（二审裁判）；(5) 判决等的执行，即第94条（当事人的履行义务）、第95条（对私人的执行）、第96条（对行政机关的执行）。

十五个条文的评注，就已经是这样的篇幅，这无疑是一本大型评注的模样，只不过是以专题的方式展开而已。每一篇评注都是初稿完成后经过一次集体讨论再修改完成的，一定程度上可以说这是集体创作的成果。虽然每一篇评注仍然保有一定的个性，但每一篇的问题意识、分析方式具有很大的共性，而且我们在每一个条文的观点上也达成了较大的共识。这也符合法律评注的工具书性质的要求。

十五篇评注有长有短，这是因为各个条文在适用中的问题有多有少，复杂性也有强有弱。故而，我们在写作时并不追求论文那般形式上的美感，而更多聚焦于实际中的问题。在撰写相关法条的评注时，首先确定相关法条的主旨（条文标题在实务中被称作"条旨"），再根据条旨来确定该条有待分析的问题，以问题统领全篇，而非机械地逐一分解法条中的关键词。当然，问题也来自实践。我们会按照一定逻辑分解该条款中的主要问题，再客观全面地梳理现有的相关立法（包括立法沿革）、有权威性或代表性的判决（最高人民法院公报案例、最高人民法院判决、最高人民法院指导性案例等）以及相关研究，逐一展开剖析。我们希望能呈现出行政诉讼判决在实践中所出现的问题，希望在比较多种理论和实务观点之后给出中允可行的方案。

三、以评注凝聚共识

毫无疑问，学界对于撰写行政诉讼法的评注是有疑问的，一种质疑是相关实践和研究的积累未必充分，另一种质疑是我国行政诉讼法的立法质量未必值得充分肯定。后一种质疑，无疑是值得认真对待的，我们也并不认为，现有的行政诉讼法已无须完善。例如，我国行政诉讼法并没有关于行政诉讼判决效力的清楚规定，导致行政诉讼判决不能发挥出应有的实效。但如何完善行政诉讼法，可能是另一件工作。无论如何完善，前提都是要准确地把握现状。对于前一种质疑，我们编写的这本判决条款的评注就可以清楚地表明，至少有关这十五个条文，已经有充分的实践和研究。我们需要做的是充分总结相关实践的状况，充分挖掘现有的研究成果。有效利用现有的认识，对某一条文的适用给出相对合理的解释，就是在凝聚有关学理的共识。

近年来民法学者和刑法学者的示范为行政诉讼法评注的撰写提供了良好的参考，行政诉讼法的深入实施也为行政诉讼法评注的撰写提供了扎实的基础。本书关于行政诉讼法判决条款的评注，可谓是行政法学界的第一次尝试，因为经验有限，写法与成熟的评注体裁或许尚有距离，但必定能为今后的相关研究提供借鉴，也会有助于凝聚并拓展有关行政诉讼法的共识，稳步推动行政诉讼法的发展。

王贵松

2024 年 12 月 4 日

内容提要

第69条（驳回判决）

2014年《行政诉讼法》规定的驳回判决，取代了1989年《行政诉讼法》规定的维持判决。其适用范围大于2000年《行诉法解释》规定的驳回判决，但也不同于完全意义上的驳回判决。驳回判决适用于两种情形：一种是被诉行政行为合法，另一种是原告申请被告履行法定职责或给付义务的理由不成立。但在此之外，仍然存在因原告的诉讼请求不成立而应当适用驳回判决的情形。驳回判决具有既判力，原告不得以同一事实和理由再行起诉。行政行为合法时的驳回判决在理由部分对被诉行政行为的合法性作出了判断，相关行政机关应当受其拘束。驳回判决并无执行力，被诉行政行为课予原告义务的执行应按照《行政强制法》的规定执行。

〔关键词〕驳回判决　维持判决　既判力　非诉执行

第70条（撤销判决）

撤销判决旨在确认行政行为违法并消灭其效力，这实则确立了行政行为合法性审查的一般标准。撤销判决诞生于旧中国，可追溯至1914年《行政诉讼法》中的"取消裁决"。新中国成立后的《行政诉讼法》在适用对象、适用情形及适用结果方面对撤销判决加以形塑。撤销判决仅适用于狭义行政行为（行政处理）。行政不作为、行政事实行为等虽属现行《行政诉讼法》所审查的"行政行为"，但并非撤销判决的适用对象。撤销判决的六种适用情形分别指向事实认定、规范适用、程序运行、权限行使、行为结果等问题。实践中，法院对以上适用情形往往存在混淆及误用，故亟待厘清各情形的含义与边界。同时，撤销判决与确认违法判决、确认无效判决、变更判决在适用情形方面亦有尚待甄别之处。在适用结果方面，撤销判决的效力主要包括形成力、既判力、拘束力，责令重作的部分还具有执行力。撤销判决的主判决形式包括全部撤销与部分撤销，从判决形式即责令重作。被告的重作行为须受禁止反复效力与禁止不利变更原则的限制。

〔关键词〕撤销判决　行政行为　主要证据　法定程序　滥用职权
明显不当

第71条（禁止反复效力）

《行政诉讼法》第71条规定生效的行政判决具有禁止反复效力，因而，行政机关的重作行为应当尊重生效行政判决的理由，同时审判权和行政权的合理分工也应被兼顾。凡其判决理由包含了否定行政行为合法性意旨的生效行政判决，均可以产生禁止反复效力。在客观范围上，禁止反复效力涵盖事实、理由、内容均与原行政行为同一的重作行为。其中，事实同一指原行政行为和重作行为所依据的证据资料没有变化；理由同一指原行政行为和重作行为的规范依据没有变化；内容同一指原行政行为和重作行为对私人的权利义务的影响基本相同。原行政行为程序违法则是客观范围的例外。在主体范围上，禁止反复效力既及于被告，也及于部分诉讼第三人。在时间范围上，禁止反复效力只涵盖行政行为作出之前的事实与法律状态。禁止反复效力的实现方式是多样的。在原理上，由于禁止反复效力兼有既判力和拘束力的性质，所以法院在发现原行政行为和重作行为具有同一性时，一方面应当作出和生效判决意旨相同的裁判，另一方面也可以采取执行措施来强制实现生效判决的意旨。在具体的实现方式上，如果私人对重作行为提起诉讼，则法院可以作出撤销判决、采取执行措施、作出赔偿判决；如果私人未对重作行为提起诉讼，则其可以通过检察院的法律监督实现禁止反复效力。为了最大限度发挥禁止反复效力的实效性，法院应当在生效判决中尽可能明确具体地指出判决意旨并积极适用执行措施条款。

〔关键词〕重作行为　禁止反复效力　同一事实和理由　既判力
拘束力

第72条（履行判决）

履行判决可说是目前六类行政诉讼判决中规定相对简明、适用也相对单一的一类，但其同样历经判决初创、要件扩展、类型分野和构造填充的规范演变。对履行判决的把握应从体系定位、内外界限、前置条件、构成要件、裁判构造等方面进行。履行判决的外部界限在于其与给付判决的区分，二者并非相互包含而是互相并立的，区分点则在于"法定职责"与"给付义务"的分立。对于起诉被告不履行法定职责的，《行政诉讼法》根据不同情形配置了以判决驳回原告诉讼请求、确认违法以及判决履行三种处理机制。履行判决的诉讼要件包括客观面向的

"被告不履行法定职责"和主观面向的"原告拥有履行请求权"两项，前者又可分解为"被告负有法定职责"和"不履行法定职责"两项要素。对二者的判断也并非分阶进行的，而是在请求权审查模式下相互嵌套在一起。履行判决在裁判构造上表现为"课予特定义务判决"与"课予重作义务判决"的双层递进式构造，二者的区分在于"被告是否需进一步调查和裁量"，这一问题在诉讼法中被总结为"裁判时机是否成熟"，但其关涉的实体法问题则在于行政裁量和裁量空间的缩减。

〔关键词〕履行判决　法定职责　违法拒绝履行　不予答复　履职请求权　答复判决

第73条（给付判决）

2014年《行政诉讼法》第73条增设了给付判决，其是从1989年《行政诉讼法》第54条履行判决中分离出来的一种判决类型。根据规范意旨，给付判决是专门针对行政给付行为设置的相应判决。司法实践中给付判决存在扩张适用的现象，除了社会保障与给付行政类案件，也被普遍适用于行政补偿、行政赔偿、行政协议等案件领域。给付判决的适用条件包括原告享有给付请求权、被告依法负有给付义务、经申请被告未履行给付义务、被告未履行给付义务无正当理由、判决被告履行仍有实际意义。原告的给付请求权与被告的给付义务具有对应性。实践中普遍对请求权基础采用广义的解释，认为其既包括法律、法规或规章的规定，也包括法律上被认可的名义，如行政决定、行政协议、行政允诺、先行行为等。给付判决的内容应具体明确，但当给付的金额需要行政机关事先核定时，法院可以作出责令行政机关先行处理的判决。给付判决具有执行力，可以通过法院强制执行的方式实现判决确定的内容。

〔关键词〕给付判决　给付请求权　给付义务　给付标的　执行力

第74条（确认违法判决）

确认违法判决是对行政行为合法性作出否定性评价，但不影响该行政行为所形成的法律关系的一种判决类型。作为一种违法性宣告判决，确认违法判决的适用具有辅助性、补充性等特点，只有无法作出撤销判决、履行判决时，才有发挥确认违法判决作用的空间。域外的确认之诉通常包括确认行政行为违法、确认行政行为无效和确认公法上法律关系成立与否三种类型。在我国行政诉讼法对行政行为概念采取广义理解的背景下，纳入确认法律关系诉讼意义有限。我国行政诉讼法上的确认违法判决，包括情况判决、程序轻微违法判决和不可撤销时的确认违法判决三类。

〔关键词〕确认判决　情况判决　程序轻微违法　行为之诉　关系之诉

第75条（确认无效判决）

确认无效判决在行政诉讼法上的定型与行政行为效力理论的发达有关，行政行为无效最终的实质关照点在于救济程序的设计。尽管在功能上与撤销判决具有相似性，但确认无效判决仍是一种独立的判决类型。然而，由于所要提供的是一种极端例外情形下打破法的安定性追求实质正义的救济渠道，确认无效判决的适用应当遵循补充性的原则，避免将二者的权衡过度转移于司法机关。行政诉讼法明确了确认无效判决适用的实质标准为"重大且明显违法"，但是除了具体列举的情形，同时保持了一定的开放性，而且使具体语境下的判断保持一定的灵活性。在适用方式上，法院应充分考虑确认无效的确认诉讼与撤销诉讼在结构上的共性与特殊性，从而在判决类型的转换中更好地保证诉讼请求的实现。关于诉讼时效的问题则需要增加考虑权利救济的必要性，从而更加充分地展现行政行为无效理论所具有的特殊救济的面向。与此同时，确认无效判决在行政协议和行政确认领域的适用也需要进一步的厘清。

〔关键词〕确认无效判决　行政行为效力　重大且明显违法　权利救济

第76条（确认判决的责令补救和赔偿）

第76条规定的责令采取补救措施和承担赔偿责任经历了从无名判决到法定判决类型的过程，是确认判决的辅助。其规范目的在于补足确认判决权利救济功能的不足，弥补违法行政活动对私人合法权益造成的损害。附随于不同类型确认判决的责令补救判决的权利基础不完全相同。责令补救判决的作出，需要满足确认判决前置、造成损害后果、无须当事人提出诉请和补救措施的裁量性等条件。责令赔偿的权利基础单一，为损害赔偿请求权，其适用要件也基本等同于国家赔偿要件。在适用顺序上，责令补救与责令赔偿均属第二次权利救济，原告原则上可择一请求。在行政机关并无裁量空间或各方对补救措施能够达成共识的情形下，法院应当在判决主文中尽可能明确补救措施的具体内容。对部分难以明确补救措施的内容的，法院可以在裁判理由部分明确采取补救措施必须考量的相关因素以进行约束，提升责令补救的权利救济实效性。对于未明确具体补救措施内容的责令补救，私人可向负有补救职责的行政机关另行提出补救请求；对行政机关的补救答复不服，再行起诉。

〔关键词〕确认判决　责令补救　责令赔偿　辅助判决　后果除去请求权　第一次权利救济优先

第 77 条（变更判决）

变更判决在行政诉讼法制定与修改过程中均引起了较大的争议，因其本质上是法院行使司法变更权。2014 年《行政诉讼法》在保留变更判决的基础上，对其适用范围进行了有限扩张。在行政诉讼判决体系中，变更判决应被视为撤销判决的补充形式，这意味着变更判决的适用范围内含于撤销判决的适用范围。同时，即便在变更判决的适用范围内，其也不具有适用的优先性。对变更判决的适用范围应当予以限缩解释。在"行政处罚明显不当"的情形下，明显不当的指向应被严格限定于对实体内容的效果裁量，对"明显"的把握主要借助于平等原则、比例原则等理论工具。在"其他行政行为涉及对款额的确定、认定确有错误"的情形下，"确有错误"判定的关键在于将行政机关的处理结果与法院模拟的处理结果进行比对。在适用方式上，法院在是否适用的裁量中应当充分考虑诉判关系、机构能力和避免诉累，在变更内容的裁量中应当严守禁止不利变更原则。变更判决在司法实践中被弃置有其深层次原因：一方面，变更判决在适用情形上秉持较低的司法审查强度，但在适用方式上则要求极高的司法审查强度，两者之间存在难以逾越的鸿沟；另一方面，变更判决在某种程度上限制甚至剥夺了相对人对变更后行政行为的诉权，不利于权益保护。

〔关键词〕变更判决　司法变更权　行政处罚明显不当　裁量

第 78 条（行政协议诉讼判决）

第 78 条规定了人民法院对于行政机关不依法履行、未按照约定履行或者违法变更、解除行政协议时的具体判决规则。不依法履行与未按照约定履行这两种争议情形的区别在于，行政机关于行政协议之下所负担之权利义务是法定的还是约定的，人民法院可结合原告诉讼请求作出继续履行、责令采取补救措施及赔偿的判决。此处之责令赔偿判决应参照适用民事法律规范中的违约责任规定，而不应适用《国家赔偿法》。违法变更、解除行政协议亦可区分于适用民事法律规范作出的合同变更、解除行为，以及适用公法作出的单方变更、解除行为。对于前者，人民法院审查后若认定不合法，可直接判决继续履行、责令采取补救措施，造成损失的，责令给予赔偿。对于后者，人民法院应该适用《行政协议审理规则》第16条转介《行政诉讼法》第70条之规定，判决撤销违法行为，再作出继续履行、责令采取补救措施及赔偿的判决。需要注意的是，此处的赔偿旨在弥补高权行为导致的财产权损失，因而应适用《国家赔偿法》的有关规定。对行政协议履行争议的审理，乃以确认行政协议自身有效为前提。正因如此，《行政协议审理规则》亦对行政协议的效力争议如何审查作出了规定，具体应区分行政协议各方意思表示存在瑕疵，以及各方意思合致违背客观法两种情况分别处理。

〔关键词〕行政协议　单方变更　单方解除　违约责任　合同效力

第79条（复议决定的一并裁判）

对于复议机关和原行政机关作为共同被告的案件，亦即复议机关作出复议维持决定的案件，行政诉讼法规定，法院就复议决定和原行政行为一并作出裁判。因为是法定的共同被告，所以有各自被诉的行为，复议维持决定和原行政行为被认为是两个独立而又有关联的行为。在两个行为的审查上，法院采取了原处分主义的立场，允许以复议机关收集和补充的证据证明两个行为的合法性。在裁判类型上，《行诉法解释》列举了常见的裁判组合方式，但应当还能容许以其他组合的方式作出裁判。

〔关键词〕复议决定　维持决定　原行政行为　原处分主义　一并裁判

第89条（二审裁判）

第89条是有关二审裁判的规定，其相较于1989年《行政诉讼法》第61条做了较大修改与完善。二审裁判根据其针对的是一审判决还是一审裁定区分为两类：针对前者的裁判类型包括驳回上诉维持原判、撤销原判依法改判、发回重审以及作为例外的裁定驳回起诉；而针对后者的裁判类型则包括维持和撤销/变更原裁定两类。二审裁判的适用标准关联二审的审查方式和审查范围，同时出于提高二审监督能力的现实考虑。虽未被明确写入《行政诉讼法》中，但禁止不利变更原则不仅适用于变更判决，而且适用于二审裁判。二审裁判具有终局效果，但其既判力的拘束程度又取决于再审事由的判断，取决于实质正义与法安定性的价值权衡。

〔关键词〕全面审查　维持原判　依法改判　发回重审

第94条（当事人的履行义务）

《行政诉讼法》第94条的规定虽然与《民事诉讼法》相关规定的内

容几乎相同，但由于所处的体系位置不同，其规范意旨具有特殊性。该条规定的当事人的履行义务源于确定的判决、裁定、调解书，当事人拒不履行相关义务可能面临强制执行的法律后果。作为履行义务依据的判决、裁定、调解书将会对当事人产生效力，包括既判力、拘束力和形成力。既判力强调裁判主文对当事人的约束，在消极效果上产生禁止重复起诉的义务，在积极效果上产生履行主文内容的义务；拘束力强调裁判理由对当事人的约束，其主要针对行政机关一方，在消极效果上产生禁止重复行为的义务，在积极效果上产生按照裁判理由行为的义务；形成力是对世效力，其对当事人的约束主要体现在撤销法律行为后事实状态的恢复原状义务。

〔关键词〕履行依据　履行义务　既判力　拘束力　形成力

第 95 条（对私人的执行）

行政诉讼生效法律文书对私人的执行与对行政机关的执行共同构成了诉讼执行的两个主体部分。对私人的执行除行政诉讼的部分特殊性之外，可以适用民事诉讼法关于执行的规定。由于行政诉讼涉及对行政权与司法权的关系、司法权内部的分工以及生效裁判和原行政决定之关系的理解，因而对私人的执行在执行名义、申请期限、执行主体、执行程序和执行措施方面都具有一定的复杂性，在判决驳回原告诉讼请求的情形下尤为明显。诉讼执行的名义应该是法院生效法律文书中明确私人负有履行义务的内容，而非行政行为所确立的私人履行义务；申请期限适用申请时效的规定而非不变期间，在此一点上与非诉执行程序不同；执行主体原则上应该是法院，行政机关自行强制执行会带来复杂的规范基础和程序协调问题，进一步凸显二元制的不足，但是在裁执分离的背景下容许法院探索移送和委托行政机关执行的模式。行政机关作为诉讼执行主体只能适用行政强制法规定的程序和执行措施，法院作为诉讼执行主体适用的是民事诉讼法规定的程序和执行措施，行政机关不能因诉讼执行而取得法律原本没有赋予的强制执行权和执行措施采取权，就此诉讼执行的体制仍有进一步优化的空间。

〔关键词〕对私人的执行　生效裁判　非诉执行　民事诉讼

第 96 条（对行政机关的执行）

在行政机关拒绝履行法院生效法律文书时，法院可以采取强制措施，保障行政机关受法律拘束和私人权利保护的实效。能够强制执行的生效法律文书必须具有给付内容。一般来说，给付判决、履行判决、责令重作、责令补救、部分行政协议判决、保全裁定、先予执行裁定和调解书都可以作为执行依据。行政机关拒绝履行法院生效法律文书时，权利人原则上应当向一审法院申请执行。对于行政机关的拒绝履行行为，法院应优先选择划拨这项直接强制措施。只有在采取直接强制措施无法实现执行目的的情况下，法院才能采取罚款、公告拒绝履行、提出司法建议等间接强制措施。

〔关键词〕拒绝履行　执行依据　强制措施　公告拒绝履行　拘留　司法建议

凡　例

为避免冗长,除直接引用外,本书采用缩略语的方式表示所使用的立法文件,具体处理方式如下:

法律名称中的"中华人民共和国"一律省略。例如,《中华人民共和国行政复议法》,简称为《行政复议法》。在涉及不同版本时,如无特别说明,就是指现行有效的法律,如提及"《行政复议法》"就是指2023年修改的《行政复议法》。只有需要强调其历史时,才会说"1999年《行政复议法》"。

在谈行政诉讼法的不同版本时,使用"1989年《行政诉讼法》""2014年《行政诉讼法》",2017年时仅作一款修正,不构成一个版本。

本书其他常用法律等规范性文件缩略如下:

《最高人民法院关于贯彻执行〈中华人民共和国行政诉讼法〉若干问题的意见（试行)》（法〔1991〕19号）:1991年《行诉法意见》（现已失效)。

《最高人民法院关于执行〈中华人民共和国行政诉讼法〉若干问题的解释》（法释〔2000〕8号）:2000年《行诉法解释》（现已失效)。

《最高人民法院关于行政诉讼证据若干问题的规定》（法释〔2002〕21号）:《行诉证据规定》。

《最高人民法院关于审理行政许可案件若干问题的规定》（法释〔2009〕20号）:《行政许可审理规定》。

《最高人民法院关于审理房屋登记案件若干问题的规定》（法释〔2010〕15号）:《房屋登记审理规定》。

《最高人民法院关于审理政府信息公开行政案件若干问题的规定》（法释〔2011〕17号）:《信息公开审理规定》。

《最高人民法院关于适用〈中华人民共和国行政诉讼法〉若干问题的解释》（法释〔2015〕9号）:2015年《行诉法解释》（现已失效)。

《最高人民法院关于适用〈中华人民共和国行政诉讼法〉的解释》（法释〔2018〕1号）:2018年《行诉法解释》。

《最高人民法院关于审理行政协议案件若干问题的规定》（法释〔2019〕17号）：《行政协议审理规定》。

《最高人民法院关于行政案件案由的暂行规定》（法发〔2020〕44号）：《行政案由规定》。

《最高人民法院关于审理行政赔偿案件若干问题的规定》（法释〔2022〕10号）：2022年《行政赔偿审理规定》。

《最高人民法院关于适用〈中华人民共和国民事诉讼法〉的解释》（法释〔2022〕11号）：2022年《民诉法解释》。

目　录

第 69 条（驳回判决）

王贵松

第六十九条　行政行为证据确凿，适用法律、法规正确，符合法定程序的，或者原告申请被告履行法定职责或者给付义务理由不成立的，人民法院判决驳回原告的诉讼请求。

一、规范沿革与规范意旨

《行政诉讼法》第 69 条规定的是驳回原告诉讼请求判决，它又被简称为驳回判决。从法律层面来说，驳回判决是 2014 年《行政诉讼法》创设的新判决种类，其规范由来并不复杂，却是一种回应审判实践需要、回应原告诉讼请求的重要判决。

（一）驳回判决的确立

1989 年《行政诉讼法》上并没有驳回判决的规定，与其功能类似的是第 54 条第 1 项规定，即"具体行政行为证据确凿，适用法律、法规正确，符合法定程序的，判决维持"。一般称此为维持判决。但在《行政诉讼法》实施后不久，在一并提起的行政赔偿诉讼、请求履行法定职责的案件中，原告的请求不符合法律规定的保护条件，法院无法适用维持、撤销、变更或履行判决，但又不能不作出结论，法院于是参照民事诉讼审判形式，采用了驳回诉讼请求判决。[①] 这就解决了合法性并

---

① 参见罗豪才主编：《中国司法审查制度》，北京大学出版社 1993 年版，第 559 - 560 页。

无疑问却不宜维持或责令履行的问题。

根据实践经验，2000 年《行诉法解释》明确增设了驳回判决，该解释第 56 条规定："有下列情形之一的，人民法院应当判决驳回原告的诉讼请求：（一）起诉被告不作为理由不能成立的；（二）被诉具体行政行为合法但存在合理性问题的；（三）被诉具体行政行为合法，但因法律、政策变化需要变更或者废止的；（四）其他应当判决驳回诉讼请求的情形。"作为这一解释的主要起草人，甘文认为，驳回诉讼请求是对原告诉讼主张是否成立的判定；而维持判决是对行政行为合法性的判定，这是两者的本质不同。维持判决是中国特色，维持判决的实质效果基本上与驳回诉讼请求相同，但经法院判决维持的行政行为，行政机关不能轻易变更。但是，这限制了行政机关根据条件的变化和行政管理的需要作出应变的主动性。有效的行政行为一经作出，在被有权机关撤销或变更之前，应当一直被视为有效而具有约束力。法院判决维持一个有效的行政行为，实属没有必要。另外，相对人要求法院撤销或者变更被诉行政行为的请求不成立，并不等于被诉行政行为是合法的。"驳回诉讼请求的判决形式应当进一步扩大。在条件成熟的时候，最终替代维持判决。"①

2000 年《行诉法解释》的实施进一步加剧了对维持判决的存废之争。保留派认为：维持判决与行政诉讼的行政行为合法性审查原则相适应，体现着行政诉讼的客观诉讼定位；维持判决与被告负举证责任相契合，而驳回判决则有悖于这一举证规则。② 废弃派则认为：维持判决承载着维护行政机关依法行使职权的功能，这与行政诉讼的价值相背离；行政行为具有公定力，无须维持判决来维持；维持判决回应的是行政行为合法性问题，而非原告的诉讼请求，违背了行政诉讼的诉判一致性原理。③ 在当时，维持判决与驳回判决的确存在差异，并存适用的可能性

---

① 甘文：《行政诉讼法司法解释之评论——理由、观点与问题》，中国法制出版社 2000 年版，第 159 - 160 页。

② 参见邓刚宏：《行政诉讼维持判决的理论基础及其完善》，载《政治与法律》 2009 年第 4 期，第 91 页以下；杨桦、张显伟：《行政诉讼维持判决制度之辩护》，载《法学杂志》2010 年第 4 期，第 65 页以下；张显伟：《废弃抑或保留：对行政诉讼维持判决制度的思考》，载《国家行政学院学报》2010 年第 5 期，第 104 页以下。

③ 参见张旭勇：《行政诉讼维持判决制度之检讨》，载《法学》2004 年第 1 期，第 45 页以下；吕艳辉：《行政诉讼维持判决的妥当性追问》，载《法治论丛》2010 年第 2 期，第 113 页以下。

是存在的，也在现实中并存适用了十余年。但是，如果扩大驳回判决的适用情形，驳回判决可以替代维持判决的功能。维持判决是对行政行为的合法性进行审查之后的结果，但行政行为合法性审查原则既是我国行政诉讼的重要特征，一定程度上也是我国行政诉讼的局限所在。现实中既有不存在可维持的行政行为的情形，也有行政行为不适合维持的情形。维持判决不适合作为原告败诉的一般判决类型。扩大驳回判决的适用情形，正是在行政行为合法性审查原则之外，让行政诉讼更具灵活性的措施。

经过十多年的司法实践，驳回判决行之有效，一定程度上避免了维持判决所存在的缺陷，故而，"根据审判实际需要"，2014年修改《行政诉讼法》时规定"以判决驳回原告诉讼请求代替维持判决"[①]。2014年《行政诉讼法》第69条规定，"行政行为证据确凿，适用法律、法规正确，符合法定程序的，或者原告申请被告履行法定职责或者给付义务理由不成立的，人民法院判决驳回原告的诉讼请求"。这就在法律的层面上正式确立了驳回判决，取消了维持判决。

（二）驳回判决的定位

驳回判决是对原告诉讼请求的否定，从而与撤销判决、履行判决、给付判决、确认违法判决、确认无效判决和变更判决等六种肯定原告诉讼请求的判决相对。从与原告诉讼请求的关系来说，驳回判决是否定性判决，其他判决则是肯定性判决。

从逻辑上说，驳回判决在法律上位于六种肯定性判决之前抑或之后都是可行的，但在现实的法律文本中，驳回判决是位于各种判决之首。2000年《行诉法解释》下的驳回判决"本质上还只是对维持判决所作的一种补充，适用情形非常有限"，"只是对维持判决的一种'帮衬'，而非'替代'，也不具有针对每一种诉讼类型的普适效力"[②]。而2014年《行政诉讼法》下的驳回判决则发挥着与肯定性判决相对的功能，其适用范围相较于2000年《行诉法解释》下的驳回判决大为扩张。实践也表明，这是适用次数最多的一种判决类型。

---

① 信春鹰：《关于〈中华人民共和国行政诉讼法修正案（草案）〉的说明——2013年12月23日在第十二届全国人民代表大会常务委员会第六次会议上》，载《全国人民代表大会常务委员会公报》2014年第6期，第691页。

② 李广宇：《新行政诉讼法逐条注释》，法律出版社2015年版，第559-560页。

驳回判决实际上是因为原告的诉讼请求不能成立而作出的，但全国人大常委会并没有采纳最高人民法院的修改建议，即"原告的诉讼请求不能成立的，人民法院应当判决驳回"①，而是列举了两种适用情形。法律起草者认为，这是因为将注意力放在原告诉讼请求是否成立的问题上，这与我国行政诉讼法的合法性审查、被告承担举证责任等基本制度架构不符，冲击撤销判决、确认违法判决等判决形式，实际上不利于原告合法权益的保护。② 或许正因为行政诉讼肩负着监督依法行政的使命，原告诉讼请求不能成立时，也未必适用驳回判决。只要行政行为存在违法之处，而且在诉判一致性原理的容许之下，就仍需适用确认违法判决，例如，《行政诉讼法》第 74 条第 1 款第 1 项规定的情况判决（原告请求撤销行政行为，行政行为依法应当撤销，但撤销会给国家利益、公共利益造成重大损害，法院虽然不能满足原告撤销的请求，但仍要判决确认违法③）、第 74 条第 2 款第 2 项规定的继续确认判决（原行政行为违法，但被告已改变了该行政行为，而原告要求确认原行政行为违法，法院仍要判决确认违法）。但是，如果不为诉判一致性原理所容，则仍需适用驳回判决。例如，2018 年《行诉法解释》第 94 条第 2 款规定的驳回判决，行政行为并非无效，但原告请求确认无效，原告拒绝变更诉讼请求，则法院判决驳回其诉讼请求。如此，驳回判决仍不可与肯定性判决同日而语，驳回判决仍不可谓完全意义上的驳回判决。

另外，驳回判决虽然与肯定性判决相对，但可以与肯定性判决并用。例如，2018 年《行诉法解释》第 136 条第 5 款规定，原行政行为合法、复议决定违法的，人民法院可以判决撤销复议决定或者确认复议决定违法，同时判决驳回原告针对原行政行为的诉讼请求。驳回判决偶尔在二审判决中适用，例如，2018 年《行诉法解释》第 109 条第 4 款

---

① 江必新、邵长茂、方颉琳编著：《行政诉讼法修改资料汇纂》，中国法制出版社 2015 年版，第 248 页。

② 参见全国人大常委会法制工作委员会行政法室编：《〈中华人民共和国行政诉讼法〉解读与适用》，法律出版社 2015 年版，第 154 - 155 页。

③ 不过，在理论上，有学者认为，将情况判决改为驳回判决更为合理，理由在于：驳回判决并不对被诉行政行为的合法性作出评判，因而，不涉及被诉行政行为的合法有效存在，回避了与行政合法性原则相冲突的可能。但运用确认违法判决，一方面确认被诉行政行为违法，另一方面又放任其继续发挥法律效力，这将与依法行政原则背道而驰。参见章剑生主编：《行政诉讼判决研究》，浙江大学出版社 2010 年版，第 174 页（李莉执笔）。

规定，原审判决遗漏行政赔偿请求，第二审人民法院经审查认为依法不应当予以赔偿的，应当判决驳回行政赔偿请求。当然，驳回上诉判决本质上也是驳回判决。

二、驳回判决的适用情形

与 2000 年《行诉法解释》规定的驳回判决适用情形不同，2014 年《行政诉讼法》第 69 条只规定了两种适用情形：其一是行政行为合法，其二是原告请求的理由不能成立。这一规定实际上也将行政诉讼判决分成两种类型：一类是关于行政行为合法性的判决，另一类是关于原告请求的理由能否成立的判决。

（一）行政行为合法

《行政诉讼法》第 69 条前半句规定，"行政行为证据确凿，适用法律、法规正确，符合法定程序"，适用驳回判决。这些要件是与撤销判决、确认违法判决、确认无效判决和变更判决的适用情形相对应的。这里姑且将这种判决称作行政行为合法型驳回判决。第 69 条前半句的规定与 1989 年《行政诉讼法》中的维持判决适用情形的规定是相同的。这一句的适用是以存在行政行为为前提的。不过，这里的行政行为并没有被区分羁束行政行为与裁量行政行为。如果是羁束行政行为，仅此三个要件，判断其为合法，是有可能的。但如果是裁量行政行为，则显然不足。既然未作区分，那么，在三个要件的理解上可能产生问题：是满足这三个要件就适用驳回判决，还是还需要满足更多的要件才能适用驳回判决？

行政行为证据确凿，适用法律、法规正确，符合法定程序均属于行政行为的合法要件。与撤销判决等适用的行政行为情形相比，驳回判决适用的行政行为合法除了要证据确凿、适用法律法规正确、符合法定程序，还不能有超越职权、滥用职权、明显不当等情形，否则就需要适用撤销判决等肯定性判决。有法官认为，行政行为的合法要件可能并不止该三种情形，根据《行政诉讼法》第 69 条的规定，只有证据确凿，适用法律、法规正确，符合法定程序，无超越职权、滥用职权、明显不当的情况下，才满足行政行为合法的所有条件。[①] 行政行为证据确凿、符合法定程序都是相对确定的概念，而适用法律、法规正确却可以有不同

---

① 参见梁凤云编著：《新行政诉讼法逐条注释》，中国法制出版社 2017 年版，第 532 页。

的解释。有法官认为，"适用法律、法规正确"，需广义理解，而不能与第70条第2项中的"适用法律、法规错误"等量齐观。其原因在于，第70条对行政行为不合法与第69条对行政行为合法所采用的标准并不完全吻合。这里的"适用法律、法规正确"至少应包括：第一，行政行为的内容必须在法律、法规赋予该机关的权限范围之内；第二，行政行为必须符合法律的目的、原则和精神；第三，行政行为所适用的法律规范必须是与本案法律关系相适应的法律规范，行政行为在法律适用方面不存在表达上和文字上的技术性错误。[①] 这种观点其实是想将证据和程序之外的所有行政行为合法性问题都归为适用法律、法规正确的问题。当然，证据、程序问题也都会反映为适用法律、法规的正确性问题，只是突出强调而已。所有问题终归为适用法律、法规的正确性问题。从法律适用的角度而言，将"适用法律、法规正确"作广义解释，将第69条前半句的规定理解为行政行为完全合法的要求，更为妥当，而不宜将三项要求理解为只是行政行为合法要件的不完全列举。只有完全符合行政行为的合法要件，才能确认行政行为合法，进而驳回原告的诉讼请求。从判断方法上，这可被称作综合判断型驳回判决。根据《行政诉讼法》第34条的规定，被告对作出的行政行为符合合法要件负有举证责任。

与《行政诉讼法》第70条第1项规定"主要证据不足"不同，第69条前半句规定的是"证据确凿"，这也意味着在证据方面，不仅要具备证明要件事实的主要证据，还要具备确定效果所需的次要证据，而且还要达到确凿的程度。在上诉审驳回判决的适用条件方面，《行政诉讼法》第89条第1款第1项规定的是"原判决、裁定认定事实清楚"，"证据确凿"与"事实清楚"的内涵是一致的。在实务中，有时会因行政行为多种多样，在证明上是否达到"证据确凿"的要求而发生分歧。对此，理论界和实务界有不少主张，应当确立不同的证明标准，来判断构成确凿的证据。[②] 不过，这更多地属于证据法上的证明标准问题，"证据确凿"的要求可以涵盖多种可能性。

[①] 参见江必新、邵长茂：《新行政诉讼法修改条文理解与适用》，中国法制出版社2015年版，第258页。

[②] 参见徐庭祥：《论建构我国行政诉讼的一般证明标准》，载《政治与法律》2019年第12期，第124页以下。

当然，《行政诉讼法》第69条前半句的规定还可以有一种解释的可能，它不是对行政行为合法要件的规定，而是对原告可能攻击的情形的规定。也就是说，原告提出某诉讼请求，理由是被诉行政行为违法，法院对此展开审查，在原告声称的理由不成立时，法院即作出驳回判决。这时，第69条前半句的规定只是行政行为合法理由的列举而已。不过，理论和实务界一般不作这种理解，而且，《行政诉讼法》第49条只是要求原告"有具体的诉讼请求和事实根据"，并未就诉讼请求成立的理由进一步提出要求。实务中，即便原告没有提出被告的权限问题，法院通常从被告的主体权限开始审查，但这种审查基本上是在没有合法性问题的情况下展开的。在没有合法性问题或者当事人无争议的情况下，法院的审查是没有意义的。在原告缺乏相应认识时，法院在释明指出之后再予审查，既合乎不告不理的原则，也有助于纷争的一次性解决。

（二）原告请求的理由不成立

《行政诉讼法》第69条后半句规定，"原告申请被告履行法定职责或者给付义务理由不成立"，适用驳回判决。这一规定在原先维持判决的规定中并不存在。这种情形是与履行判决、给付判决的适用情形相对应的。这里姑且将这种判决称作理由不成立型驳回判决。

在行政过程中，原告申请被告履行法定职责或者给付义务，其需要满足的条件或的理由可能有很多，只要有一点理由不成立，行政机关就可能无法满足其申请，法院就可以驳回其诉讼请求。这一类型与前述行政行为合法情形不同，从判断方法上，可称作情形选择型驳回判决。

2000年《行诉法解释》第56条第1项规定，"起诉被告不作为理由不能成立的"，法院应当判决驳回原告的诉讼请求。而2014年《行政诉讼法》第69条后半句并没有以相同的表述作出规定。郭修江认为，第69条后半句规定针对的看似是原告的诉讼请求和理由，但实际上是不作为行为。人民法院经审理认为，原告请求被告履行法定职责、给付义务理由不能成立，反过来恰恰证明，被告不履行法定职责、给付义务的不作为行为，符合法律规定。因此，第69条后半句关于驳回判决的适用条件，实质上也是被诉不作为行政行为完全合法。[①] 但这前后的两者并不构成对立关系，原告的请求不成立，也有可能是被告履行法定职

---

① 参见郭修江：《以行政行为为中心的行政诉讼制度——人民法院审理行政案件的基本思路》，载《法律适用》2020年第17期，第82页。

责、给付义务的作为行为合法所致。这也是第 69 条后半句的规定与 2000 年《行诉法解释》第 56 条第 1 项表述不一致的原因。

与《行政诉讼法》第 72 条的履行判决规定、第 73 条的给付判决规定相比，第 69 条后半句的规定强调了原告的"申请"。这也表明，它是以原告在实体法上的行政介入请求权、给付请求权为基础的。而其请求权的成立需要以满足法定条件为前提。对于原告申请被告履行法定职责或给付义务的理由不成立，其举证责任不应适用《行政诉讼法》第 34 条关于行政机关作出行政行为的规定，而应首先适用第 38 条的规定，原告应当提供其向被告提出申请的证据。根据有利规范说的标准[1]，由原告对被告应当履行法定职责或者给付义务的理由能够成立或者说原告的诉讼请求能够成立，负举证责任，更为妥当。

原告申请的理由不成立，大致有两种可能。一种可能是，原告的请求权不能成立，其所依据的事实和法律无法提供支持。另一种可能是，原告所依据的事实和法律可以支持其请求权的成立，但是，存在权利妨碍规范、权利消灭规范或权利限制规范的适用，原告的请求权已然实现或无法实现。例如，根据 2011 年《信息公开审理规定》第 12 条的规定，原告提出了信息公开申请，但所申请的信息依法不属于被告公开，且被告已经履行了告知或说明理由义务，这是出现了权利妨碍事实；所申请的信息已经向公众公开，且被告已告知申请人获取该信息的方式和途径，或者无法按照申请人要求的形式提供政府信息，且被告已通过安排申请人查阅相关资料、提供复制件或者其他适当形式提供，这是出现了权利消灭事实。在这些情形下，法院都应当作出驳回判决。

(三) 诉讼请求不成立的其他情形

《行政诉讼法》第 69 条只规定了适用驳回判决的两种情形，从逻辑上来看，这两种类型的驳回判决并不周延，并未涵盖与撤销、履行、给付、确认、变更判决相对应的所有情形。现实中有时既没有第 69 条前半句规定的行政行为或合法的行政行为，也没有第 69 条后半句规定的请求行政机关履行一定义务，如此似无法适用《行政诉讼法》第 69 条作出驳回判决。诸如前述 2018 年《行诉法解释》第 94 条第 2 款规定的驳回判决（存在违法但非无效的行政行为）、第 109 条第 4 款规定的二

---

[1] 参见马立群：《德国行政诉讼证据调查与客观证明责任的分配规则——兼评对我国的借鉴价值》，载《比较法研究》2020 年第 5 期，第 155－158 页。

审驳回行政赔偿请求判决。再如，2022年《行政赔偿审理规定》第32条第2项规定，原告主张的损害与违法行政行为没有因果关系，法院判决驳回原告的行政赔偿请求。这些都是《行政诉讼法》第69条规定的原告诉讼请求不能成立的情形。虽然法律没有作出规定，但法院这时也只能作出驳回判决。司法解释的相关规定是合理的。由此看来，法律没有一般性地规定"原告的诉讼请求不能成立的，人民法院应当判决驳回"，是有可能造成法律漏洞的。

另外，实践中还存在原告诉讼请求超出法院审查范围的情形。有的法院只在判决理由中予以说明，而不在判决主文中作出回应。何海波认为，"从尊重原告诉权、解决行政纠纷的角度出发，这种情形今后似可适用驳回原告该项诉讼请求的判决"①。2005年最高人民法院的一则答复可从侧面支持这一观点。该答复指出："行政复议机关受理行政复议申请后，发现该行政复议申请不符合法定的行政复议范围，作出终止行政复议决定。当事人不服，向人民法院提起诉讼，人民法院经审查认为，该复议申请不属于行政复议范围的，可以依法驳回其诉讼请求。"②当然，对不属于法院审查范围的情形，在现行法之下，也有可能裁定驳回起诉。

三、驳回判决的效力

按照《行政诉讼文书样式（试行）》，判决结果是人民法院对当事人之间的行政争议作出的实体处理结论。驳回原告诉讼请求的，判决中写"驳回原告×××的诉讼请求"。我国行政诉讼法对驳回判决的效力未作明确规定，而只能结合相关条文及司法解释的规定来进行梳理和阐释。

（一）驳回判决效力的内容和界限

驳回判决是针对原告诉讼请求所作的实体性判断，而不是在起诉阶段对原告提起的诉讼是否合法或是否容许原告的起诉所作的程序性判断，在这一点上与驳回起诉裁定相区别。驳回判决是针对原告诉讼请求

---

① 何海波：《行政诉讼法》，法律出版社2022年版，第498—499页。

② 《最高人民法院关于行政复议机关受理行政复议申请后，发现复议申请不属于行政复议法规定的复议范围，复议机关作出终止行政复议决定的，人民法院如何处理的答复》（〔2005〕行他字第11号）。当然，该答复否定的是应作出维持判决的观点。另外，根据2007年《行政复议法实施条例》第48条第1款第2项的规定，复议机关应当决定驳回行政复议申请，而非"终止行政复议"。

所作的判断，对被诉行政行为自身并未在判决主文中作出判断，故而，在这一点上与过去的维持判决相区别。

驳回判决因系针对原告的诉讼请求能否成立作出判断，通常判决本身并不对原告的权利产生不利，但在特殊情况下有可能产生不利效果。例如，在行政诉讼一审判决中，法院作出了变更判决，将行政机关的行政处罚决定等变更为更轻的措施，但原告仍然不满，上诉后，二审法院撤销原审判决，作出改判，判决驳回诉讼请求。这时就形成了更为不利的效果。应当参照《行政诉讼法》第77条第2款的精神，禁止二审法院作出产生更为不利效果的驳回判决。

驳回判决确定后，即产生既判力。既判力的主体范围仅限于诉讼的当事人，而不及于其他主体。既判力的客观范围取决于判决主文所作的判断。法院驳回了原告的诉讼请求，原告就不得以相同的事实和理由针对被诉行政行为再行起诉，否则就构成重复起诉，法院可根据2018年《行诉法解释》第69条第1款第6项规定裁定不予受理。

既判力的时间范围或判断的基准时间，则因判决类型不同而有所差别，行政行为合法型驳回判决以行政行为作出之时的法律和事实状态为基准，而理由不成立型驳回判决则以判决时（辩论终结时）的法律和事实状态为基准，对此之前的法律和事实状态具有遮断效果，在有新的证据时当事人可以申请再审，在有新的事实时当事人可以重新起诉。

驳回判决的既判力仅及于原告的诉讼请求，而不涉及对被诉行政行为合法性的判断。这是否意味着行政机关可不受驳回判决的拘束呢？这里需要对驳回判决作出区分。支持驳回判决主文的理由，一种是行政行为合法，另一种是原告请求的理由不成立。在前一种行政行为合法型驳回判决中，因法院在判决的理由部分已经对行政行为合法作出了判断，该判断对行政机关具有拘束力，合法有效的行政行为应当按照其内容发生预期效果，而且被告行政机关以及与该行政行为相关的其他行政机关应当受其拘束，尊重其效力。而在后一种理由不成立型驳回判决中，法院在判决理由部分只是对原告申请的理由进行审查，故而，行政机关可以根据行政管理的实际变化对原告所申请的履行法定职责或给付义务行为依法作出新的判断。

（二）驳回判决的执行问题

在法院作出行政行为合法型驳回判决后，该行政行为课予原告的义务需要执行。但这时，执行的是法院的驳回判决还是被诉的行政行为，是执行判决还是非诉执行，法院在执行时还要不要再行审查，在实务中引发了较大争议。

《最高人民法院关于判决驳回原告诉讼请求行政案件执行问题的答复》（〔2008〕行他字第 24 号）指出："被诉具体行政行为具有可执行内容的，人民法院作出驳回原告诉讼请求判决生效后，行政机关申请执行被诉具体行政行为的，人民法院应依法裁定准予执行，并明确执行的具体内容。"这一答复包含了三层含义：第一，法院作出驳回判决，是对被诉行政行为合法性的认可。第二，原告拒绝履行被诉行政行为所确定的义务的，行政机关可以申请法院强制执行。第三，申请法院强制执行的是已经生效的行政行为，而非法院的生效裁判，法院对于所申请执行的行政行为的合法性不再另行审查，而是直接作出准予执行的裁定。①

在 2012 年《行政强制法》实施之后，具有强制执行权的行政机关不能再申请法院执行自己的行政行为。这时，2008 年的答复就存在一定问题。《最高人民法院行政审判庭关于行政机关申请法院强制执行维持或驳回诉讼请求判决应如何处理的答复》（〔2013〕行他字第 11 号）指出，"人民法院判决维持被诉行政行为或者驳回原告诉讼请求后，行政机关申请人民法院强制执行的，人民法院应当依照《中华人民共和国行政强制法》第十三条第二款的规定，作出如下处理：一、法律已授予行政机关强制执行权的，人民法院不予受理，并告知由行政机关强制执行。二、法律未授予行政机关强制执行权的，人民法院对符合法定条件的申请，可以作出准予强制执行的裁定，并应明确强制执行的内容。"这一答复与 2008 年答复的立场是一致的，都是认为可以执行的是被诉行政行为，而非驳回判决。既然是行政行为的执行问题，自然应按照《行政强制法》的相关规定，区分有强制执行权的行政机关与无强制执行权的行政机关，来处理执行问题。与 2008 年答复稍有不同的是，2013 年答复规定的是"对符合法定条件的申请，可以作出准予强制执行的裁定"。如此，就存在一个审查的问题，而非如 2008 年答复那般可径直付诸执行。所谓"符合法定条件"，一是符合《行政强制法》第53

① 参见蔡小雪、耿宝建、金诚轩：《行政机关申请法院强制执行维持或驳回诉讼请求判决应如何处理》，载《法律适用》2014 年第 9 期，第 81 页。

条规定的申请期限，二是具备《行政强制法》第 55 条规定的强制执行申请书，三是不存在《行政强制法》第 58 条第 1 款规定的明显违法并损害被执行人合法权益的情形。对前两点均进行形式审查，至于第三点因存在驳回判决而无须审查。故而，一般情况下，法院应当受理法定期限内提出的执行申请，并裁定准予强制执行。但是，"在极为特殊的情况下，被诉具体行政行为虽然被维持或者驳回原告诉讼请求，但因法律、政策变化需要或者废止等原因，行政行为内容已经明显不公平、不适宜再继续执行的，人民法院才可以裁定不予执行"[①]。

不过，有法官认为，驳回判决生效后，当事人不履行经法院生效判决确认的、具有执行效力的被诉行政行为所规定的义务，实质就是不履行生效判决确定的义务。行政机关申请法院强制执行的，应按照生效判决的执行程序来申请执行。2013 年答复并未规定法院应当按照非诉执行的程序执行，如果按照非诉执行程序审查，将与《行政强制法》第 53 条规定的申请非诉执行的法定条件相冲突。[②] 首先，该观点在适用前提上偷换了概念，《行政诉讼法》第 95 条规定的是当事人"拒绝履行判决"，而非"不履行行政行为确定的义务"。而驳回判决自身并无需要执行的内容，并未课予原告履行被诉行政行为确定义务的义务，所以，不存在驳回判决的履行问题，或者申请法院强制执行驳回判决的问题。其次，《行政强制法》第 53 条规定的申请法院强制执行的条件有三：其一是当事人在法定期限内不申请行政复议或者提起行政诉讼，又不履行行政决定；其二是行政机关没有行政强制执行权；其三是强制执行的申请可以自期限届满之日起 3 个月内提出。在当事人已经起诉的情况下，驳回判决生效后的行政行为执行问题的确与《行政强制法》第 53 条规定的第一个条件存在差异，但两者并不冲突。《行政强制法》第 53 条并未就当事人起诉后败诉的情形作出规定，而驳回判决自身无可执行的内容，故而，从形式上说，这里就存在一个开放的法律漏洞。从法律目的来看，第一个条件的实质是在确认当事人应当履行行政决定。是当事人

---

① 蔡小雪、耿宝建、金诚轩：《行政机关申请法院强制执行维持或驳回诉讼请求判决应如何处理》，载《法律适用》2014 年第 9 期，第 84 页。

② 参见郭修江：《维持具体行政行为或驳回原告诉讼请求行政判决的执行》，载《人民法院报》2014 年 7 月 3 日，第 7 版；郭修江：《行政诉讼判决方式的类型化——行政诉讼判决方式内在关系及适用条件分析》，载《法律适用》2018 年第 11 期，第 11 - 12 页。

放弃自己权利的行使而导致义务的确定，还是经法院判决确定当事人的义务，均只确定义务已有履行的必要，并无不同。因此，行政机关在驳回判决生效后申请法院强制执行，可准用《行政强制法》第 53 条的规定。

第 70 条（撤销判决）

梁君瑜

第七十条　行政行为有下列情形之一的，人民法院判决撤销或者部分撤销，并可以判决被告重新作出行政行为：

（一）主要证据不足的；

（二）适用法律、法规错误的；

（三）违反法定程序的；

（四）超越职权的；

（五）滥用职权的；

（六）明显不当的。

一、规范沿革与体系定位

撤销判决是各国行政诉讼判决的基本类型，也是我国行政诉讼中原告请求最多、适用范围最广泛的判决形式[①]，故该判决的重要性不言而

[①]　参见全国人大常委会法制工作委员会行政法室编：《行政诉讼法立法背景与观点全集》，法律出版社 2015 年版，第 312 页。

喻。从规范沿革来看，撤销判决可追溯至 1914 年《行政诉讼法》中的
"取消裁决"。新中国成立后的两部《行政诉讼法》对撤销判决加以规
范。从体系定位来看，撤销判决属于形成类判决，旨在确认行政行为违
法并消灭其效力。基于适用对象、判决功能等方面的差异，撤销判决与
其他判决之间存在分工。

（一）规范生成

撤销判决并非现行《行政诉讼法》首创的判决形式。早在 1932 年，
由南京国民政府公布的《行政诉讼法》就有关于撤销判决的规定。① 而
在此之前，北洋政府于 1914 年公布的《行政诉讼法》曾规定"取消裁
决"，其由行政系统内部的平政院作出，在功能上可发挥"取消主管官
署违法处分"之效果。新中国成立后，我国在较长时期内未建立起行政
诉讼制度，自然也缺乏撤销判决的相关规定。现实中，大量的行政争议
由行政机关内部处理，而非通过诉讼方式解决。② 相比于实体法中早有
提及的行政诉讼条款③，我国长期缺乏配套的行政诉讼程序规则。这种
现象随着 1982 年《民事诉讼法（试行）》的出台才有所缓解，并在
1989 年《行政诉讼法》实施后得到根本扭转。

《民事诉讼法（试行）》第 3 条第 2 款规定："法律规定由人民法院
审理的行政案件，适用本法规定。"《最高人民法院关于地方人民政府规
定可向人民法院起诉的行政案件法院应否受理问题的批复》将上述第 2
款中的"法律"理解为全国人大及其常委会制定的法律、国务院制定的
行政法规、省和直辖市的人民代表大会及其常务委员会制定的地方性法
规、民族自治地方的人民代表大会制定的自治条例以及单行条例。这意
味着被单行法明确列举的行政案件可由法院借助民事诉讼程序来审理。
在 1989 年《行政诉讼法》出台前，最高人民法院曾在司法文件中提及

---

① 该法第 21 条规定：行政法院认起诉为有理由者，应以判决撤销或变更原处分
或决定……认起诉为无理由者，应以判决驳回之……

② 参见林莉红：《中国行政诉讼的历史、现状与展望》，载《河南财经政法大学学
报》2013 年第 2 期，第 19 页。

③ 1980 年《中外合资经营企业所得税法》第 15 条规定："合营企业同税务机关在
纳税问题上发生争议时，必须先按照规定纳税，然后再向上级税务机关申请复议。如果
不服复议后的决定，可以向当地人民法院提起诉讼。"其中，因不服复议后的决定而提
起的诉讼，无疑属于行政诉讼。但在当时，因行政诉讼程序规则缺失，法院能否判决撤
销被诉决定，不无疑问。

撤销判决（或误称为"撤销裁定"）。例如，《最高人民法院关于人民法院审理经济行政案件不应进行调解的通知》［法（经）发〔1985〕25号］提道："如果主管行政机关的行政处罚决定或者其他行政处理决定在认定事实、适用法律方面确有错误，应当予以撤销或者变更。"《人民法院审理治安行政案件具体应用法律的若干问题的暂行规定》［法（研）发〔1986〕31号］指出："人民法院只就公安机关的后一次裁决是否符合事实以及是否合法进行审查，依法分别作出维持或者撤销的裁定。"

1989 年《行政诉讼法》（以下简称"旧法"）是新中国成立后的第一部行政诉讼法。该法的制定工作分两步完成：第一步由全国人大常委会法工委委托行政立法研究组起草《行政诉讼法（试拟稿）》，第二步由法工委继续主持行政诉讼法的起草工作。① 由行政立法研究组起草的第一稿《中华人民共和国行政诉讼法（试拟稿）》（1987 年 7 月 11 日）就已规定撤销判决，其后的相关修改稿、征求意见稿、多份草案以及旧法均保留这一判决形式。② 根据旧法第 54 条第 2 项，"具体行政行为有下列情形之一的，判决撤销或者部分撤销，并可以判决被告重新作出具体行政行为：1. 主要证据不足的；2. 适用法律、法规错误的；3. 违反法定程序的；4. 超越职权的；5. 滥用职权的"。该项规定传递出以下基本信息：（1）撤销判决仅适用于具体行政行为。（2）撤销判决存在全部撤销与部分撤销之分。（3）重作判决乃撤销判决的从判决，不能被单独作出。"可以"判决重作意味着法院在判决撤销时并非必须判决重作；究竟是否判决重作，须视个案中有无重作的必要性而定。（4）撤销判决的适用情形覆盖事实认定、规范适用、程序运行、权限行使四个方面，除"违反法定程序"外，其余情形均属于实体合法性的范畴。

（二）规范变迁

在实施二十多年后，旧法于 2014 年迎来首次系统修改。尽管该法在 2017 年再次被修改——新增检察机关提起行政公益诉讼的规定，但第二次修改仅属微调，故习惯上仍将 2014 年《行政诉讼法》称为现行《行政诉讼法》（以下简称"新法"）。新法第 70 条规定："行政行为有下

---

① 参见蔡小雪编撰：《行政诉讼 30 年：亲历者的口述》，法律出版社 2019 年版，第 4 - 5 页。

② 参见何海波编：《行政法治奠基时：1989 年〈行政诉讼法〉史料荟萃》，法律出版社 2019 年版，第 3 - 136 页。

列情形之一的，人民法院判决撤销或者部分撤销，并可以判决被告重新作出行政行为：（一）主要证据不足的；（二）适用法律、法规错误的；（三）违反法定程序的；（四）超越职权的；（五）滥用职权的；（六）明显不当的。"这六种适用情形分别指向事实认定、规范适用、程序运行、权限行使、行为结果等问题。与旧法第 54 条第 2 项的内容相比，新法第 70 条不仅有形式性调整，也有实质性变化。

首先，新法第 70 条的形式性调整体现在以"行政行为"取代"具体行政行为"的术语。尽管"行政行为"的内涵比"具体行政行为"的更广泛，但作为撤销判决适用对象的"行政行为"并不等同于受案范围意义上的行政行为，后者可容纳行政事实行为与行政不作为①，但对这两类行为无法适用撤销判决。就行政事实行为而言，因其不包含行政主体的意思表示，故不适用有关意思表示效力的判断规则，从而也就不存在效力有无及行为可撤销的判定问题。② 就行政不作为而言，其乃法律拟制的而非自然状态下的行为，本不存在"有形性"或"有体性"，故缺乏被撤销的载体。同样的情形也出现在旧法中，作为撤销判决适用对象的"具体行政行为"在内涵上窄于旧法第 11 条中的具体行政行为。③就此而言，无论新法抑或旧法，撤销判决的适用对象都只能被理解为一种狭义的行政行为。

其次，新法第 70 条的实质性变化体现在新增"明显不当"作为撤销判决的适用情形。如果说新法"关于撤销判决的规定，实际上界定了行政行为合法与违法的界限"④，那么，撤销判决中包括"明显不当"在内的六种适用情形实则已构成合法性审查的一般标准。有趣的是，新法第 77 条有关变更判决的规定也包含"明显不当"字眼。作为变更判决适用情形之一的"行政处罚明显不当"，是由旧法第 54 条第 4 项中的

---

① 受案范围意义上的行政行为可容纳行政事实行为（如新法第 12 条中的"行政强制执行"）与行政不作为（如新法第 12 条中的"不予答复"）。

② 参见闫尔宝：《行政行为的性质界定与实务》，法律出版社 2010 年版，第 67 页。

③ 旧法第 11 条第 1 款规定："人民法院受理公民、法人和其他组织对下列具体行政行为不服提起的诉讼：……（四）认为符合法定条件申请行政机关颁发许可证和执照，行政机关拒绝颁发或者不予答复的；（五）申请行政机关履行保护人身权、财产权的法定职责，行政机关拒绝履行或者不予答复的；……"可见，本条的"具体行政行为"包含"不予答复"，而后者属于典型的行政不作为。

④ 林莉红：《行政诉讼法学》，武汉大学出版社 2020 年版，第 215 页。

"行政处罚显失公正"修改而来。这项修改旨在与同法第 70 条以及当时有效的《行政复议法》（2009 年）第 28 条中的"明显不当"保持术语一致①，但语义上的"明显不当"与"显失公正"并无本质区别。② 早期的主流观点指出，对"显失公正"的行政处罚判决变更，属于例外进行的合理性审查。③ 如此一来，同一部法律中的两个"明显不当"就陷入了合法性审查与合理性审查的定位分歧，故有必要重新思考"合法性"与"合理性"的意涵。针对这一问题的分析，详见后文。

（三）体系定位

在行政诉讼的判决体系中，撤销判决是最主要的判决类型。从行政诉讼的发展脉络来看，撤销诉讼乃最先产生之诉讼类型，其在诉讼类型单一化的时代便已承担起行政救济之重任，所对应的判决形式即撤销判决。从司法权监督行政权的限度来看，撤销判决体现法院对行政首次判断权的尊重，从而可经受合宪性的考验，为行政诉讼制度的发展谋取了空间。从行政判决的功能定位来看，撤销判决旨在确认行政行为违法并消灭其效力，这实则确立了行政行为合法性审查的一般标准，从而起到补强行政实体法的作用。

撤销判决属于形成类判决，其"通过撤销为原告设定负担之行政行为的方式来形成权利"，达到消除行政行为效力的目的。④ 在我国行政诉讼的判决体系中，撤销判决和变更判决属于形成类判决，履行判决和

---

① 2023 年修订通过的《行政复议法》未保留"明显不当"术语，而是在第 63 条第 1 款第 1 项中使用了覆盖面更为广泛的"不适当"术语。

② 参见信春鹰主编：《中华人民共和国行政诉讼法释义》，法律出版社 2014 年版，第 203 页。

③ 参见罗豪才主编：《中国司法审查制度》，北京大学出版社 1993 年版，第 425 页；应松年主编：《行政诉讼法》，中国政法大学出版社 1994 年版，第 60 页。尽管有相反观点认为，一般的不公正属于合理性问题，而显失公正属于合法性问题（参见江必新：《行政诉讼法——疑难问题探讨》，北京师范学院出版社 1991 年版，第 72 页），但在旧法出台时之形式法治观的影响下，上述相反观点未能撼动"例外的合理性审查说"的支配地位。时任全国人大常委会副委员长王汉斌在《关于〈中华人民共和国行政诉讼法（草案）〉的说明》中指出："人民法院审理行政案件，是对具体行政行为是否合法进行审查。至于行政机关在法律、法规规定范围内作出的具体行政行为是否适当，原则上应由行政复议处理，人民法院不能代替行政机关作出决定。"由此来看，法院对"显失公正"的行政处罚作出处理，只能被理解为一种例外的合理性审查情形。

④ 参见［德］弗里德赫尔穆·胡芬：《行政诉讼法》，莫光华译，法律出版社 2003 年版，第 211 页。

给付判决属于给付类判决，而确认违法判决、确认无效判决、驳回判决属于确认类判决。与变更判决相比，撤销判决体现法院对行政首次判断权的尊重，即法院只能从反面否定行政行为的合法性及效力，但不能代替行政主体作决定；变更判决则体现司法权对行政权的极大干预，法院将以自身判断取代行政主体的判断，亦即不尊重行政首次判断权。与履行判决、给付判决相比，撤销判决仅针对行政作为，而不能适用于行政不作为，更不能独自课予行政主体作为的法定义务；履行判决、给付判决则可针对行政不作为，且课予行政主体作为义务。与确认违法判决相比，撤销判决除具备确认违法的功能外，还具备消灭行政行为效力的功能。当面对一个违法的狭义行政行为时，撤销判决应优先于确认违法判决被适用；仅当该行为不具备可撤销的内容、效力已消灭或一旦被撤销将对公共利益造成重大损害等情形出现时，才有适用确认违法判决的余地。与确认无效判决相比，撤销判决针对一般违法的行政行为，而重大且明显违法的行政行为应适用确认无效判决。与驳回诉讼请求判决相比，撤销判决属于原告的胜诉判决，确认了被诉行为违法；驳回诉讼请求判决则属于原告的败诉判决，确认了被诉行为合法或原告的理由不成立。

二、撤销判决的适用对象

新法第 70 条明确规定，撤销判决的适用对象为"行政行为"。但在新法内部，不同条款中的"行政行为"可能存在不同理解，故有必要对第 70 条中的"行政行为"进行解读。

（一）改用"行政行为"术语的考量

尽管新法以"行政行为"取代昔日"具体行政行为"的术语，但抽象行政行为并未被纳入行政诉讼受案范围。根据行政相对人是特定的抑或不特定的、行政行为调整的事实关系是具体的抑或抽象的等差异，早期的主流观点将行政行为区分为具体行政行为与抽象行政行为。然而，这种理想化的两分法不仅无法应对复杂的社会现实，还为一些不愿受理特定案件的法院提供了便利——通过严格解释"具体行政行为"的意涵而顺理成章地拒绝受案，客观上成为行政诉讼立案难的原因之一。

详言之，一方面，具体行政行为与抽象行政行为只是对行政行为的不周延划分。在"特定/不特定"的判断上，以行为作出之时为基准时，观察相对人之范围是封闭的抑或开放的；在"具体/抽象"的判断上，以行为是一次适用抑或反复适用为判准。基于此，具体行政行为具备相对人特定、事实关系具体的特征（即"特定＋具体"），而抽象行政行为具备相对人不特定、事实关系抽象的特征（即"不特定＋抽象"）。由此不难发现，逻辑上还应存在"特定＋抽象"与"不特定＋具体"两种行为形态：前者如行政机关责令某冷库的经营人履行清除义务，一旦冷气外泄而导致周围路面结冰的，就应及时清除；后者如行政机关在某路段设置交通标志牌。针对"特定＋抽象"的行为，一般仍将其归入具体行政行为。① 而针对"不特定＋具体"的行为，通常认为这构成一般处分，其特点如下：在行为作出时，相对人并不特定，但基于一般特征可得确定其范围且所调整的事实关系又极为具体。鉴于一般处分无法被纳入具体/抽象行政行为的范畴，故两分法存在不周延性。另一方面，使用"具体行政行为"的术语，容易限缩行政诉讼受案范围。根据旧法第2条与第11条，原告只能对"具体行政行为"提起诉讼。实践中，由于"具体行政行为"的内涵与外延不清晰，一些法院在不愿受理特定案件时，就会以"被诉行为不属于具体行政行为"为由而拒绝受理。② 相比而言，"行政行为"的术语更具有延展性。

（二）作为撤销判决适用对象的"行政行为"

来自立法部门的观点指出：新法所审查的"行政行为"包含行政作为、行政不作为、行政事实行为以及行政机关签订、履行行政协议的行为。③ 但值得注意的是，以上被纳入审查范围的"行政行为"并非都属于撤销判决的适用对象。

1. 撤销判决不适用于行政不作为

我国学界关于行政不作为之界定，素有实质说与形式说之争。④ 其

---

① 参见姜明安主编：《行政法与行政诉讼法》，北京大学出版社、高等教育出版社2019年版，第153页。

② 参见江必新、邵长茂：《新行政诉讼法修改条文理解与适用》，中国法制出版社2015年版，第28页。

③ 参见全国人大常委会法制工作委员会行政法室编著：《中华人民共和国行政诉讼法解读》，中国法制出版社2014年版，第8页。

④ 有关实质不作为与形式不作为的代表性观点，前者参见陈小君、方世荣：《具体行政行为几个疑难问题的识别研析》，载《中国法学》1996年第1期，第50页；后者参见吴偕林：《关于不作为行政行为与不作为行政案件范围的思考》，载《行政法学研究》1995年第1期，第51页。

分歧集中反映在拒绝行为的定性方面。实质说认为，拒绝行为在实体上否定了相对人的申请，应属行政不作为。形式说则主张，拒绝行为在程序上已作出处理，应属包含拒绝内容的行政作为。

关于上述分歧，实务部门曾试图给出答案。《行政案由规定》第五点第 6 项指出："'不履行法定职责'是指负有法定职责的行政机关在依法应当履职的情况下消极不作为……未依法履责、不完全履责、履责不当和迟延履责等以作为方式实施的违法履责行为，均不属于不履行法定职责。"又因 2018 年《行诉法解释》第 91 条明确将"违法拒绝履行"纳入"不履行法定职责"，故综上可知：拒绝行为属于行政不作为。但实务部门的观点并未统一。例如，被《行政案由规定》定性为"作为方式"的"不完全履责"、"履责不当"与"迟延履责"，在最高人民法院行政庭编写的释义书中被解读为"不履行法定职责"的表现[①]，亦即不履行法定职责也可通过作为方式呈现。分析至此，被纳入"不履行法定职责"的拒绝行为究竟属于作为抑或不作为，依然成谜。

在学理层面，有观点从合法性审查标准的角度指出：行政作为与行政不作为的合法性审查标准有别，前者表现为新法第 70 条规定的六个方面，后者则表现为不履行或拖延履行法定职责；对拒绝行为的合法性审查，应遵循行政作为的六项标准。[②] 与此不同，另有观点从权利保护充分性的角度出发，将拒绝行为界定为行政不作为，理由如下：如此界定即可适用履行判决，直接实现对相对人的权益保障；反之，将拒绝行为界定为行政作为，则只能适用撤销并责令重作判决，其后果是容易导致循环诉讼。[③] 应当说，第一种观点更多体现了对我国司法实践的关注。但问题是，无论新法实施前抑或实施后，法院在审查拒绝行为时，都既有遵循行政作为之审查标准的判例，又有遵循行政不作为之审查标

---

① 参见最高人民法院行政审判庭编著：《最高人民法院行政诉讼法司法解释理解与适用》，人民法院出版社 2018 年版，第 424 页。

② 具体是指主要证据是否充分，适用法律、法规是否错误，是否违反法定程序，是否超越职权，是否滥用职权，是否明显不当。参见林莉红：《行政诉讼法学》，武汉大学出版社 2020 年版，第 52 页。

③ 参见闫尔宝：《行政行为的性质界定与实务》，法律出版社 2010 年版，第 134 页。

准的判例。第二种观点面临的质疑如下：将拒绝行为界定为行政作为，并不会导致其在权利保护充分性上不如行政不作为，理由是我国法院可针对行政作为与行政不作为分别适用撤销并责令重作判决与履行判决，而这两种判决都可能出现实体性裁判——法院直接决定被告重作或履行的具体内容，故权利保护充分性并非将拒绝行为界定为行政不作为的充分理由。应当指出，对行政不作为的界定，不该忽略本土国情。考虑到"不履行法定职责即行政不作为"的误解在我国影响深远，当行政主体面对不符合条件的申请时，实质说将导致"两难"：若同意，则属违法行为；若拒绝，则属行政不作为与不履行法定职责。相比而言，形式说可避免上述尴尬，其主张行政不作为是指行政主体有作为的法定义务及可能性，但在程序上逾期不为。根据形式说，程序上不为只是一种拟制行为，其客观上缺乏被撤销的必要性及可能性，故撤销判决不适用于行政不作为。

2. 撤销判决不适用于行政事实行为

关于行政事实行为之界定，我国学界最主要的分歧是此类行为有无法律效果，以及对"法律效果"该如何理解。"无法律效果说"认为，行政事实行为是行政主体运用职权作出的不具有法律效果（但可以有法律后果）的行为。此观点进一步指出，法律效果不同于法律后果：前者强调的是设定、变更或消灭某种权利义务关系，后者则强调法律责任的

---

① 参见田华：《明示拒绝请求案件的司法审查——以行政不作为类案为视角》，载《法律适用》2010年第2期，第90-91页；钱佳：《行政诉讼类型化转型中明示拒绝行为审理规则的重构——以新行政诉讼法实施后某直辖市300件行政诉讼案件为样本的考察》，载《法律适用》2018年第10期，第104页。值得一提的是，在新法实施后，钱佳通过实证研究发现，针对拒绝行为的审查，多数法院仍采取面向行政作为的审查标准（占研究样本总数的97.3%）。另外，近年刊登的公报案例——甬兴气体分滤厂与余姚市住房和城乡建设局行政许可纠纷案，同样对拒绝行为采取面向行政作为的审查标准，法院最终适用的是撤销并责令重作判决，而非履行判决。参见《最高人民法院公报》2022年第2期。
② 关于履行判决的实体性裁判，已被2018年《行诉法解释》第91条所明确。重作判决的实体性裁判则出现在最高人民法院的公报案例与指导案例中。例如，鸿润超市诉丹阳市市场监督管理局不予变更经营范围登记案（载《最高人民法院公报》2018年第6期）、最高人民法院指导案例76号萍乡市亚鹏房地产公司诉萍乡市国土资源局不履行行政协议案。
③ 参见梁君瑜：《行政诉讼履行判决的构造与边界》，载《北方法学》2021年第4期，第106页。

承担。① 换言之，法律效果要求主观上有行为意图且客观上有行为结果，而法律后果仅要求有行为结果。相比而言，"无意思表示说"则认为，行政主体在作出行政事实行为时，并无发生法律效果的意思表示，但不排斥行政事实行为可能在实际上发生法律效果。② 可见，此观点未专门另设"法律后果"的概念，而是以"法律效果非由意思表示引起"作为辨别行政事实行为的标准。"非由意思表示引起"是指行政事实行为的法律效果并非直接产生，即不是基于行政主体的意思表示产生，而是直接源于法律规定。上述两种观点实则具有共通性，都强调与行政事实行为相对的行政（法律）行为须在法律效果上满足"主观（意思表示）引起客观（影响）"的条件；若缺乏此条件，则属于行政事实行为。至于行政相对人遭受的"非由意思表示引起"的影响，究竟被称为"法律效果"抑或"法律后果"，并非问题的关键。

根据新法第 74 条第 2 款第 1 项，行政行为违法但不具有可撤销内容的，法院应作出确认违法判决。一般认为，这主要针对违法的行政事实行为。③ 亦即撤销判决不适用于行政事实行为。尽管在旧法实施期间，曾参与起草 2000 年《行诉法解释》的法官提出了不同意见，"行政行为违法但不具有可撤销内容"不涉及行政事实行为，因为"事实行为不属于行政诉讼法所指的可诉的具体行政行为"④，但在同一时期，最高人民法院行政庭就表达了不同看法：2000 年《行诉法解释》第 57 条第 2 款中的"被诉具体行政行为违法，但不具有可撤销内容"主要指行政事实行为。⑤

3. 撤销判决不适用于行政机关订立、履行行政协议的行为

撤销判决具有排除行政权妨害的功能。行政机关订立、履行行政协

---

① 参见周佑勇：《行政法原论》，北京大学出版社 2018 年版，第 177 - 178 页。

② 参见江必新、梁凤云：《行政诉讼法理论与实务》，法律出版社 2016 年版，第 191 - 192 页。

③ 参见全国人大常委会法制工作委员会行政法室编著：《中华人民共和国行政诉讼法解读》，中国法制出版社 2014 年版，第 205 页。除了针对行政事实行为，"不具有可撤销内容"的情形还可针对未制作行政决定书的行政强制措施等。参见刘某务诉太原市公安局交警支队晋源一大队行政强制案，载《最高人民法院公报》2017 年第 2 期。

④ 甘文：《行政诉讼法司法解释之评论——理由、观点与问题》，中国法制出版社 2000 年版，第 164 页。

⑤ 参见最高人民法院行政审判庭编：《〈关于执行中华人民共和国行政诉讼法若干问题的解释〉释义》，中国城市出版社 2000 年版，第 122 页。

议的行为不存在行政权之运用，故不存在新法第 70 条撤销判决的适用余地。

就行政机关订立行政协议的行为（以下简称"缔约行为"）而言，该行为仅是达成行政协议的一个阶段行为，类似于要约的贯彻落实。通常情况下，对阶段行为应无单独起诉的必要，行政相对人可通过诉请撤销行政协议来实现救济。但《行政协议审理规定》却采取了双轨制：一方面，该司法解释第 11 条默认可对缔约行为单独起诉，并规定从"是否具有法定职权、是否滥用职权、适用法律法规是否正确、是否遵守法定程序、是否明显不当、是否履行相应法定职责"等方面对缔约行为进行合法性审查；另一方面，该司法解释第 14 条肯认对行政协议本身提起诉讼，即原告请求撤销行政协议，法院经审理认为符合法定可撤销情形的，可依法判决撤销该协议。应当说，无论撤销缔约行为还是行政协议本身，均应参照适用民事法律规范关于民事合同的相关规定（而非新法第 70 条）作出处理。详言之，尽管《行政协议审理规定》第 11 条对缔约行为采用了类似新法第 70 条撤销判决的审查标准，但该司法解释第 9 条提及的"诉讼请求"并不包含"判决撤销缔约行为"。新法第 78 条关于行政协议判决形式的规定未提及"判决撤销行政协议"，故《行政协议审理规定》第 9 条出现的"请求判决撤销行政协议"应对应于该司法解释第 27 条第 2 款内含的判决形式，即"参照适用民事法律规范关于民事合同的相关规定"作出撤销判决（并非新法第 70 条的撤销判决）。①

就行政机关履行行政协议的行为（以下简称"履约行为"）而言，相关纠纷常常见于行政机关完全不履行和不依约定履行两大领域。其中，前者缺乏被撤销的载体，而后者因不存在行政权之运用，故应参照适用民事法律规范关于民事合同的相关规定作出处理。另外，需要注意

---

① 也有观点认为，对行政协议本身的撤销，既可基于民事合同的相关规定，也可基于新法第 70 条撤销判决的六种适用情形。理由是行政协议兼具"契约性"与"行政性"，就后者而言，行政协议作为一种双方行政行为，可适用新法第 70 条关于行政行为撤销的规定。但持该观点者又指出，新法第 70 条规定的"六种可撤销情形，一般情况下只会产生于行政机关一方，而不会产生于行政协议相对方"（参见最高人民法院行政审判庭编著：《最高人民法院关于审理行政协议案件若干问题的规定理解与适用》，人民法院出版社 2020 年版，第 217 - 218 页）。换言之，新法第 70 条所针对的仍只是传统的单方行政行为，并非行政协议这种双方行政行为。

的是行政机关变更、解除行政协议的行为。对这类行为的性质不能一概而论：（1）若行政机关行使的是法律规范赋予的单方变更、解除协议的权力，则行政机关变更、解除行政协议的行为和传统的单方行政行为并无二致，自然可适用新法第 70 条的撤销判决。事实上，《行政协议审理规定》第 9 条规定的"有具体的诉讼请求"已包括"请求判决撤销行政机关变更、解除行政协议的行政行为"。同时，《行政协议审理规定》第 16 条第 2 款也明确规定，"被告变更、解除行政协议的行政行为"存在新法第 70 条规定情形的，法院判决撤销或部分撤销，并可责令被告重新作出行政行为。（2）若法律规范未赋予行政机关单方变更、解除协议的权力，但行政协议约定行政机关可变更、解除的，则行政机关变更、解除行政协议的行为应适用民事法律规范①，具体表现为参照适用民事合同的相关规定作出处理。

4. 撤销判决仅适用于狭义行政行为

学界在不同含义上使用"行政行为"的概念。其中，作为撤销判决适用对象的"行政行为"仅限于狭义行政行为。此处的"狭义行政行为"与德国的行政处分、法国的行政处理、我国学者提及的"行政决定""具体行政行为"同义。狭义行政行为具备行政性、权力性、单方性、法效果性、外部性、具体性等特征。首先，行政性强调行为的实施者为行政机关，或虽为立法机关、司法机关，但后两者乃基于行政职能而实施行为。因此，行政性既排除立法机关、司法机关实施的与行政职能无关的行为，又排除行政机关作出的含高度政治性的行为。其次，权力性强调行为的实施涉及对公权力的运用，由此排除行政机关居于民事主体地位、以私法方式实施的行政活动。例如，排除国库行为、经营行为和行政私法行为。再次，单方性是指行为的作出仅由行政机关单方意志所决定。由此排除以双方意志一致为前提的行政协议。复次，法效果性与外部性往往被结合起来理解，二者强调行为将直接对外产生法律效果。"直接产生法律效果"是指法律效果由行为者的主观意思表示引起，而非由法律设定。由此排除不直接产生法律效果的行政事实行为、不对外产生法律效果的内部行政行为。最后，具体性是指行为所面向的是特定对象或可得确定的群体并调整具体事件，由此排除抽象行政行为。

另外，狭义行政行为必须已成立且效力存续，否则，对其无法适用

---

① 参见梁凤云：《行政协议司法解释讲义》，人民法院出版社 2020 年版，第 263 页。

撤销判决。① 首先，狭义行政行为不成立，意味着其可能属于民事行为、刑事司法行为，也可能属于行政事实行为等。总之，所呈现的行为并不同时具备行政性、权力性、单方性、法效果性、外部性、具体性等特征。其次，若狭义行政行为的效力已消灭，则既无撤销的必要，也无可撤销的对象，通常仅须继续确认该行为的违法性即可。值得探讨的是：撤销判决能否适用于无效行政行为？通常认为，撤销判决发挥排除行政行为公定力的作用，而在有限公定力说的支配下，无效行政行为并无公定力，故撤销判决不适用于无效行政行为，对后者可通过确认无效判决来处理。也有观点指出，尽管无效行政行为本无可供撤销的行为效力可言，但毕竟有行政行为的外观存在，法院判决撤销无效行政行为，也只是相当于行政行为的无效宣告而已。② 事实上，行政行为外观的存在往往表现为已作出的行政决定书，无论该行为是无效的抑或属于行政事实行为，判决撤销作为该行为之载体的行政决定书都不存在障碍。只不过此时的撤销判决仅起到无效宣告或违法宣告的作用罢了。

三、撤销判决的适用情形

撤销判决的六种适用情形分别指向事实认定、规范适用、程序运行、权限行使、行为结果等问题。这些情形之间的区别，事关撤销判决的内部边界。这些情形中的"适用法律、法规错误""超越职权""违反法定程序""明显不当"，与新法第 75 条确认无效判决中的"没有依据""不具有行政主体资格"，第 74 条确认违法判决中的"程序轻微违法"，第 77 条变更判决中的"明显不当"之间的区别，事关撤销判决的外部边界。

（一）主要证据不足

证据的价值在于证明案件事实，"主要证据不足"是指被告向法院提交的证据，不能证明被诉行为认定的有关定性和处理结果之基本事实。③ 若收集的证据可认定基本事实，则即便缺少枝节情况的证据，也

---

① 参见章剑生主编：《行政诉讼判决研究》，浙江大学出版社 2010 年版，第 552 - 553 页。

② 参见王贵松：《行政行为无效的认定》，载《法学研究》2018 年第 6 期，第 173 页。

③ 参见马原主编：《中国行政诉讼法教程》，红旗出版社 1995 年版，第 282 页。

不构成主要证据不足。① 就此而言，"主要证据不足"成为基本事实认定不清或错误的代名词。

通常认为，主要证据是证明案件基本事实或决定事物本质属性的必不可少的证据，而缺少次要证据并不影响行政机关对相应事实的认定。② 其中，"基本事实""事物本质属性"的含义都过于抽象，故对司法实践的指导意义有限。面对以上局限，有观点通过列举的方式，为"主要证据"提供了若干判定标准，即"涉及何人在何时、何地做了什么事，以及此事产生什么后果的证据，是否有这些证据，直接影响到行政相对人行为性质确定、法条选择以及法效果不同的裁量"③。

事实与证据是表里一体的关系，法院对事实的认定离不开证据的支撑。当界定"主要证据"陷入僵局时，还存在另一种"破局"思路——从对"主要事实"的解读中寻找答案。详言之，2018 年《行诉法解释》第 90 条第 1 款提到的"主要事实或者主要理由有改变"是指对"作出原行政行为时适用的法律规范所要求的法律要件事实"作出了实质性的改变，或者变更原行政行为适用的法律从而导致案件定性发生改变。④ 据此，"主要事实"是指法律要件事实。所谓法律要件事实，即"与发生某一法律效果所必需的法律要件之构成要素相对应的具体事实"⑤。产生某一法律效果所须满足的法律要件，有可能对应于多个具体事实，而证明这些具体事实的证据，就属于主要证据。例如，在王某珍诉天津市滨海新区政府信息公开案中，法院认为："行政机关在保持与基本事实同一性的范围之内追加和变更理由一般可以允许，即以本案为例，行政机关在信息公开答复中称不公开是因为'不属于本行政机关公开'，这一理由并没有涉及政府信息是否存在的问题，当其在诉讼中将理由替换为'政府信息不存在'，而实际情况确实不存在时，就具备与基本事

---

① 参见胡康生主编：《行政诉讼法释义》，北京师范学院出版社 1989 年版，第 90 页。

② 参见罗豪才、应松年主编：《行政诉讼法学》，中国政法大学出版社 1990 年版，第 245 页；姜明安主编：《行政法与行政诉讼法》，北京大学出版社、高等教育出版社 2019 年版，第 527 页。

③ 章剑生：《现代行政法总论》，法律出版社 2019 年版，第 490 页。

④ 参见最高人民法院行政审判庭编著：《最高人民法院行政诉讼法司法解释理解与适用》，人民法院出版社 2018 年版，第 421 页。

⑤ 许可：《民事审判方法：要件事实引论》，法律出版社 2009 年版，第 40-41 页。

实的同一性"①。尽管被告对具体事实进行了替换,但法院判定这仍属于"不改变法律要件事实"的情形。换言之,"不属于本行政机关公开"和"政府信息不存在"这两个具体事实对应于同一个法律要件。② 证明这两个具体事实的证据,便属于主要证据。综上,"主要证据不足"即证明法律要件事实的证据不足。

实践中,以下情形值得注意:当被诉行政行为所适用的证据在收集程序上违法时,法院应将此认定为"主要证据不足"还是"违反法定程序"?在丰某江等诉东莞市规划局行政裁决案中,法院认为,对于行政机关作出行政裁决时所依据的评估报告,若存在评估人不具备法定评估资格或评估人未依法取证等程序上严重违法的问题,则应认定行政机关的裁决"主要证据不足"。究其缘由,违法收集的证据材料缺乏合法性,故其证据能力阙如。③

(二)适用法律、法规错误

"主要证据不足"与"适用法律、法规错误"往往产生连锁反应。当事实认定出现错误时,通常也会导致行政主体适用错误的法律加以涵摄。按照狭义的理解,法律、法规分别是指"全国人大及其常委会制定、通过的规范性文件"与"行政法规、地方性法规"。但结合立法原意和司法实践来看,此处的"法律、法规"应被扩大理解为行政行为所依据的法律规范。通常认为,"适用法律、法规错误"主要包括以下情形:(1)应适用甲法,却适用了乙法;(2)应适用上位法、特别法、新法,却适用了下位法、一般法、旧法;(3)应适用某法的某条款,却适用了该法的其他条款;(4)未援引具体法律规范,包括完全未援引、仅笼统援引但未指出所依据的具体条文;(5)适用尚未生效或已失效、废止的法规范;(6)援引法律规范虽达到具体程度但不全,包括应并用多个法律规范却只适用其中一部分、应并用某法律规范中的多个条款却只

---

① 最高人民法院(2016)最高法行申 1842 号行政裁定书。

② 根据该案被诉行为作出时仍在适用的 2007 年《政府信息公开条例》第 21 条第 3 项,当满足"依法不属于本行政机关公开或者该政府信息不存在"这一法律要件时,将产生"应当告知申请人,对能够确定该政府信息的公开机关的,应当告知申请人该行政机关的名称、联系方式"这一法律效果。亦即"不属于本行政机关公开"和"政府信息不存在"这两个具体事实对应于同一个法律要件,故二者之间的替换未改变被诉行为的法律要件事实。

③ 参见《最高人民法院公报》2004 年第 7 期。

适用其中一部分。① 然而，从最高人民法院审理的案例、发布的指导案例及公报案例来看，上述第四种情形——未援引具体法律规范——的争议最大，有待推敲。

1. "未援引具体法律规范"的正确定性

关于未援引具体法律规范，我国法院曾出现三种定性：（1）违反法定程序。在兰州常德物资开发部不服兰州市政府收回土地使用权案中，法院认为，被诉行为"只笼统提到'根据《中华人民共和国土地管理法》和《甘肃省实施土地管理法办法》的有关规定'，未引出适用的具体条文，违反了法定程序"②。（2）适用法律不当（即适用法律错误）。在任某国不服劳动教养复查决定案中，法院认为，被诉行为"由于无法引用劳动教养法规适用对象的具体规定，因此，笼统地表述为依据国务院关于劳动教养的有关规定……适用法律不当"③。在宿某燕不服劳动教养决定案中，法院认为，被诉行为"只提到适用国务院《关于劳动教养问题的决定》及其《补充规定》，没有指出适用的具体条款，是适用法律不当"④。在路某伟不服靖远县政府行政决定案中，法院认为，被诉行为"没有说明作出该具体行政行为的法律依据，属适用法律不当"⑤。（3）不影响行政行为的合法性。在赵某新不服宁夏回族自治区国有资产管理局行政批复案中，法院认为，被诉行为"未引用前述规定的条、款、项，不影响其行为的合法性"⑥。在豫东房地产公司诉开封市政府等撤销国有土地使用权证案中，法院认为，被诉行为"未引用法律条款，形式上存在瑕疵"，应驳回原告的撤销请求。⑦ 亦即"未引用法律条款"不构成违法。

面对上述分歧，最高人民法院在指导案例 41 号宣某成等诉衢州市国土局收回国有土地使用权案中提出两步判断法，试图定分止争。该案

---

① 参见朱新力：《司法审查的基准：探索行政诉讼的裁判技术》，法律出版社 2005 年版，第 433 - 434 页；全国人大常委会法制工作委员会行政法室编：《〈中华人民共和国行政诉讼法〉解读与适用》，法律出版社 2015 年版，第 156 - 157 页。

② 《最高人民法院公报》2000 年第 4 期。

③ 《最高人民法院公报》1993 年第 3 期。

④ 《最高人民法院公报》2000 年第 3 期。

⑤ 《最高人民法院公报》2002 年第 3 期。

⑥ 最高人民法院（1999）行终字第 15 号行政判决书。

⑦ 参见最高人民法院（2002）行终字第 5 号行政判决书。

的"裁判要点"指出:"行政机关作出具体行政行为时未引用具体法律条款,且在诉讼中不能证明该具体行政行为符合法律的具体规定,应当视为该具体行政行为没有法律依据,适用法律错误。"据此,仅当被诉行为同时满足"未援引具体法律规范"(条件1)与"在诉讼中未补充具体法律规范或所作补充无法自圆其说"(条件2)时,才构成"没有法律依据,适用法律错误"。法院的判断分两步走:先判断条件1,当其成立后再判断条件2。这种思路值得肯定,但指导案例41号给出的行为定性却值得商榷。理由如下:在新法实施后,"没有法律依据"与"适用法律错误"分别属于确认无效判决与撤销判决的适用情形,这意味着上述定性自相矛盾。应当说,在未援引具体法律规范的情况下,法院已给予被告补救机会,若被告依旧无法自圆其说,则可推定其并无法律依据,进而被诉行为无效。① 亦即"适用法律错误"应被"没有法律依据"的定性所取代。一个侧面的印证在于,该案曾作为公报案例发布,彼时的文本未出现"没有法律依据"的定性。② 这一定性是在该案作为指导案例发布时新增。在指导案例41号发布时,新法已通过,而该法第75条增加规定——"没有依据"的行政行为应被判决确认无效。这或许可在一定程度上揭示指导案例41号的意图:将同时满足条件1和条件2的行为定性为无效行政行为,具体表现为"没有法律依据"。另外,若不满足条件1(即援引了具体法律规范),则无须斟酌条件2。具体法律规范一旦用错,将构成适用法律、法规错误。若满足条件1但不满足条件2(即被告在诉讼中补充的具体法律规范能支持被诉行为),则意味着被诉行为并非没有法律依据,只是被告原先漏写了或不当简化了该依据,此时,应构成程序轻微违法。

2. "援引具体法律规范"的程度要求

援引至何种程度才算得上"援引具体法律规范"?考虑到法条可能由"条""款""项""目"构成,要求行政主体指出所依据的具体条文,将面临在何种程度上是否须援引至某条文中的"款""项"乃至"目"

---

① 参见梁君瑜:《论行政诉讼中的确认无效判决》,载《清华法学》2016年第4期,第141-142页。

② 在作为公报案例发布时,本案的文本表述如下:"国土局在有关该决定的书面通知中,仅说明该决定是依照土地管理法及浙江省的有关规定作出的,但却没有说明决定收回含原告住宅国有土地使用权的具体法律依据……对所依据的法律条款应当予以具体说明而没有说明,属于适用法律错误。"参见《最高人民法院公报》2004年第4期。

的问题。在罗某富不服交通事故责任认定案中，法院认为，被诉行为"适用的法律依据是《道路交通事故处理办法》第 19 条。该条规定有三款，分别规定了在有一方、两方、三方或多方当事人的情况下责任如何认定。交警队只笼统适用《道路交通事故处理办法》第 19 条，没有指出具体适用哪一款，属适用法律错误"①。然而，从第 19 条的内容来看，该案审理法院的认识未免僵化。毕竟，当援引的法律规范精确到"条"时，若能准确无疑地推断出应适用哪一款、项或目，则不该过多苛责。除非出现了无法作出准确无疑推断的情形，才有必要援引至"款""项"乃至"目"。例如，在郴州饭垄堆矿业公司诉国土资源部行政复议案中，法院认为，被诉复议决定援引当时有效的《行政复议法》（2009 年）第 28 条第 1 款第 3 项作为依据，但该项包括五目，而这几目在适用上并不十分明确，尤其是第 4 目的"滥用职权"极易与其他各目混淆。鉴于无法准确无疑地推断出应适用哪一目，法院最终认为，被告"未明确具体适用该项五种违法情形的具体类型……构成适用法律不当"②。

3. "适用法律、法规错误"与"没有依据"的甄别

根据新法第 75 条，行政行为没有依据的，构成"重大且明显违法"，法院将作出确认无效判决。2018 年《行诉法解释》第 99 条进一步规定，"没有依据"是指减损权利或增加义务的行政行为没有法律规范依据，亦即不包含"没有事实依据（即证据）"的情形。关于"没有依据"的判断，上文在介绍最高人民法院指导案例 41 号时已作分析。实践中，有两种情形值得注意，它们涉及对"适用法律、法规错误"与"没有依据"的甄别。其一，适用尚未生效或已失效、废止的法律规范，是否构成没有依据？若在被诉行政行为作出时，并不存在一个可供适用的"有效的法律规范"，则应认定为"没有依据"；若在被诉行政行为作出时，存在一个可供适用的"有效的法律规范"，则应认定为"适用法律、法规错误"。其二，适用的法律规范已生效但与上位法相抵触，是否构成没有依据？此时，所适用的法律规范不存在"未生效或已失效、

① 《最高人民法院公报》2002 年第 5 期。
② 最高人民法院（2018）最高法行再 6 号行政判决书。当然，依上文分析，该案中的被诉行为应属于"没有依据"或"程序轻微违法"，这须视被告是否在诉讼中补充了足以支持被诉行为的具体法律规范来判断。

废止"的情形，且在有权机关将其废止前，仍是行政行为的有效依据。有观点指出，若被告在诉讼中补充的法律规范为规章以下的行政规范性文件（以下简称"红头文件"），则法院可在原告申请附带审查后不予适用该文件，并向制定机关提出处理建议；若被告在诉讼中补充的法律规范之位阶高于前述情形，则不在规范性文件附带审查机制的射程之内，法院仅可采取无视态度，并直接适用上位法裁判。因此，适用的法律规范与上位法相抵触之情形不构成没有依据，而属于适用法律、法规错误。① 另一种观点则认为，行政行为虽有法律规范依据，但法律规范与上位法直接、明显抵触的，视为没有依据；若抵触并不直接、明显或存有争议，则不宜认定为行政行为"没有依据"②。应当说，上述两种观点分别对"没有依据"采用了形式判断标准与实质判断标准。从操作层面来看，因"抵触是否直接、明显"较难把握，故形式判断标准更有助于实现裁判的统一。

（三）违反法定程序

法学范畴下的"程序"是指依一定步骤、顺序、期限、方式作出法律决定的过程。理解"违反法定程序"的关键在于界定"法"的范畴。

1. "违反法定程序"中"法"的界定

一般认为，法律、法规、规章均可纳入"违反法定程序"中"法"的范畴。但宪法、红头文件、正当程序原则应否被纳入其中，则争议较大。当前，我国的宪法解释机关只有全国人大常委会，法官无权在审判中解释宪法。尽管在审判实践中不乏援引宪法的案例，但高度抽象的宪法条文存在被随意适用的潜在危险，且我国的释宪机制尚不发达，将宪法纳入此处"法"的范畴，恐怕意义甚微。③ 至于红头文件应否被纳入"法"的范畴，否定论者认为，此类文件因制作主体零乱、形式不规范而极易导致适用冲突④，故不宜纳入。肯定论者则指出，此类文件在客

---

① 参见梁君瑜：《论行政诉讼中的确认无效判决》，载《清华法学》2016 年第 4 期，第 142 页。

② 江必新、梁凤云：《行政诉讼法理论与实务》，法律出版社 2016 年版，第 1694－1695 页。

③ 参见章剑生：《对违反法定程序的司法审查——以最高人民法院公布的典型案件（1985—2008）为例》，载《法学研究》2009 年第 2 期，第 154 页。

④ 参见章剑生：《论行政程序违法及其司法审查》，载《行政法学研究》1996 年第 1 期，第 14 页。

观上可直接约束相对人，故应附条件地肯认其"法"的地位。① 最后，正当程序原则应否被纳入"法"的范畴？从最高人民法院的公报案例和指导性案例之立场来看，违反正当程序原则被视为"违反法定程序"②。晚近的不少观点也主张将该原则纳入"法"的范畴。③

从长远来看，基于加大监督行政权的力度考虑，对"违反法定程序"中"法"的范畴确有扩大之必要，故以上争议情形均应被纳入其中。但立足当下，欠发达的释宪机制意味着将宪法规定的程序纳入"法定程序"之意义不大，而那些不影响权利义务的红头文件所规定的程序，也因没有被争执的必要，故将其纳入"法定程序"的意义甚微。至于正当程序原则、影响权利义务的红头文件，应可纳入"法定程序"中"法"的范畴。但在判断"违反法定程序"时，正当程序原则只能在判决理由中出现，影响权利义务的红头文件若合法有效，则可在判决主文中出现。原因在于，我国法院在认定被诉行为是否违反法定程序时，其判决主文只能"依据法律、法规""参照规章""引用合法有效的其他规范性文件"（即红头文件）④。据此，法律、法规可直接作为判决主文中的依据，而规章、红头文件仅可附条件地作为判决主文中的依据——以合法有效为前提。至于正当程序原则，显然并非判决主文中的依据。

2. 违反法定程序的可能后果

违反法定程序的行政行为应否一律被撤销？答案是否定的。在旧法实施期间，尽管该法对"违反法定程序"的行政行为仅规定了撤销判决这一种判决形式，但在实践中，"违反法定程序"的行政行为却可能被

① 参见王万华：《行政程序法研究》，中国法制出版社 2000 年版，第 250 页；杨伟东：《行政程序违法的法律后果及其责任》，载《政法论坛》2005 年第 4 期，第 97 页。

② 张某银诉徐州市政府行政复议案，载《最高人民法院公报》2005 年第 3 期；陆某佐诉上海市闸北区房屋土地管理局行政裁决案，载《最高人民法院公报》2007 年第 8 期；定安城东建筑公司与定安县政府收回国有土地使用权及撤销土地证案，载《最高人民法院公报》2015 年第 2 期；射阳县红旗文工团诉射阳县文化广电新闻出版局行政许可案，载《最高人民法院公报》2018 年第 8 期；中国石化销售公司江苏盐城石油分公司诉射阳县国土资源局撤销行政许可案，载《最高人民法院公报》2021 年第 11 期；最高人民法院指导案例 38 号田某诉北京科技大学拒绝颁发毕业证、学位证案。

③ 参见朱新力：《司法审查的基准：探索行政诉讼的裁判技术》，法律出版社 2005 年版，第 381－385 页；钟瑞友：《对违反"法定行政程序"若干问题的思考》，载罗豪才主编：《行政法论丛》（第 9 卷），法律出版社 2006 年版，第 181 页。

④ 新法第 63 条与 2018 年《行诉法解释》第 100 条第 2 款。

认定为"轻微瑕疵"并适用旧法中的维持判决[①]，也可能不被纳入我国行政诉讼法中的"违反法定程序"而代之以"程序瑕疵"的定性，最终适用驳回诉讼请求判决[②]，还可能因程序违法达到了"重大且明显"的程度而适用确认无效判决。[③] 彼时的实务部门也认为，行政行为无其他违法情形，仅在文书送达上略微超期的，尽管也是违反法定程序，但法院可以不判决撤销，仅指出超期问题。[④] 综上，除被撤销以外，违反法定程序的可能后果还包括不影响行政行为的合法性、被确认无效两种。自新法实施后，该法在"违反法定程序"之外增加"行政行为程序轻微违法，但对原告权利不产生实际影响"的新类型，并对其适用确认违法判决。但在实践中，除"违反法定程序"和"程序轻微违法"外，还出现了既不被撤销又不被确认违法，而是由法院予以指正并判决驳回诉讼请求的第三种程序瑕疵类型。[⑤] 若将违反法定程序达到"重大且明显"程度的情形也考虑在内，则违反法定程序的可能后果便包括不影响行政行为的合法性、被确认违法、被撤销、被确认无效。

3. "违反法定程序"与"程序轻微违法"的甄别

根据新法第 74 条第 1 款第 2 项，行政行为程序轻微违法但对原告权利不产生实际影响的，法院将作出确认违法判决。此处的"程序轻微违法"与新法第 70 条中的"违反法定程序"存在何种关系？在 2018 年《行诉法解释》出台前，来自立法部门的观点认为：虽属程序轻微违法但对原告权利产生实际影响的，适用撤销判决；作为撤销判决适用情形

[①] 参见宜昌市妇幼保健院不服宜昌市工商行政管理局行政处罚案，载《最高人民法院公报》2001 年第 4 期。

[②] 参见北京天元伟业公司武汉分公司不服武汉市东西湖区劳动和社会保障局行政确认案，载最高人民法院行政审判庭编：《中国行政审判指导案例》（第 1 卷），中国法制出版社 2010 年版，第 212 - 216 页；祝某勇诉西丰县陶然乡政府行政登记案，载最高人民法院行政审判庭编：《中国行政审判案例》（第 3 卷），中国法制出版社 2013 年版，第 148 - 150 页。

[③] 参见俞某诉无锡市城市管理行政执法局行政处罚案，载最高人民法院行政审判庭编：《中国行政审判案例》（第 3 卷），中国法制出版社 2013 年版，第 164 - 170 页。

[④] 参见胡康生主编：《行政诉讼法释义》，北京师范学院出版社 1989 年版，第 91 - 92 页。

[⑤] 参见陈某先等诉易门县政府等行政登记案，最高人民法院（2017）最高法行申 181 号行政裁定书；熊某强诉宜昌市政府等不履行政府信息公开法定职责案，最高人民法院（2017）最高法行申 9280 号行政裁定书。

之一的"违反法定程序"可包含"程序轻微违法"，两者不是并列关系。①"程序轻微违法"的行政行为还须满足"对原告权利不产生实际影响"才可适用确认违法判决。但这种观点并未勾勒出"程序轻微违法"的边界，只是简单地将其归入广义的违反法定程序之范畴中。相比而言，在可适用撤销判决这一层意义上，将"违反法定程序"理解为程序一般违法（介于程序轻微违法与程序重大且明显违法之间），或许更有利于厘清"违反法定程序"与"程序轻微违法"的界限。一种可行的思路如下："违反法定程序"意味着已对相对人的程序性权利造成损害，而"程序轻微违法"不损害程序性权利；同时，鉴于新法第 74 条对"程序轻微违法"与"对原告权利不产生实际影响"这两个要件采取了并列表述的逻辑，故后者中的"权利"应被限缩解释为实体性权利，以避免两个要件发生重合。②

为填补新法未界定"程序轻微违法"的遗憾，2018 年《行诉法解释》第 96 条规定，有下列情形之一且对原告依法享有的听证、陈述、申辩等重要程序性权利不产生实质损害的，属于"程序轻微违法"：（1）处理期限轻微违法；（2）通知、送达等程序轻微违法；（3）其他程序轻微违法的情形。本条表面上为判定"程序轻微违法"设置了两个要件，但由于"有下列情形之一"只是对程序轻微违法情形的不完全列举，故对"重要程序性权利不产生实质损害"才是判定的关键。来自实务部门的观点是，"不产生实质损害"是指不影响当事人意见的依法阐述和有效表达。③ 反之，关于对重要程序性权利已产生实质损害的程序违法情形，最高人民法院行政庭在其释义书中指出，这应指违反正当程序原则的情形，包括未依法举行听证、未遵守回避原则、未听取利害关系人的陈述

① 参见全国人大常委会法制工作委员会行政法室编著：《中华人民共和国行政诉讼法解读》，中国法制出版社 2014 年版，第 196、205 页。
② 参见梁君瑜：《行政程序瑕疵的三分法与司法审查》，载《法学家》2017 年第 3 期，第 50 页。也有不同的观点认为，新法第 74 条对"程序轻微违法"与"对原告权利不产生实际影响"采取的表述逻辑有误，二者应是解释关系："对原告权利不产生实际影响"是"程序轻微违法"的认定标准。参见胡建淼：《行政诉讼法学》，法律出版社 2019 年版，第 469 页。
③ 参见梁凤云：《行政诉讼法司法解释讲义》，人民法院出版社 2018 年版，第 263 页。

或申辩等。①

（四）超越职权

超越职权是指行政主体突破法定职权范围，行使了本不该由其行使的职权。此处的"职权"既包括管辖权，也包括处理权。前者是指行政机关对特定领域事务的主管权力，后者则指行政机关对特定事项作出某种方式之处理的权力。② 在具体类型方面，有观点认为，超越职权包括根本没有行政主体资格，超越事务管辖权、地域管辖权或级别管辖权，超越法定的具体职权等。③ 不同的观点则指出，超越职权的前提是行为主体具备行政主体资格，否则，不构成超越职权，而应属于无效行政行为且应适用确认无效判决。④ 尽管在学理层面，第二种观点将没有行政主体资格者实施的行为一律纳入无效行政行为，颇值得商榷⑤，但新法第 75 条已明确规定，对"实施主体不具有行政主体资格"的行政行为适用确认无效判决，故相较第一种观点而言，第二种观点依然更合理。

1. 超越职权的类型

超越职权的常见类型可归纳如下：（1）超越事务管辖权，即甲行政机关行使了乙行政机关的职权，例如，民政局处罚违法建筑的所有人。至于行政机关在未获法律、法规授权之情况下行使立法机关、司法机关等其他国家机关职权的⑥，一般也被认为构成超越职权。⑦ （2）超越级别管辖权，即下级行政机关行使了上级行政机关的职权。例如，根据

---

① 参见最高人民法院行政审判庭编著：《最高人民法院行政诉讼法司法解释理解与适用》，人民法院出版社 2018 年版，第 445 页。

② 参见何海波：《行政行为的合法要件——兼议行政行为司法审查根据的重构》，载《中国法学》2009 年第 4 期，第 68 页。

③ 参见信春鹰主编：《中华人民共和国行政诉讼法释义》，法律出版社 2014 年版，第 189 页。

④ 参见江必新、邵长茂：《新行政诉讼法修改条文理解与适用》，中国法制出版社 2015 年版，第 264 页。

⑤ 参见梁君瑜：《论行政诉讼中的确认无效判决》，载《清华法学》2016 年第 4 期，第 140－141 页。

⑥ 有学者称此为"无权限性的越权行为"或"职权僭越"。参见罗豪才主编：《中国司法审查制度》，北京大学出版社 1993 年版，第 393 页；江必新主编：《中华人民共和国行政诉讼法理解适用与实务指南》，中国法制出版社 2015 年版，第 328 页。

⑦ 参见最高人民法院《行政诉讼法》培训班编：《行政诉讼法专题讲座》，人民法院出版社 1989 年版，第 203 页。

《土地管理法》第 14 条第 2 款，单位之间的土地所有权和使用权争议，由县级以上政府处理。若乡级政府对此作出处理，则构成超越级别管辖权。值得思考的是，当上级行政机关行使了下级行政机关的职权时，是否构成超越级别管辖权？早期的观点认为，因上、下级行政机关之间存在隶属关系，故原则上应允许上级机关在必要时代行下级机关的职权（即不构成超越级别管辖权），但在法律、法规明确规定某职权由下级机关行使时除外。[①] 近年则有不同的观点指出，上级机关代行下级机关的职权，可能破坏政府层级之间的正常分工，有损行政的连续性和可预期性，故原则上应禁止（即构成超越级别管辖权）。[②] 在李某芝诉北京市昌平区政府不履行法定职责案中，上级机关被禁止代行下级机关的职权。最高人民法院行政庭为该案编写的"裁判要旨"指出："人民政府不得违法行使其所属工作部门的法定职权。"[③] （3）超越地域管辖权，即甲地行政机关行使了应由乙地行政机关行使的职权。例如，《行政处罚法》第 22 条规定："行政处罚由违法行为发生地的行政机关管辖。法律、行政法规、部门规章另有规定的，从其规定。"若法律、行政法规、部门规章未另有规定，而违法行为发生地以外的行政机关实施了行政处罚，则构成超越地域管辖权。（4）超越法定的处理权，即行政机关虽在其对应的事务、级别、地域管辖权范围内活动，但突破了法律规范所赋予的处理权。例如，根据《治安管理处罚法》第 91 条，公安派出所有权以自己的名义作出警告、500 元以下罚款的决定。若某派出所以自己的名义作出 600 元罚款或行政拘留的决定，则构成超越法定的处理权。

2. "超越职权"与"不具有行政主体资格"的甄别

根据新法第 75 条，行政行为实施主体不具有行政主体资格的，构成"重大且明显违法"，法院将作出确认无效判决。其中，对"实施主体不具有行政主体资格"该如何理解？对这个问题不妨转述如下：此处的"实施"究竟是行为意义上的抑或责任归属意义上的。假设是行为意义上的实施，则当实施主体不具有行政主体资格时，实施主体的背后还可能存在法律责任的归属主体。只要存在该责任归属主体且其具备行政主体

---

① 参见罗豪才主编：《中国司法审查制度》，北京大学出版社 1993 年版，第 390 页。

② 参见何海波：《行政诉讼法》，法律出版社 2022 年版，第 300 - 301 页。

③ 最高人民法院行政审判庭编：《最高人民法院行政裁判要旨及评述》（第 1 卷），人民法院出版社 2019 年版，第 122 页。

资格，就不影响系争行为的行政行为属性。此时，一律将系争行为认定为无效行政行为，恐难成立。假设是责任归属意义上的实施，则当实施主体不具有行政主体资格时，该行为因缺乏行政性而根本不是行政行为（即行政行为并未成立），自然也不可能构成无效行政行为。因此，无论对"实施"采取何种理解，新法第 75 条都难以自洽。尽管有观点尝试作出解释："实施主体不具有行政主体资格"更多是指法律、法规、规章授权组织的行为，该组织在授权范围内才具有行政主体资格，超出授权范围作出的行政行为将被认定为无效①，但是，2000 年《行诉法解释》第 20 条第 3 款和 2018 年《行诉法解释》第 20 条第 2 款都规定，法律、法规、规章授权组织超出法定授权范围实施行政行为的，仍以该组织为被告。据此，若按照上述观点，则会推出"不具有行政主体资格的组织也能成为我国行政诉讼适格被告"之结论。这显然与学界的主流认识不符。②

实践中，法院混淆"超越职权"与"不具有行政主体资格"的案件时有发生。在彭某诉哈密市国土资源监察大队行政处罚案中，法院认为，被告是行政机关的内设机构且无法律、法规授权，其以自己名义对外行使行政处罚权属超越职权。显然，法院并未意识到被告不适格的问题。最高人民法院行政庭为该案编写的"裁判要旨"指出："行政机关内设机构在没有法律、法规授权的情况下，以自己的名义对外实施行政处罚，属超越职权……"③ 但事实上，该案被告并不具备行政主体资格，按照当时的 2000 年《行诉法解释》第 20 条第 2 款④，正确的做法应是以监察大队所属的行政机关为被告。而在陈某诉徐州市泉山区城市

---

① 参见最高人民法院行政审判庭编著：《最高人民法院行政诉讼法司法解释理解与适用》，人民法院出版社 2018 年版，第 457 页。

② 参见姜明安主编：《行政法与行政诉讼法》，北京大学出版社、高等教育出版社 2019 年版，第 452 页；林莉红：《行政诉讼法学》，武汉大学出版社 2020 年版，第 114 页；何海波：《行政诉讼法》，法律出版社 2022 年版，第 217 页。

③ 最高人民法院行政审判庭编：《中国行政审判案例》（第 4 卷），中国法制出版社 2012 年版，第 155 - 158 页。

④ 该款规定："行政机关的内设机构或者派出机构在没有法律、法规或者规章授权的情况下，以自己的名义作出具体行政行为，当事人不服提起诉讼的，应当以该行政机关为被告。"尽管该款内容未被 2018 年《行诉法解释》所保留，但其仍可纳入后者第 20 条第 1 款规定的情形中，即"行政机关组建并赋予行政管理职能但不具有独立承担法律责任能力的机构，以自己的名义作出行政行为，当事人不服提起诉讼的，应当以组建该机构的行政机关为被告"。

管理局行政处罚案中，法院便采纳了上述正确做法。该案法院指出，尽管被诉行为是以"城市环境综合整治指挥部"的名义作出，但该指挥部是泉山区城市管理局自行设立的内部工作协调机构，其不具备行政诉讼被告资格，故应以城市管理局作为适格被告。[①]

（五）滥用职权

"滥用职权"一词本具有广泛的含义，凡是行政机关未合法行使其职权的情形皆属于权力滥用。[②] 在日常用语中，"滥用职权"往往被视为"违法行使公权力"的代名词。正如有观点所言，其完全可以和"违法"一词互换使用。[③] 但在我国行政诉讼法的语境下，"滥用职权"和新法第 70 条中的其他五项审查标准呈现并列关系，故日常用语中的理解应予摒弃。基于此，滥用职权应是指行政主体在法定权限范围内，基于不合法动机而故意作出违背法律目的的不公正、不合理的行政行为。当前，我国的立法及司法解释未规定滥用职权的具体表现形式。实践中，法院在认定"滥用职权"时所采取的标准及事由繁杂多样。如此一来，学者通过考察相关案例后得出的"滥用职权"的具体表现形式，难免存在不周延、划分标准凌乱、内容交叉重叠、自说自话等特征。诸如目的不正当、不考虑相关因素、考虑了无关因素、相同情况不同对待、不同情况相同对待、徇私枉法、打击报复、反复无常、恣意任性、违反比例原则、不合理的迟延等，都被认为是"滥用职权"的具体表现形式。

1. 未突破法定职权范围

关于滥用职权必须"未突破法定职权范围"，学界早已达成共识。[④] 据此，"滥用职权"一定不构成"超越职权"。但从早期的司法实践来看，法院在认定"滥用职权"时，并未严格遵循上述共识。在谢某新诉永和乡政府违法要求履行义务案中，法院认为，被诉行为"具有任意性和随意性"，且某些收费项目还存在"重复提起""强行摊派"等违法情

---

① 参见《最高人民法院公报》2003 年第 6 期。

② 参见林莉红：《行政诉讼法学》，武汉大学出版社 2020 年版，第 217 页。

③ 参见施立栋：《被滥用的"滥用职权"——行政判决中滥用职权审查标准的语义扩张及其成因》，载《政治与法律》2015 年第 1 期，第 99 页。

④ 参见罗豪才主编：《行政审判问题研究》，北京大学出版社 1990 年版，第 293-294 页；应松年主编：《行政诉讼法》，中国政法大学出版社 1994 年版，第 260 页。

形，既属于滥用职权，又属于超越职权。① 在路某伟不服靖远县政府行政决定案中，法院认为，被告乐于管"不属于自己管的事"，用"于法无据的独特关系去影响他人，去为他人设定新的权利义务，去妨碍他人的合法权益……不仅超越职权，更是滥用职权"②。之所以产生同时认定"滥用职权"与"超越职权"的现象，归根结底是由于部分法院仅以"滥用"或"职权"中的一项来界定"滥用职权"。这种裁判逻辑导致一些滥用行为被定性为"滥用职权"而不深究行为主体有无相应权限、一些无权限或越权行为被定性为"滥用职权"而不考量行为主体是否违反法律目的或有无"滥用"意图。③ 例如，在王某萍诉中牟县交通局行政赔偿案中，尽管法院未出现"既超越职权又滥用职权"的评价，但基于当事人对扣车决定并无异议，法院在不予审查该决定之合法性（包括未审查"是否越权"）的情况下，就直接得出"执行暂扣车辆决定时的这种行政行为，不符合合理、适当的要求，是滥用职权"之结论。④

从近年的司法实践来看，法院在认定"滥用职权"时更契合学界共识——强调以"有权限"为前提。在定安城东建筑公司与定安县政府收回国有土地使用权及撤销土地证案中，法院认为，涉案土地使用权证"当初未填写土地用途，并非城东公司的原因所致，本可以补正方式解决，县政府却以此为由"作出撤证决定，属于滥用职权。⑤ 亦即被告有撤证权限，但无撤证必要。在刘某务诉太原市公安局交警支队晋源一大队行政强制案中，法院认为，被告"有依法扣留的职权"，但"扣留车辆属于暂时性的行政强制措施，不能将扣留行为作为代替实体处理的手段……扣留涉案车辆后，既不积极调查核实车辆相关来历证明，又长期扣留涉案车辆不予处理，构成滥用职权"⑥。一言以蔽之，滥用职权的前提是拥有这项职权。在崔某书诉丰县政府行政允诺案中，法院认为："基于保护公共利益的需要，赋予行政主体在解除和变更中的相应的优

---

① 参见《最高人民法院公报》1993 年第 1 期。

② 《最高人民法院公报》2002 年第 3 期。

③ 参见周佑勇：《司法审查中的滥用职权标准——以最高人民法院公报案例为观察对象》，载《法学研究》2020 年第 1 期，第 54—56 页。

④ 参见《最高人民法院公报》2003 年第 3 期。

⑤ 参见《最高人民法院公报》2015 年第 2 期。

⑥ 《最高人民法院公报》2017 年第 2 期。

益权固然必要，但行政主体不能滥用优益权。"① 该案同样是将"有权限"作为"滥用职权"的前提。

2. 存在主观故意

关于滥用职权是否须存在主观故意，早期主要有三种观点：（1）未强调故意，甚至不强调行政主体的主观状态。这种观点认为，滥用职权是在职权范围内违反行政合理性原则的自由裁量行为，但轻微不合理与一般不当不构成滥用职权。②（2）强调行政主体的主观状态，但不以故意为限。这种观点指出，滥用职权强调行政机关在主观方面"违法"，即违反法定目的③，具体是指行政机关在权限范围内"不正当地行使职权，不符合法律授予这种权力的目的"④。而故意与过失都可能导致违反法定目的。诸如"违反法定目的""目的不正当"的评价拉开了滥用职权之主观审查的序幕。（3）强调滥用职权须存在主观故意。⑤

近年随着新法第 70 条在"滥用职权"之外增加"明显不当"作为并列的审查标准，上述第三种观点成为主流。例如，有观点认为，在引入"明显不当"标准后，滥用职权应当包含主观恶意，而"出于不正当动机行使权力""极端轻率任性、不负责任的行为"都属于"恶意"的范畴。⑥ 这两种"恶意"情形大致可类比于刑法上的直接故意与间接故意。应当说，在旧法时期，尽管"显失公正"标准可针对因过失导致的不当行为，但无奈"显失公正"仅适用于行政处罚，为了对行政处罚以外的因过失导致的不当行政行为予以审查，当时的"滥用职权"标准不得不从"主观故意"扩展到"所有不合理"的行为；而在新法引入"明

---

① 《最高人民法院公报》2017 年第 11 期。

② 参见朱新力：《行政滥用职权的新定义》，载《法学研究》1994 年第 3 期，第 34 页。

③ 参见江必新主编：《新行政诉讼法专题讲座》，中国法制出版社 2015 年版，第 261 页。

④ 胡康生主编：《行政诉讼法释义》，北京师范学院出版社 1989 年版，第 92 页；黄杰主编：《行政诉讼法释论》，中国人民公安大学出版社 1989 年版，第 120 页。

⑤ 参见罗豪才主编：《中国司法审查制度》，北京大学出版社 1993 年版，第 406 页；袁明圣：《对滥用职权与显失公正行为的司法审查》，载《法律科学》1996 年第 6 期，第 19 页；关保英：《论行政滥用职权》，载《中国法学》2005 年第 2 期，第 61 页。

⑥ 参见何海波：《论行政行为"明显不当"》，载《法学研究》2016 年第 3 期，第 78 页。

显不当"标准后,"滥用职权"标准便应回归至主观故意的范畴。①

3. 限于滥用自由裁量权

关于滥用职权是否限于滥用自由裁量权,主要有三种观点:(1)限于滥用自由裁量权中的实体裁量领域。这种观点认为,实务中的滥用程序裁量大多可归入"违反法定程序",而事实认定问题与法律适用问题亦各自存在其审查标准,因此,"把滥用职权限于滥用实体裁量,更能照顾审查标准体系的和谐"②。(2)限于滥用自由裁量权,包括实体裁量与程序裁量。这种观点认为,滥用职权即滥用自由裁量权,"程序上的滥用职权"或"行为程序选择上的自由裁量权"也在此列。③ (3)不限于滥用自由裁量权。这种观点认为,滥用职权包括滥用自由裁量权与滥用羁束裁量权。④ 实践中,由于作为审查标准的"滥用职权"被泛化解读,其在客观上已超出滥用自由裁量权的范畴。但从应然角度来看,考虑到新法第70条的各项审查标准之间应有合理分工,相比而言,上述第一种观点更值得推广。

实践中,有两种情形值得注意,它们涉及"滥用职权"与"违反法定程序"之间的区别适用问题。其一,行政主体严重逾期作出行政行为的,应否被认定为滥用职权?在潘某泉诉新沂市公安局行政处罚案中,法院认为,被告对同案的其他违法相对人作出行政处罚后,时隔将近十年才对原告作出行政处罚,这违反了法定程序,亦属滥用职权。⑤ 其二,违反正当程序原则的行政行为应否被认定为滥用职权?在临清市鲁信面粉公司诉山东省政府行政复议案中,法院认为,违背正当程序原则的,构成违反法定程序。最高人民法院行政庭为该案编写的"裁判要旨"进一步指出:"违背正当程序原则,构成违反法定程序或滥用职权

---

① 参见周佑勇:《司法审查中的行政行为"明显不当"标准》,载《环球法律评论》2021年第3期,第30-31页。

② 何海波:《行政诉讼法》,法律出版社2022年版,第345页。

③ 参见胡建淼:《有关行政滥用职权的内涵及其表现的学理探讨》,载《法学研究》1992年第3期,第13-14页;朱新力:《行政滥用职权的新定义》,载《法学研究》1994年第3期,第31、34页。

④ 参见江必新主编:《新行政诉讼法专题讲座》,中国法制出版社2015年版,第263页。

⑤ 参见最高人民法院行政审判庭编:《中国行政审判案例》(第4卷),中国法制出版社2012年版,第125-130页。

（程序滥用）。"① 然而，上述典型案件将程序违法之行为定性为"滥用职权"，颇值得商榷。基于审查标准之间的衔接与和谐考虑，上述两种情形均不应被认定为滥用职权，而是可借助"程序轻微违法""违反法定程序""重大且明显违反法定程序"等标准进行评价。

（六）明显不当

关于将"明显不当"增设为撤销判决适用情形的原因，学界有诸多讨论，这包括但不限于以下几点：（1）与当时有效的《行政复议法》（2009 年）第 28 条中的"明显不当"保持术语一致②；（2）让"滥用职权"回归主观审查范畴③；（3）在法院由于"滥用职权"的主观审查操作较难、可能与刑法中"滥用职权罪"勾连等原因而甚少适用"滥用职权"标准的现实条件下④，试图为法院提供一种补充性的审查标准。

1."明显不当"的适用范围

除撤销判决外，新法第 77 条关于变更判决的规定也出现"明显不当"字眼，即行政处罚明显不当的，法院可以判决变更。那么，撤销判决与变更判决中的两个"明显不当"在适用范围上一致吗？有观点认为，"明显不当"包括内容不当与程序不当，因程序不当一般无法被变更，故撤销判决中的"明显不当"应指除第 77 条以外的情形，特别是程序不当。⑤ 不同的观点则指出，基于体系解释，两个"明显不当"应属一致。⑥ 应当说，同一部法律中的相同术语须尽量避免出现不同的含

① 最高人民法院行政审判庭编：《中国行政审判案例》（第 4 卷），中国法制出版社 2012 年版，第 131－135 页。

② 参见马怀德主编：《新编中华人民共和国行政诉讼法释义》，中国法制出版社 2014 年版，第 331 页。

③ 参见何海波：《论行政行为"明显不当"》，载《法学研究》2016 年第 3 期，第 78 页；周佑勇：《司法审查中的行政行为"明显不当"标准》，载《环球法律评论》2021 年第 3 期，第 31 页。

④ 参见余凌云：《对行政机关滥用职权的司法审查——从若干判案看法院审理的偏好与问题》，载《中国法学》2008 年第 1 期，第 29、32 页；信春鹰主编：《中华人民共和国行政诉讼法释义》，法律出版社 2014 年版，第 189 页；应松年主编：《〈中华人民共和国行政诉讼法〉修改条文释义与点评》，人民法院出版社 2015 年版，第 224 页；姜明安主编：《行政法与行政诉讼法》，北京大学出版社、高等教育出版社 2019 年版，第 530 页。

⑤ 参见林莉红：《行政诉讼法学》，武汉大学出版社 2020 年版，第 219 页。

⑥ 参见章剑生：《现代行政法总论》，法律出版社 2019 年版，第 507 页。

义及适用范围。针对程序明显不当的行政行为，将其撤销并无理论障碍，但将其变更则无法实现。这是因为变更判决具有直接性，无须被告再依法院之见解而作出行为，而对于已经历的程序顶多可能"责令重作"，不可能"变更"。从体系解释出发，既然两个"明显不当"应属一致，那么，可撤销的"明显不当"就只能受限于和可变更的"明显不当"同样的适用范围，即二者均不包含程序不当。

由于撤销判决与变更判决在传统理解中分别指向行政行为的合法性审查与合理性审查问题，若两个"明显不当"一致，则会陷入"明显不当"究竟属合法性审查标准抑或合理性审查标准的争论。事实上，所谓争论也只是理解角度不同。"明显不当"应属合理性审查标准，同时被纳入实质合法性审查的范畴，二者并不冲突。[1] 申言之，旧法第5条规定："人民法院审理行政案件，对具体行政行为是否合法进行审查。"这表明我国确立了行政诉讼中的合法性审查原则。同时，旧法第54条第4项规定："行政处罚显失公正的，可以判决变更。"由于在当时可判决变更的行政行为仅限行政处罚一种，故第54条第4项被理解为例外的合理性审查情形。尽管新法在"总则"部分的第6条保留了合法性审查原则，但该法第70条有关撤销判决的适用情形新增一项行政行为"明显不当"、第77条有关变更判决的适用情形亦出现"行政处罚明显不当"的新表述，这使得有关合法性审查原则的传统理解遭受冲击。若固守形式法治观的传统理解，则合法性审查原则虽可容纳新法第77条"行政处罚明显不当"这一例外，但在第70条第6项将"明显不当"所评价的对象扩展至所有行政行为后，合理性审查与合法性审查的"分庭抗礼"便成为事实，故再难以"例外—原则"的关系来描述这两种审查标准。为缓解新法第70条第6项与"总则"第6条的紧张关系，一种主张"在坚守合法性审查原则的同时扩大解释'合法性'之意涵，将'明显不当'纳入违法范畴"的观念（即实质法治观）被提倡。应当说，"明显不当"在撤销判决的适用情形中被肯定，彰显了我国行政诉讼制度在审查标准上的巨大发展，尽管仍奉行合法性审查原则，但"合法性"的内涵已发生改变，即由机械的形式合法性转向了灵活的实质合

---

[1] 参见梁君瑜：《行政诉讼变更判决的适用范围及限度》，载《法学家》2021年第4期，第87-88页。

法性。①

实践中，"明显不当"可能被用于审查程序问题②，且从语词表达来看，以"明显不当"描述程序、事实、法律问题本无障碍。但是，这显然忽略了行政诉讼审查标准体系的整体和谐，也对某些问题是否存在"当"与"不当"有欠考量。首先，前已述及，程序问题不存在被变更的可能性，故该问题不在新法第 77 条"明显不当"的射程之内。基于体系解释，该问题自然也不属于新法第 70 条"明显不当"的适用范围。其次，事实问题、法律问题各自存在"主要证据不足""适用法律、法规错误"的审查标准。这两项标准在历经三十余年的行政审判实践后已由法院形成一定共识，且通过撤销（含责令重作）判决并非不可为原告提供救济。此时，再掺杂"明显不当"标准，恐将引发与前述两项标准之间的选择疑难。另外，针对权限问题能否适用"明显不当"标准？权限问题大致可分为越权与滥权两类。就前者而言，是否越权乃非此即彼之判断，故不存在"当"与"不当"，且对其亦有"超越职权"的审查标准。就后者而言，是否滥权已有"滥用职权"的审查标准，而该标准的客观方面指向"不合理的处理结果"，这与"明显不当"相同，故在后文中须进一步甄别。学界较为主流的观点是，"明显不当"最好被理解为针对行政行为实体裁量问题的审查标准，亦即"裁量空间内的处理结果明显不当"才是新法所说的"明显不当"，如此可确保不同审查标准之间既有区分又可衔接，且照顾了整个审查标准体系的和谐。③ 来自立法部门的观点也认为，对"明显不当"不能作过宽理解，将其界定为被诉行政行为结果的畸轻畸重为宜。④

2. "明显不当"与"滥用职权"的甄别

"明显不当"与"滥用职权"不易区分。二者的客观方面都体现为"不公正、不合理的结果"，在具体表现形式上多有重合。而且，二者在

---

① 参见应松年主编：《〈中华人民共和国行政诉讼法〉修改条文释义与点评》，人民法院出版社 2015 年版，第 226 页。

② 在最高人民法院指导案例 88 号张某文、陶某等诉四川省简阳市政府侵犯客运人力三轮车经营权案中，法院认为："简阳市政府 1996 年的经营权许可在程序上存在明显不当，直接导致与其存在前后承继关系的本案被诉行政行为的程序明显不当"。

③ 参见何海波：《行政诉讼法》，法律出版社 2022 年版，第 337 页。

④ 参见全国人大常委会法制工作委员会行政法室编著：《中华人民共和国行政诉讼法解读》，中国法制出版社 2014 年版，第 197 页。

裁判说理上有相似之处。同样是以"违反比例原则"进行说理，但法院的结论有时为"明显不当"[1]，有时为"滥用职权"[2]。

早在新法出台前，就有观点指出："既然滥用职权标准以主观过错为构成要件，那么采纳'明显不当'，就意味着不一定追问主观上是否存在问题，从而与'滥用'区别。"[3] 在新法将"滥用职权"与"明显不当"作为并列的审查标准后，学界对二者进行甄别时，主要形成了三种观点：（1）从主观方面存在故意抑或过失出发，认为"滥用职权"须存在主观故意，过失无法构成，而"明显不当"指向非故意的行为。[4] 按照这种观点，"明显不当"与"滥用职权"互不包含。（2）从考察角度为主观角度抑或结果角度出发，主张"滥用职权"乃基于主观角度，而"明显不当"乃基于结果角度。[5] 申言之，前者侧重于行政机关的主观是否有恶意，后者则关注被诉行为结果的可接受性。[6] 在此基础上，有学者进一步指出："'明显不当'并不要求行政机关主观上存在过错，而是仅从行政行为在外观上存在不当进行判定，适用于那些主观意图无法判定或主观上并无过错的情形。"[7] 依此逻辑，"明显不当"因在主观

---

[1] 陈某诉济南市城市公共客运管理服务中心行政处罚案，载《最高人民法院公报》2018年第2期；郑某华不服莆田市建设局行政裁决案，载最高人民法院行政审判庭编：《中国行政审判案例》（第3卷），中国法制出版社2013年版，第133-136页。另外，在苏州鼎盛食品公司不服苏州市工商局行政处罚案中，法院指出："行政处罚以达到行政执法目的和目标为限，并尽可能使相对人的权益遭受最小的损害"。这实则指向比例原则中的第二个子原则——必要性（最小损害）原则。法院最终得出"构成显失公正"的结论（参见《最高人民法院公报》2013年第10期）。而"显失公正"与"明显不当"同义。

[2] 刘某务诉太原市公安局交警支队晋源一大队行政强制案，载《最高人民法院公报》2017年第2期。尽管该案的再审判决书未出现"比例原则"字眼，但其提到"对……相对人可以采用多种方式实现行政目的时，在足以实现行政目的的前提下，应尽量减少对相对人权益的损害"，这实则指向比例原则中的必要性（最小损害）原则。

[3] 沈岿：《行政诉讼确立"裁量明显不当"标准之议》，载《法商研究》2004年第4期，第34页。

[4] 参见林莉红：《行政诉讼法学》，武汉大学出版社2020年版，第218-219页。

[5] 参见姜明安主编：《行政法与行政诉讼法》，北京大学出版社、高等教育出版社2019年版，第530页。

[6] 参见章剑生：《现代行政法总论》，法律出版社2019年版，第490页。

[7] 周佑勇：《司法审查中的滥用职权标准——以最高人民法院公报案例为观察对象》，载《法学研究》2020年第1期，第60页。

方面具备更多可能性而包含"滥用职权"，"滥用职权"则被用于规制"明显不当"审查标准中的那些具有主观故意的不当行政行为。[1] 显然，这种观点会导致"明显不当"成为"滥用职权"的上位概念，从而有悖于新法第 70 条的并列表述逻辑。（3）倡导对"滥用职权"去主观化，这种观点的核心理由是"滥用职权"的主观色彩可能导致该标准被虚置，法院的审理偏好将会以"明显不当"架空"滥用职权"[2]。应当说，考虑到"滥用职权须存在主观故意"的观点在我国理论界与实务界均获得广泛认同，短期内较难被撼动，且对"明显不当"的适用同样存在主观审查——查明主观上非故意，故"滥用职权"的主观化与否，并非法院审理偏好的成因。综上，第一种观点更值得推广。

四、撤销判决的适用结果

判决的适用结果，主要涉及判决的具体形式与判决效力两部分内容。撤销判决的主判决形式包括全部撤销与部分撤销，而从判决形式即责令重作。2000 年《行诉法解释》第 59 条第 2 项曾将"责令被诉行政机关采取相应的补救措施"作为判决撤销后可附带的处理手段。但 2018 年《行诉法解释》未沿用上述规定，而新法第 76 条将"判决责令被告采取补救措施"的主判决调整为确认违法判决与确认无效判决，不再包含撤销判决。撤销判决的效力主要包括形成力、既判力、拘束力，若附带作出责令重作判决，则责令重作的部分还具有执行力。其中，形成力是让被诉行政行为溯及既往地消灭，恢复到该行为作出前的法律状态，即直接形成"消灭行政行为的状态"。既判力作用于当事人及法院，具体表现为积极面向的禁止矛盾裁判与消极面向的禁止重复起诉。但既判力无法禁止被告基于同一事由作出与原先被撤销行为（基本）相同的行政行为。换言之，禁止重复起诉对被告而言无关痛痒，后者不能也不必借助"起诉"的方式就可通过运用行政权来逃避判决义务。对此，拘束力恰恰可发挥重要作用。拘束力作用于被诉行政主体与相关行政主

---

① 参见周佑勇：《司法审查中的行政行为"明显不当"标准》，载《环球法律评论》2021 年第 3 期，第 31 页。但该文又指出，明显不当审查的是"'滥用职权'审查标准适用范畴以外的不当行政行为"。如此一来，"明显不当"与"滥用职权"就应该互不包含。

② 余凌云：《论行政诉讼上的合理性审查》，载《比较法研究》2022 年第 1 期，第 160 页。

体，具体表现为积极面向的撤销矛盾行为、重新处理与消极面向的禁止反复。[①] 其中，禁止反复是指禁止被告基于同一事由作出与原先被撤销行为（基本）相同的行政行为。执行力主要存在于给付类判决，其课予被告作为义务。责令重作判决因课予被告重新作为的义务，故而也具有执行力。考虑到在我国的行政诉讼法规范体系中，有关判决效力的规定仍相对稀缺，仅涉足既判力中的禁止重复起诉、拘束力中的禁止反复效力等，下文不再专门就判决效力作学理层面的展开。

（一）全部撤销与部分撤销

通常所说的"判决撤销被诉行政行为"即全部撤销，这意味着该行为的效力被溯及既往地消灭且其违法性被确认。相比而言，部分撤销针对具有可分性的行政行为，且不影响该行为其余部分的效力。上述"可分性"往往表现为被诉行为包含多项影响相对人合法权益的处理或在处理幅度上可作调整。前者如最高人民法院指导案例 76 号萍乡市亚鹏房地产公司诉萍乡市国土资源局不履行行政协议案，一审法院判决的第二项内容属于部分撤销，具体如下："撤销被告萍乡市国土资源局于 2013 年 2 月 21 日作出的《关于对市亚鹏房地产开发有限公司 TG‐0403 号地块有关土地用途的答复》中第二项补交土地出让金 208.36 万元的决定。"[②] 后者如谢某新诉永和乡政府违法要求履行义务案，法院判决的第一项内容属于部分撤销，具体如下："撤销被告永和乡人民政府对原告谢某新作出的 1992 年农民负担通知中超额部分。"[③]

实践中，部分撤销判决与变更判决有时不易区分。在苏州鼎盛食品公司不服苏州市工商局行政处罚案中，法院以行政处罚显失公正为由，判决变更被诉行政处罚决定中的"1. 责令停止侵权行为，2. 罚款人民

[①] 参见王贵松：《行政诉讼判决对行政机关的拘束力——以撤销判决为中心》，载《清华法学》2017 年第 4 期，第 103 页。

[②] 另外，还可参见吉某仁等诉盐城市政府行政决定案，载《最高人民法院公报》2003 年第 4 期（该案法院判决："撤销盐城市政府第 13 号《专题会议纪要》第五条中'城市公交在规划区内开通的若干线路，要保证正常营运，继续免交有关交通规费'的决定。"）；宋某莉诉宿迁市建设局行政裁决案，载《最高人民法院公报》2004 年第 8 期〔该案法院判决："维持宿迁市建设局宿建裁字（2003）26 号裁决中的第（一）项；撤销裁决书中的第（二）项、第（三）项、第（四）项。"〕。

[③] 《最高人民法院公报》1993 年第 1 期。

币 50 万元"为"责令停止侵权行为"①。由于"责令停止侵权行为"属于责令改正的范畴，并非行政处罚，故该案法院虽适用变更判决，但实则撤销了行政处罚的内容，将其理解为对整份行政决定书的部分撤销亦无不可。

（二）责令重作

责令重作并非独立的判决形式，而是撤销判决的从判决。这包含三层含义：（1）若法院未判决撤销，则不得判决责令重作；（2）法院在判决撤销时，并非必须判决责令重作，这须结合个案的具体情况来判断；（3）责令重作判决的适用对象与适用情形，应与其依附的撤销判决保持一致，但被诉行政行为因超越事务、级别或地域管辖权而被判决撤销时，法院不得判决责令重作，因为一旦重作，被告仍将构成"超越职权"。

1. "可以"判决责令重作

关于责令重作判决的适用，新法第 70 条的规定是"可以判决被告重新作出行政行为"，亦即法院对于是否判决责令重作，享有一定的裁量空间。即便原告的诉讼请求为"撤销"而不含"责令重作"，但法院基于责令重作的必要性考虑，仍可判决撤销并责令重作。例如，原告诉请撤销行政处罚行为，法院审查发现被诉行为违反法定程序，但在事实认定、规范适用、权限行使、处理结果方面均正确，对原告确有必要重新考虑处罚的，可在判决撤销时责令被告重作。

2. 责令重作判决的内容

责令重作判决蕴含司法权与行政权分立的理念。原则上，法院应尊重行政主体的首次判断权。若行政主体未作出判断或判断有误，则法院顶多可从反面否定行政主体的错误判断、责令行政主体重新作出判断（必须做），而不能限定行政主体重新作出判断的具体内容（怎么做），更不能在判决中直接代替行政主体作出判断（代替做）。因此，一般认为，责令重作判决在内容上只是笼统地判决被告重新作出处理。至于具体怎么处理，由被告自行决定，法院不作干预。但是，从我国相关司法解释与司法实践的情况来看，责令重作判决也可能体

---

① 《最高人民法院公报》2013 年第 10 期。

现出法院对行政主体的干预。其干预程度犹如渐变的"光谱",可能是提示被告"参照"法院的裁判意旨重作,也可能是直接限定被告重作的具体内容。

首先,在相关司法解释方面,《行政许可审理规定》第 11 条规定:"人民法院审理不予行政许可决定案件,认为原告请求准予许可的理由成立,且被告没有裁量余地的,可以在判决理由写明,并判决撤销不予许可决定,责令被告重新作出决定。"本条对于被告裁量权缩减至零的情形,只是责令被告重新作出决定,虽将相关情况"在判决理由写明",但与直接限定被告重作的具体内容依然有别。①

其次,在司法实践方面,通过梳理《最高人民法院公报》(1985年—2023 年)刊登的公报案例、最高人民法院发布的指导性案例以及由该院行政庭编写的典型案例,可以发现:绝大多数的责令重作判决表现为笼统地责令被告重新作出处理。其中,某些情形强调了重作的具体期限②,其判决主文的一般格式为"撤销被诉行为,责令被告在收到本判决若干日内重新作出行政行为";某些情形则未强调重作期限,仅单

---

① 相比而言,根据 2018 年《行诉法解释》第 91 条关于履行判决的规定,"尚需被告调查或者裁量的",法院应当判决被告针对原告的请求重新作出处理。反之,无须被告进一步调查或裁量的(裁量权缩减至零),法院可以判决被告限期履行原告请求的法定职责。

② 共计 13 件。参见梁某富不服治安行政处罚复议决定案,载《最高人民法院公报》1991 年第 3 期;李某芳不服交通事故责任重新认定决定案,载《最高人民法院公报》2001 年第 5 期;丰某江等诉东莞市规划局行政裁决案,载《最高人民法院公报》2004 年第 7 期;宋某莉诉宿迁市建设局行政裁决案,载《最高人民法院公报》2004 年第 8 期;孙某兴诉天津新技术产业园区劳动人事局工伤认定案,载《最高人民法院公报》2006 年第 5 期(后入选最高人民法院指导案例 40 号);杨某峰诉无锡市劳动和社会保障局工伤认定案,载《最高人民法院公报》2008 年第 1 期;邓某龙诉深圳市社会保险基金管理局工伤保险待遇决定案,载《最高人民法院公报》2019 年第 11 期;季某诉宜兴市公安局宜城派出所治安行政管理其他行政行为案,载《最高人民法院公报》2020 年第 12 期;中核深圳凯利集团公司诉深圳市人力资源和社会保障局工伤认定案,载《最高人民法院公报》2020 年第 12 期;王某国诉重庆市万州区人力资源和社会保障局等工伤认定及行政复议案,载《最高人民法院公报》2022 年第 5 期;上海笛爱建筑材料公司诉上海市浦东新区政府行政批复案,载《最高人民法院公报》2022 年第 7 期;最高人民法院指导案例 6 号黄某富等诉成都市金堂工商行政管理局行政处罚案;最高人民法院指导案例 77 号罗某荣诉吉安市物价局物价行政处理案。

纯判决重作①，而这些情形往往是立法已明确规定了重作行政行为的时间上限（例如专利复审、商标复审）。值得注意的是，在上述梳理的案例中，出现了少量直接限定被告重作之具体内容的案例。详言之，在王某淮诉盱眙县劳动和社会保障局行政确认案中，法院判决责令被告在60日内重新作出认定原告为工伤的具体行政行为。② 在鸿润超市诉丹阳市市场监督管理局不予变更经营范围登记案中，法院判决被告于本判决生效后15个工作日内对原告的申请重新作出登记。③ 在最高人民法院指导案例76号萍乡市亚鹏房地产公司诉萍乡市国土资源局不履行行政协议案中，法院判决被告在本判决生效之日起90天内对涉案国有土地使用证上的8359.1㎡的土地用途应依法予以更正。

3. 对被告重作行为的限制

根据新法第71条，法院判决被告重新作出行政行为的，被告不得以同一事实和理由作出与原行政行为基本相同的行政行为。这种限制被告重作行为的效力即"禁止反复效力"，其源于撤销判决而非责令重作

---

① 共计16件。参见谢某新诉永和乡政府违法要求履行义务案，载《最高人民法院公报》1993年第1期；罗某富不服交通事故责任认定案，载《最高人民法院公报》2002年第5期；何某良诉成都市武侯区劳动局工伤认定案，载《最高人民法院公报》2004年第9期；黄某成等诉成都市武侯区房管局划分物业管理区域行政纠纷案，载《最高人民法院公报》2005年第6期；陆某佐诉上海市闸北区房屋土地管理局行政裁决案，载《最高人民法院公报》2007年第8期；劲牌公司诉国家工商总局商标评审委员会商标驳回复审行政纠纷案，载《最高人民法院公报》2012年第4期；赵某红等诉国家知识产权局专利复审委员会专利无效行政纠纷案，载《最高人民法院公报》2012年第10期；精工爱普生株式会社诉国家知识产权局专利复审委员会专利无效行政纠纷案，载《最高人民法院公报》2014年第7期；曹某泉诉国家知识产权局专利复审委员会专利无效行政纠纷案，载《最高人民法院公报》2014年第9期；普兰娜生活艺术公司诉国家工商总局商标评审委员会商标申请驳回复审行政纠纷案，载《最高人民法院公报》2017年第12期；西峡龙成特种材料公司诉榆林市知识产权局专利侵权纠纷行政处理案，载《最高人民法院公报》2018年第5期；杰杰公司诉国家工商总局商标评审委员会商标异议复审行政纠纷案，载《最高人民法院公报》2018年第7期；阿尔法拉瓦尔公司诉国家知识产权局专利无效行政纠纷案，载《最高人民法院公报》2020年第11期；甬兴气体分滤厂诉余姚市住房和城乡建设局燃气经营许可纠纷案，载《最高人民法院公报》2022年第2期；最高人民法院指导案例113号迈克尔·杰弗里·乔丹诉国家工商总局商标评审委员会商标争议行政纠纷案；最高人民法院指导案例114号克里斯蒂昂迪奥尔香料公司诉国家工商总局商标评审委员会商标申请驳回复审行政纠纷案。

② 参见《最高人民法院公报》2011年第9期。

③ 参见《最高人民法院公报》2018年第6期。

判决。理论上，即便法院未判决责令被告重作，被告自行重作的行为也要受撤销判决所约束。① 2018 年《行诉法解释》第 90 条就禁止反复效力作出细化规定②，具体涉及三方面内容：（1）禁止反复效力适用于在"主要事实""主要理由""结果"方面均与原行政行为相同的重作行为。若被告的重作行为与原行政行为的结果相同，但主要事实或主要理由有改变，则不违反禁止反复效力。（2）行政行为可能仅因违反法定程序而被判决撤销，此时，该行为在事实、理由、结果方面均正确，若禁止被告基于原先正确的事实和理由而作出结果相同的行为，则势必会陷被告于两难境地。因此，法院仅以违反法定程序为由判决撤销被诉行为的，被告的重作行为将不受禁止反复效力所限制。（3）即使被告的重作行为违反了禁止反复效力，但由于行政行为具有公定力，故该行为不会自动失效。基于不告不理原则，仅当该行为被提起行政诉讼时，法院才有权判决撤销。值得探讨的是，当法院面对违反禁止反复效力的重作行为时，应基于何种适用情形来判决撤销？在甬兴气体分滤厂与余姚市住房和城乡建设局行政许可纠纷案中，法院认为，被诉不予许可决定此前已被法院判决撤销并责令重作，被告仍以相同理由再次作出不予许可决定，应认定为滥用职权。③ 但是，若原行政行为仅因"主要证据不足"或"适用法律、法规错误"而被判决撤销并责令重作，则当被告又基于同一事实和理由作出与原行为基本相同的行为时，该重作行为往往也会构成"主要证据不足"或"适用法律、法规错误"。此时便会和"滥用职权"的审查标准产生竞合。另外，由于违反禁止反复效力的本质是被告不履行法院生效判决，因此，重作行为的相对人除提起行政诉讼外，

---

① 参见信春鹰主编：《中华人民共和国行政诉讼法释义》，法律出版社 2014 年版，第 191 页。

② 该条规定："人民法院判决被告重新作出行政行为，被告重新作出的行政行为与原行政行为的结果相同，但主要事实或者主要理由有改变的，不属于行政诉讼法第七十一条规定的情形。人民法院以违反法定程序为由，判决撤销被诉行政行为的，行政机关重新作出行政行为不受行政诉讼法第七十一条规定的限制。行政机关以同一事实和理由重新作出与原行政行为基本相同的行政行为，人民法院应当根据行政诉讼法第七十条、第七十一条的规定判决撤销或者部分撤销，并根据行政诉讼法第九十六条的规定处理。"

③ 参见《最高人民法院公报》2022 年第 2 期。

还可申请法院强制执行已生效的撤销并责令重作判决。[①]

被告的重作行为除了受禁止反复效力的限制，还应受禁止不利变更原则的限制。新法第 77 条第 2 款对禁止不利变更原则及其例外情形作出规定，即变更判决不得加重原告义务或减损其权益，但利害关系人同为原告且诉讼请求相反的除外。从文义解释来看，该原则不适用于撤销并责令重作判决，自然也无法限制被告的重作行为。但是，设立禁止不利变更原则的初衷是鼓励人们在权益受损时能积极寻求救济，以此对抗公权力的侵害。若起诉后反遭受更不利的结果，则无疑会挫伤人们寻求权利保护的积极性，也有悖行政救济的本旨。同理，若允许更不利的重作行为，则同样会挫伤人们寻求权利保护的积极性。

---

① 参见最高人民法院行政审判庭编著：《最高人民法院行政诉讼法司法解释理解与适用》，人民法院出版社 2018 年版，第 423 页。

第 71 条 (禁止反复效力)

王钧民

第七十一条　人民法院判决被告重新作出行政行为的，被告不得以同一的事实和理由作出与原行政行为基本相同的行政行为。

一、规范沿革与规范意旨

（一）规范沿革

1989 年《行政诉讼法》第 55 条创设了禁止反复效力条款，规定人民法院判决被告重新作出具体行政行为的，被告不得以同一的事实和理由作出与原具体行政行为基本相同的具体行政行为。除了在法律修改中删去"具体"二字，2014 年和 2017 年《行政诉讼法》第 71 条完全承继了该表述。

司法解释对上述表述相对简洁的条款予以了补充。2018 年《行诉法解释》第 90 条第 1 款和第 2 款进一步明确了禁止反复效力的客观范围，第 90 条第 3 款则进一步明确了禁止反复效力的实现方式。①

（二）规范意旨

禁止反复效力条款的规范对象是原行政行为被生效判决否定后行政机关重新作出的行政行为。从对重作行为的要求和效力的实现方式两个方面，结合立法资料的表述变化，可以间接理解该条款的意旨。

重作行为包含两种情形，分别是行政机关依职权重作和被判决重作。对依职权重作，条款的表述经历了从"判决不妨碍重作"到"判决后应写明不得重作"，再到完全不予规定的变化，表达出严格限缩依职权重作空间的意旨。对被判决重作，条款的表述经历了从"法院在判决撤销后可判决重作"到"不规定判决重作而只规定变更判决"，再到"法院在判决撤销后可判决改变行政行为"，最终又回到"法院在判决撤销后可判决重作"的变化②，既表达出重作行为应尊重生效判决的意旨，又体现了对审判权和行政权合理分工的兼顾。

在效力的实现方式方面，初始的立法资料曾作出明确规定但后来予以删除。在明确规定阶段，条款的表述经历了从"私人可起诉重作行为且法院可向其他国家机关提出报告或司法建议"到"法院可对不依照判决理由行为的行政机关采取诸执行措施"的变化③，也同时表达了判决应受尊重和兼顾国家权力合理分工的意旨。

由上可知，禁止反复效力条款的意旨是行政机关重作行政行为时应当尊重生效行政判决，同时审判权和行政权的合理分工也应被兼顾。

---

① 2018 年《行诉法解释》第 90 条规定：人民法院判决被告重新作出行政行为，被告重新作出的行政行为与原行政行为的结果相同，但主要事实或者主要理由有改变的，不属于《行政诉讼法》第 71 条规定的情形。人民法院以违反法定程序为由，判决撤销被诉行政行为的，行政机关重新作出行政行为不受《行政诉讼法》第 71 条规定的限制。行政机关以同一事实和理由重新作出与原行政行为基本相同的行政行为，人民法院应当根据《行政诉讼法》第 70 条、第 71 条的规定判决撤销或者部分撤销，并根据《行政诉讼法》第 96 条的规定处理。2018 年《行诉法解释》第 62 条规定，人民法院判决撤销行政机关的行政行为后，公民、法人或者其他组织对行政机关重新作出的行政行为不服向人民法院起诉的，人民法院应当依法立案。

② 参见何海波编：《行政法治奠基时：1989 年〈行政诉讼法〉史料荟萃》，法律出版社 2019 年版，第 7、15、26、37、73、100、133 页。

③ 参见何海波编：《行政法治奠基时：1989 年〈行政诉讼法〉史料荟萃》，法律出版社 2019 年版，第 7、27 页。

二、禁止反复效力的基础

生效行政判决是禁止反复效力的基础，按照判决类型可分为撤销判决与其他类型判决。

（一）撤销判决

作为禁止反复效力基础的撤销判决包括两类：一类是带有重作意旨的撤销判决，另一类是不带有重作意旨的撤销判决。判断有无重作意旨不以判决主文是否明确包含重作要求为准，而以判决理由的精神为准。

带有重作意旨的撤销判决指单独地撤销判决不能彻底解决争议，只有行政机关按照判决理由的精神重新作出特定行为才能彻底解决争议。具体情形包括行政许可和行政登记被判决撤销，但私人的申请仍需作出处理的；行政机关违法拒绝履行法定职责的行为被法院撤销，但私人的履责请求尚需行政机关调查或裁量决定的；行政复议决定被撤销，需要复议机关重新作出复议决定或者原行政机关重新作出行政行为的。[①] 从私人的诉讼请求看，往往是"原告请求法院撤销原行政行为并责令被告重新作出具体行政行为"[②]。因此，尊重判决此时意味着行政机关应依照判决理由积极作出正确的行为，而正确的重作行为显然至少不能是与原行为在事实、理由和内容上基本相同的行为。

不带有重作意旨的撤销判决指单独地撤销判决已能满足私人诉请，原则上行政机关不应再重作。但是出于保护公共利益或者行为的规范依据较为多样等原因，行政机关依然有理由依职权重作。具体情形比如行政处罚因主要证据不足、违反法定程序等原因被判决撤销，而私人违反行政管理秩序依法应当处罚的。[③] 从私人的诉讼请求看，往往是"一审作出撤销并责令重作的判决，当事人服从撤销判决部分，而仅对重作部分单独提起上诉"[④]。因此，尊重判决此时意味着行政机关原则上不应重作，例外情形下的重作也不能是与原行为在事实、理由和内容上基本相同的行为。

由上，禁止反复效力体现了撤销判决积极和消极两个面向上的意

[①] 参见何海波：《行政诉讼法》，法律出版社 2022 年版，第 478－479 页。

[②] 章剑生主编：《行政诉讼判决研究》，浙江大学出版社 2010 年版，第 410 页。

[③] 参见何海波：《行政诉讼法》，法律出版社 2022 年版，第 479 页。

[④] 章剑生主编：《行政诉讼判决研究》，浙江大学出版社 2010 年版，第 410 页。

旨。在积极面向上，《行政诉讼法》第 71 条的前半句是核心，后半句中的禁止反复只是行政机关应积极履行正确重作义务的最低要求；在消极面向上，《行政诉讼法》第 71 条的后半句是核心，禁止反复则是行政机关例外重作时的边界。① 当然，一种可能的反驳观点认为，以上这种解释将主义没有明确包含责令重作的撤销判决也视为禁止反复效力的基础，与《行政诉讼法》第 71 条前半句的要求相矛盾，此时实则应以《行政诉讼法》第 94 条作为禁止反复效力的基础。虽然这种观点能更好地顾及条文的表述，但却不具有实践意义，因为仅从第 94 条中无法得出禁止反复效力的实质内容，此时仍需以第 71 条的后半句作为指引。

（二）其他类型判决

似乎有理由认为禁止反复效力只是撤销判决的效力。首先，早期立法资料显示其曾明确将"撤销判决或裁定"规定为禁止反复效力的基础。② 即使后来将该基础予以删除，也可以通过将删除视为立法技术上的精简所需（毕竟禁止反复效力条款在体例安排上始终紧随撤销判决条款），从而依然保持原来的理解。其次，由于《行政诉讼法》第 71 条前半句和第 70 条后半句均有"判决被告重新作出行政行为"，所以也有观点将禁止反复效力理解为重作判决的效力，而重作判决则是撤销判决的从判决。③

但是，应当认为禁止反复效力不仅是撤销判决的效力，也是其他类型判决的效力。首先，《行政诉讼法》第 71 条前半句仅规定"判决"而没有限定判决类型，这就为容纳其他类型判决留下解释空间。其次，《行政诉讼法》第 71 条的主要意旨是行政机关应当尊重生效行政判决的理由，那么凡于判决理由中包含了否定行政行为合法性意旨的生效行政判决，理应均作为行政机关重作行为时应尊重的对象。比如，确认无效

---

① 从长远的角度看，带有重作意旨的撤销判决应逐渐被履行职责判决和给付判决取代。但是，目前实定法依然将拒绝私人申请的行为视为撤销判决的对象（比如《行政许可审理规定》第 11 条、《信息公开审理规定》第 9 条第 1 款），因此不得不承认撤销判决和履行职责判决等存在效力上的重叠，进而形成禁止反复效力条款兼具两种面向的结果。

② 参见何海波编：《行政法治奠基时：1989 年〈行政诉讼法〉史料荟萃》，法律出版社 2019 年版，第 7、15 页。

③ 参见江必新主编：《中华人民共和国行政诉讼法及司法解释条文理解与适用》，人民法院出版社 2015 年版，第 475 页。

判决、确认违法判决（比如，虽然法院作出确认违法的情况判决，但事实或法律状态改变后上级行政机关依职权撤销违法行政行为，此时原行政机关就不得基于原事实和法律状态重作与原行为具有同一性的行政行为）、履行职责判决（比如，合法行政行为的作出仍需被告调查或裁量的，法院作出要求被告履行一定义务而非特定义务的履行职责判决，此时被告就不得重新以之前被法院认定违法的方式来履行职责），都可以产生禁止反复效力。最后，如果裁定的作出原则上也适用言词审理，那么未来或许可以考虑行政非诉不予执行裁定也应具有禁止反复效力。[①]

此外，被生效判决否定合法性的对象不必须是行政处理决定，行政复议决定[②]、行政协议中的变更或解除行为[③]等也属于《行政诉讼法》第71条前半句中的"行政行为"。

三、禁止反复效力的范围

禁止反复效力的范围包括客观范围、主体范围和时间范围。

（一）客观范围

《行政诉讼法》第71条后半句规定不得以同一的事实和理由作出与原行政行为基本相同的行政行为，即只有在重作行为与原行政行为在事实、理由和内容上均同一才属于禁止反复效力的客观范围。此外，2018年《行诉法解释》第90条第3款规定了因程序违法被撤销的行政行为是禁止反复效力的例外。

1. 同一的事实和同一的理由

（1）事实和理由的区分。

对于如何区分事实和理由，争议较大。有观点认为，"'事实'，指的是行政机关所认定的据以作出具体行政行为的法律事实；'理由'指的是

---

① 参见韩利楠：《论行政非诉不予执行裁定对行政机关的效力》，载《山东法官培训学院学报》2021年第5期，第132、139页。

② 2018年《行诉法解释》第89条规定，复议决定改变原行政行为错误，人民法院判决撤销复议决定时，可以一并责令复议机关重新作出复议决定或者判决恢复原行政行为的法律效力。这符合《行政诉讼法》第71条的适用条件。

③ 参见张仁藏：《PPP协议中缔约过失责任的适用探究》，载威科先行法律信息库网 https：//law. wkinfo. com. cn/professional-articles/detail/NjAwMDAyMTcwNzA？fromType＝qrcode，2023年11月28日访问。

行政机关据以作出具体行政行为的证据和所依据的规范性文件。"① 此时，证据和法律规范属于理由，与事实相并立。但也有观点认为，"同一事实是指被告重新作出行政行为时在无新证据的情况下，依据原有证据认定的案件事实与被撤销行政行为认定的案件事实基本相同"，"同一理由是指行政机关重新作出的行政行为与被撤销的行政行为定性相同、适用的法律依据相同"②。此时，证据和案件事实属于事实，与法律规范相并立。

解决争议的关键，在于从法律规范适用的角度厘清事实和理由的构造。③ 根据与法律规范距离的远近，最为广义的事实分为客观事实、证据事实、要件事实三个层次。客观事实是真实且完整的现实世界，证据事实是证据资料所能证明的事实，要件事实则是能满足法律规范诸要件的法律事实。如若《行政诉讼法》第 71 条禁止的是基于同一客观事实的重作，则任何情形下皆无重作的可能；如若第 71 条禁止的是基于同一证据事实的重作，则可能不当排除了行政机关在证据资料没有变化时纠正行为定性错误的可能；如若第 71 条禁止的是基于同一要件事实的重作，则可能不当排除了行政机关通过补充调查收集证据从而证实原要件事实的可能。④ 因此，第 71 条至少禁止的是证据事实和要件事实均同一的情形，即行政机关根据原有的证据资料认定作出原行政行为所需的要件事实的情形。

由于"要件事实"中的"要件"有诸要件均满足方可适用某一法律规范的含义⑤，不能较为清晰地表达出行为定性有别时法律规范上的变

---

① 最高人民法院行政审判庭编：《〈关于执行《中华人民共和国行政诉讼法》若干问题的解释〉释义》，中国城市出版社 2000 年版，第 115 页。

② 江必新主编：《中华人民共和国行政诉讼法及司法解释条文理解与适用》，人民法院出版社 2015 年版，第 475、476 页。

③ 实践中，也有法院是从法适用的角度判断事实和理由是否同一，明确表明"市、县人民政府作出补偿决定，该行为中包括纯粹的事实认定和法律适用，以及将法律适用于具体事实的过程"。参见葛某强、朱某红诉盱眙县人民政府房屋征收补偿决定案，最高人民法院（2017）最高法行申 7845 号行政裁定书。

④ 参见程排超、蒋红珍：《论重作具体行政行为》，载《行政与法》2001 年第 5期，第 41 页。

⑤ 例如，王泽鉴认为，"法律规范的要件（T），通常系由多数的要件特征（Tatbestandsmerkmale）组成之。因此，特定的案例事实，必须该当于所有的要件特征，始能发生该法律规范所定的法律效果"。参见王泽鉴：《法律思维与民法实例》，中国政法大学出版社 2001 年版，第 201 页。这里的要件特征其实就是要件事实，都源于德文 Tatbestandsmerkmale。参见许可：《民事审判方法：要件事实引论》，法律出版社 2009 年版，第 37 页。

化，所以本部分改称为行政行为的"规范依据"，即任一规范依据被满足时行政机关都可作出行政行为。据此，第 71 条中的事实指证据资料，理由指规范依据。①

（2）事实同一的认定。

事实同一指的是被判决否定合法性的行政行为和重作行为所依据的证据资料没有变化。相反，事实不同一有两种情形，一是行政机关在判决后重新调查获取原先没有的证据资料，从而重新证实了与原行为相同的规范依据；二是行政机关在判决后重新调查获取原先没有的证据资料，证实了与原行为不同的规范依据。② 司法实践中较多出现的是第一种情形，比如在行政机关告知私人所申请的政府信息不存在的答复被法院以主要证据不足为由撤销后，行政机关再次作出政府信息不存在的答复，但补充了查找和检索过程的证据资料，这被法院认为不受《行政诉讼法》第 71 条的限制。③ 再比如，某区卫生行政机关认定某医生销售过期青霉素并作出罚款决定，法院以只有举报信作为依据属于证据不足为由撤销该罚款决定，后该行政机关根据举报信重新调查获得过期青霉素的进货单和医疗处方并再次作出罚款决定，被法院认为不受《行政诉讼法》第 71 条的限制。④

但有观点认为，前述第一种情形并不属于事实不同一，亦应受《行政诉讼法》第 71 条的限制。理由有四，其一，在诉讼审理阶段行政机关可以提出行政行为作出后取得的证据资料，使原行政行为被确认违法但不被撤销⑤；其二，事实认定被判断为违法是指事实存在与否判断自

---

① 值得注意的是，对《行政诉讼法》第 71 条中的事实和理由的界定不一定具有更广泛的适用性。比如，《行政诉讼法》第 33 条第 2 款、第 43 条第 3 款、第 86 条中的"事实"和证据资料就不等同，此时后者是前者的"根据"，是一种彼此独立的关系。因此，正文此处的观点只是针对合理适用该条款本身这一目的所需而展开的。

② 应当注意，重新调查获取证据资料的过程依然要遵循法定程序的要求，比如必须告知当事人并听取意见。参见何海波：《行政诉讼法》，法律出版社 2022 年版，第 480 页。

③ 参见何某珍诉重庆市璧山区人民政府信息公开案，重庆市高级人民法院（2019）渝行终 605 号行政判决书。

④ 参见人民法院出版社编：《最高人民法院司法观点集成·行政及国家赔偿卷》，人民法院出版社 2018 年版，第 903 - 904 页。

⑤ 《行诉证据规定》第 60 条和第 61 条只要求法院不得将有关证据作认定行政行为合法的依据，不限制将之作认定行政行为违法的依据。结合《行政诉讼法》第 74 条第 1 款第 1 项的规定，此时法院可以作出确认违法但不撤销行政行为的判决。

身违法，而不是事实认定从证据资料来看违法；其三，如果允许第一种
情形发生，则易纵容行政机关在行政程序中不积极且客观地进行调查、
在诉讼程序中不积极主动举证①；其四，由于重作行为的实质是执行法
院的判决，则其属于诉讼中的行为，所以按照《行政诉讼法》第 35 条
行政机关在重作行为时根本没有取证权。② 应当认为，至少在当前尚不
应采取此种观点。其一，第一点理由和第三点理由均旨在联结行政机关
的全面调查义务及举证责任和行政行为的失效，虽然这在事实上确有助
于督促行政机关履行相关义务，但并非最好的选择。行政行为失效可能
意味着公共利益保护上的不足，对行政程序的重视就和客观法秩序所要
求实现的实体内容发生冲突。因此只有在判断行政调查义务是否指向私
人利益保护并且衡量行政行为失效所保护的私人利益和损害公共利益的
大小之后，才能得出应否失效的合理结论。原则上，认定不发生行为失
效并同时承认对受到懈怠行政调查和违反举证责任侵害的私人利益予以
赔偿，可能是更好的选择。③ 司法实践中，亦有法院认为在因逾期举证
而被认定为主要证据不足并撤销行政行为之后，重作行为不受《行政诉
讼法》第 71 条的限制。④ 其二，针对第二点理由，由于行政诉讼主要
采取辩论主义而非职权进行主义，法院是在当事人提供的证据资料的基

① 参见王贵松：《行政诉讼判决对行政机关的拘束力——以撤销判决为中心》，载
《清华法学》2017 年第 4 期，第 93 - 94 页。与其观点类似，有学者主张，对于原撤销判
决已经给出明确意见的部分，不能允许引入新证据，否则将会导致生效判决的效力和稳
定性大打折扣。参见周丽婷：《商标授权确权重审案件问题研究》，载《电子知识产权》
2018 年第 6 期，第 89 页。

② 参见石佑启：《判决被告重作具体行政行为探析》，载《上海市政法管理干部学
院学报》2001 年第 5 期，第 24 页。

③ 一种对此可能的质疑是，行政实体违法造成的损害才有引发赔偿责任的可能，
程序违法造成的损害则并非如此。这种观点确实指出了对行政程序违法进行赔偿的操作
上的困难，但却不能否定赔偿责任本身的存在可能。因为私人因程序违法的行政行为而
付出的生活成本确实是本不应当产生却实际存在着的利益受损，一种类似于民法上"缔
约过失"责任就应当被法秩序所确认。未来通过建立多样化且实际可行的行政损害赔偿
方式，就有解决这一问题的现实可能。

④ 参见茹某城、茹某聪诉广东省韶关市武江区龙归镇人民政府、广东省韶关市武
江区人民政府林业行政裁决及行政复议案，最高人民法院（2018）最高法行申 1108 号
行政裁定书。但值得注意的是，逾期举证被撤销的原因是主要证据不足而非违反法定程
序，所以有法院认为前一行为的撤销事由乃程序违法所以不受《行政诉讼法》第 71 条
的限制的观点是错误的。参见魏某钢诉山西省太原市人民政府行政复议案，最高人民法
院（2019）最高法行申 4892 号行政裁定书。

础上作出事实认定，所以事实认定违法应是从证据资料来看违法。主要
证据不足不是行政行为作出时行政机关持有的证据资料不能证明有关事
实，而是在诉讼程序中被呈递至法院的证据资料不能证明有关事实。司
法实践中，亦有法院认为在行政机关因无正当理由缺席庭审而被认定为
主要证据不足，进而撤销行政行为之后，重作行为不受《行政诉讼法》
第71条的限制。① 行政裁量的广泛存在也使这种理解具有合理性，比
如在涉及年代久远的物权行政确认、涉及专利权利要求是否具有新颖性
的行政裁决等案件中，法院以主要证据不足为由撤销行政行为的主要目
的就是督促行政机关进一步作深入调查。比如在余姚市甬兴气体分滤厂
诉余姚市住房和城乡建设局燃气经营许可纠纷案中，再审法院之所以与
一、二审法院结论不同并认定应适用《行政诉讼法》第71条，是因为
其一方面对基于规划的行政裁量作了收缩解释，另一方面对行政机关重
新调查获取的证据资料的证明力予以了否定，而不在于径直认为原不予
许可决定所依据的事实本身不存在。② 其三，针对第四点理由，虽然重
作行为应尊重从而"执行"生效判决意旨，但判决的作出已经意味着诉
讼程序的结束。③ 同时，不承认重作程序中行政机关取证权的否定效果
过宽，有新规范依据的合法重作行为有时也需要行政机关重新调查获取
新的证据资料。

值得注意的是，由于"法律事实的获得过程必然是将事态与法律规

---

① 四川琪润食品有限公司诉国家工商行政管理总局商标评审委员会商标驳回复审行政纠纷案，最高人民法院（2018）最高法行申4217号行政裁定书。但与前一脚注所引魏某钢案件相类似的是，该案的法院认为前一行为的撤销事由乃程序违法，所以不受《行政诉讼法》第71条的限制。这当然是错误的观点，该案中已生效的撤销判决也明确指出了无正当理由缺席庭审是主要证据不足。参见四川琪润食品有限公司诉国家工商行政管理总局商标评审委员会商标驳回复审行政纠纷案，北京知识产权法院（2016）京73行初1124号行政判决书。也有法院明确指出，"对'主要证据不足'这一认定作出纠正和弥补，使得能够对原行政行为及行政复议行为的合法性作出准确判断，故并未违反《中华人民共和国行政诉讼法》第七十一条的规定"。徐某新、康某良、张某涛诉山东省济南市章丘区人民政府行政复议案，最高人民法院（2020）最高法行申13491号行政裁定书。
② 参见余姚市甬兴气体分滤厂与余姚市住房和城乡建设局燃气经营许可纠纷案，载《最高人民法院公报》2022年第2期，第41-42页。
③ 参见章剑生：《判决重作具体行政行为》，载《法学研究》1996年第6期，第29-30页。

范相结合的过程"①，所以有时行政规范性文件也可能起到新证据资料的作用，使与原行为相同的规范依据得到重新证实。此时，行政规范性文件作为重作行为效力的间接依据，发挥着具体化解释法律规范的作用。② 司法实践中，有法院就将行政机关在后诉中补充的行政规范性文件作为《行政诉讼法》第 71 条中的事实予以审查。③

（3）理由同一的认定。

既往观点没有清晰地区分理由与事实，比如有观点将"主要事实和主要理由有改变的"都理解为"事实尚欠明了，须由行政机关调查事证另为处分"的后果。④ 司法实践中，有法院更是直接认为"依据的主要证据不同，即主要理由有变化"⑤。

由上文对事实和理由的区分可知，理由同一指的是被判决否定合法性的行政行为和重作行为的规范依据没有变化。相反，理由不同一有两种情形：其一是行政机关在判决后重新调查获取原先没有的证据资料，证实了与原行为不同的规范依据；其二是行政机关在判决后没有获取新的证据资料，证实了与原行为不同的规范依据，即单纯改变了同一证据资料的涵摄方向。比如，前一行政复议决定的理由是超过法定的行政复议期限，而重作的行政复议决定的理由是不属于行政复议范围，即使行政复议决定的内容都是不予受理，也属于理由不同一从而不受《行政诉讼法》第 71 条的限制。⑥ 规范依据之所以可以不同一，源于行政实体

---

① 陈景辉：《事实的法律意义》，载《中外法学》2003 年第 6 期，第 672 页。

② 参见朱芒：《行政规范性文件的功能结构》，载《法学家》2023 年第 6 期，第 59 - 62 页。也正因为事实和规范之间存在着难以分割彼此的紧密关系，所以凡是能支撑特定规范依据的内容在此都被笔者解释为《行政诉讼法》第 71 条中的"事实"（"证据资料"），比如文中提及的行政规范性文件、实践中存在的裁量理由等。这种解释是为了能更好地理解实定法特定条款，而没有对事实、理由、规范、依据等词语作一般性研究的目的。

③ 参见贺某会诉酉阳土家族苗族自治县人力资源和社会保障局和酉阳土家族苗族自治县教育委员会行政行为案，重庆市第四中级人民法院（2021）渝 04 行终 56 号行政判决书。

④ 参见李广宇：《新行政诉讼法逐条注释》，法律出版社 2015 年版，第 595 页。

⑤ 徐某年、徐某荣、李某诉郑州市二七区人民政府关闭煤矿行政决定及行政赔偿案，最高人民法院（2018）最高法行申 4297 号行政裁定书。

⑥ 参见李某林诉河南省人民政府行政复议案，最高人民法院（2020）最高法行申 10148 号行政裁定书。

法的结构，即有时法律规范规定了内容相同但理由不同的行政行为。①

应当注意，一个生效判决并不必然只有一个行政行为的规范依据，如果法院在生效判决中对复数的规范依据均进行了审理判断并因而否定了行政行为的合法性，那么与原行为理由不同一的重作行为必须要满足与所有被审理判断的规范依据均不同一的条件。比如，在专利申请领域，由于法律规范允许在符合单一性要求的情况下在权利要求书中撰写两项以上独立权利要求，而任一权利要求无效都足以据以驳回专利申请，所以就法院已经审理认定为无效的权利要求，国家知识产权局专利局复审和无效审理部不得在再次无效审查中认定为有效。② 比前述要求更进一步的可能观点是，出于对行政程序的更高要求和对私人权益的更有效保护，有时可以在实际被法院审理判断的规范依据外拟制更多数量的规范依据。比如，如果生效判决撤销了行政机关基于申请人故意犯罪所作出的驳回工伤认定申请决定（《工伤保险条例》第 16 条第 1 项），那么将申请人醉酒或吸毒、自残或自杀（《工伤保险条例》第 16 条第 2 项、第 3 项）也拟制为已被生效判决予以否定的规范依据的话，就可以很大程度上督促行政机关在之后作出驳回工伤认定申请时同时考虑多项理由，从而更有效地保护申请人的利益。但这一想法并不妥当，因为禁止反复效力条款的主要意旨是要求行政机关尊重生效判决的判决理由而非保护私人利益。

此外，由于无论实体内容具体为何，行政机关必须在具有管辖权上的规范依据时才可以作出行政行为，所以如果生效判决否定了行政机关的（级别、地域、事务）管辖权，那么除非有法定职权调整，行政机关再无重作与原行政行为理由不同一的行政行为的可能。但要提醒的是，生效判决否定行政机关的管辖权并不等同于认定其超越职权，因为无论是在司法实践中还是在学理上，都有将裁量界限逾越等具体处理内容上的越权理解为超越职权的情况。

（4）主要的事实与理由。

2018 年《行诉法解释》第 90 条第 1 款规定，人民法院判决被告重

---

① 参见王贵松：《论行政裁量理由的说明》，载《现代法学》2016 年第 5 期，第 47 页脚注 2。

② 参见李晓鸣：《我国专利无效宣告制度的不足及其完善》，载《法律科学》2021 年第 1 期，第 158 页。

新作出行政行为，被告重新作出的行政行为与原行政行为的结果相同，但主要事实或者主要理由有改变的，不属于《行政诉讼法》第71条规定的情形。相比于法律，此处对事实和理由多出了"主要"这一定语。事实上，2000年《行诉法解释》第54条第1款已经增加了"主要"表述，因为这是对之前司法解释规定的完善。1991年《行诉法意见》第67条规定，人民法院判决被告重新作出具体行政行为，被告重新作出的具体行政行为的事实和理由部分只要改变了其中的一部分，即不属于1989年《行政诉讼法》第55条中规定的"同一事实和理由"。1991年《行诉法意见》的规定容易使人产生事实和理由只有完全一致才能认为是同一的理解，从而可能不当缩小了禁止重复效力的客观范围，2000年《行诉法解释》通过强调事实和理由的主要性来避免这一弊端。①

应当认为，"主要"旨在强调属于禁止反复效力客观范围的事实和理由必须是能影响行政行为合法性的事实和理由。有观点就认为，主要理由相当于法国法上所说的决定性理由，即法院假定一切理由都具有决定性，在能证明某个理由不存在时，如果根据其他理由，行政决定也能成立，该理由就是剩余理由。② 换言之，非主要的事实和理由无论是否存在，都不影响行政行为的合法性。比如，有关当事人样貌、许可申请表的格式等的证据资料，不能发挥具体化解释法律规范的作用而只是重复法律规范内容的行政规范性文件等，就不属于主要事实，因为它们无论有无变化都不影响行政行为的合法性判断。司法实践中，有法院认为，在原专利裁决中行政机关的驳回侵权认定包含对诉讼时效、诉讼主体资格等不属于行政职权范围事项的认定，而重作裁决并不包含这些认定，所以重作裁决与原裁决在事实和理由上并不同一。③ 这种观点是错误的，因为无论前述行政裁决是否提及诉讼时效，都与其作出的驳回侵权认定的合法性没有关系，这种证据资料上的不同一并不影响《行政诉讼法》第71条的适用。同时，虽然重作裁决没有提及诉讼主体资格，但其实是将之替换为了"被请求人"的表述，行政机关的真正意思是被

---

① 参见最高人民法院行政审判庭编：《〈关于执行《中华人民共和国行政诉讼法》若干问题的解释〉释义》，中国城市出版社2000年版，第115-116页。

② 参见王贵松：《行政诉讼判决对行政机关的拘束力——以撤销判决为中心》，载《清华法学》2017年第4期，第92-93页。

③ 参见都某强诉甘肃省市场监督管理局其他专利行政纠纷案，最高人民法院（2019）最高法知行终28号行政判决书。

请求认定实施侵权的主体（自然人）并非真正实施侵权的主体（该自然人开办的有限责任公司），这显然影响行政裁决的合法性。所以，在有关侵权主体的认定上原裁决和重作裁决其实事实是同一的。

有观点认为，不能将"同一的事实和理由"再行扩大解释为"主要的事实和理由"[1]。这种观点不可取：其一，2000 年《行诉法解释》引入"主要"这一定语即旨在实践中实现扩张适用禁止反复效力条款的效果，这也与该条款所要求的行政机关应尊重法院生效判决理由的意旨相符合，不能扩大解释不利于这一效果和条款意旨的实现。其二，这种观点其实是将"主要"理解为事实和理由的改变程度，即"主要"是相对于"同一"而言的概念。但这种解释并不具有较强的实践意义，因为改变程度本身不容易判断。相反，应当采取同上文一样的观点，将"主要"理解为对事实和理由本身性质的解释，就可以使司法解释的规定有更强的可适用性。

2. 与原行政行为基本相同的行政行为

（1）"行政行为"的含义。

不同于《行政诉讼法》第 71 条前半句中的"行政行为"，后半句中的"行政行为"是指有别于行政行为的事实和理由的行政行为的内容。司法实践中，也有法院将其称为行政行为的结果。[2] 行政行为的内容，指行政行为引发的法律后果、法律责任，即对私人权利义务的影响。[3] 比如与原行为相比，重作行政确权的土地范围发生变化[4]，行政补偿标准发生变化[5]，从程序上的不予受理变为实体上的驳回申请决定[6]，这

---

[1] 《行政诉讼法司法解释实务指南与疑难解答》编委会编：《行政诉讼法司法解释实务指南与疑难解答》，中国法制出版社 2018 年版，第 305 页。

[2] 参见徐某新、康某良、张某涛诉济南市章丘区人民政府行政复议案，山东省高级人民法院（2019）鲁行终 1888 号行政判决书。

[3] 参见江必新主编：《中华人民共和国行政诉讼法及司法解释条文理解与适用》，人民法院出版社 2015 年版，第 476 页。

[4] 参见贵州省龙里县谷脚镇王关村五组诉龙里县人民政府、黔南布依族苗族自治州人民政府林业行政处理及行政复议案，最高人民法院（2020）最高法行申 5007 号行政裁定书。

[5] 参见梁某寿、农某夏诉上思县人民政府强制性拆迁补偿决定案，最高人民法院（2019）最高法行申 697 号行政裁定书。

[6] 参见郑州市二七区京广路街道办事处冯庄社区居民管理委员会诉郑州市二七区人民政府土地行政管理纠纷案，河南省高级人民法院（2020）豫行终 1314 号行政判决书。

些都属于行政行为的内容发生了变化。有观点将重作超出法定幅度处罚的行为理解为与原行为理由同一的行为[1]，这是错误的理解，因为真正被重复的是对私人权利义务相同的影响而不是规范依据。

（2）内容基本相同的认定。

内容基本相同是指原行为和重作行为对私人的权利义务的影响基本相同。在具体判断时，应根据原行为撤销的原因、重作行为的目的及行为主体的主观状态等综合判定，比如法院以处罚过重为由撤销行政机关作出的 1 万元处罚，行政机关的重作罚款仅比原来减少 1 元，则属基本相同行为。[2] 司法实践中，有法院认为针对土地确权申请，行政机关原先作出的载有"建议申请人按法定程序依规办理"的说明并不是处理行为，而重新作出的载有"请求事项不予支持"是处理行为，所以它们不属于内容相同的行为。[3] 这种观点值得商榷，因为行政机关在原行为中写明的具体处理程序不是受理申请的程序，而是私人应先缔结土地经营合同后再申请确权的程序，所以其真正含义在于认为申请人不符合申请的实质条件（因为民事争议尚未解决所以没有生效的土地经营合同在先）从而应当拒绝申请，原行为和重作行为在内容上应当是基本相同的。

虽然基本相同在文义上不包括完全相同，但是从禁止反复效力所要实现的效果看，既然与原行为内容基本相同的重作行为都不应当被作出，更不用说完全相同的重作行为了。[4] 从与《行政诉讼法》第 71 条有类似意旨的《行政复议法》第 64 条第 2 款的表述来看，这也是合理的观点。[5]

相对有争议的是，重作行为的内容如果明显比原行为对私人更加不利，则是否也应属于被禁止的范围。支持应当同样被禁止的理由在于，

---

① 参见胡康生主编：《行政诉讼法释义》，北京师范学院出版社 1989 年版，第 94 页。

② 参见程排超、蒋红珍：《论重作具体行政行为》，载《行政与法》2001 年第 5 期，第 42 页。

③ 参见李某华诉重庆市长寿区人民政府撤销行政回复案，最高人民法院（2019）最高法行申 13090 号行政裁定书。

④ 参见本书编委会编：《行政诉讼法及司法解释关联理解与适用》，中国法制出版社 2018 年版，第 684 页。

⑤ 《行政复议法》第 64 条第 2 款规定，行政复议机关责令被申请人重新作出行政行为的，被申请人不得以同一事实和理由作出与被申请行政复议的行政行为相同或者基本相同的行政行为，但是行政复议机关以违反法定程序为由决定撤销或者部分撤销的除外。

首先，虽然《行政诉讼法》第 77 条第 2 款规定的禁止不利变更仅适用于变更判决，但其精神在于不应该使因为参加了权利救济程序的私人遭受额外的不利，《宪法》第 41 条第 1 款和第 2 款、2000 年《行诉法解释》第 55 条第 1 款、行政诉讼制度具备的权利救济功能、上诉不加刑原则等类似依据是支持禁止的正当性基础[①]；其次，焦某刚诉和平公安分局治安管理处罚决定行政纠纷案（以下简称"焦某刚案"）证明，至少在行政复议程序中，被复议决定撤销了行政处罚的行政机关不得加重重作行政处罚。[②] 反对的理由则在于，首先，对私人明显更加不利的行政行为内容在文义上就不符合《行政诉讼法》第 71 条规定的"基本相同"；其次，禁止不利变更和上诉不加刑原则处理的均为法院和私人的关系，即不利变更和加重罪责的决定不应由法院作出，但对私人明显更加不利的重作行为是行政机关作出的，二者没有可比性。[③]

应当认为，在审慎适用的前提下，明显对私人更加不利的重作行为不属于禁止反复效力的客观范围。如前文所述，禁止反复效力条款的主要意旨是要求行政机关尊重生效判决的判决理由，那么重作行为可以被允许的样态就应取决于生效判决的可能样态。既然生效判决在逻辑上有防止行政机关滥用职权的功能，而滥用职权又显然包括行政机关出于非公共利益保护的不正当目的作出畸轻不利决定的情形，那么尊重生效判决意旨就意味着此时必须允许对私人明显更加不利的重作行为。不过，由于行政诉讼制度只是兼具客观法秩序维护功能而且法律适用中常出现执行偏差，所以法院在允许对私人明显更加不利的重作行为时必须足够审慎：其一，必须确定生效判决否定原行政行为的理由明显有防止行政机关滥用职权作出畸轻决定的意思；其二，必须确定此时的重作行为不是出于对私人行使被救济权利的行为而作出的，行政机关对此应负较强的说明理由义务。[④] 这种观点与焦某刚案的裁判要旨也是相符的，因为

---

① 参见柳砚涛、张超：《抑止重作行政行为随意性的制度路径》，载《山东法官培训学院学报》2022 年第 5 期，第 11 页；石佑启：《判决被告重作具体行政行为探析》，载《上海市政法管理干部学院学报》2001 年第 5 期，第 24 页。

② 参见焦某刚诉和平公安分局治安管理处罚决定行政纠纷案，载《最高人民法院公报》2006 年第 10 期，第 44 - 48 页。

③ 参见刘涵：《行政诉讼重作判决必要性再探讨》，载《西北工业大学学报（社会科学版）》2014 年第 2 期，第 12 页。

④ 参见刘连泰：《行政处罚中择一重罚规则的体系化阐释》，载《法学研究》2022 年第 1 期，第 48 - 49 页。

该案中终审法院明确指出《行政复议法》不禁止复议后的加重重作是因为实践中有时确有必要加重重作，而之所以该案中应当撤销加重处罚的行为，是因为这一行为是在行政机关没有调查取得任何新证据的情况下作出的，即有充足的理由认为加重处罚不是为了保护公共利益而是为了惩罚私人行使救济权利的行为。

3. 程序违法的行政行为作为例外

2018 年《行诉法解释》第 90 条第 2 款规定，人民法院以违反法定程序为由，判决撤销被诉行政行为的，行政机关重新作出行政行为不受《行政诉讼法》第 71 条规定的限制。这意味着，生效判决以程序违法为由否定原行政行为后，行政机关可以基于同一的事实和理由作出与原行政行为基本相同的行政行为。

对此条款，有支持和反对两种观点。支持的理由在于：其一，这是维护公共秩序所需[1]，是依法律行政原理的要求。[2] 其二，程序违法和实体违法相互独立，如果生效判决只确认了程序上的瑕疵，那么其并不因此确认了实体上的瑕疵。其三，此时也不能说行政程序的违法毫无意义，因为违法的程序不应被反复（对于可以补正的程序瑕疵，行政机关并不需要完整地重新履行程序[3]），否则法院可以撤销重作行为并按《行政诉讼法》第 96 条进行处理。[4] 反对的理由则在于，其一，如果承认程序违法可以作为禁止反复效力的例外，那么私人其实完全丧失了其希望通过生效判决获得的实质利益，如果考虑到律师费、交通费等支出，生效判决对私人利益甚至还可能造成了减损。[5] 其二，由于重作行为应是一个重新适用法律规范的过程而不是一个单纯改正程序的过程，那么如果重作时的事实或法律状态已发生变化，则继续允许以原行为作

---

① 参见杨小君：《程序违法撤销与重作行政行为的限制》，载《天津行政学院学报》2005 年第 3 期，第 66 页。

② 参见王贵松：《行政诉讼判决对行政机关的拘束力——以撤销判决为中心》，载《清华法学》2017 年第 4 期，第 93 页。

③ 参见甘文：《行政诉讼法司法解释之评论》，中国法制出版社 2000 年版，第 153 页。

④ 参见梁凤云：《行政诉讼法司法解释讲义》，人民法院出版社 2018 年版，第 237 页。

⑤ 参见章剑生：《现代行政法总论》，法律出版社 2014 年版，第 508 页。

出时的事实和理由重作将很可能违法。① 其三，如果说变更判决中的不利变更禁止制度表达了特定情形下对私人利益的保障可以优越于对公共利益的维护，那么在程序违法是否作为禁止反复效力的例外上也应有类似的考虑：比如，不是所有类型的程序违法都可以成为例外，对于严重、故意、反复的程序违法，行政机关应承担不能重作的不利后果②；如果重作行为并不能较为有效地维护公共利益，反而可能浪费了公共资源，则程序违法不能作为例外③；对于一些类似于听证等旨在保护私人权益且具有独立价值而非工具价值的法定程序，程序违法不能作为例外④；对于《行政处罚法》第 58 条专门列出且有政策着重强调的法制审核程序，程序违法不能作为例外。⑤

应当认为支持的理由更加可取，即在明确适用前提的基础上，可以将程序违法作为禁止反复效力的例外。除了已经列出的支持理由，还有其他理由。其一，不能说此时私人利益完全不受保障，程序违法如果导致行为被撤销，有时会延缓后续行政措施的进行（比如征收决定被撤销）并使私人获得相应时间利益。其二，原行为作出后事实和法律状态发生变化，此时重作行为是否受《行政诉讼法》第 71 条限制的问题主要涉及禁止反复效力的时间范围而不是客观范围。此外，即使此时的重作行为不受《行政诉讼法》第 71 条的限制，也不代表其不受一般合法性审查的限制，比如《行政诉讼法》第 70 条的限制，所以不必担心重作行为自身的违法问题。其三，通过限缩作为例外的被违反的程序类型，确实可以体现对程序法治精神的重视，但是一方面，这种限缩只是强调了例外情形应尽可能地减少而非不应存在，另一方面，与上文事实同一认定部分中的论证相同，这种限缩同样旨在联结程序瑕疵和行政行为的失效却忽视了其他可能的处理方式。根据以上理由，应当将程序违

---

① 参见梁君瑜：《行政程序瑕疵的三分法与司法审查》，载《法学家》2017 年第 3 期，第 56 - 57 页。

② 参见杨小君：《程序违法撤销与重作行政行为的限制》，载《天津行政学院学报》2005 年第 3 期，第 70 页。

③ 参见王振标：《程序违法具体行政行为的撤销与重作》，载《湖北经济学院学报（人文社会科学版）》2008 年第 4 期，第 77 页。

④ 参见章剑生：《再论对违反法定程序的司法审查——基于最高人民法院公布的判例（2009—2018）》，载《中外法学》2019 年第 3 期，第 617 - 618 页。

⑤ 参见张选举、陈伟莲：《行政处罚决定法制审核司法审查问题研究》，载明德公法网 http：//calaw.cn/article/default.asp？id＝14278，2023 年 11 月 28 日访问。

法作为禁止反复效力的例外，但须注意的是，在司法实践中应注意适用该例外的前提。其一，应严格区分程序违法和实体违法。程序违法有时实际是实体违法的表现，此时仍应当受《行政诉讼法》第 71 条的限制。比如，行政机关没有证明自己进行了信息检索而径直答复信息公开申请人以信息不存在，未尽检索义务表面上是程序违法，实则是信息不存在这一事实的证据资料不足。[①] 此时其仍应受《行政诉讼法》第 71 条的限制。其二，应结合审理全过程准确判断生效判决的裁判意旨。比如，有法院认为，既然生效判决明确载明"被诉具体行政行为违反法定程序的，判决撤销"，那么就属于《行政诉讼法》第 71 条的例外。[②] 但这种看法忽略了作为二审裁判的生效判决对一审判决实际也有肯定，即"原审判决认定事实基本清楚，处理结果并无不当，应予维持"，一审判决也明确载明原行政行为"主要证据不足，违反法定程序，依法应予撤销"[③]。所以此时重作行为仍应受《行政诉讼法》第 71 条的限制。其三，在明确否定原行为的程序合法性并肯定实体合法性之外，生效判决仅否定程序合法性而未对实体合法性进行判断的，也应属于《行政诉讼法》第 71 条的例外。比如，生效判决仅确认了高校没有按程序告知并听取陈述申辩便作出取消学生硕士学位的规定违法，没有对严重抄袭剽窃行为是否应构成取消硕士学位的理由作出判断，法院认为这也属于《行政诉讼法》第 71 条的例外。[④]

---

① 参见罗某昌诉重庆市彭水苗族土家族自治县地方海事处政府信息公开案，最高人民法院指导案例 101 号（2018 年）。2007 年《政府信息公开条例》第 21 条第 3 项并没有规定行政机关的信息检索义务，2019 年《政府信息公开条例》第 36 条第 4 项规定了这一义务。应当认为，新增信息检索义务并非对行政机关额外规定了程序要求，而是对信息不存在的部分判断方式予以了明确。

② 参见海南世外桃源休闲农业有限公司诉海口市琼山区人民政府土地行政处罚案，海南省高级人民法院（2020）琼行终 484 号行政判决书。

③ 一审裁判文书参见海南世外桃源休闲农业发展有限责任公司诉海口市国土资源局土地管理行政处罚纠纷案，海口市琼山区人民法院（2013）琼山行初字第 11 号行政判决书；二审裁判文书参见海南世外桃源休闲农业发展有限责任公司诉海口市国土资源局土地管理行政处罚纠纷案，海南省海口市中级人民法院（2013）海中法行终字第 176 号行政判决书。

④ 参见谢某然诉北京电影学院取消硕士学位决定案，北京市第一中级人民法院（2018）京 01 行终 614 号行政判决书。这种在程序合法性审查后不对实体问题进行合法性审查的做法符合法律规定，但不利于有效率地实质性解决行政争议，法院应尽量避免此种情形发生。

当然，如果未来对程序瑕疵的处理方式不再以撤销为中心（轻微程序违法，不必要撤销；严重程序违法，如果庭审程序的公正性和专业性能够使实体事实得以确认，则也没有必要撤销），那么程序违法作为禁止反复效力例外的情形应当会逐渐减少。[①]

（二）主体范围

按照《行政诉讼法》第 71 条的规定，受禁止反复效力拘束的主体是被告。这里的被告包括共同被告，比如 2018 年《行诉法解释》第 136 条第 3 款规定，人民法院判决撤销原行政行为和复议决定的，可以判决作出原行政行为的行政机关重新作出行政行为，此时作出原行政行为的行政机关和复议机关就是共同被告，均须受禁止反复效力的拘束。[②]

根据《行政诉讼法》第 29 条第 2 款，可能被生效判决否定行政行为的主体不仅有作为被告的行政机关，还有作为诉讼第三人的行政机关。[③] 既然禁止反复效力条款的意旨是要求行政机关尊重生效判决，那么其涵盖的主体自然也应包括作为诉讼第三人且被生效判决否定行政行为的行政机关，其具体的类型至少包括以第三人形式出现的必要共同诉讼人。比如，如果多个行政机关对一个私人作出一个行政行为，而私人不同意所有行政机关均作为被告，那么根据 2018 年《行诉法解释》第 26 条第 2 款，此时被法院追加为第三人的行政机关就是必要共同诉讼人。[④] 有观点认为，出于对纠纷解决效率的考虑，在被告因超越职权而被撤销行政行为的情形中，法院可以追加有职权的行政机关作为第三人并要求其重作行为。[⑤] 如果这一观点正确，那么此时作为第三人的行政

[①] 参见最高人民法院行政审判庭：《最高人民法院行政诉讼法司法解释理解与适用》，人民法院出版社 2018 年版，第 422－423 页。

[②] 参见马立群：《禁止重复行政行为效力及其作用范围》，载《华东政法大学学报》2023 年第 6 期，第 124 页。

[③] 虽然《行政诉讼法》第 29 条第 1 款的主语是私人，但除私人外，行政机关也可以作为第三人。参见全国人大常委会法制工作委员会行政法室编：《中华人民共和国行政诉讼法解读》，中国法制出版社 2014 年版，第 82 页。

[④] 也有学者将之称为"类似于被告地位的第三人"。参见马立群：《禁止重复行政行为效力及其作用范围》，载《华东政法大学学报》2023 年第 6 期，第 124 页。

[⑤] 参见罗英、秦小珊：《行政诉讼重作判决若干适用问题思考》，载《湖湘论坛》2008 年第 5 期，第 88 页；章剑生：《现代行政法基本理论》，法律出版社 2014 年版，第 865 页。

机关亦应受禁止反复效力的限制。但是这种观点值得商榷，因为此时被追加的行政机关类似于民诉法学中的"无独立请求权第三人"，而根据一般诉讼法原理，"无独立请求权第三人"只是辅助当事人进行诉讼，案件审理中的程序保障并不顾及其利益，判决其承担法律责任可能违背了正当程序原则。① 更好的处理方式或许是以发送司法建议的方式提请有职权的行政机关对被生效判决否定的行政行为予以注意。②

并非被告或诉讼第三人的行政机关是否受禁止反复效力的拘束，情况看似复杂。比如，被告的行政行为被生效判决认定超越职权和基于其他理由的违法，那么其他有管辖权的机关可以基于其他理由的违法重作行为吗？被告仅因为非超越职权的违法被撤销行政行为，那么其他没有管辖权的机关可以基于同样的违法事由重作行为吗？在复数行政机关对案件均有管辖权时，其中一个行政行为被撤销后其他机关可以基于同样的违法事由重作行为吗？应当认为，此时行政机关均不可以重作以上行为，但理由并不在于这些重作行为受禁止反复效力的拘束。其一，这些重作行为是因为违反了一般合法性审查的要求（比如《行政诉讼法》第70 条）而不是禁止反复效力的要求所以才不应当被作出。其二，从法律规范适用的角度看，不同的行政机关可能具有不同的适用法律的逻辑，这也是法律规范授予不同行政机关代表行政主体（国家、地方等）作出行政行为的权力的部分原因。生效判决对某一行政机关适法逻辑的否定不影响其他行政机关的适法逻辑。其三，按照《行诉证据规定》第70 条③的规定，生效判决只有预决效力，由于预决效力基于禁反言规则存在，所以其不能约束没有参加生效判决审理过程的行政机关。④ 据此，并非被告或诉讼第三人的行政机关不应受禁止反复效力的拘束。司法实践中，法院也表达了相同的观点。⑤

---

① 参见邵明：《民事诉讼法学》，中国人民大学出版社 2016 年版，第 126 页脚注 2。

② 参见贺荣主编：《行政执法与行政审判实务——依法行政与行政诉讼》，人民法院出版社 2005 年版，第 447 页。

③ 该条规定，生效的人民法院裁判文书或者仲裁机构裁决文书确认的事实，可以作为定案依据。但是如果发现裁判文书或者裁决文书认定的事实有重大问题的，应当中止诉讼，通过法定程序予以纠正后恢复诉讼。

④ 参见邵明：《民事诉讼法学》，中国人民大学出版社 2016 年版，第 147 页脚注 3。

⑤ 参见丛某萍诉辽宁省阜新蒙古族自治县人民政府撤销房屋所有权证决定案，最高人民法院（2018）最高法行申 98 号行政裁定书。

（三）时间范围

既然禁止反复效力条款旨在让行政机关尊重生效判决的理由，那么生效判决是对何种范围时间内事项的判断就决定了禁止反复效力的时间范围。从《行政诉讼法》第 6 条和第 74 条第 2 款的规定可以看出，我国行政判决是对行政行为作出时的合法性予以判断，那么禁止反复效力的时间范围就应以行政行为作出时为界限（一般以告知私人之时作为行政行为作出之时[1]）。换言之，行政行为作出之后，如若事实或法律规范状态发生改变，则依据改变后的事实或法律规范状态所作出的行政行为不受禁止反复效力的拘束。

在铃王公司诉无锡市劳动局工伤认定决定行政纠纷案中，行政机关第二次作出的不予工伤认定决定和第三次作出的认定工伤决定不仅仅在行政行为的内容上是不同的，更在所依据的法律规范的时间状态上是不同的。第二次不予工伤认定是在 2004 年《工伤保险条例》实施之前作出的，而第三次认定工伤决定则是在该条例实施之后作出的，该条例有关工伤原因的举证责任倒置规定是之前的法律规范状态所不具有的。[2]因此，针对第二次不予工伤认定的撤销判决并不对第三次工伤认定有禁止反复效力。

四、禁止反复效力的实现

《行政诉讼法》第 71 条仅规定了禁止反复效力的行为规则，却没有明确针对与原行政行为具有同一性的重作行为的裁判规则，即没有明确禁止反复效力的实现方式。首先，条款中的"不得"既可以被理解为应被附随以制裁的课予（行政机关）义务规则，也可以被理解为应被附随以失效的授予（行政机关）权力规则。[3]其次，虽然 2018 年《行诉法解释》第 90 条第 3 款补充了裁判规则，但撤销和按照执行措施处理显然

---

① 参见姜明安主编：《行政法与行政诉讼法》，北京大学出版社、高等教育出版社 2019 年版，第 202 页。

② 参见铃王公司诉无锡市劳动局工伤认定决定行政纠纷案，载《最高人民法院公报》2007 年第 1 期，第 42 - 48 页。额外要说明的是，本案中如果行政机关在作出第二次不予工伤认定之前的"重新调查"没有造成证据资料的不同一，那么其实第二次不予工伤认定就已经违反禁止反复效力了。

③ 有关课予义务规则和授予权力规则的区分及其不可通约性，参见［英］哈特：《法律的概念》，许家馨、李冠宜译，法律出版社 2011 年版，第 25 - 39 页。

是两种不同类型的裁判规则，而且在适用要求上前者为"应当"撤销而后者为"可以"采取执行措施。因此，只有先厘清禁止反复效力的性质，才能对效力的实现方式有相对合理的整体性理解。

（一）两种并行的性质

对禁止反复效力的性质争论，以既判力说和拘束力说为主流。[①] 既判力指确定判决对诉讼标的的判断所产生的约束力，包括消极既判力（当事人对既判的案件不得再为争执）和积极既判力（法院应以确定判决对诉讼标的的判断为基础处理后诉，后诉判决与确定判决相矛盾构成再审的理由）。[②] 拘束力指确定判决（以撤销判决为主）要求案件的相关行政机关尊重法院判决的判断、按照判决意旨采取行动的效力，包括消极拘束力（禁止反复效力）和积极拘束力（行政机关撤销矛盾行为的义务、重新处理的义务）。[③]

支持既判力说的理由在于：其一，既判力要求禁止当事人对既决事项再次提起诉讼。由于行政诉讼制度原则上不允许行政机关对私人提起诉讼且行政行为具有公定力，所以既判力就转而体现为禁止反复效力。[④] 其二，虽然拘束力说将既判力的作用范围限定为判决主文，但这

[①] 司法实践的态度是不清楚的。虽然有判决明确将《行政诉讼法》第 71 条称为既判力，但是其一，这些判决并未在理由中对比分析既判力和其他判决效力的异同，所以不能确定其本身有对既判力的正确理解；其二，这些判决所指出的既判力效果和拘束力说的内涵也有重合之处。参见华某兴诉无锡市新吴区人民政府房屋征收办公室政府信息公开案，江苏省无锡市中级人民法院（2017）苏 02 行终 221 号行政判决书；徐某新、康某良、张某涛诉济南市章丘区人民政府行政复议案，山东省高级人民法院（2019）鲁行终 1888 号行政判决书。部分释义书也对禁止反复效力作既判力理解，但在论证上也和前述司法实践有相同的缺陷。参见全国人大常委会法制工作委员会行政法室：《中华人民共和国行政诉讼法解读》，中国法制出版社 2014 年版，第 198 页。

[②] 参见邵明：《民事诉讼法学》，中国人民大学出版社 2016 年版，第 287 页。

[③] 参见王贵松：《行政诉讼判决对行政机关的拘束力——以撤销判决为中心》，载《清华法学》2017 年第 4 期，第 83 - 103 页。

[④] 参见田勇军：《行政判决既判力扩张问题研究——兼与民事判决既判力相关问题比较》，中国政法大学出版社 2015 年版，第 32 - 33 页。一种可能的观点会质疑该理由作为既判力说支持理由的地位：此时与其说既判力转而体现为禁止反复效力，不如说这恰恰显示了对既判力的共识性理解根本不包括禁止反复效力，从而间接证明了禁止反复效力并非既判力，那么该理由就是对既判力说的反对理由而非支持理由。本文依然将该理由作既判力说的支持理由予以对待，因为既判力理论本身具有被扩充内容的弹性空间，共识性理解不构成对既判力理论本身内容的严格限定。

可能是一种误解，既判力自始就与判决理由有密切的关系，对于得出判决主文而言是必要的且作为庭审争点的判决理由也具有既判力①，否则类似撤销判决的形成判决的既判力就无法和形成力有所区分了。② 因此，不能因为禁止反复效力基于判决理由发生、既判力基于判决主文发生就认为二者并不相同。其三，虽然拘束力说下的效力目的和功能与既判力说下的类似，但由于拘束力和既判力本身在法律效果上的界限十分模糊，所以应当借鉴民事诉讼的一般法理，采取法效果更为明确的既判力说。③ 支持拘束力说的理由则在于：其一，既判力基于判决主文发生是学理上的一般观点，基于判决理由发生的效力至多属于既判力的扩张而非既判力本身，所以禁止反复效力显然不是既判力。其二，拘束力是对生效判决实效性的确保，而既判力则是在后诉中展现法院对行政行为违法性的判断，二者意旨不同。其三，具有同一性的重作行为是与原行政行为不同的行为，既判力则是针对相同事项产生的，所以禁止反复效力应属拘束力而非既判力。④

应当认为，既判力说和拘束力说都有一定的道理，但不应忽视二者有并行于《行政诉讼法》第 71 条的可能。正如有观点认为的那样，既判力是法院对诉讼标的所作判断的内容，禁止当事人让纠纷反反复复，是程序法上的效力；而拘束力作为行政机关将来行动的规范，是课予行政机关实体法上义务的力，两者具有不同的功能。⑤ 换言之，既判力关注的是诉讼程序中裁判的不矛盾性，拘束力关注的则是行政实体法关系中生效判决内容的实际实现，二者并非不可共存于禁止反复效力。

从既判力的角度看，禁止反复效力可以体现积极既判力的效果，即在私人针对重作行为起诉后，法院应当根据生效判决对原行为合法性的

---

① 参见汪汉斌：《行政判决既判力研究》，法律出版社 2009 年版，第 172－175 页。

② 也正因此，旧诉讼标的论和新诉讼标的论才会在既判力客观范围上对"同一形成效果、不同的形成原因"是否构成不同诉讼标的的产生争论。参见［日］新堂幸司：《新民事诉讼法》，林剑锋译，法律出版社 2008 年版，第 483 页。

③ 参见马立群：《禁止重复行政行为效力及其作用范围》，载《华东政法大学学报》2023 年第 6 期，第 123 页。

④ 参见王贵松：《行政诉讼判决对行政机关的拘束力——以撤销判决为中心》，载《清华法学》2017 年第 4 期，第 88－90 页。

⑤ 参见［日］原田尚彦：《行政法要论》（全订第六版），学阳书房 2005 年版，第 422 页，转引自王贵松：《行政诉讼判决对行政机关的拘束力——以撤销判决为中心》，载《清华法学》2017 年第 4 期，第 88－89 页。

判断对重作行为进行审查，在发现其前后行为具有同一性时，作出和生效判决意旨相同的裁判。2018年《行诉法解释》第90条第3款将撤销重作行为的根据明确为《行政诉讼法》第70条和第71条，这就体现了与积极既判力相同的保证法院不作出矛盾判决的目的，因为其表明后诉法院对具有同一性的重作行为的违法事由认定（及裁判）应与生效判决对原行为的违法事由认定（及裁判）保持相同。而且，由于维护审判权的权威性是任何情况下法院都应当实现的最低要求，所以司法解释规定撤销这一处理方式是法院"应当"作出而非"可以"作出的选择。不过，由于前文已述具备禁止反复效力的判决不仅有撤销判决，所以司法解释规定的"撤销"这种处理方式只是对前述保证裁判相同的处理方式的一种列举而并非周延的分类。当然，由于撤销判决是禁止反复效力基础的主要类型，所以司法解释对撤销这一处理方式作单独明确也无不可。下文为简化分析，也仅讨论生效判决是撤销判决时的禁止反复效力的实现方式。

从拘束力的角度看，禁止反复效力可以体现消极拘束力的效果，即既然具有同一性的重作行为属于在行政实体法上对行政机关应予履行义务的违背，那么法院就可以按照执行判决的方式来强制实现生效判决的意旨。一般而言，法院的强制执行包括直接执行和间接执行，直接执行指法院直接实现生效判决所要求的权利义务状态，间接执行指法院通过对被执行人施以不利从而督促其履行生效判决。据此，《行政诉讼法》第96条第1项（由2018年《行诉法解释》第90条第3款引致）对应的就是直接执行，其余四项则对应的是间接执行。而且，既是出于确保行政权和审判权合理分工的考虑，又是出于强制执行须以当事人无履行意愿为前提的一般法理，法律规定执行措施是法院"可以"作出而非"应当"作出的选择。不过，一种可能的疑问是：如果直接执行同样可以包含法院作出否定具有同一性的重作行为的裁判（比如撤销），那么为什么不可以认为作为拘束力的禁止反复效力实则涵盖了作为既判力的禁止反复效力？回答在于，二者是在不同的时间面向上发挥作用：作为既判力的禁止反复效力旨在让后诉判决在生效的当下保持与原生效判决相同的法律状态，而作为拘束力的禁止反复效力则旨在让行政机关未来再也不具有同一重作的动机（因为行政行为的公定力使行政机关有权在判决生效之后无限次重作具有同一性的行为），所以作为拘束力的禁止反复效力即使可以使法院作出否定具有同一性的重作行为的裁判，这也不是这种效力的核心目的。也正因此，最能体现作为拘束力的禁止反复效力的实现方式并非《行政诉讼法》第 96 条第 1 项规定的直接执行，而是其余四项规定的间接执行，因为后者中的制裁性程度比前者更高。

由上，应当认为既判力和拘束力并行于《行政诉讼法》第 71 条，前者要求诉讼程序中法院的后诉裁判不能在当下与生效判决发生矛盾，后者要求行政实体法关系应在未来实际符合生效判决的意旨，它们分别对应于 2018 年《行诉法解释》第 90 条第 3 款中的"撤销或者部分撤销"（应当作出）和"根据行政诉讼法第九十六条的规定处理"（可以作出）。这两种性质的并存说明了《行政诉讼法》第 71 条既是授予权力规则（行政机关违反规则后其行为不应产生其所希望产生的效力），也是课予义务规则（行政机关违反规则后其应被施以制裁）。这种解释安排并不是从既判力说或拘束力说的理论体系入手限定禁止反复效力的效果，而是从法律规范对具有同一性的重作行为的实际处理方式入手反向构建既判力和拘束力的合理组合，这样就没有犯依据理论上的说明方法来反推禁止反复效力的错误。①

也正是因为存在并行的两种性质，所以针对具有同一性的重作行为，撤销判决的理由有时会发生其他理由与"滥用职权"的竞合现象。② 此时，非"滥用职权"的撤销事由是基于作为积极既判力的禁止反复效力产生的，因为后诉裁判不能与生效判决发生矛盾所以二者的撤销事由是一致的；而"滥用职权"则是基于作为拘束力的禁止反复效力产生的，因为虽然行政机关根据行政行为公定力原理确实可以重作具有同一性的有效行政行为，但这种行为本身实则暗含对生效判决的蔑视，即基于不合法的动机而故意作出违背法律目的的不公正、不合理的行政行为。③

---

① 这同样也是本文不将禁止反复效力的性质讨论放至文章前半部分的原因。参见王天华：《行政诉讼的构造：日本行政诉讼法研究》，法律出版社 2010 年版，第 169 页。

② 例如，有法院认为行政机关重作具有同一性的行政行为是浪费了有限的司法资源、增加了当事人的讼累，构成滥用职权。参见余姚市甬兴气体分滤厂与余姚市住房和城乡建设局燃气经营许可纠纷案，载《最高人民法院公报》2022 年第 2 期，第 43 页。

③ 当然，如前文所述，再次撤销重作行为其实不是作为拘束力的禁止反复效力的主要目的，主要目的是使用执行措施确保行政机关将来不再有滥用职权的动机。因此，前述案例中的法院在表面上认定构成滥用职权，实则认定构成了《行政诉讼法》第 96 条规定的拒绝履行判决行为。遗憾的是，法院并未进一步解释在"可以"作出执行措施的情况下，其为何没有作出有关措施。

（二）具体的实现方式

按照私人是否针对具有同一性的重作行为提起诉讼，禁止反复效力的具体实现方式可以分为两种。

1. 私人提起诉讼

根据2018年《行诉法解释》第90条第3款，在私人提起诉讼后，法院有作出撤销判决和采取执行措施这两种实现禁止反复效力的方式。

（1）重作行为的可诉性。

法院无论是作出撤销判决还是采取执行措施，都必须以私人可以对重作行为提起诉讼为前提。对此2018年《行诉法解释》第62条已经有明确规定。

但一种观点认为，如果对禁止反复效力采既判力的看法，因为具有同一性的重作行为和生效判决的诉讼标的一致，所以其属于后诉的诉讼标的已被生效判决羁束的情形，那么根据2018年《行诉法解释》第69条第1款第9项的规定，法院只能裁定不予受理或驳回起诉。① 这种观点错误理解了具有同一性的重作行为的性质：重作行为虽然在事实、理由、内容上与原行为相同，但其是在不同于原行为的时空下作出并因为行政行为的公定力而自作出时即刻产生效力的行为，所以其不处于生效判决消极既判力而处于积极既判力的范围，法院当然可以对其作出撤销判决。② 在民法中会更为清晰地看到这一点：如果生效判决因合同内容具有可撤销事由且原告行使了撤销权而撤销合同，那么当事人再行缔结同样内容的合同并又一次诉至法院时，法院显然不应不予受理或驳回起诉，而应基于生效判决对可撤销事由的认定再次作出撤销合同的判决。

另有一种观点认为，如果重作行为没有与原行为具有同一性，而是完全尊重生效判决的意旨，私人再行对重作行为提起诉讼，那么根据判

---

① 参见王贵松：《行政诉讼判决对行政机关的拘束力——以撤销判决为中心》，载《清华法学》2017年第4期，第94页脚注52。

② 也有与此结论相同但理由不同的观点，认为后诉的诉讼标的确实和生效判决等同，但这不与既判力抵牾，因为既判力是不允许法院就同一诉讼标的作出与原判决相矛盾的判决，而非不允许法院作出与原判决内容一致的判决。参见章剑生主编：《行政诉讼判决研究》，浙江大学出版社2010年版，第591页。这种理由并不可取，因为如果后诉的诉讼标的属于生效判决消极既判力的范围，那么法院就应当不予受理或驳回起诉，否则属于对司法资源的浪费。

决的确定力应当不予受理或驳回起诉。① 比如在司法实践中，生效判决认定原有关商标无效宣告的行政裁决遗漏了部分商品类别，行政机关据此在原裁决内容上增加该商品类别上的商标无效宣告并重作裁决。此时有法院就认为，因为重作行为符合生效判决的意旨，所以是执行法院判决的行为，私人对此再行诉讼就构成重复起诉或诉讼标的已为生效裁判所羁束。② 这种观点同样也是错误的，因为虽然重作行为和生效判决意旨相同，但这只能证明在该相同部分内后诉法院应作出和前诉法院同样的判断，而重作行为本身是一个自作出起就有公定力的新的行政行为，所以其亦应处于生效判决积极既判力而非消极既判力的范围中。

（2）法院作出撤销判决。

如果法院在审查中确定了重作行为和原行政行为具有同一性，那么根据 2018 年《行诉法解释》第 90 条第 3 款，法院应当依照《行政诉讼法》第 70 条和第 71 条作出撤销判决。

需要注意的是，法院应遵守合理的审查顺序。其一，司法实践中，有法院先是对重作行为本身的合法性按照《行政诉讼法》第 70 条规定的撤销事由进行审查，再对重作行为和原行政行为的同一性进行审查。③ 这是不合理的，合理的审查顺序应是先判断是否具有同一性（从生效判决的意旨判断重作行为有无违法），在不具有同一性时再进行一般的合法性审查（从重作行为的法规根据判断有无违法④）。一方面，如果重作行为和原行政行为具有同一性，那么后诉法院就不应当另行审

---

① 参见罗豪才主编：《中国司法审查制度》，北京大学出版社 1993 年版，第 542 页。

② 参见潮州市博味食品有限公司诉国家工商行政管理总局商标评审委员会其他行政行为案，北京市高级人民法院（2017）京行终 1497 号行政裁定书；广州商科信息科技有限公司诉国家工商行政管理总局商标评审委员会其他行政行为案，北京市高级人民法院（2017）京行终 1543 号行政裁定书；青岛科瑞新型环保材料有限公司诉国家知识产权局专利复审委员会无效宣告案，北京知识产权法院（2015）京知行初字第 4853 号行政裁定书。

③ 参见高某琴诉湖南省永顺县人民政府等土地行政确认及行政赔偿纠纷案，湖南省高级人民法院（2019）湘行终 2259 号行政判决书。

④ 如果在一般的合法性审查中发现了行政行为违法，那么就应当对此作出判决，此时这部分判决所对应的事实和理由也具有了禁止反复效力，只是并非前一个生效判决的效力。参见马立群：《禁止重复行政行为效力及其作用范围》，载《华东政法大学学报》2023 年第 6 期，第 129 页。

查重作行为本身的一般合法性，而应当直接作出撤销判决。如此才算真正地尊重生效判决的意旨。另一方面，判断重作行为和原行政行为的同一性所需的司法资源小于对重作行为本身的一般合法性审查所需的司法资源，不合理的顺序容易造成司法资源的浪费。其二，由于行政行为的内容比事实和理由更加容易判断，所以法院在判断重作行为是否和原行政行为具有同一性时应遵循先判断内容是否同一后判断事实和理由是否同一的顺序。如此可以提高审判效率。

在此需附带提及的是，如果重作行为不具有同一性，那么在进行一般的合法性审查过程中，行政机关利用原合法行政程序已经取得的证据资料可以被继续采用（违法程序中收集的证据资料不可再被采用[1]），其因此而不再重新调查收集证据资料的行为并不必然构成程序违法。比如，在铃王公司诉无锡市劳动局工伤认定决定行政纠纷案中，铃王公司主张行政机关在第三次重作工伤认定时并没有进行调查程序，而是径直根据法院的生效判决重作行为，这属于违法行政行为。然而法院认为，由于行政机关已经在之前的行政行为中掌握了有关证据，所以在重新启动的工伤认定程序中可以不再进行调查核实。[2]

此外，一种观点认为，针对和原行为具有同一性的重作行为应当适用确认无效判决，否则生效判决并无实际意义。[3] 在生效判决是确认无效的情况下，按照积极既判力的要求，自然应当同样作出确认无效判决。但在生效判决是撤销判决的情况下，如果私人在后诉中诉请确认无效，则还需结合具体情形具体认定。一般认为，行政行为无效需符合重大且明显违法的标准，重大指行政行为违反重要法规、欠缺本质要件，明显指以平均理性人的判断为标准，行政行为明显存在瑕疵。[4] 虽然对

---

① 参见梁凤云：《行政诉讼法司法解释讲义》，人民法院出版社 2018 年版，第 237 页。

② 参见铃王公司诉无锡市劳动局工伤认定决定行政纠纷案，载《最高人民法院公报》2007 年第 1 期，第 42-48 页。

③ 参见［日］南博方、高桥滋编：《条解行政事件诉讼法》（第 3 版），弘文堂 2006 年版，第 558 页，转引自王贵松：《行政诉讼判决对行政机关的拘束力——以撤销判决为中心》，载《清华法学》2017 年第 4 期，第 94 页。与之相同的观点也出现在 2014 年《行政诉讼法》修改时部分人大代表的建议。参见全国人大常委会法制工作委员会行政法室：《行政诉讼法立法背景与观点全集》，法律出版社 2015 年版，第 50 页。

④ 参见王贵松：《行政行为无效的认定》，载《法学研究》2018 年第 6 期，第 165 页。

当事人而言，与原行为具有同一性的重作行为的瑕疵性十分明显，但是对非当事人的平均理性人而言不必然如此，而且违背了生效判决意旨的行政行为是否必然欠缺了本质要件也有待商榷。所以，此时法院应当对系争私人权益大小、有无第三人、法的安定性、行政效益等具体价值进行衡量作出个案式判断。

（3）法院采取执行措施。

如果法院在审查中确定了重作行为和原行政行为具有同一性，那么根据 2018 年《行诉法解释》第 90 条第 3 款，法院依据《行政诉讼法》第 96 条可以采取五项执行措施。

在 2014 年《行政诉讼法》修改时，有建议指出法律应当把行政机关重作具有同一性的行为明确规定为拒不履行裁判的行为。① 这或许说明了彼时理论上对此行为是否构成作为《行政诉讼法》第 96 条适用前提的"拒绝履行裁判"尚有争议，但现在不应当再有此种争议。前文已述，作为拘束力的禁止反复效力关注的是行政实体法关系是否实际实现了生效判决的意旨，那么和原行为具有同一性的重作行为就显然违背了这一要求。换言之，《行政诉讼法》的执行章节内容并不纯粹以具有执行力的给付判决为前提，只要行政机关的行为使私人在判决后得到的利益为零，就应当属于拒绝履行裁判。② 司法实践中，法院也明确表示《行政诉讼法》第 71 条"主要是为了督促行政机关尊重并执行人民法院的判决"③。

不过依然有争议的是：即使重作行为构成拒绝履行裁判，法院在作出执行措施上有决定裁量的空间吗？有观点就认为，在撤销具有同一性的重作行为之后，法院就"应当"而非可以作出执行措施。④ 如果法院没有作出执行措施，那么属于"司法的不作为"⑤。这种观点能够最大

① 参见全国人大常委会法制工作委员会行政法室：《行政诉讼法立法背景与观点全集》，法律出版社 2015 年版，第 184 页。

② 参见梁凤云编著：《新行政诉讼法逐条注释》，中国法制出版社 2017 年版，第 764 页。

③ 葛某强、朱某红诉盱眙县人民政府房屋征收补偿决定案，最高人民法院（2017）最高法行申 7845 号行政裁定书。

④ 参见梁凤云：《行政诉讼法司法解释讲义》，人民法院出版社 2018 年版，第 237 页。

⑤ 黄先雄：《行政诉讼中禁止重复条款的实践反思》，载《中南大学学报（社会科学版）》2016 年第 3 期，第 37 页。

程度发挥作为拘束力的禁止反复效力，但是不具有合理性。其一，《行政诉讼法》第 96 条明文规定了"可以"而非"应当"，所以原则上法院是否作出执行措施由法院自行决定。其二，前文已述，既是出于确保行政权和审判权合理分工的考虑，又是出于强制执行须以当事人无履行意愿为前提的一般法理，法律作如此规定并无不妥。换言之，只有在决定裁量收缩的情况下，"可以"才会变成"应当"①。更进一步，此处的裁量收缩要件应当分为两种，第一种是生效判决所保护的私人合法权益十分重大或紧急，此时法院应当作出执行措施，比如通知银行从行政机关账户划拨私人的最低生活保障金。第二种是在不存在第一种要件的前提下，存在能够证明行政机关无履行生效判决意愿的情形，比如生效判决足够明确地表明了法院的旨意、行政行为作出所需的证据资料和规范依据并不复杂、行政机关有明确拒绝履行生效判决的表示、具有同一性的重作行为超出生效判决规定的重作期限、行政机关作出具有同一性的重作行为的次数较多等。②

在具体执行措施的选择上，由于间接执行具有更高的制裁性，所以《行政诉讼法》第 96 条后四项应在适用条件上比第 1 项相对严格。针对第 1 项，有观点认为可以扩张解释此处的"款额"，使特定情形下法院可以直接代替行政机关作出行政行为，此时相当于类推适用变更判决。③

---

① 这种观点也反映在时任最高人民法院行政审判庭庭长王秀红法官的发言中，她认为，"审判实践中，被诉的具体行政行为被撤销后，一些被告行政机关又基于同一事实作出与原具体行政行为相同的行为，个别地方出现了多次撤销多次重作的极不正常的现象，当事人的合法权益得不到有效保护，法院的权威也受到严重的影响。严格说来，这种现象是藐视法庭、妨害诉讼的行为，对此，人民法院在依法判决撤销违法的行政行为的同时，应当依照《行政诉讼法》第 65 条第 3 款的规定严肃处理。对于情节严重的，要向当地党委和人大提出处理建议，同时向上级法院报告"。"多次""极不正常""合法权益""严重的影响""严格说来"等表述说明，仅存在与原行为具有同一性的重作行为，并不能使法院"应当"作出执行措施。参见王秀红：《切实贯彻司法为民思想，努力开创行政审判工作新局面——在全国法院行政审判工作座谈会上的讲话》，载江必新主编：《行政执法与行政审判》（总第 8 集），法律出版社 2003 年版，第 28 页。

② 参见梁凤云编著：《新行政诉讼法逐条注释》，中国法制出版社 2017 年版，第 764 页；刘显鹏：《行政诉讼重作判决探析》，载《云南行政学院学报》2009 年第 4 期，第 129 页；孙建伟：《重作判决的立法思考与司法适用——以行政权和司法权的关系为视角》，载《行政与法》2013 年第 11 期，第 92 页。

③ 参见全国人大常委会法制工作委员会行政法室：《行政诉讼法立法背景与观点全集》，法律出版社 2015 年版，第 200 页；刘显鹏：《行政诉讼重作判决探析》，载《云南行政学院学报》2009 年第 4 期，第 129 页。

这种观点是不合理的，因为如此就完全脱离了应兼顾审判权和行政权的合理分工的规范意旨。即使在变更判决内，司法变更权也应当受到严格限制，更何况是禁止反复效力。面对实践中经常出现的具有同一性的重作行为，法院应当更加积极地适用《行政诉讼法》第 96 条后四项的执行措施，而非扩张解释适用第 1 项的内容。

（4）法院作出责令赔偿判决。

实践中，如果行政机关作出与原行为具有同一性的重作行为，由于法院不积极适用《行政诉讼法》第 96 条、对行政程序没有一般性的期限限制、行政复议和诉讼环节较长等原因，争议的最终解决往往达数年之久。因此存在私人向法院提出行政赔偿诉请的情形，比如"要求赔偿其自 2006 年至 2016 年期间重复维权的经济损失"，但法院往往以没有法律依据为由予以驳回。[①] 应当认为，此时私人的行政赔偿诉请并不必然不成立。其一，禁止反复效力的两种性质都可以在理论上证成行政赔偿所需的行为违法性，比如作为拘束力的禁止反复效力要求，在课予义务规则被违反后引发的制裁至少应包含损害赔偿（类似民法中的侵权责任规则），作为既判力的禁止反复效力要求，在授予权力规则被违反后应有产生"缔约"（在行政法中是行政行为生效）过失责任的可能。其二，私人在程序中丧失的利益不能完全由诉讼费用承担规则予以解决，生活工作上的不便、因重作行为而丧失的可得利益等都亟待赔偿予以填补。其三，如果积极承认此时行政赔偿责任的成立，那么在前文所述的事实同一认定和程序违法作为例外中，相当于找到了比"联结行政机关的全面调查义务及举证责任和行政行为的失效""联结程序瑕疵和行政行为的失效"更合理的处理方式。

2. 私人未提起诉讼

在私人未提起诉讼的前提下，没有争议的是法院不可以依职权撤销与原行为具有同一性的重作行为，这是不告不理原则的必然要求。[②] 但除此以外，还有三种不同的关于禁止反复效力的实现方式的观点。第一

---

① 参见高某琴诉湖南省永顺县人民政府、湘西土家族苗族自治州人民政府土地行政确认及行政赔偿案，湖南省高级人民法院（2019）湘行终 2259 号行政判决书。

② 参见最高人民法院行政审判庭：《最高人民法院行政诉讼法司法解释理解与适用》，人民法院出版社 2018 年版，第 423 页；孙建伟：《重作判决的立法思考与司法适用——以行政权和司法权的关系为视角》，载《行政与法》2013 年第 11 期，第 92 页。

种观点认为，在生效判决是带有重作意旨的撤销判决时，私人应通过执行程序实现禁止反复效力，在生效判决是不带有重作意旨的撤销判决时，私人才可以通过另行提起撤销之诉实现禁止反复效力。第二种观点认为，法院可以不经私人申请而依职权适用《行政诉讼法》第 96 条规定的执行措施①，司法实践中亦有法院表达类似的观点。② 第三种观点认为，应当认为重作行为属于效力待定的行为，那么行政机关重作行为时应当将有关材料递交作出生效判决的法院，法院认为不构成具有同一性的重作行为时作出准予执行的裁定，否则就适用执行措施。③ 这三种观点都是不妥当的。其一，当重作行为是具有公定力的行政行为时，第一种和第三种观点都是对公定力的直接违背。即使重作行为不具有公定力，执行程序中的法院能否承担起对禁止反复效力构成要件的实质审查也是成疑问的。其二，第二种观点并不符合司法权应保持谦抑的基本要求。

在私人未提起诉讼的前提下，实现禁止反复效力或许可以依靠法院之外的其他国家机关。比如，有检察院认为，《行政诉讼法》第 71 条对行政机关课予了纠正违法行为、作出符合生效判决的行政处理决定的义务，所以检察院对此享有法律监督权，可以依私人申请向行政机关发出检察建议。④

（三）实现的辅助要求

想要最大限度发挥《行政诉讼法》第 71 条的实效性，除了明确该条款自身的适用要求，法院还应采取其他的辅助措施。其一，法院应当在生效判决中尽可能明确、具体地指出判决意旨。比如，通过在工伤认

---

① 参见甘文：《行政诉讼法司法解释之评论》，中国法制出版社 2000 年版，第 153 页。

② 参见周某才、李某秋、刘某桂、李某花诉涟源市人民政府征地拆迁行政赔偿四案，最高人民法院（2018）最高法行赔申 657、660 - 662 号行政赔偿裁定书。虽然不直接涉及禁止反复效力的实现方式问题，但本案中最高人民法院明确指出，作出生效判决的法院有义务在行政机关不履行判决义务时适用《行政诉讼法》第 96 条，而此时私人其实尚未对该法院提出采取执行措施的申请。

③ 参见周骏：《论法院对被告重新作出行政行为的审查权》，载《山西省政法管理干部学院学报》2015 年第 3 期，第 12 页。

④ 参见最高人民检察院：《2020 年度检察机关保护知识产权典型案例》，载中华人民共和国最高人民检察院网 https://www.spp.gov.cn/spp/xwfbh/wsfbt/202104/t20210425_516525.shtml#3，2023 年 11 月 28 日访问。

定案件中对法律规范上不予工伤认定的众多规范依据一并进行审理，就可以很大程度上减少行政机关作出与原行为具有同一性的重作行为。[①]最高人民法院对此也曾有过指导："要注意争议的实质性解决，促进案结事了。对于行政裁决和行政确认案件，可以在查清事实的基础上直接就行政主体对原民事性质的事项所作出的裁决或确认依法作出判决，以减少当事人的诉累。撤销具体行政行为责令重新作出具体行政行为的判决以及责令行政机关履行法定职责的判决，要尽可能明确具体，具有可执行性；不宜在判决书或判决主文表述的内容，可以通过司法建议加以明确"[②]。其二，针对与原行为具有同一性的重作行为，法院应当更加地注重禁止反复效力的拘束力面向，积极地行使《行政诉讼法》第96条授予法院的采取执行措施的权力。即使不采取执行措施，也应在判决中详细说明作出这一决定裁量的理由。

[①] 参见谭金可：《论工伤认定"循环诉讼"的症结突破》，载《中州学刊》2020年第12期，第57页。

[②] 《关于当前形势下做好行政审判工作的若干意见》，法发〔2009〕38号，2009年6月26日发布。

第 72 条（履行判决）

赵 宏

第七十二条 人民法院经过审理，查明被告不履行法定职责的，判决被告在一定期限内履行。

我国现行《行政诉讼法》第 72 条规定，"人民法院经过审理，查明被告不履行法定职责的，判决被告在一定期限内履行"。这一条被作为我国行政诉讼履行判决的基本依据。相对于撤销判决、变更判决和确认判决，履行判决可说是目前六类行政诉讼判决中规定相对简明、适用也相对单一的一类。从 1989 年初创时单一整全的"被告不履行或者拖延履行法定职责的，判决其在一定期限内履行"，到 2014 年修法时被细分为履行判决和给付判决两类，关于履行判决的体系定位与适用标准一直存在争议，其所涉及的主要问题包括履行判决如何与给付判决相互区分，其之于给付判决究竟是一般还是特别；作为履行判决适用核心要件的"不履行法定职责"如何确定；履行判决的审查重点究竟应落脚于行政机关的不作为还是公民的履职请求权；履行判决的裁判构造究竟是程序性裁判还是实体性裁判；等等。对上述问题在学理上和裁判中虽已达成一定共识，但仍旧存在认知谜团需要澄清。因此，这里尝试对履行判决的适用与标准进行体系梳理，并尝试提炼出有关其边界与适用的核心基准。

一、规范演变与核心要义

履行判决的主要依据在于《行政诉讼法》第 72 条，但有关其适用边界与核心要件的关联性条文散见于《行政诉讼法》和 2018《行诉法解释》各处。上述条文的来源大多能在 1989 年的《行政诉讼法》、2000 年《行诉法解释》（已废止）、2015 年《行诉法解释》（已废止）中找到。履行判决也经由这些规范填充而轮廓渐明。

（一）1989 年《行政诉讼法》的判决初创

1989 年《行政诉讼法》将履行判决规定于第 54 条第 3 项："被告不履行或者拖延履行法定职责的，判决其在一定期限内履行"。如果对《行政诉讼法》进行体系性考察，这一条显然对应了第 11 条中针对行政不作为可提起的行政诉讼："人民法院受理公民、法人和其他组织对下列具体行政行为不服提起的诉讼：……（四）认为符合法定条件申请行政机关颁发许可证和执照，行政机关拒绝颁发或者不予答复的；（五）申请行政机关履行保护人身权、财产权的法定职责，行政机关拒绝履行或者不予答复的"。其定位也因此是对公民、法人和其他组织要求行政机关履职的诉讼请求的判决回应。

根据该法的语词表述，履行判决适用的情形包括两类："不履行法定职责"和"拖延履行法定职责"。最初关于"不履行"的概念界定之争常常纠结于"不履行"除包括明确的拒绝履行外，是否还应涵括"不予答复"[①]，以及如果将"明确拒绝"纳入不履行的范畴，又如何使履行判

---

① 蔡小雪：《行政审判中的合法性审查》，人民法院出版社 1999 年版，第 170 页；叶必丰：《行政法与行政诉讼法》，武汉大学出版社 2008 年版，第 429 页；姜明安主编：《行政法与行政诉讼法》，北京大学出版社、高等教育出版社 2007 年版，第 597 页。

决与撤销判决相互区分。彼时已有观点认为，履行义务判决适用于行政机关的消极不答复。而对于行政机关明确拒绝相对人申请的行为，应适用撤销判决。[①]

这种观点也获得相关司法解释的支持。例如 2009 年最高人民法院《行政许可审理规定》第 11 条规定，人民法院审理不予行政许可决定案件，认为原告请求准予许可的理由成立，且被告没有裁量余地的，可以在判决理由写明，并判决撤销不予许可决定，责令被告重新作出决定。2011 年最高人民法院《信息公开审理规定》第 9 条同样规定，"被告对依法应当公开的政府信息拒绝或者部分拒绝公开的，人民法院应当撤销或者部分撤销被诉不予公开决定，并判决被告在一定期限内公开。尚需被告调查、裁量的，判决其在一定期限内重新答复……被告依法应当更正而不更正与原告相关的政府信息记录的，人民法院应当判决被告在一定期限内更正。尚需被告调查、裁量的，判决其在一定期限内重新答复"。与"不予公开决定"不同，如果被告对原告要求公开或者更正政府信息的申请无正当理由逾期不予答复的，根据《信息公开审理规定》第 10 条，"人民法院应当判决被告在一定期限内答复"。但将"明确拒绝"排除在履行判决适用情形之外的观点，后来并未被 2014 年修法和 2018 年《行诉法解释》所吸收。由此，对明确拒绝履行究竟应适用何种判决的争论也延续至今。

存有疑惑的还有该条中的"拖延履行"。学界此前对拖延履行与不履行的关系，大致有两种观点：其一，认为拖延履行是不履行的表现形式之一。既然隶属于不履行，那么拖延履行的本质仍旧是未履行，其与其他不履行的区别就在于行政机关的主观恶意，即"行政机关对法律、规范明确规定履行职责的有关事项故意拖延办理，或者对于某些紧急事项不及时办理"[②]。这一认识较符合 1989 年《行政诉讼法》的立法原意，既然法律为拖延履行法定职责配备的判决类型为履行判决，那么也应当

[①] 参见林莉红：《行政诉讼法学》，武汉大学出版社 2001 年修订版，第 204-205 页；方世荣、石佑启主编：《行政法与行政诉讼法》，北京大学出版社 2005 年版，第 484 页。

[②] 马怀德主编：《行政诉讼原理》，法律出版社 2003 年版，第 422 页；陈骏业：《不履行、拖延履行法定职责的一种学理阐释》，载《法商研究》2004 年第 2 期。

认为"拖延履行就是行政主体超期没有履行职责"①，但"拖延履行"
之后若仍旧未履行，则这一列举不再具有独立意涵。此外，增加"故
意"作为"拖延履行法定职责"的主观要件也势必增加原告的证明责任
且加大法院的认定难度，最终仍旧对当事人不利。② 其二，认为不履行
与拖延履行是并列关系，这一点是基于第 54 条第 3 项的语词表述是
"被告不履行或者拖延履行法定职责的"。既然是并列关系，那么拖延履
行就意味着已经履行，只是超过了法律规定的期限。但若将"拖延履
行"等同于"迟到的行政行为"，同样又会关联其他判决。实践中，对
于迟到的行政行为，法院可能会因其"违反法定程序"中的时限要求而
予以撤销③；也可能认为其虽然违反了法定期限，但"迟到的行为"实
体合法，撤销并无实益，还会伤及行政效能，因而作出确认违法判决。
概念间的纠缠使法院在《行政诉讼法》2014 年修改之前常常混用而不
作细致界分。

（二）2000 年《行诉法解释》的要件解释

2000 年《行诉法解释》又对履行判决进行了细节补充和展开，补
充如下关键性条文：

（1）第 56 条第 1 项规定，"起诉被告不作为理由不能成立的"，人
民法院应当判决驳回原告的诉讼请求。履行判决针对的是"行政不作
为"，但法院在审查原告起诉被告不作为案时，也会出现其诉讼请求并
不成立的情形，此时适用维持判决并不合逻辑，应由与原告诉讼请求更
有针对性的驳回原告诉讼请求替代。这一条可作为履行判决之外，原告
起诉被告不作为的另一分支性判决。

（2）第 57 条第 2 款规定，"有下列情形之一的，人民法院应当作出

---

① 余洋：《论行政诉讼中的"拖延履行法定职责"》，载《苏州大学学报（法学
版）》2019 年第 1 期，第 26 页。

② 参见罗豪才主编：《中国司法审查制度》，北京大学出版社 1993 年版，第 406
页；袁明圣：《对滥用职权与显失公正行为的司法审查》，载《法律科学》1996 年第 6
期，第 19 页；关保英：《论行政滥用职权》，载《中国法学》2005 年第 2 期，第 61 页。

③ 例如在王某健要求卫生部履行法定职责案中，法院认为，卫生部在收到王某健
的复议申请后，超过法定期限 70 余天才作出复议申请不予受理通知书，违反了法定程
序。参见朱世宽：《行政机关履行法定职责应符合履职期限的要求》，载贺荣主编：《行
政执法与行政审判实务——行政裁决与行政不作为》，人民法院出版社 2005 年版，第
272 页。

确认被诉具体行政行为违法或者无效的判决：（一）被告不履行法定职责，但判决责令其履行法定职责已无实际意义的……"。此处的确认违法判决同样可作为起诉被告不作为的判决分支。最高人民法院行政审判庭解释这一项增加的缘由时指出，"在一些诉行政不作为的案件中，由于原告请求的时效性很强，或者时过境迁，使得请求的事项对于原告而言已经没有实际意义，这种情况下，《行政诉讼法》第五十四条第三项规定的限期强制履行判决就难付适用，因为这种判决对原告非但起不到实际的救济作用，甚至可能造成当事人更大的负担。其实，原告提起诉讼的目的不外是请求赔偿或者'讨个说法'，而这两个目的都是正当合法的，法律应当给予支持"①。由此来看，增加确认违法判决主要是回应延期履行所导致的履行实益的丧失，而确认违法也能够满足原告退而求其次的要求宣告系争行为违法和索赔的诉求。

（3）第 60 条第 2 款规定："人民法院判决被告履行法定职责，应当指定履行的期限，因情况特殊难于确定期限的除外"。这一款明确了法院指定履行期限的义务，并确定了履行判决中以指定期限为原则、以不指定期限为例外的适用法则，由此也与该条第 1 款规定的责令重作判决中人民法院原则上不指定履行期限，唯有"不及时重新作出具体行政行为，将会给国家利益、公共利益或者当事人利益造成损失的，可以限定重新作出具体行政行为的期限"相互区别。而要求法院在作出履行判决时指定期限，同样是基于敦促被告积极履职，避免原告权益因被告持续拖延而持续受损的考虑。

（4）第 50 条第 4 款规定："原告起诉被告不作为，在诉讼中被告作出具体行政行为，原告不撤诉的，参照上述规定处理"。这一款可说是第 56 条与第 57 条的逻辑延续。因履行判决涉及的是行政机关的不作为，而被告在诉讼中又对原告的请求予以回应且作出行政行为的，如原告不申请撤诉，则法院应继续审查原来的"不作为"，如经审查后认为被告不履行违法，则因被告已作出履行，此时法院为避免重复就应作出确认违法的判决；若经审查认为此前的"不作为"合法，则就会被归入"原告起诉被告不作为理由不成立"的类型，因此应当判决驳回原告的诉讼请求。

---

① 最高人民法院行政审判庭编：《〈关于执行《中华人民共和国行政诉讼法》若干问题的解释〉释义》，中国城市出版社 2000 年版，第 122 页。

(5) 第 39 条第 1 款规定："公民、法人或者其他组织申请行政机关履行法定职责，行政机关在接到申请之日起 60 日内不履行的，公民、法人或者其他组织向人民法院提起诉讼，人民法院应当依法受理。法律、法规、规章和其他规范性文件对行政机关履行职责的期限另有规定的，从其规定"。该款的功能在于明晰了"在合理期限内未履行法定职责"中的"合理期限"，因此也属于履行判决构成要件的延展。

由此，经由 2000 年《行诉法解释》，履行判决的构成要件以及其与其他判决间的关联获得基本确立。上述内容后来也大多为修订后的《行政诉讼法》以及现行有效的 2018 年《行诉法解释》所吸收。

（三）2014 年《行政诉讼法》修订后的类型分野

在 2014 年《行政诉讼法》修订后，履行判决单独成条，而判决适用理由的规范表述也与此前略有不同："人民法院经过审理，查明被告不履行法定职责的，判决被告在一定期限内履行"。此处的"被告不履行法定职责"将之前的"被告不履行或者拖延履行法定职责"予以整合。

本次修法最大的变化还在于因给付判决的增加，履行判决和给付判决由此分野，形成并立。给付判决被作为直接针对"被告依法负有给付义务的"判决类型，从而与针对"被告不履行法定职责"的履行判决互相区分。在大多数规范释义中，给付判决都被作为对应《行政诉讼法》第 12 条第 1 款第 10 项所规定的，要求行政机关支付"抚恤金、最低生活保障待遇或者社会保险待遇"等行政给付类案件的判决类型，给付判决也因此被认为"顺应了近年来社会保险法等相关行政给付法律制度的完善，彰显了对行政给付行为的监督和规范"[1]。但给付判决的增加又引发甄别履行判决和给付判决的困难，这些困难不仅在于如何理解作为二者区分要点的"给付义务"和"法定职责"，还在于如何定位履行判决与给付判决的关系。

除增加明确的判决类型外，2014 年修订后的《行政诉讼法》吸收了 2000 年《行诉法解释》第 56、57、39 条的规定，即原告申请被告履行法定职责的案件中，法院还可根据不同情况作出驳回判决（《行政诉讼法》第 69 条）、确认违法判决（《行政诉讼法》第 74 条），同样也申明了行政机关履行法定职责的合理期限（《行政诉讼法》第 47 条）。

---

[1] 江必新等编著：《新行政诉讼法导读》，中国法制出版社 2015 年版，第 25 页。

（四）2018 年《行诉法解释》的构造填充

2018 年《行诉法解释》第 91 条对《行政诉讼法》第 72 条又进行了如下细化："原告请求被告履行法定职责的理由成立，被告违法拒绝履行或者无正当理由逾期不予答复的，人民法院可以根据行政诉讼法第七十二条的规定，判决被告在一定期限内依法履行原告请求的法定职责；尚需被告调查或者裁量的，应当判决被告针对原告的请求重新作出处理"[①]。

这一条可说是 2018 年《行诉法解释》对履行判决予以构造填充的最重要条款，其意义在于以下三方面：第一，2018 年《行诉法解释》虽延续了《行政诉讼法》的规范样式，将第 72 条中的"被告不履行法定职责"同样细分为"违法拒绝履行"和"无正当理由逾期不予答复"两种情形，但较于此前的"不履行和拖延履行法定职责"，此种规范表达的意涵更为清晰。而"违法拒绝履行"被归入"不履行法定职责"，也意味着此前学者建议的、对拒绝履行更宜适用撤销判决的观点并未被司法解释所采纳。第二，该条的另一要义在于其增加"原告请求被告履行法定职责的理由成立"作为履行判决的适用要件，这也意味着履行判决作出前的审查要点不再只是"行政不作为"是否适法，还包含原告是否享有相应的履职请求权。行政诉讼的主观化构造在此已露端倪。第三，该条还在一定程度上明晰了履行判决兼具程序性裁判和实体性裁判的属性，且在二者适用上呈现出递进关系。

除明晰"不履行法定职责"的类型、履行判决的适用前提和细致刻画其裁判构造外，2018 年《行诉法解释》增加的还有履行判决的前置条件，即第 93 条第 1 款："原告请求被告履行法定职责或者依法履行支付抚恤金、最低生活保障待遇或者社会保险待遇等给付义务，原告未先向行政机关提出申请的，人民法院裁定驳回起诉"。据此，"先向行政机关提出申请"成为诉请行政履职的前提，略过这一程序径直起诉的，法院将"裁定驳回起诉"。法院可以裁定驳回起诉的情形还包括该条第 2 款所说的情况，即"人民法院经审理认为原告所请求履行的法定职责或者给付义务明显不属于行政机关权限范围的"。

2018 年《行诉法解释》第 98 条还增加了有关履行判决附带性效果

---

① 这一条在 2015 年《行诉法解释》第 22 条中就已有规定，2018 年《行诉法解释》可说完全继受这一规范表述。

的规定："因行政机关不履行、拖延履行法定职责，致使公民、法人或者其他组织的合法权益遭受损害的，人民法院应当判决行政机关承担行政赔偿责任。在确定赔偿数额时，应当考虑该不履行、拖延履行法定职责的行为在损害发生过程和结果中所起的作用等因素"。此外，2000年《行诉法解释》第50条的规定同样为2018年《行诉法解释》第81条所吸收："……原告起诉被告不作为，在诉讼中被告作出行政行为，原告不撤诉的，人民法院应当就不作为依法作出确认判决"。

综上，尽管几经修改后的履行判决相较于其他判决类型仍旧属于条文简明、适用单一的一类，但《行政诉讼法》和司法解释中关涉履行判决的条文并不仅限于第72条，还包含第47条、第69条、第73条、第74条以及2018年《行诉法解释》第81条、第91条、第93条、第98条。这些条文的体系构造与逻辑关联大体如图1所示。

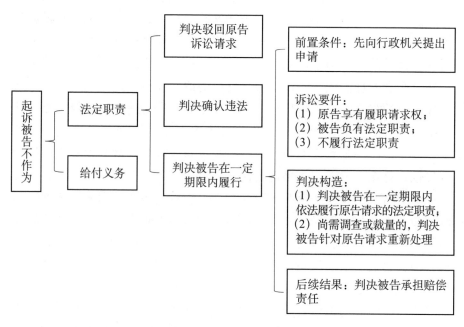

图1 相关条文的体系构造与逻辑关联

图1提示出对履行判决进行阐释的规范范围和核心要点。在体系定位上，因为针对的都是被告的不作为，而不作为的标的又被区分为"法定职责"和"给付义务"，法院也会分别作出履行判决和给付判决，给付判决也因此构成了履行判决的外部界限；而起诉被告不履行法定职责的案件中，法院会根据不同事由分别判决驳回原告诉讼请求、确认违法

以及判决被告在一定期限内履行，甚至直接驳回起诉，这又构成了履行
判决适用的内部界限。在适用标准上，履行判决有其前置条件，而法院
是否判决被告履行又有赖于如何框定"原告拥有履职请求权"和"被告
不履行法定职责"这两项要件，前置条件、核心构成因此成为履行判决
适用的基本标准。在判决步骤上，履行判决会有"判决被告在一定期限
内履行"和"判决被告重新作出处理"之分，这一点同样涉及这一判决
的裁判构造。在附带性效果上，履行判决会引发赔偿责任，也会有判决
效力与执行问题，这些都可作为履行判决的效果延伸。本条的评注也尝
试在这一框架下展开。

二、履行判决的体系定位

履行判决在整体行政诉讼中的定位大致可从其与给付判决的区别中
获得。一般认为，履行判决与给付判决对应的都是"行政不作为"。
2014 年《行政诉讼法》中未有"行政不作为"的表述，但这一概念出
现于司法解释中。[①] 这个概念聚讼纷纭，学理认知与司法操作也不尽一
致。从法条依据来看，行政不作为最初被认为直接对应《行政诉讼法》
第 12 条第 1 款第 3 项和第 6 项，即"申请行政许可，行政机关拒绝或
者在法定期限内不予答复……"以及"申请行政机关履行保护人身权、
财产权等合法权益的法定职责，行政机关拒绝履行或者不予答复的"。
前者被概括为"许可满足型不作为"，后者被归纳为"危险防止型不作
为"。但伴随 2014 年《行政诉讼法》修改时引入"认为行政机关没有依
法支付抚恤金、最低生活保障待遇或者社会保险待遇"的案件类型，上
述分类已凸显不足，在不作为案中，至少还应包含"社会给付类不作
为"。履行判决与给付判决的界分同样与上述不作为的具体样态相关。

就判决功能而言，履行判决与给付判决同属给付类判决，即法院要
求被告履行某种义务。这一点又与形成类和确认类判决相互区分。但因
为分享同样的规范构造，具有类似的效果功能，履行判决和给付判决并
不易区分，实践中也常常被混用。

在甄别履行判决与给付判决各自的适用领域时，首先要处理的是二
者在诉讼法中的基本定位。对此大致有三种观点：其一，履行判决与给

---

① 2018 年《行诉法解释》第 81 条第 4 款规定："……原告起诉被告不作为，在诉
讼中被告作出行政行为，原告不撤诉的，人民法院应当就不作为依法作出确认判决"。

付判决互相独立,这种独立性又基于法定职责和给付义务的并置分立,即二者指向不同,相互之间并非包含与被包含的关系。这种观点不仅为很多学者所主张,也能够从规范表述中获得支持。① 其二,将履行判决作为给付判决的上位判决,认为给付判决只是从履行判决中分离出来的判决类型。这一观点主要溯源于履行判决的规范演变历史②,给付义务被作为法定职责的特殊类型。用以证明这一观点的理由还包括这两条在整体《行政诉讼法》中的先后次序。③ 其三,将给付判决作为兜底性判决,使之发挥如德国法中一般给付之诉一样的"多功能武器"作用。依这种观点,给付义务反而成为法定职责的上位概念,给付判决与履行判决也被认为存在类似于德国法上"课予义务之诉"与"一般给付之诉"这样的一般与特别的关系。④ 这种观点对"给付"进行了最广义的解释:其不仅包含金钱与财物,还包含行政行为。行政行为既包括积极的作为行为,也包括消极的不作为;既包括事实行为,也包括法律行为。⑤ 这种观点代表了对行政诉讼判决样式未来发展的期许,甚至包裹着行政诉讼类型化的志向,却与现行法的规范意旨与构造并不相符。相较之下,第一种观点不仅具有规范依据,而且也更符合立法者原意。在最高人民法院行政审判庭编纂的诸部释义书中,都明确 2014 年修法是"于履行判决之外,增设给付判决",此增加又与《行政诉讼法》第 12 条第 1 款第 10 项列举的"认为行政机关没有依法支付抚恤金、最低生活保障待遇或者社会保险待遇"的起诉事由互相对应,这就说明履行判决与给付判决并非互相包含而应属互相并立的关系。

在肯定了履行判决与给付判决相互并立的体系定位后,关于二者适

---

① 根据 2018 年《行诉法解释》第 68 条第 1 款第 2 项,《行政诉讼法》第 49 条第 3 项规定的"有具体的诉讼请求"包括请求判决行政机关履行特定法定职责或者给付义务。此处就是将"法定职责"与"给付义务"并列。

② 郭修江法官就认为"给付判决脱胎于履行判决",参见郭修江:《行政诉讼判决方式的类型化——行政诉讼判决方式内在关系及适用条件分析》,载《法律适用》2018 年第 11 期,第 11 页。

③ 履行判决位于《行政诉讼法》第 72 条,给付判决紧接其后,位于《行政诉讼法》第 73 条。

④ 参见梁凤云:《不断迈向类型化的行政诉讼判决》,载《中国法律评论》2014 年第 4 期,第 154 页。

⑤ 参见梁凤云:《不断迈向类型化的行政诉讼判决》,载《中国法律评论》2014 年第 4 期,第 154 页。

用的区分，学界又大致从两个方向展开：首先是明晰给付义务中的给付概念。其背后逻辑是，既然不履行法定职责与不履行给付义务同属于"行政不作为"这个大范畴，那么借由给付义务的框定划定出给付判决的适用场域后，履行判决的适用范围自然也会获得厘清。

有关给付的观点分歧，从最狭义到狭义，再到广义，大体也分为三类：（1）最狭义解释。这种解释将给付判决限于《行政诉讼法》第 12 条第 1 款第 10 项列举的"支付抚恤金、最低生活保障待遇或者社会保险待遇"这三种情形，而不扩及其他的给付类型。而这三种情形又直接表现为金钱或财物给付。但这种观点在 2018 年《行诉法解释》出台后被推翻，该解释第 92 条已在"原告申请被告依法履行支付抚恤金、最低生活保障待遇或者社会保险待遇"三类案件后增加"等给付义务"作为兜底，这也意味着给付判决所针对的给付义务并非仅限于最狭义的金钱或财物给付。（2）狭义解释。这种解释将给付义务从上述三类案件拓展至其他社会保障权领域的给付，甚至涵括社会保障以外的其他典型给付。在实践中又具体表现为困难生活补助金；针对军人的价格临时补贴、慰问金；医疗救助；住房救助；就业救助；受灾人员救助；临时救助等。[1] 除社会保障型给付外，其他给付还会包括行政奖励、行政补贴、行政补助、行政允诺、发送慰问金等。[2]（3）广义解释。广义解释尝试在行政给付的基础上再行拓展给付判决的适用范围，认为给付义务并不仅限于给付行政中的义务。但也有学者坚持"给付判决的内容应限于给付行政的范围"[3]，即不能脱逸出传统"生存照顾"的范畴，由此才能避免其离开法律规范而自由扩张。

除着眼于给付概念的厘清外，另有一种思考进路是分别确定履行判决与给付判决的适用对象，由此形成了"履行判决对应行政处理，给付判决对应非行政处理"以及"履行判决对应行为义务，给付判决对应金钱义务"两种区分模型。这两种模型简洁明了，便于操作，但细究之下

---

① 参见本书下文第 73 条（给付判决）评注（马立群著）。

② 实践中还有针对行政补偿或赔偿诉求作出给付判决的案例，例如最高人民法院在灵川县金满园农业科技开发有限公司、广西壮族自治区桂林市灵川县人民政府行政补偿再审案中指出，"行政补偿是国家对行政主体的合法行政行为给行政相对人的合法权益造成损害所进行的给付救济"。

③ 黄学贤：《给付判决在行政诉讼判决体系中的定位》，载《苏州大学学报（哲学社会科学版）》2021 年第 4 期，第 78 页。

又都有缺陷。"行政处理—非行政处理"的模型，借鉴自德国"课予义务诉讼"与"一般给付诉讼"的划分方式。[①] 有学者反对此种划分，其理由是我国行政实体法上至今缺少明确的"行政处理"和"事实行为"的概念界定，也不具备德国法上以不同诉讼类型应对行政处理和事实行为的背景。[②] 这一理由似乎未中要害：有关行政处理和事实行为的区分学界研究已久，也有一定共识，并不构成适用这一模型的障碍。这一模型不够恰切的原因可能在于其并不符合《行政诉讼法》的规范原意。从规范的语词表述来看，履行判决和给付判决的区分更多表现为作为义务的类型差异，而非作为方式究竟属于具有公法上意思表示的"行政处理"还是不包含任何调整性要素的"事实行为"？"行为—金钱"模型认为，行政机关不履行行为义务的，适用履行判决；不履行金钱给付和财物交付义务的，适用给付判决。[③] 这一模型在适用上更为简洁，但适用结果是易将"给付判决"中的给付限缩为最狭义的金钱与财物给付，这又与2018年《行诉法解释》对给付义务的扩展不符。

除适用对象外，亦有学者主张对履行判决和给付判决通过司法审查的强度予以区分：履行判决对应低审查强度，法院处理表现为程序性裁判，而给付判决对应高审查强度，法院处理表现为实体性裁判。由此出发，给付判决的增加在立法上同样在于"弥补以程序性裁判为原则的履行判决的不足，承担实体性裁判的分工"[④]。这种区分标准颇有学理价值，也充分考虑了规范内部构造的区别。但如果再仔细斟酌，在此承担区分标准的可能并非司法审查的强度，而是行政在个案中是否仍有裁量空间，司法审查强度只是其外观表现。即使在给付判决中，行政同样可能会有裁量空间；而履行判决也并不都是程序性裁判，法院同样需根据裁量空间的有无进行分阶处理。

综上，对履行判决和给付判决的区分可能无法从上述三项标准中进

---

① 参见杨东升：《论一般给付诉讼之适用范围——〈行政诉讼法〉第73条评释》，载《行政法学研究》2015年第6期，第71页。

② 参见梁君瑜：《行政诉讼履行判决的构造与边界》，载《北方法学》2021年第4期，第114页。

③ 参见郭修江：《行政诉讼判决方式的类型化——行政诉讼判决方式内在关系及适用条件分析》，载《法律适用》2018年第11期，第13页。

④ 黄锴：《行政诉讼给付判决的构造与功能》，载《法学研究》2020年第1期，第76-79页。

行简单择一。对二者的区分应从体系定位、意涵要素和彼此关联等方面综合考虑。在参酌上述要素后，以下认识可能更为适宜、妥当。

首先，履行判决与给付判决彼此并立，二者并非互相包含的关系，也不是一般与特殊的关系。在此基础上，对履行判决与给付判决的界定就依赖对"法定职责"和"给付义务"的厘清，二者在逻辑上同样是彼此分立而非互相纠缠的。其次，从立法原意和司法实践角度考虑，给付义务还是应被限定于给付行政范畴内，其中尤其包括支付抚恤金、最低生活保障待遇或社会保险待遇等社会保障型给付。给付义务的范围可能会伴随给付行政的未来发展而不断扩张，但仍要将其系于"生存照顾"的观念之上，否则给付义务和法定职责的范围就又会出现交叉重叠。最后，因社会保障型给付大多表现为金钱或财物给付，"行为—金钱"模型会成为履行判决与给付判决区分的外观表现。但这种标准虽然直观却并不周延，在金钱财物以外，给付判决还是会适用于其他的给付形式。[①]

三、履行判决的前置条件与适用条件

明晰其内外部界限后再聚焦于判决内部，首先涉及履行判决的前置条件与适用条件。前置条件是履行判决作出的程序性前提，适用条件则是具体适用的实体化标准，这里既包含客观化要件又包括主观化要件。

（一）前置条件

2018 年《行诉法解释》第 93 条中增加了履行判决的前置条件："原告请求被告履行法定职责或者依法履行支付抚恤金、最低生活保障待遇或者社会保险待遇等给付义务，原告未先向行政机关提出申请的，人民法院裁定驳回起诉"。增加上述前置条件所考虑的正是诉的利益。若当事人的真正诉求只是要求行政机关履行法定职责，则先向行政机关主张，而不是先提起行政诉讼显然更具实效，也更易满足其诉求。若未经申请程序径直转向司法救济，不仅起诉的必要性不足，也会消耗有限的司法资源和行政应诉的精力。[②] 与此相适应，《行政诉讼法》第 38 条

---

① 实践中也有法院依据《行政诉讼法》第 73 条的给付判决，判决被告履行事实行为的情形。例如，判令被告拆除其在原告楼房下违法所建的围墙，也有的判决被告在具体期限内对原告土地进行复垦并返还。转引自下文第 73 条（给付判决）评注（马立群著）。

② 参见李广宇：《政府信息公开司法解释读本》，法律出版社 2011 年版，第 133-134 页。

第1款也规定，"在起诉被告不履行法定职责的案件中，原告应当提供其向被告提出申请的证据。但有下列情形之一的除外：（一）被告应当依职权主动履行法定职责的；（二）原告因正当理由不能提供证据的"。

类似规定也同样出现于 2011 年《信息公开审理规定》中。该规定第 3 条指明，"公民、法人或者其他组织认为行政机关不依法履行主动公开政府信息义务，直接向人民法院提起诉讼的，应当告知其先向行政机关申请获取相关政府信息。对行政机关的答复或者逾期不予答复不服的，可以向人民法院提起诉讼"。前置程序的设置并未阻断司法救济之路，只是给司法救济设置前置程序，由此来发挥行政机关先行处理的优势。[1]

同样可理解为前置性起诉条件的还有 2018 年《行诉法解释》第 93 条第 2 款的规定："人民法院经审理认为原告所请求履行的法定职责或者给付义务明显不属于行政机关权限范围的，可以裁定驳回起诉"。关于行政机关的权限范围主要可从事务和地域两个维度上判断。而所谓"明显"，在司法实践中则往往以一个"理性人"能够感受到的"明显"为准。[2] 如果原告所请求履行的法定职责或给付义务明显不属于行政机关的权限范围，这就意味着原告并无诉讼利益，或曰无权利保护必要。[3] 与在德国、日本对于缺乏权利保护必要性的案件，法院是用判决方式驳回不同，在我国法院是以驳回起诉的方式予以处理，最高人民法院也曾认为，"所谓驳回起诉，是为了不使不符合法定条件或者没有权利保护必要性的起诉进入实体审理"[4]。

（二）客观要件：被告不履行法定职责

根据《行政诉讼法》第 72 条，履行判决的适用要件仅在于"被告负有法定职责"与"被告不履行"这两项。2018 年《行诉法解释》第 91 条将"不履行"又细分为"违法拒绝履行"与"无正当理由逾期不予答复"两类，并增加"原告请求被告履行法定职责的理由成立"作为补充要件，履行判决的适用标准也由这些要件所共同刻画。在要件构成

---

[1] 参见王贵松：《信息公开行政诉讼的诉的利益》，载《比较法研究》2017 年第 2 期，第 27 页。

[2] 参见梁君瑜：《行政诉讼变更判决的适用范围及限度》，载《法学家》2021 年第 4 期。

[3] 参见［德］弗里德赫尔穆·胡芬：《行政诉讼法》，莫光华译，法律出版社 2003 年版，第 386 页。

[4] 潘某凤诉台前县人民政府、濮阳市人民政府等房屋行政登记及行政复议案，最高人民法院（2017）最高法行申 357 号行政裁定书。

中，"被告不履行法定职责"可说是具备履行判决理由的客观面向，而"原告请求被告履行法定职责理由成立"则是客观面向对应的主观面向。

1. 被告负有法定职责

对"法定职责"的范围同样有广义、狭义的认识之分。狭义观点认为：法定职责即法律、法规明确规定的职责。[1] 规章与其他规范性文件是否能够成为法定职责的来源应以"合法有效"为前提。[2] 其理由在于，行政裁判正是"以法律、法规为依据，参照规章，并可引用合法有效的规范性文件"而作出的。除法律、法规、规章以及规范性文件外，广义观点认为，"法定职责"还会源自"行政行为、上级行政机关的指令、先行行为及行政协议"[3]，甚至"行政机关的事先承诺也可形成法定职责"[4]。

从司法实务来看，法院早已将法定职责的规范依据扩张至规章以及其他规范性文件。从法律、法规、规章及其他规范性文件中提取"法定职责"较少会引发争议。行政行为[5]、上级指令甚至先行行为[6]作为法定职责来源的案件也不少见。较有争议的主要是行政允诺所形成的职责

---

[1] 参见信春鹰主编：《中华人民共和国行政诉讼法释义》，法律出版社 2014 年版，第 193 页。

[2] 在陈某华诉南京市江宁区住房和城乡建设局不履行房屋登记法定职责案中，法院即认为，"行政机关以政府规范性文件为依据拒绝不能出示遗嘱公证书的遗嘱受益人办理房屋转移登记的，该行为违法"。参见《最高人民法院公报》2014 年第 8 期。

[3] 在李某英请求泸州市江阳区卫生局履行行政合同安排工作案中，法院就认可，"原告与被告签订的行政合同有效，被告在签订行政合同后，已经按合同约定将原告协调安排到乡镇卫生机构就业，用人单位未予接受原告责任不在被告，被告已按行政合同履行了义务"。参见最高人民法院行政审判庭编著：《最高人民法院行政诉讼法司法解释理解与适用》，人民法院出版社 2018 年版，第 425 页。

[4] 江必新主编：《中华人民共和国行政诉讼法理解适用与实务指南》，中国法制出版社 2015 年版，第 65 页。

[5] 在林某诉福州市台江区人民政府拒绝履行拆迁后安置住房法定职责案中，法院认为台江区政府已根据拆迁政策作出"关于唐某福、林某拆迁房屋安置的通知"，确认林某享有拆迁安置的权利，这一行政行为也使其负有为林某合理安置住房的义务。参见最高人民法院应用法学研究所编：《人民法院案例选·行政卷·下》（1992～1999 年合订本），人民法院出版社 2000 年版，第 963 页。

[6] 先前行为引起的附随义务，例如行政机关在限制当事人人身自由后，有保障其人身权不受他人违法侵犯的义务。在刘某兰诉昆明市公安局官渡分局不履行法定职责行政赔偿案中，一、二审法院均认为，被告接警将被他人殴打致伤的杜某华带至派出所之后，在特定的环境中负有监护伤者的责任。但被告在杜某华一直未清醒的 8 小时内，没有采取相应的救助措施致使杜某华死亡，构成了行政不作为。参见最高人民法院应用法学研究所编：《人民法院案例选》2007 年第 2 辑，人民法院出版社 2007 年版，第 471 页。

与行政协议所设定的职责，是否同属于此处的"法定职责"。

所谓行政允诺，即行政机关基于公共管理目的，而向相对人作出的，当相对人作出某项行为时，即向相对人作出某项行政行为或给予其某种事实利益的行政行为。[①] 行政允诺可作为法定职责来源的观念同样体现于一些公报案例中，例如黄某友等诉大冶市政府等行政允诺案中，法院即采取确认原、被告之间的行政允诺法律关系成立，由此产生行政机关的法定职责，继而适用履行判决的基本思路。[②] 崔某书诉丰县人民政府行政允诺案中，法院也指出，"行政机关作出行政允诺后，在与相对人发生行政争议时，对行政允诺关键内容作出无事实根据和法律依据的随意解释，法院不予支持"[③]。但亦有观点认为，在 2014 年《行政诉讼法》修改后，因第 78 条第 1 款新增行政协议诉讼判决，即"被告不依法履行、未按照约定履行或者违法变更、解除本法第十二条第一款第十一项规定的协议的，人民法院判决被告承担继续履行、采取补救措施或者赔偿损失等责任"，由此就出现第 72 条与第 78 条的适用竞合，而上文中的行政允诺也不再是"法定职责"的来源。[④] 但此处涉及的问题又是，履行行政协议是否可归入履行判决的适用范畴，或可作为履行判决的一个分支。

《行政诉讼法》与《行政协议审理规定》都是将有关行政协议的审查大致区分为协议之诉与行为之诉两个序列。对于"请求判决撤销行政机关变更、解除行政协议的行政行为，或者确认该行政行为违法"的诉求，因其审查标的仍旧是行政行为，故可将其归入撤销判决和确认（违法/无效）判决中。"请求判决行政机关依法履行或者按照行政协议约定履行义务"则属于典型的协议之诉，其规范结构虽与履行判决和给付判决类似，但因为原告要求履行的是协议义务（意定义务），而非其他法定职责或给付义务，所以其应该被归入与履行判决、给付判决并列的协议类判决。从这个意义上说，协议义务不宜被列入《行政诉讼法》第

---

① 参见姜明安主编：《行政法与行政诉讼法》，北京大学出版社、高等教育出版社 2019 年版，第 533 页。

② 参见章剑生：《行政允诺的认定及其裁判方式》，载《交大法学》2016 年第 2 期，第 175 页。

③ 《最高人民法院公报》2017 年第 11 期。

④ 参见梁君瑜：《行政诉讼履行判决的构造与边界》，载《北方法学》2021 年第 4 期，第 105 页。

72 条的"法定职责"中。① 但这并不意味着，在 2014 年修法后，行政允诺同样不再属于法定职责的来源。② 按照行政允诺的一般界定，行政机关是借由允诺这一行政行为课予自身某种作为或履行义务，其应和上级行政机关的指令、先行行为一样属于第 72 条中的"法定职责"的范畴。

但也有实务界的观点认为，"被告不依法履行、未按照约定履行行政协议义务的，人民法院应当按照不履行法定职责行政案件的审理规则进行审理，不能将其作为行政协议合同纠纷案件审理"。其理由是，如果行政机关"不依法履行、未按照约定履行行政协议义务行为违法，造成原告实际损失的，应当按照行政机关不依法履行、未按约定履行行政协议违法行为在损失发生和形成中的作用大小，判决行政机关承担相应的行政赔偿责任，不能判决行政机关承担行政协议的违约责任"③。但这种观点是将协议纠纷都归于行为之诉的审查框架下，体现的是对行政协议的公法一体化理解和处理的思路，这一点并不符合《行政协议审理规定》有关协议审查的构造安排。

2. 被告不履行法定职责

在论及被告不履行法定职责时，无论学界还是实务界都惯于将"不履行法定职责"和"不作为"两个概念互相捆绑，"不履行法定职责即不作为"的观念也影响甚远。④ 因此就有必要在此概念之下展开对"不履行法定职责"的探讨。需要注意的是，"不作为"并不只是学理概念，其同样出现在 2018 年《行诉法解释》中。在逻辑上，司法解释似乎也

---

① 行政机关在行政协议中的义务究竟是法定义务还是意定义务，存在争议，此处其实凸显依法行政与契约自由之间的张力与调和。但本文认为在经过协议转化后，应将其作为意定义务来认识和处理。

② 梁君瑜教授在其文章中引述崔某书诉丰县人民政府行政允诺案，指出该案中法院认定被告"未依法、未依约履行招商引资奖励允诺义务"后，即作出行政协议履行判决，因此说明行政允诺已非"法定职责"的来源（参见梁君瑜：《行政诉讼履行判决的构造与边界》，载《北方法学》2021 年第 4 期，第 105 页），但此处法院其实将行政允诺本身作为行政协议予以处理，认为原、被告的行政允诺法律关系即行政协议关系，这并不足以推导出行政允诺已非法定职责的结论。

③ 郭修江：《行政诉讼判决方式的类型化——行政诉讼判决方式内在关系及适用条件分析》，载《法律适用》2018 年第 11 期，第 14 页。

④ 参见温泽彬、曹高鹏：《论行政履行判决的重构》，载《政治与法律》2018 年第 9 期，第 27-28 页。

将它作为不履行"法定职责"和"给付义务"的上位概念。①

在最早关于"行政不作为"的论述中，有三种典型观点：其一，认为行政不作为即"行政机关不履行法定职责"，其对应的也是《行政诉讼法》所列举的行政机关拒绝颁发许可证或不予答复，拒绝相对人要求保护人身权、财产权的申请或不予答复，不发给相对人抚恤金等。其二，认为行政不作为是"行政机关对相对人的申请拖延履行法定职责或不予答复"，这种观点将行政机关明示的拒绝排除在不作为之外，被认为代表了一种形式主义的判决进路。在此观念下，行政机关明确拒绝仍旧是在行政程序上作出了一项处理决定，应属于拒绝的作为而非不作为。其三，行政不作为是"行政机关对一定行政行为的抑制，即拒绝作出一定的行为"，在此认识下，无论是行政机关拒绝作出某种行为或不做某种行为都是不作为，而并不强调行政机关是否有法定义务，因此即使是明确拒绝，从其本质来说仍旧是否定了当事人的申请，未满足其诉求。②

如果说第一种观点只是对应了"行政不作为"在诉讼法中的具体表现样式，第三种观点则更为符合 2018 年《行诉法解释》的界定。但与很多学理意见认为"行政不作为"一定要有违法性不同③，2018 年《行诉法解释》中的"不作为"显然只是指"行政机关对一定行政行为的抑制"，即通过积极拒绝或消极不答复的方式否定了当事人的主张，此处并未包含合法/违法的判断，也因此才会有后续的驳回起诉、驳回原告诉讼请求、责令履行、责令给付以及确认违法等类型化的处理方式。

（1）违法拒绝履行。

如上文所述，在 1989 年《行政诉讼法》中，履行判决所对应的是"被告不履行或者拖延履行法定职责"，但此处的"不履行"除了包含不予答复，是否还包括"明确拒绝"，语焉不详。2018 年《行诉法解释》则明确"不履行法定职责"包含"违法拒绝履行"和"无正当理由不予答复"两类，由此破除了此前有关"拒绝履行"是否属于不履行法定职

---

① 但将不作为视作不履行法定职责的上位概念也会出现无法容纳不正确履行的问题。因此，这两个概念仍旧在边界上存在一定交叉。

② 参见周佑勇：《行政不作为的理论界定》，载《江苏社会科学》1999 年第 2 期，第 46 页。

③ 参见周佑勇：《行政不作为的理论界定》，载《江苏社会科学》1999 年第 2 期，第 49 页。

责的疑虑。

将"违法拒绝履行"纳入"不履行法定职责"的范畴，被学者总结为一种实质主义的判断进路，即行政机关虽然已作出积极行为，在实体上也有了明确结论，但并未满足相对人的请求，因此在实质上仍旧是对应当履行的法定作为义务的拒绝。[①] 除学理说理外，实务界支持将"拒绝履行"纳入"不履行法定职责"范畴的理由是，针对原告起诉要求被告履行法定职责的案件，如果被告明确予以拒绝，原告起诉时仅诉请撤销明示拒绝行为的情况相当少见，反而是要求确认拒绝行为违法并责令行政机关履行法定职责的案件占了绝大多数。[②] 从这个意义上说，很多学者将履行判决类比于德国法上的课予义务之诉和一般性的预防之诉也不无道理。[③]

违法拒绝履行是行政主体以明确意思表示拒绝合法申请，且该拒绝行为产生终结行政程序的效果。其既可以表现为程序上的明示拒绝（例如作出不予受理决定）又可以表现为实体上的明示拒绝（例如受理后作出不予许可决定）；拒绝既可以是口头的，也可以是书面的。违法拒绝履行必须是行政主体明确表达出终结行政程序以及对相对人的主张不予支持的意思表示。与之相反，如果行政机关只是通知相对人补充材料等过程性答复，则不属于拒绝履行。[④]

值得关注的是，如果将违法拒绝履行作为"不履行法定职责"的情形，又会引发适用判决不唯一的结果。有关这一问题的争论自 1989 年《行政诉讼法》制定之初延续至今。就行政行为教义而言，拒绝履行既然已包含了行政机关明确的意思表示，已对当事人的权利义务进行了实

---

① 参见宋智敏：《论行政拒绝履行行为的司法审查——以 42 份行政拒绝履行案件判决书为分析样本》，载《法学评论》2017 年第 5 期，第 173 页。

② 2004 年最高人民法院发布的《关于规范行政案件案由的通知》中，将行政案件的案由分为作为、不作为和行政赔偿三类。不作为的案件，又以"诉""行政主体的类别""不履行特定行政职责或义务"作为案由的构成要素。而最高人民法院 2020 年发布的《关于行政案件案由的暂行规定》中，将"行政行为"作为一级案由，包括行政机关与行使职权相关的所有作为与不作为；而二级案由中就包括不履行职责。

③ 参见梁凤云：《不断迈向类型化的行政诉讼判决》，载《中国法律评论》2014 年第 4 期，第 154 页；李广宇：《政府信息公开司法解释读本》，法律出版社 2011 年版，第 134 页。

④ 参见梁君瑜：《行政诉讼履行判决的构造与边界》，载《北方法学》2021 年第 4 期，第 105 页。

质调整，那么就已具备行政行为的品质，对此当然可适用撤销判决。但从回应当事人诉求的角度，对于"违法拒绝履行"的案件，履行判决是更适宜的判决形式。而实践中，对于被告明确拒绝履行职责的案件，法院大多会在履行与撤销并重作判决之间徘徊。[①] 上述问题除涉及对违法拒绝履行的属性认识外，还涉及对履行判决效力的认知，这一点在后文的裁判构造中予以讨论。

（2）无正当理由逾期不予答复。

被告不履行法定职责的另一表现是"无正当理由逾期不予答复"。不答复即在程序上和实体上没有任何明确表示。之所以强调"无正当理由"，是因为在无作为可能（例如不可抗力）或无答复义务（例如明显并非法定职责）时，不予答复并非违法。[②] 而是否"逾期"的判断经由《行政诉讼法》第 47 条而明晰，即如果法律、法规对行政机关履行职责的期限有所规定的适用此规定；如果没有规定的，行政机关的一般履职时间是接到申请之日起两个月。但这一条也会引发疑问，即是否只有法律、法规才可规定行政机关的履职时间，而规章和其他规范性文件中的履职时限规定可能并不会被法院所认可。在启东市船舶工程有限公司诉启东市人民政府渡口行政许可及南通市人民政府行政复议案中，判决指出"当法律规范明确规定了行政机关的履责期限，除特殊情形外，人民法院一般应当参照相关法律规范的规定确定行政机关的履责期限；法律规范未对行政机关履责期限作出规定的，人民法院应结合具体案情，充分考虑当事人合法权益保护的及时性和行政机关履责的可行性等因素，根据《中华人民共和国行政诉讼法》第四十七条的规定，合理确定行政机关的履责期限。如存在正当理由或不可抗力的，即便行政机关超出人民法院生效判决所确定的期限作出行政决定，亦不能认定该行为构成程序违法"[③]。此处并未将"法定期限"限定为"法律、法规规定的期限"，在法定期限之外，法院同样提出了"合理期限"的确定基准。

（3）不适当履行和未充分履行。

不适当履行即行政机关虽有履行行为，但履行方式不当。例如《信

---

① 参见梁君瑜：《行政诉讼履行判决的构造与边界》，载《北方法学》2021 年第 4 期，第 105 页。

② 参见梁君瑜：《行政诉讼履行判决的构造与边界》，载《北方法学》2021 年第 4 期，第 105 页。

③ 《最高人民法院公报》2020 年第 12 期，第 19 - 26 页。

息公开审理规定》第9条就规定，"被告提供的政府信息不符合申请人要求的内容或者法律、法规规定的适当形式的，人民法院应当判决被告按照申请人要求的内容或者法律、法规规定的适当形式提供"。

在不履行法定职责的行为类型中，另有一类是未充分履行，或曰未完整履行。此类不履行是指行政机关虽然有所作为，但作为程度不够。[①] 例如行政主体的方法、措施、手段不当，或者未尽到注意义务，或者根本就未进行实质性作为。司法实务中，典型的"未充分履行"主要发生于危险防止型案件[②]中，法院也通常认为，"没有实施防止危害的行为"和"没有实施最终防止危害结果发生的行为"是两种典型的未充分履行。前者例如公安机关对羁押人员在被关押期间生病未对其予以及时治疗致其死亡[③]；后者则是指行政机关虽然已实施了一定行为，但该行为未有效阻止危害结果的发生，典型的例如某建设委员会已根据当事人申请，向拆迁人发出通知，要求其妥善处理房屋拆迁中的问题，但法院经审理认为，"该通知从内容来看，并不具有对违法拆迁行为作出相应处理并责令其停止不合法拆迁行为等履行职责的实质内容"[④]。亦有学者将此类行为概括为"形式作为而实质不作为的行政行为"[⑤]。

尽管法院提取的上述"没有实施防止危害的行为"和"没有实施最终防止危害结果发生的行为"两项标准已较为明晰，但在判断被告是否充分且完整履行时，仍旧存在其他意见。梁君瑜总结了学理上和实务中的四项判定基准如下：其一，以"行政机关有效措施之持续"作为判断履职到位的标准。据此，如果行政机关对违法相对人作出处罚后，未采取后续监管措施或未申请法院强制执行，而导致公益持续受损，则属于履职不充分。其二，以"相对人违法行为之停止"作为判断履职到位的

---

① 参见杨小君：《行政不作为形式及其违法性》，载《重庆工学院学报（社会科学版）》2009年第1期，第83页。

② 所谓"危险防止型不作为"，是指"行政机关对于存在于自然界或社会上的危险及第三者行为发生之危险，未能以适当形式规制或取缔权限致使损害发生的行为"。参见王和雄：《论行政不作为之权利保护》，台湾三民书局1994年版，第297页。

③ 参见最高人民法院应用法学研究所编：《人民法院案例选》2001年第2辑，人民法院出版社2001年版，第419页。

④ 最高人民法院应用法学研究所编：《人民法院案例选》2006年第3辑，人民法院出版社2007年版，第458页。

⑤ 黄学贤：《形式作为而实质不作为行政行为探讨——行政不作为的新视角》，载《中国法学》2009年第5期。

标准。其三，以"行政监管手段之穷尽"作为履职到位的标准。其四，综合上述因素，以"违法行为是否得到有效制止、行政机关是否充分、及时、有效采取法定监管措施，以及国家利益或社会公共利益是否得到有效保护"作为综合判断履职是否到位的标准。① 除上述标准外，在危险防止型不作为案中，因为造成相对人权利有侵害之虞的是第三人，所以相对人要求行政机关履职的本质，是要求行政机关介入"相对人—第三人"的民事关系中，也因此，在这种三边法律关系下，对行政机关是否充分履职的判断其实又与相对人是否具有"介入请求权"以及行政机关在具体个案中如何履行"国家保护义务"相关。此处具体的判断基准又会转化为行政机关在此法律关系下裁量权限是否发生缩减的问题。

（三）主观要件：原告享有履职请求权

如果细致观察 2018 年《行诉法解释》就会发现，相比于 1989 年《行政诉讼法》的规定以及 2014 年《行政诉讼法》第 72 条的规范表述，2018 年《行诉法解释》第 91 条在规定履行判决的构成要件时，还加入了"原告请求被告履行法定职责的理由成立"作为要件，这似乎也说明，履行判决的理由具备性要件除"不作为违法"外，还应包含原告有相应的履职请求权。有学者因此总结道，"履行判决还应包含一个有待审查的前置性适用要件：原告享有履行法定职责的请求权"，履行判决的适用要件也因此呈现"履职请求权→法定职责→不履行"的三阶层审查结构。②

履职请求权是主观公权利的典型类型，其导出过程自然也要依据保护规范理论，这一原理和过程也已在刘某明案、关某春案等裁判中有了清晰说明。③ 但需要注意的是，尽管主观公权利本质上是一种要求执行

---

① 参见梁君瑜：《行政诉讼履行判决的构造与边界》，载《北方法学》2021 年第 4 期，第 106 页。

② 参见梁君瑜：《行政诉讼履行判决的构造与边界》，载《北方法学》2021 年第 4 期，第 104 页。

③ "只有主观公权利，即公法领域权利和利益，受到行政行为影响，存在受到损害的可能性的当事人，才与行政行为具有法律上的利害关系"，参见刘某明诉张家港市人民政府案，最高人民法院（2017）最高法行申 169 号行政裁定书。"只有当起诉人诉请保护的权益，恰好落入行政机关作出行政行为时所依据的行政实体法律规范的保护范围时，起诉人的原告资格才能被承认"，参见关某春诉浙江省住房和城乡建设厅城乡建设复议案，最高人民法院（2017）最高法行申 4361 号行政裁定书。

规范的权利，即"法律执行请求权"，或曰"规范实现请求权"①，但因为在公法中国家义务与个人权利并不一一对应，而主观公权利只存在于"法规范赋予法律主体以权能，去要求、行使或以其他法律方式实现规范内容之处"②，所以公民普遍的、一般的法律执行请求权在整体上是被否定的，其所享有的只是客观法所赋予的个别的、单项的法律执行请求权。这种个别的、单项的履职请求权，主要来源于一般法，2019 年联立公司案则将其扩张至"行政机关作出行政行为时所应依据的法律、法规、规章以及规范性文件"。只要上述法律规范在保护公益之余同样保护当事人的私人利益，而原告又主张其处于该规范的保护圈内，就可以此为依据来主张权利保护。

履职请求权大致包含两类：一类为授益型履职请求权（或曰满足申请型请求权），即请求行政机关对自己作出授益行政行为。这类请求权本质上就是广义的给付请求权的亚种。其在行政诉讼中的典型表现为申请行政许可遭拒或逾期未获答复。此类请求权多由行政相对人享有，因此其实体法依据既可是一般法，也可是基本权利规范。③ 另一类为规制型履职请求权（或曰危险防止型请求权）。这类请求权多发生在三边的法律关系下。在此法律关系下，对相对人权益产生直接影响的往往是第三人，相对人基于国家保护义务而要求行政机关予以介入，但此时第三人又可针对行政机关介入主张对其权利干预的防御，由此形成一种"行政机关—相对人—第三人"的三边法律关系。而相对人要求行政机关履职本质上又是要求行政机关介入平等的民事法律关系中，而行政机关履职又是在三边法律关系下，对相互冲突的私益进行权衡、分配和调和。也因此，此类履职请求权又被称为"介入请求权"。这类主观公权利是在传统行政相对人防御权和给付权基础上发展出的第三人公权。④ 而对第三人公权的承认，不仅符合现代分配行政基本构造，也为除行政相对

① Arno Scherzberg, Das subjektiv-oeffentliche Recht-Grundfragen und Faelle，Jura 11/2006，S. 840.

② Arno Scherzberg, Das subjektiv-oeffentliche Recht-Grundfragen und Faelle，Jura 11/2006，S. 840.

③ 参见赵宏：《保护规范理论的误解澄清与本土适用》，载《中国法学》2021 年第 4 期。

④ 参见赵宏：《行政法学的主观法体系》，中国法制出版社 2021 年版，第 198 页；王世杰：《行政法上第三人保护的权利基础》，载《法制与社会发展》2022 年第 2 期。

人之外的第三人赋予了独立的法律地位，使其权益保护不再只是行政机关维护公益的反射作用。

再回到履行判决中。尽管原告的履职请求权与被告负有法定职责分属履行判决的主观面向和客观面向，但二者其实一体两面，无法从根本上予以区分。如果原告拥有针对行政机关的履职请求权，行政机关的明确拒绝或不予答复就是违法的，反之亦然。[①] 正如对客观的"法定职责"作出判断一样，原告是否有请求权同样取决于实体法、上级指令、行政行为、先行行为以及行政允诺。上述实体法规范同样应包含裁量规范。就裁量规范而言，鉴于无瑕疵裁量请求权的提出，如果行政机关拥有裁量权，但其裁量存在瑕疵，则对履职请求的拒绝或不予答复同样违法，因为原告同样在主观上拥有要求行政机关予以合义务裁量的请求权；唯有裁量缩减至零时，原告才会拥有针对特定行为的作为请求权。而在判断行政机关是否充分履职时，对行政裁量和裁量收缩的客观确定对应的正是原告"无瑕疵裁量请求权"与"针对特定行为的作为请求权"的主观确定。因此，"履职请求权"与"法定职责"的判断并非分阶进行，而是在请求权审查模式下被相互嵌套在一起的。

（四）请求权审查模式下主客观要件的统合

2018 年《行诉法解释》在"不作为违法"的条件之上又引入公民的履职请求权，反映的又是行政诉讼审查模式和审查框架的悄然改变。

行政诉讼素来有主观和客观的定位之争，我国行政诉讼虽然功能定位一直不明，但从既往诉讼以行政行为作为审查单元，审查要点也在于行政行为适法性，判决也以撤销为主来看，还是呈现出浓厚的客观合法性监督色彩。但行政诉讼并非单纯的客观合法性监督，其同样是对个人主观公权利的保护。这一点在 2014 年修法时已获强调，而确认判决、履行判决、给付判决的增加也都意味着在传统的行为之诉之外，行政诉讼吸纳了法律关系之诉。与行为之诉将审查要点聚焦于系争行政行为，并对其客观合法性进行审查有所不同，法律关系之诉的审查要点是在具

---

① 参见［德］弗里德赫尔穆·胡芬：《行政诉讼法》，莫光华译，法律出版社 2003 年版，第 441 页。德国联邦行政法院甚至认为，因为课予义务之诉就是用以贯彻作出行政行为请求权的诉讼形态，因此拒绝或怠于履职是否违法只属于判定请求权的前阶段事项。因为有可能原本拒绝并未违法，但因事实和法律状态后来的变化，原告反而会享有请求权。这种情形尤其发生于建筑规划行政领域。参见 Weyreuther，Festschrift Menger S，681/683。

体法律关系之下关系主体的权利义务。与法律关系之诉直接关联的审查模式也不再是传统行政诉讼中的"违法性审查模式"，而是与民事诉讼通约的"请求权审查模式"。

请求权审查模式在德国行政诉讼中已属典型，尤其体现于课予义务之诉中。对于课予义务之诉，法院审查的要点已非行政机关的拒绝或不作为是否违法，而是原告是否有要求行政机关作出某项行政行为的请求权。① 这反映于德国《联邦行政法院法》第 113 条第 5 款，则是义务理由具备性的要件除了拒绝和不作为违法，还包括原告的权利受损和条件成熟两项。这就意味着，只有行政机关的裁量缩减至零，原告才会拥有针对特定行为的履职请求权，法院也才会判决被告作出此前拒绝的行为。但反过来，即使原告并无针对某项行政行为的请求权，也总会有要求行政机关进行无瑕疵裁量的请求权，法院也会相应作出答复判决，由此与课予特定行为义务的判决相互对照区分。此处其实已悄然发生了请求权的替换（Anspruchsaustausch）②，但并不妨碍课予义务之诉一直是在请求权审查模式之下进行的。

从我们目前判决的规范样式来看，撤销判决所遵循的仍旧是典型的"违法性审查模式"，原告权利受损并未成为法院决定是否撤销违法系争行为的要件；但从履行判决来看，因为"原告请求被告履行法定职责理由成立"这一要件的加入，其审查模式已有向"请求权审查模式"转变的端倪。相应地，明确拒绝或不予答复是否违法，也因此要被嵌入请求权的框架下考虑。行政机关的"履职义务"与当事人的"履职请求权"在此被作为履行判决的客观面向与主观面向，两者已无法切割，而是互相关联。

四、履行判决的裁判构造与其他问题

关于履行判决的裁判构造样式，一直有程序性裁判和实体性裁判之争。但 2018 年的《行诉法解释》已对《行政诉讼法》第 72 条中的裁判构造进行了说明，由此也形成了实体性裁判与程序性裁判并立的二阶递

① 参见［德］弗里德赫尔穆·胡芬：《行政诉讼法》，莫光华译，法律出版社 2003 年版，第 224 页。

② Stephan Meyer, Rechtswidrigkeits-oder Anspruchsaufbau bei der Verpflichtung-sklage? JuA，2020（3），S. 2111.

进式判决构造，二者的区别在于，"被告是否仍需进一步查清事实或者是否还有裁量余地"。

（一）履行判决的二阶构造

所谓程序性裁判，是指法院仅判决被告重作或履行法定职责，但不对行政机关的行政行为进行内容上的限定。而实体性裁判则是法院直接指明履行职责的范围和方式。例如在谢某杰诉山西师范大学不履行颁发毕业证法定职责案[①]中，法院在"理由具备、事实清楚、法律规定明确""法效果唯一"的情况下，直接判决山西师范大学在判决生效后 30 日内依法为原告颁发本科毕业证书。

1. 程序性裁判与实体性裁判的适用顺序之争

对于两种裁判的适用顺序，学者亦存在争论。有观点认为，程序性裁判并未使原告的诉求获得充分满足，在行政机关重新作出行政行为后，原告也常常并不满意，因此，为防止诉讼程序空转，加大司法救济力度，强化司法对不作为的监督，在不作为案中就应以作出实体性裁判为主。而 2018 年《行诉法解释》增加的规定"原告请求被告履行法定职责的理由成立，被告违法拒绝履行或者无正当理由逾期不予答复的……判决被告在一定期限内依法履行原告请求的法定职责"，其出发点也在于提升救济实效性和实质化解纠纷。[②] 另有学者从立法原旨和规范表述出发，认为《行政诉讼法》第 72 条确立的仍旧是"以程序性裁判为原则、以实体性裁判为例外"的基本立场。其原因在于：我国《行政诉讼法》自 1989 年开始确立的就是"有限度的司法审查"立场，即尊重行政机关的专业判断和行政裁量。具体至履行判决，尽管法院有权责令被告行政机关履行，但如何履行仍旧涉及行政的专业判断。这一立场在 2014 年修法后也未改变，其背后是对专业分工原则的尊重。[③]

履行判决会存在应以实体性裁判还是程序性裁判为主之争，关键点就在于，相比撤销判决和确认（违法/无效）判决，司法机关要在判决

---

① 参见最高人民法院行政审判庭：《中国行政审判案例》（第 2 卷），中国法制出版社 2011 年版，第 229 页。

② 参见刘群：《实质解决争议视角下的行政履行判决适用研究》，载《行政法学研究》2019 年第 2 期，第 128 页。

③ 参见梁君瑜：《行政诉讼履行判决的构造与边界》，载《北方法学》2021 年第 4 期，第 106 页。

中课予行政机关以具体的履行义务，因此此类判决属于对行政干预和介入更深的判决。① 而在履行判决中，行政诉讼所涉及的一般问题，即如何确定司法审查的强度、如何平衡司法监督与尊重行政判断的张力，也就更加凸显。从这个角度而言，对实体性裁判和程序性裁判适用顺序的选择，毋宁说是在司法谦抑和司法能动的立场之间进行选择。又从立法说明来看，尝试对二者间的张力予以调和，"在坚持司法中立和司法被动的原则之下，强调司法对社会需求和实质正义的回应，实现司法审查有限与有为的兼得"② 仍旧是行政诉讼的主流立场。这就说明，在一般情况下，履行判决仍旧以程序性裁判为主，法院只是判决被告针对原告的请求重新处理；只有被告无须再进行调查或没有裁量权时，才会判决被告在一定期限内依法履行原告请求的法定职责。但值得注意的是，《行政诉讼法》第 72 条中的"判决被告针对原告的请求重新作出处理"也并不就是对重作内容不作任何限定的纯粹的程序性裁判，而更接近于德国法上的答复判决。对此下文会详细阐释。

2. 课予特定义务判决与课予重作义务判决

我国 2018 年《行诉法解释》规定，在理由具备、事实清楚、法律规定明确、法效果唯一的情况下，法院会判决被告限期履行特定义务；"尚需被告调查或者裁量的"，则判决被告针对原告的请求重新作出处理。这一构造非常类似于德国《联邦行政法院法》第 113 条第 5 款中有关课予义务之诉判决主文的规定，"拒绝或怠为行政行为违法，并因此侵害原告权利时，如案件裁判时机已成熟，则法院应判决行政机关作出原告所申请的职务行为，如裁判时机并未达到，法院应宣示，行政机关应依法院裁判意旨作出决定"。前者在德国法中被称为课予特定义务判决，后者则是答复判决（Bescheidungsurteil）。③ 依据这种分阶构造，在我国《行政诉讼法》第 72 条之下，其实可更准确地界定出课予特定义务判决和课予重作义务判决。

法院在履行判决中是判决被告限期履行原告所请求履行的职责，还

① 参见温泽彬、曹高鹏：《论行政诉讼履行判决的重构》，载《政治与法律》2018年第 9 期，第 25 页。

② 全国人大常委会法制工作委员会行政法室编：《行政诉讼法立法背景与观点全集》，法律出版社 2015 年版，第 318 页。

③ 我国台湾地区学者将前者称为"命为处分判决"，将后者称为"命为决定判决"或"答复判决"。

是判决其针对原告的请求重新处理，取决于"是否需要进一步调查和裁量"。这一要件对应的正是义务之诉中的"裁判时机是否成熟"。所谓"裁判时机成熟"（Spruchreife），是指"对于一个即将终结的关于诉讼请求的法院决定而言，所有事实和法律上的前提皆已具备"[①]。从这个意义上说，裁判时机成熟并非仅具有诉讼法的性质，而更多关涉实体法问题。对于羁束行为而言，裁判时机成熟意味着案件事实要件和法律要件均已完备，行政机关也已为适当、完整的调查，不需要再进一步调查；对于裁量行为而言，则意味着"裁量已缩减至零"。反之，如果有关行政决定的案件事实尚未厘清，或者行政机关对当事人的请求拥有裁量空间和判断余地，则法院只能作出答复判决。

在大量的裁量行为中，裁判时机是否成熟，最终又都转化为实体法上的"裁量是否缩减至零"的问题。而有关裁量收缩至零的要件，无论是德日学者还是我国学者都已有较为充分的讨论。典型意见首先有王天华教授的"四要件说"，即裁量是否收缩至零取决于：其一是侵害法益的严重性。被侵害法益的严重性是裁量收缩的规范基础。其二是行政介入的可期待性，这种合理期待又以法律规定的行政机关的相关职权为基础。其三是危险预见的可能性，即行政机关对危险的发生或对公民权利的损害具有预见可能。其四是损害结果的可回避性，即行政机关知道或预见到危险后，有能力避免危险或者防止对公民侵害结果的发生。[②] 王贵松教授则将四要件扩展为五要件，分别为：（1）重大法益；（2）具体危险的迫切性；（3）危险发生的预见可能性；（4）损害结果的回避可能性；（5）规制权限发动的期待可能性。相较前者，其将侵害法益的严重性进行了再次拆解。[③] 若行政裁量依上述标准已缩减至零，则法院就应作出课予行政机关以特定履职义务的判决，这种义务为原告在诉讼中所主张，因此是对原告公法请求权的全面承认，也是对原告诉求的充分满足。

在我国司法裁判中，亦有关于裁判时机成熟的阐释。例如在田某案

---

① ［德］弗里德赫尔穆·胡芬：《行政诉讼法》，莫光华译，法律出版社 2003 年版，第 444 页。

② 参见王天华：《裁量收缩理论的构造与边界》，载《中国法学》2014 年第 1 期，第 125－143 页。

③ 参见王贵松：《行政裁量的构造与审查》，中国人民大学出版社 2016 年版，第 251 页。

中，法院在对案件事实予以充分调查的基础上，认为原告的学籍并未被取消，因此被告有义务根据教育法律规范为原告颁发相应学位证明。这一事项在其看来属于羁束行为，此时已无须再进一步调查就应依职责判决被告颁发相应学位证明。但对于学位证明的颁发，法院则认为这尚牵扯对毕业生毕业成绩、毕业鉴定等诸多材料的审核，原告是否完全符合学士学位的授予条件尚需经过必要审查，因此被告对是否颁发学士学位还享有裁量权，不能直接课予其作为义务。① 本案也通过对羁束行为与裁量行为的区分，对裁判时机成熟进行了有益探索。②

如案件事实尚需调查或被告对是否作出特定履职行为尚有裁量权，则法院"应当判决被告针对原告的请求重新作出处理"。这类判决为课予重作义务判决，其对应的是德国法中的答复判决。但在我国既往研究中，还有学者认为这是重作判决在履行判决中的移植。这种观点忽视了重作判决之于撤销判决的依附性作用，将重作判决作为独立性裁判予以处理，但这种观念与《行政诉讼法》的规定不符。

此处需要甄别的还有，法院判决被告针对原告的请求重新处理，是否就无须再对如何"重作"予以提示。此前很多学者倾向于"原则判决说"，即法院只可要求行政机关在一定期限内履行法定职责，至于具体履行方式、数量、救济方式等问题则完全不能涉及。③ 这种"原则判决"因为完全不涉及实体内容，所以更近于理想类型的程序性判决。还有学者在此基础上又总结出所谓"提示性判决"，即法院虽然不在判决主文中直接判令行政机关履行特定职责，却通过判决说理形式，厘清或确认法律关系，提示行政机关按照法院的法律见解作出特定行为。④ 但这种在"重作"之下又再分出程序性裁判和提示性判决的做法，其实

---

① 参见最高人民法院应用法学研究所编：《人民法院案例选·行政卷·下》（1992~1999 年合订本），人民法院出版社 2000 年版，第 963 页。

② 教育行政诉讼中法院直接判决被告履行原告所要求的特定行为义务的并不少见，在杨某玺诉天津服装技校不履行法定职责案中，法院也认为教育机构向接受教育且完成规定学业的受教育者颁发毕业证书是教育机构的法定职责，教育机构以各种理由不颁发毕业证书属于不履行法定职责且缺乏法律依据，因此判决其在规定期限内履行。参见《最高人民法院公报》2005 年第 7 期，第 44-45 页。

③ 参见杨伟东：《行政行为司法审查强度研究——行政审判权纵向范围分析》，中国人民大学出版社 2003 年版，第 245 页。

④ 参见于洋：《行政诉讼履行法定职责实体判决论》，载《北京理工大学学报（社会科学版）》2018 年第 3 期，第 138 页。

忽略了作为履行判决分支的"针对原告的请求重新作出处理"的课予重作判决的真实意涵和拘束效力。

因为欠缺"裁判时机成熟"要件而仅判决被告重新处理,并不意味着原告要求被告履职的请求就完全不具备理由,被告亦可自由决定是否履职。相反,德国法认为,答复判决其实已包含了对被告拒绝或不予答复行为违法的确认,也意味着被告负有作为义务,而且作为义务还受判决中宣布的法院的法律观的约束,即答复判决的效力不仅在于行政机关负有作为义务而必须重作,还在于"法院的法律观"(Rechtsauffassung des Gerichts)要得到尊重。这种法律观不仅可以从裁判主文中,还可从裁判理由中获得。[①] 这种法律观既是对行政机关重作决定的提示,亦是约束。也因此,在履行判决之下再按照约束程度区分"实体性判决(课予特定义务判决)"、"提示性判决"和"程序性判决"并不恰当,履行判决的裁判构造包含"实体性判决(课予特定义务判决)"和"程序性判决(课予重作义务判决)"两类,而其中的程序性判决也并不就只是不含任何实体要求的框架性裁判。

(二)起诉被告不履行法定职责的其他处理

履行判决针对的是原告起诉被告不履行或拖延履行法定职责的诉求,但针对此诉求,法院在审查后除了责令履行,也会分别、驳回原告诉讼请求、确认违法的处理。

1. 判决驳回原告诉讼请求

《行政诉讼法》第 69 条规定:"……原告申请被告履行法定职责或者给付义务理由不成立的,人民法院判决驳回原告的诉讼请求"。这一条其实早已出现于 2000 年《行诉法解释》中,且被作为驳回诉讼请求判决比维持判决更能回应当事人的诉讼请求的证明。"驳回原告诉讼请求判决是与各种原告胜诉判决相对应的原告败诉判决,与后者之间是一种如影随形的关系,凡诉讼请求无理由者,均得适用"[②]。

2. 判决确认违法

《行政诉讼法》第 74 条第 2 款规定:"行政行为有下列情形之一,不需要撤销或者判决履行的,人民法院判决确认违法:……(三)被告

---

① BVerwGE, DVBL. 1995, 925.
② 李广宇:《新行政诉讼法逐条注释》,法律出版社 2015 年版,第 560 页。

不履行或者拖延履行法定职责，判决履行没有意义的"。这一条适用的核心要件与履行判决的相同，即法院经审理认为，被告的确不履行或拖延履行法定职责，但因为期限经过等原因，判决履行已丧失实益，反而浪费行政资源，徒增诉讼负累，甚至"继续履行将会损害国家利益、公共利益或他人合法权益，或者没有继续履行可能"①，此时判决确认违法反而会更宜回应当事人的真实诉求。

（三）违法拒绝履行法定职责的判决形式

如上文所述，对于明确拒绝履行法定职责的，司法实践中往往是在履行判决与撤销并责令重作判决间徘徊，即使是在 2015 年《行诉法解释》明确对此类行为应适用履行判决的情况下，上述状况也未彻底改变。例如在 2018 年公报案例丹阳市珥陵镇鸿润超市诉丹阳市场监督管理局不予变更经营范围登记案中，法院即判决撤销被告作出的"个体工商户登记驳回通知书"，并责令被告于判决生效后 15 个工作日对原告的申请重新作出登记；在 2019 年的公报案例邓某龙诉深圳市社会保险基金管理局工伤保险待遇决定案中，法院同样撤销了被告作出的"工伤保险待遇决定书"，责令被告自判决生效起 30 日内对原告的工伤保险待遇申请重新作出处理决定。

在责令被告履行职责前需先撤销先行的拒绝决定，这种观点此前也为日本所支持。日本在《行政案件诉讼法》2004 年修订后，将拒绝申请决定的撤销之诉与课予义务之诉合并提起。② 德国法却明确拒绝行为不能单独诉请撤销。德国学者甚至指出："撤销之诉和义务之诉原则上是互相排斥的，它们之间并非相互补充，而是非此即彼的关系"③。对于一个拒绝授益的决定甚至部分许可，在德国法上，课予义务之诉都是更适当的选择，而且此时也不能考虑撤销之诉与课予义务之诉的合并。④

德国法对拒绝行为不适用撤销之诉的原因主要在于：其一，课予义

① 郭修江：《行政诉讼判决方式的类型化——行政诉讼判决方式内在关系及适用条件分析》，载《法律适用》2018 年第 11 期，第 13 页。
② 参见［日］盐野宏：《行政救济法》，杨建顺译，北京大学出版社 2008 年版，第 119 页。
③ ［德］弗里德赫尔穆·胡芬：《行政诉讼法》，莫光华译，法律出版社 2003 年版，第 219 页。
④ BVerwGE 37，151.

务之诉中就已经包含了对拒绝行为违法性的确认。正如上文所言，"当事人拥有履职请求权"与"行政机关拒绝违法"本质上就是一体两面的关系，课予义务之诉会产生排除拒绝行为效力的功能，也因此无须再借助于撤销判决。[①] 其二，与撤销之诉相比，课予义务之诉具有特殊性，从条文构造来看，德国《联邦行政法院法》第113条第5款相对于第1款也是特别规定。其三，被拒绝的相对人其根本诉求也并不只是撤销一项拒绝决定，而是希望借由请求来获得授益，因此撤销判决对于原告而言，既未回应其真实诉求，也无权利保护的必要。参考德国法的理由以及我国2015年《行诉法解释》的明确提示，对于"违法拒绝履行法定职责"的行为，仍应以适用履行判决为宜，适用撤销并责令重作判决其实忽略了履行判决的内在功能，因此显得繁复冗余。

五、履行判决的效力及其他问题

与履行判决适用相关的，尚有判决效力、裁判基准时以及不履行法定职责的赔偿问题未予讨论。就判决效力而言，除下文讨论的判决对于行政机关的拘束力外，还存在执行力问题。履行判决与给付判决同样属于给付类判决，但与给付判决有明确的可执行性不同，若被告不主动履行法院在履行判决中的指令，法院依据《行政诉讼法》第96条，一般只能采取间接方式敦促其履行。

（一）判决效力与裁判基准时

无论是课予特定义务判决还是课予重作义务判决，判决主文和理由说明中引用的法律都会产生判决的既判力，因此会约束行政机关，使其在重作特定行为或在重作处理时必须予以遵守。"只有当据以作出裁判的事实或法律状态有所变更时，此项拘束力才会消失"[②]。

履行判决中另一需要注意的问题是作出实体裁判的基准时。因为原告的履职请求能否成立、应否满足，往往取决于法院在判断事实与法律状态时究竟是以哪个时点作为标准，从行政机关的第一次行为至法院的最终判决期间，事实和法律可能已经过诸多变更。与撤销判决是以行政机关的最终决定时点为基准时不同，履行判决是以判决时或法院程序结

---

① 在德国法中，课予义务之诉的主文就是"原机关的裁决与复议机关的复议决定均废弃"。这也说明其包含确认违法和阻却效力存续的功能。

② BVerwGE 29, 1、2f.

束时请求权是否存立作为实体裁判的基准时。①

（二）不履行法定职责所涉及的赔偿

2018 年《行诉法解释》第 98 条还增加了有关履行判决附带性效果的规定："因行政机关不履行、拖延履行法定职责，致使公民、法人或者其他组织的合法权益遭受损害的，人民法院应当判决行政机关承担行政赔偿责任。在确定赔偿数额时，应当考虑该不履行、拖延履行法定职责的行为在损害发生过程和结果中所起的作用等因素"。

其实在此之前另有一种观点认为，在不履行法定职责案中，因行政机关未作出任何具有实体内容的行政行为，也并未造成直接损害，故行政机关不应承担赔偿责任。但这一观点后来为《最高人民法院关于公安机关不履行法定行政职责是否承担行政赔偿责任问题的批复》（法释〔2001〕23 号，现已失效）和《最高人民法院关于公安机关不履行、拖延履行法定职责如何承担行政赔偿责任问题的答复》（〔2011〕行他字第24 号）所否定。在不履行法定职责案中，行政机关不作为虽然在责任上难辞其咎，但在确定赔偿数额时，却应当考虑不履行法定职责的行为在损害发生过程和结果中所起的作用等因素。在直接造成损害的第三人无力赔偿、赔偿能力不足或下落不明时，也可根据行政机关不履行法定职责在损害发生过程和结果中的作用，判决其先承担相应的行政赔偿责任，之后再由其向第三人追偿。②

---

① BVerwGE 64，218/222；78，243/244. 如果形式上是要求作出履行判决，但实质上除要求作出履行判决外，还需要先消除行政机关对于其他人作出的授益行为的效力，即必须首先撤销授益行政行为，此类案件就不能径直以"裁判时"作为判断基准时，而要在判断是否需要撤销授益行为的问题上适用撤销判决的基准时。参见李泠烨：《论不履行法定职责案件中的判断基准时》，载《当代法学》2018 年第 5 期，第 57 页。

② 参见江勇：《审理不履行法定职责行政案件的十大问题》，载《人民司法》2018 年第 4 期，第 102 页。

第 73 条（给付判决）

马立群

第七十三条　人民法院经过审理，查明被告依法负有给付义务的，判决被告履行给付义务。

一、规范生成背景与规范意旨

（一）规范生成背景

根据 1989 年《行政诉讼法》第 11 条第 1 款第 6 项，"认为行政机关没有依法发给抚恤金的"，属于行政诉讼的受案范围。发放抚恤金属于行政给付行为，但当时行政诉讼法没有规定与此直接对应的判决类型。1989 年《行政诉讼法》第 54 条第 3 项规定："被告不履行或者拖延履行法定职责的，判决其在一定期限内履行。"学理上将该判决类型称为"履行判决"①、"强制履行判决"②、"给付判决"③ 等。根据早期的理论和实务观点，没有依法发放抚恤金的案件中适用履行判决。④ 从性质上讲，这类案件是指认为行政机关没有依法发给抚恤金而提起诉讼的案件。这类案件涉及义务性行政行为，即依照法律、法规的规定，行政机关应履行一定的义务，而该行政机关没有履行。⑤ 相关法律释义指出，发放抚恤金必须是法律、法规所明确规定的，其意义在于：从申请人方面看，得到抚恤金是自己的法定权利，不发给则侵犯了自己的合法权益；从人民法院方面看，审理这些案件就有了法律、法规的依据。⑥ 随着社会保障制度和给付行政的不断发展，实践中公民提起财产给付的案件日益多样化，已远超出依法发放抚恤金的范围。因适用履行判决不能完全适应审判实际的需要，2013 年 12 月提请审议的《中华人民共和国行政诉讼法修正案（草案）》中增加了给付判决。在全国人大常委会举行的两次审议中，该给付判决条款的内容没有受到质疑和改动⑦，但是学理界普遍对履行判决和给付判决的区分标准提出了疑虑。⑧ 这一问题也成了新法实施后困扰行政审判的一个突出问题。⑨

2014 年《行政诉讼法》第 73 条规定："人民法院经过审理，查明被告依法负有给付义务的，判决被告履行给付义务。"从生成背景来看，

---

① 罗豪才、应松年主编：《行政诉讼法学》，中国政法大学出版社 1990 年版，第 252 页。

② 张尚鷟主编：《走出低谷的中国行政法学》，中国政法大学出版社 1991 年版，第 549 页。

③ 柴发邦：《行政诉讼法教程》，中国人民公安大学出版社 1990 年版，第 345 页。

④ 参见张尚鷟主编：《走出低谷的中国行政法学》，中国政法大学出版社 1991 年版，第 549 页；罗豪才、应松年主编：《行政诉讼法学》，中国政法大学出版社 1990 年版，第 252 页。

⑤ 参见张尚鷟主编：《走出低谷的中国行政法学》，中国政法大学出版社 1991 年版，第 425 页。

⑥ 参见胡康生主编：《行政诉讼法释义》，北京师范学院出版社 1989 年版，第 24 页。

⑦ 参见全国人大常委会法制工作委员会行政法室编：《行政诉讼法立法背景与观点全集》，法律出版社 2015 年版，第 9 - 40 页；江必新、邵长茂、方颉琳编著：《行政诉讼法修改资料汇纂》，中国法制出版社 2015 年版，第 242 - 246 页。

⑧ 参见余凌云：《论行政诉讼法的修改》，载《清华法学》2014 年第 3 期，第 18 页。

⑨ 参见董巍：《行政诉讼一般给付判决适用的分析与规范——以中国裁判文书网 142 份一般给付判决书为样本》，载贺荣主编：《深化司法改革与行政审判实践研究》（下册），人民法院出版社 2017 年版，第 1612 - 1620 页。

新法第 73 条针对履行给付义务的判决是从旧法履行判决中分离出来的判决类型。[①] 正是基于这一点，国内部分行政诉讼法教科书和著作中仍然将这种判决置于履行判决中予以论述。[②] 也有观点认为《行政诉讼法》第 72 条与第 73 条内容上没有实质性区别，并将两类判决合在一起阐述。[③] 为了与《行政诉讼法》第 72 条规定的"履行判决"相区分，目前学理上将这种新设的判决类型称为"一般给付判决"[④]、"行政给付判决"[⑤]、"给付判决"[⑥]。本书采用《关于〈中华人民共和国行政诉讼法修正案（草案）〉的说明》（以下简称《修正案（草案）说明》）中使用的"给付判决"这一概念。一般认为，行政诉讼法上的给付判决，是指具有公法上请求权的公民、法人或者其他组织对行政机关不履行给付义务的行为不服提起行政诉讼，人民法院判令行政机关依法承担给付义务的判决。[⑦] 从性质上看，给付判决属于一种独立的主判决，可以不依附其他判决类型单独适用。目前，关于给付判决在判决体系中的定位、给付判决的适用范围和适用标准等问题在理论界与实务界依然存在争议，需要结合实践案例，明确争议焦点，提炼可以普遍化的适用标准。

（二）规范意旨

《修正案（草案）说明》中仅指出，根据审判实际需要，增加给付

---

① 履行判决与给付判决的具体区分，参见本书上文第 72 条（履行判决）评注（赵宏著）。

② 参见林莉红：《行政诉讼法学》，武汉大学出版社 2020 年版，第 220 页；姜明安：《行政诉讼法》，法律出版社 2021 年版，第 351 页。

③ 参见何海波：《行政诉讼法》，法律出版社 2022 年版，第 500 - 503 页。

④ 江必新、梁凤云：《行政诉讼法理论与实务》，法律出版社 2016 年版，第 1641 页。

⑤ 沈起、王小川：《行政给付判决的适用范围——以行政诉讼法第七十三条为中心》，载《人民司法》2020 年第 1 期，第 93 页。

⑥ 黄锴：《行政诉讼给付判决的构造与功能》，载《法学研究》2020 年第 1 期，第 67 页；黄学贤：《给付判决在行政诉讼判决体系中的定位》，载《苏州大学学报（哲学社会科学版）》2021 年第 4 期，第 73 页；郭修江：《行政诉讼判决方式的类型化——行政诉讼判决方式内在关系及适用条件分析》，载《法律适用》2018 年第 11 期，第 14 页。

⑦ 参见姜明安主编：《行政法与行政诉讼法》，北京大学出版社、高等教育出版社 2019 年版，第 532 页。

判决，对于增加该判决的具体理由和目的并未作进一步说明。[①] 我国立法机关在颁布法律时不公布官方的立法理由，全国人大常委会相关机构编写的法律释义是最"接近原意"的解释资料。根据法律释义中的观点，"本条规定的给付判决，要比给付诉讼狭窄很多，是专门针对行政给付行为设置的相应判决"[②]。依据《行政诉讼法》第 12 条第 1 款第 10 项，"认为行政机关没有依法支付抚恤金、最低生活保障待遇或者社会保险待遇的"，属于人民法院的受案范围。本次修改将行政给付案件受案范围由支付抚恤金扩大为支付抚恤金、最低生活保障费、社会保险待遇等事项，对行政给付已经成为行政行为重要类型的现实作出了回应。[③] 此外，学者组织编写的释义提出，该规范的"主要目的在于解决《行政诉讼法》第 12 条第 1 款第 10 项所规定的行政给付类诉讼案件的判决问题"[④]。

2014 年修改《行政诉讼法》时没有规定诉讼类型，而仅规定了判决类型。从上述法律释义中的观点可以推知，增加给付判决主要是从功能主义立场出发，为行政给付行为设置对应的判决类型。概括而言，给付判决类型与行政行为案件类型相对应。此外，司法实务界指出："构建服务型政府是全面建成小康社会的重要任务，在这个背景下，政府给付义务是行政诉讼不可回避的一个领域。于履行判决之外，增加给付判决，符合实际需要。"[⑤] 综上所述，《行政诉讼法》第 73 条的立法目的在于为《行政诉讼法》第 12 条第 1 款第 10 项规定的事项以及其他行政给

[①] 参见信春鹰：《关于〈中华人民共和国行政诉讼法修正案（草案）〉的说明》，2013 年 12 月 13 日第十二届全国人民代表大会常务委员会第六次会议。

[②] 全国人大常委会法制工作委员会行政法室编写：《〈中华人民共和国行政诉讼法〉解读与适用》，法律出版社 2015 年版，第 162 页。另外，袁杰和信春鹰各自主编的释义中第 73 条的内容，与全国人大常委会法工委行政法室编写的释义内容相同，应系同一作者执笔完成。参见袁杰主编：《中华人民共和国行政诉讼法解读》，中国法制出版社 2014 年版，第 202 - 203 页；信春鹰主编：《中华人民共和国行政诉讼法释义》，法律出版社 2014 年版，第 194 - 195 页。为避免重复引用，下文中引用全国人大常委会法工委行政法室编写的释义。

[③] 参见全国人大常委会法制工作委员会行政法室编写：《〈中华人民共和国行政诉讼法〉解读与适用》，法律出版社 2015 年版，第 162 页。

[④] 莫于川等：《〈行政诉讼法〉条文精释及适用指引》，中国人民大学出版社 2015 年版，第 160 页。

[⑤] 江必新主编：《中华人民共和国行政诉讼法理解适用与实务指南》，中国法制出版社 2015 年版，第 336 页。

付行为提供对应的判决形式。

二、给付判决的适用范围

(一) 最狭义解释：社会保障领域

从立法目的可以得知，给付判决最明确的适用对象是《行政诉讼法》第 12 条第 1 款第 10 项列举的三类给付行为，即支付抚恤金、最低生活保障待遇或者社会保险待遇。个别法律释义采用这种最狭义的解释："我们不能完全按照行政诉讼理论中所阐释的给付判决类型来对《行政诉讼法》第 73 条所确立的给付判决作对应性理解。给付判决的适用对象应该根据《行政诉讼法》第 12 条第 1 款第 10 项的规定来理解，限于行政机关没有依法支付抚恤金、最低生活保障待遇或者社会保险待遇的情形，而不扩张及其他金钱给付领域。"[①] 从性质上讲，这三类给付行为都是与公民的社会保障权相对应的行为，但是，采用列举式的立法方式难免挂一漏万，遗漏其他社会保障领域的给付义务。2018 年《行诉法解释》第 92 条规定："原告申请被告依法履行支付抚恤金、最低生活保障待遇或者社会保险待遇等给付义务的理由成立，被告依法负有给付义务而拒绝或者拖延履行义务的，人民法院可以根据行政诉讼法第七十三条的规定，判决被告在一定期限内履行相应的给付义务。"该条解释中增加了"等"字，无疑扩大了《行政诉讼法》第 73 条的适用范围。最高人民法院在《关于审理行政案件适用法律规范问题的座谈会纪要》(法〔2004〕96 号) 中指出："以'等'、'其他'等概括性用语表示的事项，均为明文列举的事项以外的事项，且其所概括的情形应为与列举事项类似的事项。"根据这一理解，行政诉讼法司法解释并未突破行政诉讼法的规范目的，仍将适用范围限于社会保障领域的给付义务。[②] 持这一立场的学者将给付判决界定为："原告起诉要求被告履行支付抚恤金、最低生活保障待遇或者社会保险待遇等金钱财产给付义务，被告依法负有给付义务而拒绝或者拖延履行义务的，人民法院依法判令被告在一定期限内履行给付义务的司法行为。"[③]

---

① 应松年主编：《〈中华人民共和国行政诉讼法〉修改条文释义与点评》，人民法院出版社 2015 年版，第 230－232 页。

② 参见胡建淼：《行政诉讼法学》，法律出版社 2019 年版，第 467 页。

③ 胡建淼：《行政诉讼法学》，法律出版社 2019 年版，第 466 页。

在实践中，除了申请依法支付抚恤金、最低生活保障待遇或者社会保险待遇的情形，给付判决还适用于以下的社会保障领域：（1）困难生活补助金[①]；（2）针对军人的价格临时补贴、慰问金[②]；（3）医疗救助[③]；（4）住房救助[④]；（5）就业救助[⑤]；（6）受灾人员救助[⑥]；（7）临时救助等。[⑦]

（二）狭义解释：给付行政领域

根据《行政诉讼法》第 73 条的规范意旨，该条的适用范围不仅限于社会保障领域，也包括给付行政领域。有观点指出，从文义上看，《行诉法解释》第 92 条中的"等"所概括的情形或事项应与所列举的事项属同一类。列举支付抚恤金、最低生活保障待遇、社会保险待遇三项内容，就是为了将给付义务限定在给付行政的范围内。[⑧] 对司法解释的这一理解符合《行政诉讼法》第 73 条的规范意旨，并未扩大给付判决的适用范围。在实践中，除了社会保障权领域的案件，涉及给付行政的案件还有以下类型：（1）行政奖励[⑨]；（2）行政补贴[⑩]；（3）行政补助（退耕还林补助等）[⑪]；（4）行政允诺（承诺）[⑫]；（5）发放慰问金等。概

---

① 参见四川省乐山市市中区人民法院（2020）川 1102 行初 60 号行政判决书。

② 参见广西壮族自治区全州县人民法院（2020）桂 0324 行初 24 号行政判决书。

③ 参见内蒙古自治区通辽市中级人民法院（2020）内 05 行终 13 号行政判决书。

④ 参见湖南省永州市零陵区人民法院（2020）湘 1102 行初 109 号行政判决书。

⑤ 参见湖南省张家界市武陵源区人民法院（2020）湘 0811 行初 150 号行政判决书。

⑥ 参见贵州省六盘水市中级人民法院（2020）黔 02 行终 35 号行政判决书。

⑦ 参见山西省侯马市人民法院（2018）晋 1081 行初 30 号行政判决书。

⑧ 参见李傲、赵晓洁：《论我国一般给付判决的适用范围——以 231 份判决书为分析样本》，载《河南财经政法大学学报》2019 年第 5 期，第 1—9 页；董巍：《行政诉讼一般给付判决适用的分析与规范——以中国裁判文书网 142 份一般给付判决书为样本》，载贺荣主编：《深化司法改革与行政审判实践研究》（下册），人民法院出版社 2017 年版，第 1614 页。

⑨ 参见福建省宁德市中级人民法院（2020）闽 09 行初 1 号行政判决书。

⑩ 参见最高人民法院（2019）最高法行申 9318 号行政裁定书；最高人民法院（2020）最高法行申 1145 号行政裁定书；最高人民法院（2019）最高法行申 3965 号行政裁定书；最高人民法院（2018）最高法行申 6616 号行政裁定书。

⑪ 参见最高人民法院（2020）最高法行再 272 号行政裁定书。

⑫ 参见最高人民法院（2020）最高法行再 332 号行政裁定书；江西省吉安市青原区人民法院（2020）赣 0803 行初 205 号行政判决书。

括而言，狭义解释是诉诸《行政诉讼法》第 73 条规范意旨的解释，将其适用范围限于给付行政领域。

（三）广义解释：以给付义务为出发点

《行政诉讼法》第 73 条没有明确规定适用给付判决的案件类型，而是采用了"被告依法负有给付义务"这一高度抽象性的表述。如果仅从《行政诉讼法》第 73 条的文义出发，就会产生更大的解释空间。有观点指出，"给付义务"不限于"给付行政"范畴；给付内容不仅包括金钱等财物，还包括行为。[①] 最高人民法院在杜某友等 804 人诉山西省临汾市人民政府不履行给付待遇案的行政裁定书中指出："依法支付抚恤金、最低生活保障待遇或者社会保险待遇，是行政机关重要的给付义务，但绝不仅仅是给付义务的全部内容。只要公民、法人或者其他组织具有给付请求权，就可以依法向人民法院提起给付之诉。"[②] 就此而言，给付判决具有兜底判决的作用。此外，也有观点主张，给付判决的适用范围除了财产性给付、事实行为给付、停止作为给付和不得公开信息的预防性不作为给付，未来应进一步将请求颁布相应规范的给付行为和更多的预防性不作为给付纳入其适用范围之内。[③]

在行政审判实践中，《行政诉讼法》第 73 条自适用时起就存在扩张现象，其适用范围已经超越了给付行政的范畴。除了社会保障和其他给付行政领域的案件，给付判决被广泛适用于行政补偿案件[④]、行政赔偿案件[⑤]和行政协议案件。[⑥] 此外，给付判决也适用于不当得利等财产返

[①] 参见梁凤云：《不断迈向类型化的行政诉讼判决》，载《中国法律评论》2014 年第 4 期，第 153 页；梁凤云：《新行政诉讼法讲义》，人民法院出版社 2015 年版，第 447 页。

[②] 最高人民法院（2017）最高法行申 3461 号行政裁定书。

[③] 参见李傲、赵晓洁：《论我国一般给付判决的适用范围——以 231 份判决书为分析样本》，载《河南财经政法大学学报》2019 年第 5 期，第 11 页。

[④] 参见最高人民法院（2019）最高法行申 1242 号行政裁定书；最高人民法院（2018）最高法行申 325 号行政裁定书；最高人民法院（2017）最高法行申 1062 号行政裁定书。

[⑤] "对于行政赔偿案件，应当适用给付判决，依法作出具有具体给付内容的行政赔偿判决。"参见最高人民法院（2020）最高法行赔申 466 号行政裁定书；最高人民法院（2020）最高法行赔申 467 号行政裁定书；最高人民法院（2019）最高法行赔申 1 号行政裁定书。

[⑥] 参见最高人民法院（2017）最高法行申 195 号行政裁定书。

还、禁止公布政府信息①、消除违法结果等等案件。② 在行政法上，行政机关的给付义务的来源具有多样性，并不仅限于给付行政所产生的给付义务。从诉判关系来看，属于行政诉讼受案范围的案件，在被告依法负有给付义务、原告的给付请求权成立时，法官没有理由不给予救济。③ 例如，根据 2018 年《行诉法解释》第 68 条，原告起诉"有具体的诉讼请求"包括"请求判决行政机关予以赔偿或者补偿"，而行政赔偿与行政补偿都以支付金钱为主要方式。④ 在原告胜诉时，给付判决是回应原告诉讼请求最恰当的判决形式。在高某奎诉辽宁省抚顺市新抚区人民政府行政补偿再审案中，最高人民法院指出，"在依法查明事实的情况下，人民法院可以直接针对当事人的实质诉求，即获得补偿权益的诉求作出裁判，以便尽快稳定行政法律关系，尽快实现案结事了"⑤。因此，从诉判关系原理、法官不得拒绝裁判⑥、为公民提供有效救济等视角来看，给付判决在实践中的确具有兜底性判决的作用。

广义解释虽然具有现实的必要性，但无疑超出了《行政诉讼法》第

---

① 《信息公开审理规定》第 11 条规定："……政府信息涉及原告商业秘密、个人隐私且不存在公共利益等法定事由的，……政府信息尚未公开的，应当判决行政机关不得公开。"

② 实证研究参见李傲、赵晓洁：《论我国一般给付判决的适用范围——以 231 份判决书为分析样本》，载《河南财经政法大学学报》2019 年第 5 期，第 4-6 页；董巍：《行政诉讼一般给付判决适用的分析与规范——以中国裁判文书网 142 份一般给付判决书为样本》，载贺荣主编：《深化司法改革与行政审判实践研究》（下册），人民法院出版社 2017 年版，第 1612-1620 页。

③ 参见周作彩：《房屋征收补偿案中判决类型的适用》，载《交大法学》2018 年第 4 期，第 169 页。

④ 《国家赔偿法》第 32 条第 1 款规定："国家赔偿以支付赔偿金为主要方式。"第 2 款规定："能够返还财产或者恢复原状的，予以返还财产或者恢复原状。"对行政赔偿方式的详细解读，参见沈岿：《国家赔偿法：原理与案例》，北京大学出版社 2017 年版，第 392-400 页。

⑤ 最高人民法院（2019）最高法行申 2271 号行政裁定书。相同的观点另见最高人民法院（2019）最高法行申 1242 号行政裁定书；最高人民法院（2019）最高法行申 1243 号行政裁定书；最高人民法院（2019）最高法行申 1248 号行政裁定书；最高人民法院（2019）最高法行申 1240 号行政裁定书；最高人民法院（2019）最高法行申 1245 号行政裁定书。

⑥ 参见范伟：《"法官不得拒绝裁判"原则的逻辑再造：从绝对性到相对性》，载《政法论坛》2021 年第 1 期，第 41-53 页。

73 条的规范意旨。因此，学理上有观点提出，应对给付判决适用范围的扩张持谨慎态度。有学者指出，"给付判决的内容当然应当限于给付行政的范畴，但是应当特别注意的是，给付行政是一个动态的发展过程。给付判决的内容应当与给付行政的发展水平相适应而不断调适"[1]。也有观点指出，在现阶段，给付判决尚不能发挥"多用途武器"之功能，其适用范围应限于法律规范规定的给付义务、给付行政范畴内的给付义务、以金钱或财产为内容的给付义务。[2]

三、给付判决的适用条件

学理和实务观点一般将给付判决的适用条件概括为五项：原告享有给付请求权、被告依法负有给付义务、经申请被告未履行给付义务、被告未履行给付义务无正当理由、判决被告履行给付义务仍有实际意义。[3] 其中，前三个要件属于适用给付判决的基本要件。

（一）原告享有给付请求权

理论界和实务界达成的共识是，给付判决的适用要件之一是原告具有公法上的给付请求权。[4] 根据最高人民法院的观点，"这种给付请求权，既有可能来自法律、法规、规章的规定，来自一个行政决定或者一个行政协议的约定，也有可能来自行政机关作出的各种形式的承诺。"[5]法院审理行政给付案件，需要寻找和确定请求权基础。法院审理的核心是原告的给付请求权是否成立，即原告请求给付的理由是否成立。[6] 这

---

① 黄学贤：《给付判决在行政诉讼判决体系中的定位》，载《苏州大学学报（哲学社会科学版）》2021 年第 4 期，第 78 页。

② 参见黄锴：《行政诉讼给付判决的构造与功能》，载《法学研究》2020 年第 1 期，第 67 页。

③ 参见江必新主编：《中华人民共和国行政诉讼法理解适用与实务指南》，中国法制出版社 2015 年版，第 336 页；姜明安主编：《行政法与行政诉讼法》，北京大学出版社、高等教育出版社 2019 年版，第 533 页。

④ 参见姜明安主编：《行政法与行政诉讼法》，北京大学出版社、高等教育出版社 2019 年版，第 532 页；江必新主编：《中华人民共和国行政诉讼法理解适用与实务指南》，中国法制出版社 2015 年版，第 336 页；马怀德主编：《行政诉讼法学》，北京大学出版社 2019 年版，第 271 页。

⑤ 最高人民法院（2017）最高法行申 3461 号行政裁定书。

⑥ 相关案例参见最高人民法院（2020）最高法行申 1145 号行政裁定书。

一点与民事诉讼的给付之诉相似。不同的是，给付请求权主要来源于公法。① 原则上，作为主观公权利的一种类型，公法上的给付请求权同样依赖于客观法。② 在给付行政领域，实务中对请求权的规范基础普遍采用广义的理解。除了上述案例，最高人民法院在司某红诉黑龙江省鸡西市滴道区人民政府履行给付义务再审案中亦明确指出："给付请求权可以来自法律、法规或规章的规定，也可源自行政决定、行政协议及行政机关的承诺。"③ 公法上的请求权不仅包括依法取得的财产性给付请求权，还包括公法上的不当得利返还请求权、公法上的无因管理请求权、基于行政协议的给付请求权等。法院裁判时请求权成立且无阻碍情形，是判断原告的诉讼请求是否具备理由和是否适用给付判决的前提。原则上，给付诉讼和判决中的请求权必须限于可以"直接"行使的给付请求权。如果原告的请求权需要行政机关通过行政行为核准资格，则应通过履行诉讼和判决进行救济。④

（二）被告依法负有给付义务

给付判决的另一重要的适用条件是被告必须依法负有给付义务。《行政诉讼法》第 73 条中的"依法"和"给付义务"都属于抽象性概念，司法适用中需要明确识别基准。

1. 作为给付义务基础的"依法"

被告的给付义务与原告的给付请求权具有对应性。同样，学术界和实务界普遍对《行政诉讼法》第 73 条中的"依法"作广义上的理解。这一点涉及给付行政与法律保留的适用问题。⑤ 学理上认为，法律保留

---

① 参见王锴：《行政法上请求权的体系及功能研究》，载《现代法学》2012 年第 5 期，第 78 - 92 页；徐以祥：《行政法上请求权的理论构造》，载《法学研究》2010 年第 6 期，第 29 - 39 页。

② 参见赵宏：《行政法学的主观法体系》，中国法制出版社 2021 年版，第 209 - 214 页。

③ 最高人民法院（2018）最高法行申 7900 号行政裁定书。

④ 参见杨东升：《论一般给付诉讼之适用范围——〈行政诉讼法〉第 73 条评释》，载《行政法学研究》2015 年第 6 期，第 76 页。

⑤ 相关讨论参见王贵松：《行政活动法律保留的结构变迁》，载《中国法学》2021 年第 1 期，第 124 - 144 页；喻少如：《论给付行政中法律保留原则的适用》，载《武汉大学学报（哲学社会科学版）》2011 年第 2 期，第 15 - 19 页；黄学贤：《给付行政适用法律保留原则若干问题探讨》，载《江海学刊》2005 年第 6 期，第 114 - 119 页；戴建华：《论给付行政中法律保留原则的适用》，载《学术论坛》2009 年第 6 期，第 85 - 92 页；刘志刚：《论法律保留原则在给付行政中的适用》，载《国家检察官学院学报》2005 年第 6 期，第 147 - 157 页。

的首要目的在于自由权的保障，至于社会权的保障，则存在不少法律问题之外的政治、经济和社会因素考量。对于给付行政问题，涉及的是财政支出问题，理应按照财政民主主义的要求进行控制，但未必都能体现为法律的形式，对于社会保障等常规给付有法律化的可能，而对于救助金等特别给付则难以法律化。① 学理和实务上对《行政诉讼法》第73条中"依法"的普遍性解释与法律保留的这一解读基本一致。学理上认为，"被告依法负有给付义务"是指被告依照法律、法规等负有给付相对人权益的公法义务。这里的"依法"可以是依照法律、法规等规范性文件的明确规定，也可以是依照法律、法规所认可的依据，例如行政合同、行政允诺、先行行为等。② 根据最高人民法院的观点，"行政机关的给付义务，既有可能来自法律、法规、规章的规定，也有可能来自行政决定或者行政协议的约定"③。在地方法院的裁判中也可以发现，作为给付义务的依据往往不限于法律、法规和规章，还包括行政规范性文件和执行法律的行政行为，如依据法律制定的各种奖励办法、补偿补贴办法等。④

2. 给付义务的具体类型和范围

采用排除法来界定给付义务，是目前理论上和实务中比较常见的一种方式。如认为，行政义务不仅包括法定职责，而且包括行政机关先行行为引发的义务、行政允诺引起的义务、合同义务、附随义务等。给付义务是法定职责以外的其他行政义务。⑤ 给付义务的内容多以财产为主，如行政赔偿、行政补偿等；而履行判决中所涉及的内容则是行政相对人请求行政机关作出行政行为。⑥ 依给付义务的来源进行划分，可以将其概括为以下几种基本类型。

---

① 参见王贵松：《行政活动法律保留的结构变迁》，载《中国法学》2021年第1期，第142页。

② 参见黄锴：《行政诉讼给付判决的构造与功能》，载《法学研究》2020年第1期，第76页；姜明安主编：《行政法与行政诉讼法》，北京大学出版社、高等教育出版社2019年版，第532页。

③ 最高人民法院（2018）最高法行申5903号行政裁定书。

④ 参见福建省宁德市中级人民法院（2020）闽09行初1号判决书。

⑤ 参见姜明安主编：《行政法与行政诉讼法》，北京大学出版社、高等教育出版社2019年版，第533页；江必新主编：《中华人民共和国行政诉讼法理解适用与实务指南》，中国法制出版社2015年版，第336页。

⑥ 参见马怀德主编：《行政诉讼法学》，北京大学出版社2019年版，第271页。

（1）法律规定的给付义务。这里的法律是指广义的法律，包括全国人大及其常务委员会制定的法律，以及行政法规、地方性法规和规章。例如，《社会保险法》第 2 条规定："国家建立基本养老保险、基本医疗保险、工伤保险、失业保险、生育保险等社会保险制度，保障公民在年老、疾病、工伤、失业、生育等情况下依法从国家和社会获得物质帮助的权利。"该法第 17 条规定："参加基本养老保险的个人，因病或者非因工死亡的，其遗属可以领取丧葬补助金和抚恤金；在未达到法定退休年龄时因病或者非因工致残完全丧失劳动能力的，可以领取病残津贴。所需资金从基本养老保险基金中支付。"法律规定的给付义务是一般性的和抽象性的义务，当出现法律事实时，行政机关始负有具体的给付义务。

（2）先行行为引起的给付义务。先行行为引起的给付义务通常源于先行行为的法律效力发生变动而需消除其法律后果的情形。例如，因行政机关注销了采矿许可证，根据相关政策规定，应退还原告采矿权价款。① 行政强制措施、行政处罚决定被法院撤销或者行政机关自行撤销后，相对人享有涉案财物的返还请求权（结果除去请求权），行政机关负有返还义务。此外，当先行行为导致行政机关产生公法上的不当得利时，相对人享有不当得利返还请求权，行政机关负有返还义务。例如，在郭某某诉被告抚顺市东洲区房屋征收与补偿管理办公室返还预收款项案中，法院依据《行政诉讼法》第 73 条判决被告返还原告的预交房改款。②

（3）行政允诺产生的给付义务。根据实务中的观点，行政允诺是指行政主体为实现特定的行政管理目的，向行政相对人公开作出的当行政相对人作出一定的行为即给予其利益回报的意思表示行为。③ 当行政相对人作出符合行政允诺事项的行为时，行政主体与行政相对人之间即构成行政允诺法律关系，行政主体应按照其允诺履行相应的给付义务。

（4）法律行为设定的给付义务。这类义务主要是基于行政协议产生的给付义务。《行政诉讼法》第 78 条中并未规定行政协议案件判决与其他判决类型之间的适用关系。第 73 条履行给付义务从内容上包括了给

① 参见山西省襄汾县人民法院（2020）晋 1023 行初 45 号行政判决书。
② 参见辽宁省抚顺市新抚区人民法院（2021）辽 0402 行初 30 号行政判决书。
③ 参见浙江省高级人民法院判决书（2018）浙行终 1579 号行政判决书。

付因契约行为而约定的给付义务的情形。^① 在适用关系上，《行政诉讼法》第 73 条规定的给付判决与第 78 条的判决方式存在规范竞合，属于一般规定与特别规定的关系。在具体案件中，判决形式的选择主要取决于原告的诉讼请求与案件的诉讼标的。

（三）经申请被告未履行给付义务

被告不履行给付义务包括拒绝履行给付义务、拖延履行给付义务和不完全履行给付义务。2018 年《行诉法解释》第 93 条第 1 款规定："原告请求被告履行法定职责或者依法履行支付抚恤金、最低生活保障待遇或者社会保险待遇等给付义务，原告未先向行政机关提出申请的，人民法院裁定驳回起诉。"适用给付判决的前提是原告向行政机关提出过申请，这是由行政给付行为属于依申请行为的特点所决定的。未履行给付义务的表现形式包括拒绝履行给付义务、拖延履行给付义务、未完全履行给付义务三种情形。拒绝履行给付义务是指被告对原告的申请采用明示的方式作出了拒绝给付的决定。从性质上讲，拒绝给付请求的行为亦属于行政行为，具有可撤销性。如原告向人力资源和社会保障局申请先行支付工伤保险待遇，后者作出不予支付告知书即属于这种情形，原告在起诉时可以同时提出撤销不予支付告知书的诉讼。^② 拖延履行给付义务是指被告超过法定期限或者在合理期限内未履行给付义务。未完全履行给付义务是指被告实际履行的义务不符合法定的义务范围或者原告申请履行的内容。

（四）被告未履行给付义务无正当理由

在给付诉讼中法院审理的内容包括两个方面：一是原告申请行政机关履行给付义务的请求权能否成立；二是行政机关不履行给付义务是否具有正当理由。第二个方面涉及对行政机关不履行给付义务的合法性判断问题。在实践中，有些裁判文书将确认（不履行给付义务）违法判决与给付判决一并使用，也有裁判文书在判决理由部分确认了被告不履行法定给付义务违法。^③ 法院对行政机关不履行给付义务的合法性进行审查，这是行政诉讼"监督行政机关依法行使职权"的必然要求。因此，

---

① 参见胡建淼：《行政诉讼法学》，法律出版社 2019 年版，第 466 页。
② 参见贵州省黔西县人民法院（2020）黔 0522 行初 210 号行政判决书。
③ 参见吉林省桦甸市人民法院（2021）吉 0282 行初 5 号行政判决书；云南省大理市人民法院（2020）云 2901 行初 21 号行政判决书。

给付判决亦具有对违法给付行政行为责任作出评价这一功能。[①] 被告未履行给付义务有法律所规定或认可的理由时，就可以排除被告行政行为（不作为）的违法性。这些正当理由包括：（1）请求权未成立，如原告提交的申请资料不符合法律的规定；（2）请求权已消灭，如原告主张的权利已过申请时效；（3）请求权阻止，如因法律和政策的调整，或者因原告的原因需要进一步明确规则等。在诉讼中，这些正当理由属于被告的答辩理由。行政机关无法定理由或者其他正当理由不履行给付义务，原告公法上的给付请求权成立时，法院应当作出给付判决。

（五）判决被告履行仍有实际意义

法院在作出裁判前被告已经依法履行了给付义务，或者判决履行给付义务已无实际意义时，不再适用给付判决。在前一种情形，如果原告不变更诉讼请求，法院应判决驳回原告的诉讼请求；在后一种情形，如果被告不履行给付义务违法，法院可以作出确认违法判决。

此外，在行政机关通过行政决定明确拒绝的情形，实务中有观点认为，"被告不履行给付义务，作出答复的结果正确，但程序违法的，应当根据《行政诉讼法》第 74 条第 1 款的规定，判决确认违法，保留其法律效力"[②]。在被告对原告请求履行给付义务的申请不予答复的情形，行政机关未履行答复义务，被诉行政行为违法。如果原告请求履行给付义务的诉讼请求不能成立，法院判决被告履行答复义务没有实际意义，徒增当事人诉累。根据《行政诉讼法》第 74 条第 2 款第 3 项的规定，人民法院应当判决确认不予答复行为违法，并驳回原告请求责令被告履行给付义务的诉讼请求。[③]

四、给付标的之种类与范围

给付标的是给付判决主文中所确定的给付客体。关于给付判决的给付标的在理论上和实务中存在争议，其主要源于对 2018 年《行诉法解释》第 92 条中"等"字的不同理解。一种观点认为，《行诉法解释》第

[①] 参见沈起、王小川：《行政给付判决的适用范围——以行政诉讼法第七十三条为中心》，载《人民司法》2020 年第 1 期，第 95 页。

[②] 蔡小雪：《行政审判中的合法性审查》，人民法院出版社 2020 年版，第 257 页。

[③] 参见薛政编著：《行政诉讼法注释书》，中国民主法制出版社 2020 年版，第 568 页。

92 条中的"等"字不应当包括财物给付以外的内容,"行为"应被排除在给付内容外。① 另一种观点认为,原告申请被告依法履行支付抚恤金、最低生活保障待遇或者社会保险待遇等给付义务主要是指原告在行政法上的财产权利。这里的"等"是等外等,除了列举的支付抚恤金、最低生活保障待遇或者社会保险待遇,还包括其他的非财产给付义务,如服务类给付。② 也有观点指出,"给付的内容除了物,还包括行政行为。这里的行政行为是一个大概念,既可能是一种积极的作为,也可能是一种消极的不作为;既可能是一种行政行为,也可能是一种非行政行为。"③ 通过行政审判案例发现,实践中给付判决的标的主要以财产给付为主,但也存在非财产性质的给付。

(一) 财产给付

1. 金钱给付

不管是从立法目的还是从现有的判决类型上看,给付判决的适用范围就是以金钱为主的财产性给付。④ 给付金钱的数额需要在个案中根据案件事实、原告的请求权和被告的给付义务来具体确定。实践中存在的主要问题是在被告未履行金钱给付义务时,是否应判决给付利息以及如何确定利息的计算标准。对此,《行政诉讼法》与相关司法解释均未明确规定。在行政协议案件中,如果双方约定了利息,且约定的计算利率不高于法定利率,法院可以根据约定利率判决具体的数额,对超出法定利率的部分不予支持。如果双方未约定利息,且在法律、行政法规、规章和其他规范性文件中没有规定,法院应根据双方责任⑤、违约金与利息之间的关系⑥、标的物的增值价值⑦等进行综合判断是否支付利息。

---

① 参见章剑生:《现代行政法总论》,法律出版社 2019 年版,第 501 页;最高人民法院行政审判庭编著:《最高人民法院行政诉讼法司法解释理解与适用》,人民法院出版社 2018 年版,第 428 页。

② 参见梁凤云编著:《新行政诉讼法逐条注释》,中国法制出版社 2017 年版,第 590 页。

③ 江必新主编:《新行政诉讼法专题讲座》,中国法制出版社 2015 年版,第 276 页。

④ 参见黄学贤:《给付判决在行政诉讼判决体系中的定位》,载《苏州大学学报(哲学社会科学版)》2021 年第 4 期,第 73 页。

⑤ 参见最高人民法院(2020)最高法行申 760 号行政裁定书;河北省保定市中级人民法院(2020)冀 06 行终 73 号行政判决书。

⑥ 参见最高人民法院(2020)最高法行申 3496 号行政裁定书。

⑦ 参见最高人民法院(2020)最高法行申 5229 号行政裁定书。

关于利率的计算标准，实践中通常采用"（中国人民银行）同期存款利率"[1]、"（中国人民银行）同期贷款利率"[2]和"同期全国银行间同业拆借中心公布的贷款市场报价利率（LPR）"[3]三种计算方式。

在行政赔偿案件中，根据最高人民法院的观点，行政机关逾期支付赔偿金所产生的利息损失，属于直接损失的范围，应当予以行政赔偿。[4]依据《国家赔偿法》第 36 条的规定，对于利息的计算标准原则上以"中国人民银行同期同类存款基准利率"为准。[5]在实践中，法院在个别案件中也采用"中国人民银行同期贷款利率"[6]、"同期中国人民银行公布的五年期人民币整存整取定期存款基准利率"[7]等计算标准。

2. 物之给付

物之给付的形式既包括种类物，也包括特定物。实践中涉及物之给付的案件主要集中于房屋和土地征收征用领域，如法院判决被告履行给付具体面积的安置房的安置补偿待遇。[8]类似的案例还有判令被告按照套内建筑面积交付具体面积的安置房[9]；判令履行搬迁安置协议约定的

---

[1] 安徽省高级人民法院（2019）皖行终 522 号行政判决书；湖南省高级人民法院（2019）湘行终 1448 号行政判决书。《招标投标法实施条例》第 57 条第 2 款规定："招标人最迟应当在书面合同签订后 5 日内向中标人和未中标的投标人退还投标保证金及银行同期存款利息。"

[2] 张某春诉重庆市綦江区新盛镇人民政府不履行土地复垦行政协议案。参见《最高人民法院行政协议典型案例（第一批）》，2021 年 5 月。

[3] 广州铁路运输中级法院（2020）粤 71 行终 1568 号行政判决书。

[4] 参见最高人民法院（2017）最高法行再 5 号行政赔偿判决书；辽宁省沈阳市中级人民法院（2020）辽 01 行初 97 号行政判决书。

[5] 《国家赔偿法》第 36 条第 1 款第 7 项规定："返还执行的罚款或者罚金、追缴或者没收的金钱，解除冻结的存款或者汇款的，应当支付银行同期存款利息"。相关判例参见最高人民法院（2017）最高法行再 5 号行政赔偿判决书；云南省文山壮族苗族自治州中级人民法院（2020）云 26 行赔初 19 号行政赔偿判决书；辽宁省高级人民法院（2019）辽行终 1359 号行政判决书；福建省宁德市中级人民法院（2020）闽 09 行初 12 号行政判决书。

[6] 最高人民法院（2019）最高法行赔申 1 号行政裁定书。

[7] 辽宁省沈阳市中级人民法院（2020）辽 01 行初 3 号行政判决书。

[8] 参见山东省德州地区（市）中级人民法院（2020）鲁 14 行终 244 号行政判决书；河南省驻马店市驿城区人民法院（2020）豫 1702 行初 275 号行政判决书；辽宁省抚顺市中级人民法院（2020）辽 04 行初 2 号行政判决书等。

[9] 参见山东省济南市历下区人民法院（2020）鲁 0102 行初 427 号行政判决书；贵州省黔南布依族苗族自治州中级人民法院（2017）黔 27 行初 582 号行政判决书。

回迁安置义务[①];判令被告向原告安置具体面积的集体产业用房[②];判令被告交付统一安置的停车位等。[③] 此外,实践中也有涉及违法后果清除的案件,法院依据《行政诉讼法》第 73 条采用给付判决判令被告返还相关物品。例如,因被告违法持有原告的所有产权证,法院判决被告返还原告的房屋所有权证[④];因违法拆迁法院判令被告按照返还物品清单返还原物[⑤];因证据登记保存行政行为违法,判令被告返还登记保存的车辆[⑥];因违法扣押,判令被告交付扣押的低保存折等。[⑦]

(二)非财产给付

实践中法院依据《行政诉讼法》第 73 条判令被告履行的非财产给付主要是行政事实行为。这种情形主要集中于违法后果清除和政府信息公开案件中。例如,法院判令行政机关拆除其在原告楼房下违法所建的围墙。[⑧] 也有案件中法院判令被告在具体的期限内对原告的土地进行复垦并返还。[⑨] 在政府信息公开领域,有些案件中采用给付判决判令行政机关公开政府信息。[⑩] 根据《信息公开审理规定》第 11 条,基于法定的事由,法院可以判决行政机关不得公开相关信息。对于涉及此类禁止作为的案件[⑪],实践中有些法院也采用给付判决。[⑫] 此外,在行政协议案件领域,也有法院通过给付判决判令被告与原告签订协议,如判令被告与原告签订房屋拆迁补偿安置协议[⑬]、判令被告与原告重新签订住房

---

① 参见河南省高级人民法院(2017)豫行终 1253 号行政判决书。
② 参见南昌铁路运输法院(2020)赣 7101 行赔初 56 号行政赔偿判决书。
③ 参见河南省郑州市中级人民法院(2019)豫 01 行初 445 号行政判决书。
④ 参见河南省上蔡县人民法院(2020)豫 1722 行初 163 号行政判决书。
⑤ 参见山东省济宁市中级人民法院(2020)鲁 08 行赔初 13 号行政赔偿判决书。
⑥ 参见江苏省连云港市中级人民法院(2018)苏 07 行终 37 号行政判决书。
⑦ 参见河南省义马市人民法院(2018)豫 1281 行初 10 号行政判决书。
⑧ 参见四川省成都市中级人民法院(2021)川 01 行终 357 号行政判决书。
⑨ 参见山东省莘县人民法院(2020)鲁 1522 行初 67 号行政判决书。
⑩ 参见浙江省宁波市中级人民法院(2017)浙 02 行终 425 号行政判决书;浙江省宁海县人民法院(2017)浙 0226 行初 20 号行政判决书;湖北省十堰市中级人民法院(2018)鄂 03 行终 90 号行政判决书。
⑪ 对禁止判决的学理讨论,参见何海波:《行政诉讼法》,法律出版社 2022 年版,第 503-505 页。
⑫ 参见山西省晋中市中级人民法院(2018)晋 07 行初 58 号、59 号行政判决书。
⑬ 参见福建省莆田市中级人民法院(2017)闽 03 行初 272 号行政判决书。

公积金贷款借款合同等。① 也有案件中法院判令被告按房屋征收补偿协议向原告交付房屋，并为原告办理进户手续。②

在实践中，相对于财产类给付，非财产给付案件数量相对较少。然而，因行政实体法上给付义务的来源和方式具有多元性，给付判决就为法院解决此类纠纷，并为原告获得完整和有效的救济提供了一种可能的途径。然而，存在的现实问题是，在有些案件情形中，以非财产给付为客体的给付判决与履行判决的边界并不清晰。如有些法院依据《行政诉讼法》第 73 条，采用给付判决判令被告按国有土地使用权出让意向书约定的内容，为原告办理土地使用权登记手续③；判令被告履行关于"沈阳市大东区新壹品小区沥青路面铺筑"物业专项维修资金的审批职责④；判令被告履行承包合同义务，按照合同约定及时为宋家庄川砂石场办理河道采砂许可证等。⑤ 在这些案件中，被告的给付义务虽然源自行政协议，但给付义务，如办理不动产登记、行政许可，属于行政机关的法定职责。对于此类案件，需要在理论上和实务中进一步明确和统一适用标准。

五、给付判决的形式

可执行性是给付判决的核心特征。给付判决内容的明确程度对判决的执行力具有决定性影响。对于给付判决的内容，《行政诉讼法》第 73 条仅抽象地表述为"判决被告履行给付义务"。对此，2018 年《行诉法解释》第 92 条增加了履行义务的期限要求以及对给付义务的内容进行了限定，即在诉请具备理由时，法院可以"判决被告在一定期限内履行相应的给付义务"。但这也仅是对适用给付判决提出的原则性要求，给付判决的具体内容仍然需要在个案中进一步明确。根据最高人民法院 2015 年发布的《行政诉讼文书样式（试行）》，给付判决主文的表述要求为："一、撤销被告×××（行政主体名称）于××××年××月××日对原告作出×号拒绝决定（或其他名称）；二、责令被告×××（行政主体名称）……（写明被告应当在一定期限内履行给付义务的具

---

① 参见湖北省荆州市沙市区人民法院（2017）鄂 1002 行初 28 号行政判决书。
② 参见黑龙江省高级人民法院（2018）黑行再 20 号行政判决书。
③ 参见上海市第一中级人民法院（2018）沪 01 行初 25 号行政判决书。
④ 参见辽宁省沈阳市中级人民法院（2017）辽 01 行终 1068 号行政判决书。
⑤ 参见河北省邢台市中级人民法院（2018）冀 05 行终 235 号行政判决书。

体内容、方式及期限；因特殊情况难于确定的，可判决被告在一定期限内针对原告的请求作出处理；原告申请依法履行返还财产、排除妨碍、停止侵害、恢复原状等给付义务且无需被告再行作出处理的，可直接写明上述内容）。"基于司法权与行政权之分工、个案法律事实、裁判时机的成熟度等因素，实践中存在两种内容明确程度不同的判决形式。

（一）给付内容明确的判决

给付内容明确的判决是法院在认定事实和适用法律的基础上，在裁判时能够判断原告的给付请求权成立，被告负有给付义务且没有裁量余地时，在判决主文中明确规定了给付期限、方式和内容的判决。给付判决的内容必须具体明确，这是保障公民权利和实质性解决纠纷的必然要求。① 根据最高人民法院的观点，"人民法院审理金钱给付案件，仅仅审查被告行政机关是否负有给付义务，不去审查应当给付的具体项目、数额，简单判决限期履行给付义务，违背行政诉讼法第一条关于行政诉讼实质化解行政争议的立法目的，违反第七十三条'判决被告履行给付义务'的法定要求"②。最高人民法院在邓某召、王某峰诉海南省万宁市农业农村局渔业行政给付案中指出，"人民法院查明被告负有给付义务的，应依法作出具有具体给付金额的判决，不得以履行判决替代给付判决。否则，不仅违反了行政诉讼法实质化解行政争议的立法目的，而且属于适用法律错误，判决方式不当"③。因此，为实质性解决行政争议、保障相对人的权利、防止循环诉讼，法院应在职权范围内积极促使裁判时机成熟，作出给付期限、方式和内容具体明确的判决。具体而言，在涉及支付金钱的案件中，判决主文中应写明具体的支付数额、支付方式和期限。确定给付期限是确定原告向法院申请强制执行的期间。根据实务中的观点，原则上，有法定标准的，应按照法定标准确定；没有明确法定标准的，可以参照类似行政行为的期限标准视实践中行政机关作出此种行政行为的一般情况确定。还要注意一点，在确定合理期限时既要考虑国家利益、社会公共利益和相对应要求的迫切性，同时也要

---

① 参见郭修江：《行政诉讼判决方式的类型化——行政诉讼判决方式内在关系及适用条件分析》，载《法律适用》2018 年第 11 期，第 14 页；周作彩：《房屋征收补偿案中判决类型的适用》，载《交大法学》2018 年第 4 期，第 169 页。
② 最高人民法院（2019）最高法行申 1509 号行政裁定书。
③ 最高人民法院（2019）最高法行申 1507 号行政裁定书。

考虑行政机关的履行能力和一般的效率水平，避免主观臆断。①

此外，对于行政机关先前的拒绝给付决定，原告可以一并提起撤销诉讼。这类案件在实践中普遍存在，法院通常一并采用撤销判决和给付判决。例如，判决撤销"工亡待遇暂不予先行支付的答复"并判决履行给付义务②、撤销"一次性工亡、丧葬补助金核定表"并判决履行具体的给付义务③、撤销"伤残待遇核定表"并判决履行具体的给付义务④、撤销"不予核发工伤待遇决定书"并判决履行具体的给付义务⑤、撤销"停保通知书"并判决履行具体的给付义务等。⑥

（二）责令行政机关先行处理的判决

法院在裁判时认定原告的给付请求权成立，被告负有给付义务，但对于给付的金额需要行政机关事先核定的，可以概括性地判决被告在一定期限内对给付的金额进行核定并履行给付义务。这种判决形式在实践中亦普遍存在。最高人民法院在赵某义诉陕西省乾县人民政府、乾县教育局不履行法定职责案中指出，"当事人要求行政机关直接给付金钱的，请求给付的金额必须已经确定；如果须由行政机关事先核定给付金额，则应当由行政机关先行处理"⑦。当事人对行政机关的先行处理决定不服，可以再次主张救济。对此，最高人民法院在肖某炼与湖南省隆回县人民政府行政给付纠纷再审案中作了进一步解释："人民法院经审查查明行政机关依法负有给付义务的，就应判决其履行该给付义务。但是，对于当事人要求行政机关直接给付金钱的，请求给付的金额必须已经确定，如果须由行政机关事先核定给付金额的，则仍应由行政机关先行处理，当事人如对处理结果不服，可以再另行寻求救济。"⑧

---

① 参见蔡小雪：《行政审判中的合法性审查》，人民法院出版社 2020 年版，第 257 页。

② 参见河南省郑州市中原区人民法院（2019）豫 0102 行初 464 号行政判决书；贵州省黔西县人民法院（2020）黔 0522 行初 210 号行政判决书；河南省巩义市人民法院（2020）豫 0181 行初 9 号行政判决书。

③ 参见四川省乐山市市中区人民法院（2019）川 1102 行初 287 号行政判决书。

④ 参见四川省峨眉山市人民法院（2020）川 1181 行初 4 号行政判决书。

⑤ 参见广东省惠州市中级人民法院（2020）粤 13 行终 280 号行政判决书。

⑥ 参见广西壮族自治区北海市中级人民法院（2020）桂 05 行终 54 号行政判决书。

⑦ 最高人民法院（2018）最高法申 5903 号行政裁定书。

⑧ 最高人民法院（2019）最高法申 3965 号行政裁定书。

对责令行政机关先行处理的判决形式，实践中普遍采用的表述形式是："判令被告×于本判决生效之日起×日内核定并支付原告的工伤待遇"①。此外，部分判决书中也使用"核付"②、"核发"③、"依法予以核定支付"等表述。④ 需要注意的是，概括性判决的主文中虽然没有载明具体的给付内容，但法院在判决理由中确认了原告的权利主张成立、被告负有给付义务，因此，被告必须依照判决理由中载明的法律意旨进行处理并履行给付义务。在这种判决形式中，法院的判决理由对被告产生拘束力。⑤

责令行政机关先行处理的给付判决与履行判决在有些情形下很难区分。实践中，有些判决书中甚至将《行政诉讼法》第72条和第73条同时列为判决依据。⑥ 最高人民法院在杜某友等804人诉山西省临汾市人民政府不履行给付待遇案中确立了一项具体的判断标准："如尚需行政机关依职权自行调查并通过行政行为确定资格和权利时，应通过履行法定职责诉讼和《行政诉讼法》第72条履行判决寻求救济。"⑦ 因此，这两类判决形式的区分可以概括为：对于责令行政机关先行处理的给付判决，被告行政机关仅有权针对金额核算等进行"先行处理"；尚需行政机关依职权自行调查并通过行政行为确定资格和权利的，适用履行判决。概括而言，于前者，行政机关有权"先行处理"，于后者，行政机关有权"自行处理"。在被告依法负有给付义务时，如果原告的请求权成立，法院不能以履行判决代替给付判决，否则属于适用法律错误，原告可以通过上诉寻求法律救济。

---

① 相关案例参见山东省威海市环翠区人民法院（2020）鲁1002行初47号行政判决书；河北省玉田县人民法院（2020）冀0229行初16号行政判决书；四川省宜宾市翠屏区人民法院（2021）川1502行初2号行政判决书。

② 四川省古蔺县人民法院（2020）川0525行初46号行政判决书。

③ 广东省珠海市中级人民法院（2020）粤04行终69号行政判决书；四川省西充县人民法院（2020）川1325行初17号行政判决书。

④ 参见河北省玉田县人民法院（2020）冀0229行初16号行政判决书。

⑤ 参见湖北省浠水县人民法院（2020）鄂1125行初81号行政判决书。

⑥ 如湖北省高级人民法院（2017）鄂行终735号行政判决书；四川省绵阳市中级人民法院（2017）川07行终92号行政判决书。

⑦ 最高人民法院（2017）最高法行申3461号行政裁定书。

六、给付判决的执行力

给付判决的效力除了羁束力和既判力，还具有执行力。给付判决的执行力是指可以通过法院强制执行的方式实现判决确定内容的效力。给付判决的内容主要是金钱给付，行政机关履行判决的，可以准用《民事诉讼法》第 264 的规定，加倍支付迟延履行期间债务利息。[①] 实践中有些法院在判决主文中直接列明了该条文的内容。[②] 这种方式具有间接强制的性质，旨在督促被告主动履行判决确定的给付义务。

如行政机关不主动履行生效判决，原告可以依法申请法院强制执行。《行政诉讼法》第 96 条规定了行政机关拒绝履行判决、裁定、调解书时法院可以采取的具体措施。根据 2018 年《行诉法解释》第 153 条，申请执行的期限为两年，从法律文书规定的履行期间最后一日起计算。法律文书中没有规定履行期限的，从该法律文书送达当事人之日起计算。此外，给付判决还存在分期履行和针对将来的持续性给付内容，如在社会保险领域，判决被告按月支付原告供养亲属的抚恤金至一定的年限[③]、按月支付原告补充养老保险金等。[④] 对于这类给付判决的执行，根据《行诉法解释》第 153 条的规定，法律文书规定分期履行的，从规定的每次履行期间的最后一日起计算。根据 2018 年《行诉法解释》第 154 条第 1 款的规定，发生法律效力的行政判决书、行政裁定书、行政赔偿判决书和行政调解书，由第一审人民法院执行。

[①] 《民事诉讼法》（2023 年修正）第 264 条规定："被执行人未按判决、裁定和其他法律文书指定的期间履行给付金钱义务的，应当加倍支付迟延履行期间的债务利息。被执行人未按判决、裁定和其他法律文书指定的期间履行其他义务的，应当支付迟延履行金。"

[②] 参见湖南省高级人民法院（2019）湘行终 1630 行政判决书；山东省济宁市中级人民法院（2019）鲁 08 行赔初 49 号行政赔偿判决书；辽宁省沈阳市中级人民法院（2020）辽 01 行初 103 号行政判决书；辽宁省大连市中级人民法院（2019）辽 02 行初 305 号行政判决书。

[③] 参见湖南省桂阳县人民法院（2020）湘 1021 行初 222 号行政判决书；四川省西昌市人民法院（2020）川 3401 行初 57 号行政判决书。

[④] 参见辽宁省本溪市平山区人民法院（2020）辽 0502 行初 108 号行政判决书。

第 74 条 （确认违法判决）

成协中

第七十四条　行政行为有下列情形之一的，人民法院判决确认违法，但不撤销行政行为：

（一）行政行为依法应当撤销，但撤销会给国家利益、社会公共利益造成重大损害的；

（二）行政行为程序轻微违法，但对原告权利不产生实际影响的。

行政行为有下列情形之一，不需要撤销或者判决履行的，人民法院判决确认违法：

（一）行政行为违法，但不具有可撤销内容的；

（二）被告改变原违法行政行为，原告仍要求确认原行政行为违法的；

（三）被告不履行或者拖延履行法定职责，判决履行没有意义的。

一、规范沿革与体系定位

（一）确认违法判决的规范沿革

确认行政行为违法是撤销判决、履行判决的一种替代方式。行政行为违法，但又不需要、不适宜判决撤销或者责令履行的，法院可以判决违法。确认违法判决，是对行政行为的合法性作出否定评价，但不改变该行政行为所形成之法律关系。① 其与确认无效判决一起，共同构成了我国行政诉讼法上的确认判决制度。确认违法判决的历史，最早可以追溯到 19 世纪中叶的确认之诉。② 在德国确认之诉的诸多亚类型中，存在着要求确认已经不再产生法律效果的具体行政行为违法性的继续确认之诉。③ 在日本，行政行为违法确认诉讼、无效确认诉讼和法律关系确认诉讼，共同组成了确认诉讼制度。④ 与已建立诉讼类型化的国家一般使用确认违法诉讼术语不同，我国现行行政诉讼法没有明确确立诉讼类型制度，学术讨论中一般习惯使用确认违法判决而非确认违法诉讼的表述。

1. 1989 年《行政诉讼法》未规定确认违法判决

在行政诉讼法中确立确认违法诉讼，已经成为域外法治发达国家的常见做法。在我国，无论是民国时期的 1914 年《行政诉讼法》和 1932 年《行政诉讼法》，还是新中国成立后的 1989 年《行政诉讼法》，都没有规定确认违法判决。

早在 1989 年《行政诉讼法》制定之前，理论界和实务界都存在着关于确认判决的讨论。例如，王名扬先生很早就对英美法系国家的确认判决进行了介绍，他认为英美法系国家行政法上的确认判决，最初是作为衡平法的一种救济手段发展而来的。⑤ 在我国早期的行政法学教材中，学者提出应当参照民事诉讼法上的确认之诉，主张建立行政诉讼中的确认判决，即法院通过判决确认某种法律关系成立或不成立、某种法

---

① 参见何海波：《行政诉讼法》，法律出版社 2022 年版，第 485 页。

② 参见［日］高桥宏志：《民事诉讼法：制度与理论的深层分析》，林剑锋译，法律出版社 2003 年版，第 60 页。

③ 参见刘飞：《德国公法权利救济制度》，北京大学出版社 2009 年版，第 79 页。

④ 参见［日］盐野宏：《行政法》，杨建顺译，法律出版社 1999 年版，第 404 页。

⑤ 参见王名扬：《英国行政法》，中国政法大学出版社 1987 年版，第 192 页。

律事实存在或不存在。① 薛刚凌也较早提出，确认诉讼应当被划入个人救济诉讼中的纠正违法行为诉讼。② 同样，实务界人士也对确认判决进行了界定，认为这是一种法院通过对被诉具体行政行为的审查，依法确认相应行为合法与否的判决形式。但是，1989 年《行政诉讼法》并没有将确认判决纳入自身的判决体系之中。之所以如此，可能还是因为当时的立法参与者尚未对确认判决之必要性有足够深刻的认识。③

确认判决缺失的弊端在 1989 年《行政诉讼法》颁布施行后逐渐开始显现，法官们经常遇到"违法但不需要、不适宜判决撤销或者责令履行"的被诉具体行政行为，当时仅有的四种判决类型不足以为法官作出最佳判决提供指引。在此背景下，实务界呼吁通过司法解释或者修改立法的方式增加确认违法判决。在司法解释出台之前，"参照民事诉讼法的有关规定"，司法实践发展出了确认判决。④ 如王某野不服上海市长宁区司法局行政处罚决定案⑤中，鉴于被告已在一审诉讼中自行撤销了行政处罚决定，法院依照《行政诉讼法》第 54 条第 2 项第 3 目之规定（即违反法定程序）判决确认被诉行政处罚决定违法。

2. 2000 年《行诉法解释》增设了确认违法的判决形式

为了回应现实的审判需求，2000 年《行诉法解释》规定了确认判决的诸多表现形式。其中，2000 年《行诉法解释》第 50 条⑥第 3 款、

---

① 参见罗豪才主编：《行政法论》，光明日报出版社 1988 年版，第 456 页。

② 参见薛刚凌：《行政诉讼诉权研究》，华文出版社 1999 年版，第 175 页。

③ 据当时参与立法的学者回忆，"自己很早写文章时，就写了应该有确认判决，但说实在的，当时我对确认判决的必要性也没有太深刻的认识。我当时只是提出来，希望能够写进立法，最终没有被采纳，我也没有什么大的意见"。《且鼓且行，行政诉讼 30 年——姜明安教授访谈》，载何海波编：《行政法治奠基时：1989 年〈行政诉讼法〉史料荟萃》，法律出版社 2019 年版，第 428 页。

④ 参见罗豪才主编：《中国司法审查制度》，北京大学出版社 1993 年版，第 561 - 562 页。

⑤ 上海市长宁区人民法院（1999）长行初字第 12 号行政判决书。

⑥ 2000 年《行诉法解释》第 50 条规定："被告在一审期间改变被诉具体行政行为的，应当书面告知人民法院。原告或者第三人对改变后的行为不服起诉的，人民法院应当就改变后的具体行政行为进行审理。被告改变原具体行政行为，原告不撤诉，人民法院经审查认为原具体行政行为违法的，应当作出确认其违法的判决；认为原具体行政行为合法的，应当判决驳回原告的诉讼请求。原告起诉被告不作为，在诉讼中被告作出具体行政行为，原告不撤诉的，参照上述规定处理。"

第 4 款，第 57 条[①]第 2 款，以及包括规定情况判决的第 58 条[②]，共同构成了我国行政诉讼确认违法判决的雏形。

2000 年《行诉法解释》拒绝机械地将民事确认判决的概念移作行政确认判决的概念，毕竟行政诉讼所要解决的问题是被诉具体行政行为的合法性，而不是行政相对人与行政机关之间存在或者不存在某种行政法律关系。[③] 这些创新性规定较好地解决了 1989 年《行政诉讼法》中判决类型不足的问题，获得了实务界的诸多赞许，也获得了理论界的高度认同。[④] 当然，有一些观点则更多地表达了自己的担忧：不具有法源性质的司法解释，何以能够直接扩张行政诉讼的判决类型？有学者就提出，2000 年《行诉法解释》对判决形式的规定，如确认判决等，实际上已经突破了 1989 年《行政诉讼法》的规定。[⑤]

3. 2014 年《行政诉讼法》从法律层面规定了确认违法判决

为了彻底解决 2000 年《行诉法解释》中诸多新增判决类型合法性不足的问题，2014 年修改《行政诉讼法》时，将包括确认违法判决在内的诸多判决类型法律化，极大地完善了我国的行政诉讼判决制度，使判决种类更为合理与周延。当然，2014 年"确认判决"的入法，并非对 2000 年《行诉法解释》的简单法律化。其在内容方面有一定的创新，具体包括如下几个方面：（1）删除了 2000 年司法解释中的确认合法和

---

① 2000 年《行诉法解释》第 57 条规定："人民法院认为被诉具体行政行为合法，但不适宜判决维持或者驳回诉讼请求的，可以作出确认其合法或者有效的判决。有下列情形之一的，人民法院应当作出确认被诉具体行政行为违法或者无效的判决：（一）被告不履行法定职责，但判决责令其履行法定职责已无实际意义的；（二）被诉具体行政行为违法，但不具有可撤销内容的；（三）被诉具体行政行为依法不成立或者无效的。"

② 2000 年《行诉法解释》第 58 条规定："被诉具体行政行为违法，但撤销该具体行政行为将会给国家利益或者公共利益造成重大损失的，人民法院应当作出确认被诉具体行政行为违法的判决，并责令被诉行政机关采取相应的补救措施；造成损害的，依法判决承担赔偿责任。"

③ 参见蔡小雪：《行政确认判决的适用》，载《人民司法》2001 年第 11 期，第 14 页。

④ 参见马怀德、吴华：《对我国行政诉讼类型的反思与重构》，载《政法论坛》2001 年第 5 期，第 68-69 页；刘飞：《行政诉讼类型制度探析——德国法的视角》，载《法学》2004 年第 3 期，第 53 页；章志远：《重构我国行政诉讼类型之设想》，载《河南省政法管理干部学院学报》2004 年第 6 期，第 87 页。

⑤ 参见全国人大常委会法制工作委员会行政法室编：《行政诉讼法立法背景与观点全集》，法律出版社 2015 年版，第 76 页。

有效的判决。2000 年《行诉法解释》第 57 条第 1 款规定：人民法院认为被诉具体行政行为合法，但不适宜判决维持或者驳回诉讼请求的，可以作出确认其合法或者有效的判决。2014 年《行政诉讼法》删除了此种判决，仅仅保留了确认违法和确认无效的判决，主要是基于诉判一致的考虑，直接回应原告的诉讼请求。（2）对确认违法的具体情形进行了类型化。2000 年《行诉法解释》关于确认违法的判决散见于第 50、57、58 条。2014 年《行政诉讼法》将其归入一条，并将其适用情形分为两类：情况判决和客观上无须撤销的情形。

2014 年《行政诉讼法》将确认违法判决法律化，主要有如下几个方面的理由：（1）确认违法判决符合审判需要，在司法审判实践中，已经根据司法解释在适用，应当在总结实践经验的基础上将有关规定上升为法律；（2）确认违法判决分为两种类型，有的是保留行政行为效力的，有的则不是，因此有类型化处理的必要；（3）应当明确确认违法判决的法律后果，以区别于撤销判决等。[①]

2018 年《行诉法解释》未对确认违法判决作出大的改变，主要对程序轻微违法作出了解释。其第 96 条规定：有下列情形之一，且对原告依法享有的听证、陈述、申辩等重要程序性权利不产生实质损害的，属于《行政诉讼法》第 74 条第 1 款第 2 项规定的"程序轻微违法"：（1）处理期限轻微违法；（2）通知、送达等程序轻微违法；（3）其他程序轻微违法的情形。该司法解释的这一规定，对于司法实践中把握程序轻微违法的具体类型，具有重要的指导意义。

（二）确认违法判决的体系定位

1. 确认违法判决的补充性

各种判决类型直接承载着权利救济和监督依法行政的使命，同时也从诉讼程序的末端影响着整个诉讼制度的运作。[②] 行政诉讼的根本目的是解决行政争议，并及时有效地保护相对人的合法权益。这就要求不能创设和变更权利义务法律关系的确认违法判决，必须与其他判决类型通力合作，方能有效实现行政诉讼的目的。

---

① 参见江必新、邵长茂、方颉琳编著：《行政诉讼法修改资料汇纂》，中国法制出版社 2015 年版，第 235 页。

② 参见王贵松：《论我国行政诉讼确认判决的定位》，载《政治与法律》2018 年第 9 期，第 14 页。

与旨在直接消除违法行政行为的后果的撤销判决和旨在实现原告公法上的给付请求权的给付判决不同，确认违法判决一般不能直接实现权利充分救济的目的，而仅仅是针对行政行为的违法性作出一个司法认定："法院并不形成什么，也不宣布义务，它只是确立一种有约束力的法律状况。"① 确认违法判决是在无法对行政行为本身进行救济情况下作出的一个"违法性"追认，即只有在其他判决形式不能提供救济之时，确认判决才是必要和适当的。"在某种意义上，确认违法判决是对违法行政行为的'宽容'和妥协，需要严格适用，不能任意解释。适用确认违法判决需要坚持两个原则：一是确认违法判决是撤销判决、履行职责判决的补充，不是主要的判决形式；二是确认违法判决必须符合法定条件，法定条件要严格把握"②。换言之，确认违法判决总体上是一个转换而来的判决形式，其并非一个独立的判决类型，而是根据不同诉讼请求引起的替代性、补充性、最后选择式的判决形式。③ 因为确认判决本身没有形成力和执行力，不能直接消除行政行为的损害，所以它只是其他判决类型的最终替代手段。德国《行政法院法》第 43 条更是规定，"仅当原告不能，或者未能通过某个其他诉讼种类，在相同范围内并以相同效力实现其法律保护时，始得以提起确认诉讼"④。

当然，需要指出的是，强调确认违法判决的补充性是就整体和其权利救济的非充分性而言的。确认违法判决的适用情形具有多样性，在不同的适用情形下，法院并非都能在撤销判决、履行判决与确认违法判决之间作出选择。如针对《行政诉讼法》第 74 条第 2 款规定的三种情形，法院作出确认违法判决实际上是一种无可奈何之举，具有相对的独立性。此外，虽然普遍认为确认违法判决是作为其他判决形式的替代与补充而存在，但这并不妨碍其具有自身的独立功能。例如，作出确认违法判决，可以使行政机关充分认识到自身行为的违法性，并及时作出自我

① ［德］弗里德赫尔穆·胡芬：《行政诉讼法》，莫光华译，法律出版社 2003 年版，第 465 页。
② 全国人大常委会法制工作委员会行政法室：《〈中华人民共和国行政诉讼法〉解读与适用》，法律出版社 2015 年版，第 164 页。
③ 参见梁凤云：《行政诉讼法司法解释讲义》，人民法院出版社 2018 年版，第 182 页；吴华：《行政诉讼类型研究》，中国人民公安大学出版社 2006 年版，第 298 页。
④ ［德］弗里德赫尔穆·胡芬：《行政诉讼法》，莫光华译，法律出版社 2003 年版，第 311 页。

纠正，为依法行政水平的提高打下了基础。① 同时，在行政系统内部，确认违法判决也可以作为考评依法行政状况的一个重要依据。②

2. 确认违法判决与其他判决类型的关系

在与撤销判决的关系上，确认违法判决和撤销判决都具有确认行政行为违法的功能，但撤销判决在具有确认违法功能之外，还具有直接撤销被诉行政行为的作用。也就是说，相较于确认违法判决而言，撤销判决的救济效果更加直接和充分，确认违法判决是作为撤销判决的补充存在的，只有在不可作出撤销判决之时，才能作出确认违法判决。

在与履行判决的关系上，确认违法判决同样是作为补充性、替代性判决形式而存在的，即只有在"被告不履行或者拖延履行法定职责，判决履行没有意义的"情况下，才能作出确认违法判决。换言之，履行判决和确认违法判决都有确认不作为行为违法的功能，但在适用次序上存在着不同的优先级。

在与责令重作判决的关系上，由于法院作出的确认违法判决具有实体上否定法律效力的效果③，所以法院作出确认违法判决也有可能会留下待行使的职权问题，进而确认违法判决与重作判决可能形成附随关系。此时，确认违法判决作为一种基础判决而存在，即重作判决中隐含着一个确认违法判决。④ 当然，确认违法判决只是对被诉行政行为违法性的确认，其一般不直接导致被诉行政行为的效力灭失，因此，其一般不能作为重作判决的主判决形式。

在与责令补救判决（补救措施）、责令赔偿判决的关系上，确认违法判决可以为后续的赔偿和补救提供前提与基础，责令赔偿判决和责令补救判决是确认违法判决的进一步延伸。⑤ 实际上，2014 年《行政诉讼法》专门增加了第 76 条，规定责令被告采取赔偿等补救措施。其主要考虑就是"确认判决针对的是被诉行政行为，这个判决对原告的实体意

---

① 参见杨海坤、章志远主编：《行政诉讼法专题研究述评》，中国民主法制出版社 2006 年版，第 552 页。

② 参见何海波：《行政诉讼法》，法律出版社 2016 年版，第 453 页。

③ 参见陈计男：《行政诉讼法释论》，三民书局 2000 年版，第 192 页。

④ 参见梁凤云：《行政诉讼法司法解释讲义》，人民法院出版社 2018 年版，第 180 页。

⑤ 参见张旭勇：《行政诉讼确认判决研究》，载章剑生主编：《行政诉讼判决研究》，浙江大学出版社 2010 年版，第 150 页。

义，需要通过责令被告采取补救措施判决与赔偿判决予以体现"①。责令补救判决的存在，能够较好地弥补确认违法判决解决纠纷的不彻底缺陷，从而实现行政争议的彻底性解决，实现相对人权利的有效救济。②

二、确认违法判决的类型

根据《行政诉讼法》第 74 条之规定，我国确认违法判决的具体类型及其适用条件的主要内容如下。

（一）情况判决

根据《行政诉讼法》第 74 条第 1 款第 1 项的规定，行政行为依法应当撤销，但撤销会给国家利益、社会公共利益造成重大损害的，人民法院判决确认违法，但不撤销行政行为。此种判决在学理上被概括为"情况判决"。此种判决形式源自日本法。日本《行政案件诉讼法》第 31 条第 1 款规定："在撤销诉讼中，处分或裁决虽然违法，但将其撤销会给公共利益造成显著损害的，法院可以对原告蒙受损害的程度、赔偿或者防止该损害的程度与方法，以及其他一切情况进行考虑，认为撤销处分或者裁决不符合公共福祉的情况下，驳回请求。此时，法院必须在判决的主文中宣布处分或裁决违法。"情况判决是诉讼法层面上一种尊重既成事实的制度，它赋予法院以裁量权，在特定情况下使公共利益的保护优先于私人利益的保护。③

情况判决的适用条件如下：

1. 行政行为依法应当被撤销

行政行为依法应当被撤销，是指行政行为满足人民法院作出撤销判决的情形，原则上人民法院应当作出撤销判决。2014 年《行政诉讼法》第 70 条规定，行政行为有下列情形之一的，人民法院判决撤销或者部分撤销，并可以判决被告重新作出行政行为：（1）主要证据不足的；（2）适用法律、法规错误的；（3）违反法定程序的；（4）超越职权的；（5）滥用职权的；（6）明显不当的。这六种情形分别针对的是行政行为

---

① 江必新、邵长茂、方颉琳编著：《行政诉讼法修改资料汇纂》，中国法制出版社 2015 年版，第 235 页。

② 参见陈思融：《行政诉讼补救判决研究》，法律出版社 2019 年版，第 82 页。

③ 参见王天华：《行政诉讼的构造：日本行政诉讼法研究》，法律出版社 2010 年版，第 176 页。

欠缺合法要件的不同情形。在满足前述情形之一时，人民法院原则上应当作出撤销判决。仅仅在存在其他正当事由，难以或不宜作出撤销判决时，人民法院才能例外地选择作出情况判决。"行政行为依法应当予以撤销"，也凸显了情况判决的补充性、辅助性、后备性地位。但作出情况判决和撤销判决在"行政行为欠缺合法要件"这一基本前提上，是完全一致的。关于欠缺合法要件的具体解析，在对撤销判决的评析部分会有细致分析，此处不赘。

2. 撤销会给国家利益、社会公共利益造成重大损害

（1）国家利益、社会公共利益的认定。

尽管国家利益、公共利益作为不确定法律概念不易被界定，但部分领域的特别法对何种情形属于公共利益作出了明确规定。此时，对国家利益、公共利益的判断，首先要从能否归入列明的公共利益类型予以判断。在作出此类判决占比较高的建设工程和行政征收领域，有对于公益事项的法定列举情形，比如国防外交、政府基础设施建设需要、公共事业需要、保障性安居工程建设需要等。在高某艾诉海口市琼山区人民政府房屋征收决定案①中，法院首先判断被诉行为是否属于《国有土地上房屋征收与补偿条例》第8条规定的公益事项中的一类，这属于法律明确列举的公共利益类型。

当然以概括的方式界定公共利益是更为常见的情形，将公共利益认定为"现存法律关系和秩序"等，确认违法而不撤销的目的也是避免引发连锁纠纷，对公共利益造成更大的危害。比如在陈某育等诉福建省泉州市人民政府土地行政复议案②中，最高人民法院认为："考虑到涉案地块在被收储后已经进行了公开拍卖、挂牌出让，福州某房地产开发有限公司通过竞买取得该地块的土地使用权，并于2012年9月28日与泉州市国土资源局签订了国有建设用地使用权出让合同，在该地块上进行开发建设。如判决撤销会从根本上改变一系列现存法律关系和秩序，引发连锁纠纷，给社会公共利益造成重大损害。故30号批复存在不宜撤销的上述情形。"

此外，对于公共利益也可以理解为不特定多数人的利益。如果项目已经实施，撤销将影响原有法律关系的稳定性，这也意味着对国家利

---

① 参见海南省高级人民法院（2017）琼行终147号行政判决书。
② 参见最高人民法院（2018）最高法行申6552号行政裁定书。

益、公共利益的损害。如高某信诉西安市雁塔区人民政府房屋征收决定案，最高人民法院认为"案涉被诉房屋征收决定涉及被征收户人数众多，且绝大部分已经签订补偿安置协议，若撤销被诉房屋征收决定将会给社会公共利益造成重大损害，故原审法院综合认定被诉房屋征收决定不宜被撤销，应判决确认违法，并责令雁塔区政府及时采取补救措施，并无不当。"①

当然，在更多的案件中，法院一般不对公共利益的具体内容作出阐释，只是概括性地认定被诉行为涉及的内容确属公共利益需要。如在山西省安业集团有限公司诉山西省太原市人民政府收回国有土地使用权决定案中，法院判决指出："考虑到相关道路建设改造工程确属公共利益需要，因此根据《行政诉讼法》第七十四条第一款第一项规定，对太原市政府以《通告》形式收回安业公司749.5平方米国有土地使用权的行政行为应确认违法"②。

有征收案件对公共利益和商业利益的区分存在争议，在湖南省衡阳市珠晖区和平乡和平村苏洲村民小组、湖南省衡阳市珠晖区和平乡人民政府乡政府订立土地征收补偿协议行为案中，当事人苏洲村民小组主张"涉案征收土地系用于商业开发，与国家利益、公共利益没有关系"。法院认为："征收涉案土地系经1883号审批单批准，苏洲湾片区土地综合整治项目亦经相关部门审核立项，土地综合整治项目符合公共利益需要已经相关部门的审查通过"③。由此可以看出，征收土地的目的影响行为性质的认定，为了土地综合整治等项目的，则属于公共利益范畴。

（2）重大损害的认定。

并非只要被诉行政行为涉及国家利益和社会公共利益，人民法院就不能撤销被诉行政行为。只有撤销被诉行政行为会给国家利益、社会公共利益造成重大损害时，人民法院才能基于保护更重大的法益需要而不撤销违法行政行为，仅作出确认违法的判决。为此，在法院对被诉行政行为的违法性作出判定之后，选择判决形式时，需要进一步考虑被诉行政行为撤销对公共利益的影响程度。

① 最高人民法院（2020）最高法行申6751号行政裁定书。
② 山西省安业集团有限公司诉山西省太原市人民政府收回国有土地使用权决定案，载《最高人民法院公报》2017年第1期，第31-34页。
③ 最高人民法院（2019）最高法行申3095号行政裁定书。

对国家利益和社会公共利益的损害程度的判断，一般可以从如下几个维度进行：第一，项目本身的进展程度。最高人民法院认为："一般而言，在征收范围内的大多数当事人已经达成补偿协议，或者多数已实际履行的情况下，可以判决确认征收决定违法，但不撤销征收决定，这样既避免已稳定的征收法律关系出现新的矛盾，又有利于保护当事人合法权益，平衡二者之间的冲突，进而实现法律效果和社会效果的统一。相反，在征收决定尚未具体实施，或者虽已启动实施但因各种原因而停滞的情况下，则可以予以撤销"①。在赵某玮诉海南省三亚市吉阳区人民政府房屋行政征收案中，最高人民法院也认定："鉴于征收范围涉及建筑物危旧情况明显，项目已经进入推进实施阶段，撤销255号征收决定将会对国家利益、公共利益造成重大损害，故应对该征收决定确认违法，不撤销行政行为，保留效力。"

第二，对后续项目的重大影响。司法实践中，也有案件将对已经实施的建设项目造成难以为继的影响认定为损害公共利益，因为其是一种对公共资源的浪费。在杜某琴等与河南省郑州市人民政府土地登记纠纷案中，最高人民法院认为："考虑到杜某玲等10人的房屋已经被拆除，涉案土地已另行出让并办理了新的不动产权证书，且在案涉土地上已开始开工建设，如果撤销0716号土地使用权证或确认其无效，将使涉案土地上的建设项目难以继续进行，造成公共资源的巨大浪费，损害公共利益"②。相反，如果后续项目本身因其他原因未能正常推进，此时撤销被诉行政行为可能就会被认定为对国家利益和社会公共利益不会造成重大损害。如在王某武与贵州省安顺市西秀区人民政府房屋征收纠纷案中，最高人民法院指出，"经查，西秀区政府所称公共利益严重受损，主要体现在制约城市交通发展、前期项目建设投入的资金得不到有效收回、存在重大公共安全隐患等方面。本院认为，尽管当地客观存在改善城市交通、改善人居环境和新型城镇化建设发展的需要，但不足以证实其不经过法定的省级人民政府审批即进行集体土地征收的正当性和紧迫性，且案涉征收项目因资金缺口导致停滞后，西秀区政府至今未提供项目继续推进的有效方案和计划所以应当撤销。"③

---

① 最高人民法院（2020）最高法行再276号行政判决书。
② 最高人民法院（2019）最高法行申13570号行政裁定书。
③ 最高人民法院（2020）最高法行再276号行政判决书。

在益民公司诉河南省周口市政府等行政行为违法案①中，最高人民法院对撤销被诉行政行为会给公共利益造成的具体损害给予了详细说明。最高人民法院指出：虽然市计委作出招标方案、发出中标通知书及市政府作出 54 号文的行为存在适用法律错误、违反法定程序之情形，且影响了上诉人益民公司的信赖利益，但是如果判决撤销上述行政行为，将使公共利益受到以下损害：一是招标活动须重新开始，如此则周口市"西气东输"利用工作的进程必然受到延误。二是由于具有经营能力的投标人可能不止亿星公司一家，因此重新招标的结果具有不确定性，如果亿星公司不能中标，则其基于对被诉行政行为的信赖而进行的合法投入将转化为损失，该损失虽然可由政府予以弥补，但最终亦必将转化为公共利益的损失。三是亿星公司如果不能中标，其与中石油公司签订的"照付不议"合同亦将随之作废，周口市利用天然气必须由新的中标人重新与中石油公司谈判，而谈判能否成功是不确定的，在此情况下，周口市民及企业不仅无法及时使用天然气，甚至可能失去"西气东输"工程在周口接口的机会，从而对周口市的经济发展和社会生活造成不利影响。但略有不足的是，最高人民法院并未对撤销被诉行政行为涉及的这些公共利益是否重大到超越对益民公司的信赖利益保护的程度，作出更为细致的说明。

在寿光中石油昆仑燃气有限公司诉寿光市人民政府、潍坊市人民政府解除政府特许经营协议案中，最高人民法院指出，"因本案涉及寿光市供气公共事业，上诉人长期不能完成燃气项目建设，无法实现经营区域内的供气目的，达到了解除特许经营协议的法定条件，且经营区域内燃气项目特许经营权已经实际授予他人，行政行为一旦撤销不仅会影响他人已获得的合法权益，而且会影响居民用气，损害区域内公共利益，故对上诉人提出撤销被诉行政行为的诉讼请求不予支持"②。最高人民法院仅提及被诉行为会损害公共利益，未对给公共利益造成损害是否巨大、是否足以超越对个人利益的保护，作出细致分析。

3. 基于保护第三人利益能否作出确认判决

2014 年《行政诉讼法》第 74 条第 1 款中所列举的适用范围只限于

---

① 参见益民公司诉河南省周口市政府等行政行为违法案，载《最高人民法院公报》2005 年第 8 期，第 23 - 33 页。

② 寿光中石油昆仑燃气有限公司诉寿光市人民政府、潍坊市人民政府解除政府特许经营协议案，载《最高人民法院公报》2018 年第 9 期，第 42 - 48 页。

国家利益和公共利益，但对于其能否直接用于保护第三人利益，存在不同认识。从本款的文义来看，其仅适用于撤销被诉行政行为对国家利益、社会公共利益造成重大损失的情形。鉴于国家利益、社会公共利益主要涉及不特定多数人的利益保护，其和针对特定第三人的利益保护在性质和内容上还是存在显著区别，一般不宜将情况判决直接扩张适用于第三人利益的保护。

但有学者认为，情况判决也包括针对第三人利益造成重大损失的情形，如何海波认为："被诉行政行为违法，但判决撤销会给公共利益或者第三人利益造成重大损失，法院衡量具体情况后，可以不撤销行政行为"①。尤其在行政许可、行政登记案件中，"第三人基于对被上诉人作出相关行政行为的信赖而产生的利益，应当给予保护……信赖利益保护同时也是对行政机关公信力保护，行政机关公信力亦属于社会公共利益范畴，撤销被诉行政行为会对原审第三人信赖利益造成重大减损，构成社会公共利益的重大损失"②。

实践中，涉及因保护第三人利益而对违法行政行为作出确认判决的，主要是房屋登记类案件。根据《房屋登记审理规定》第 11 条第 3 款③的规定，被诉房屋登记行为违法，房屋已为第三人善意取得的，判决确认被诉行为违法，不撤销登记行为。如在武汉市中山医药集团股份公司诉武汉市住房保障和房屋管理局房屋登记案中，法院认为，"被告向第三人颁发的房屋权属证书本应撤销，但因涉案房屋大部分已作为安置用房过户到被拆迁户名下，撤销该房屋权属证书将会给众多被拆迁户的利益造成重大损害。而且原告与第三人张某对涉案房屋的买卖并无实质争议，买方在诉讼之前已交付大部分房款，双方关于剩余房款的纠纷可通过民事诉讼解决，据此判决确认被诉办证行为违法"④。在海南华琦实业开发公司诉海口市人民政府颁发国有土地使用证纠纷案中，最高

① 何海波：《行政诉讼法》，法律出版社 2022 年版，第 485 页。

② 马艳：《情况判决的适用标准》，载《行政法学研究》2020 年第 2 期，152 页。

③ 《房屋登记审理规定》第 11 条规定：被诉房屋登记行为涉及多个权利主体或者房屋可分，其中部分主体或者房屋的登记违法应予撤销的，可以判决部分撤销。被诉房屋登记行为违法，但该行为已被登记机构改变的，判决确认被诉行为违法。被诉房屋登记行为违法，但判决撤销将给公共利益造成重大损失或者房屋已为第三人善意取得的，判决确认被诉行为违法，不撤销登记行为。

④ 湖北省武汉市中级人民法院（2009）武行终字第 175 号行政判决书。

人民法院指出：不动产登记颁证行为违法，但该不动产已为第三人善意取得的，属于应适用情况判决确认违法的情形。[①]

此外，婚姻登记类案件是实践中较为常见的容易涉及第三人法益的案件类型。"法院在审理诉颁发结婚登记案件时，认定登记机关超越地域管辖权为原告与第三人颁发结婚证，且原告与第三人结婚符合结婚的实质要件。登记机关的登记是婚姻确认行为，其确认的婚姻登记是申请人的真实意思表示，符合结婚条件，故不宜撤销，判决确认违法为宜"[②]。此时，法院作出确认判决，既是为了保护第三人的合法权益，也是为了维护法律关系的稳定，兼具第三人利益维护与公共利益维护的双重功能。将此种情形纳入情况判决的适用范围也未尝不可。

（二）程序轻微违法判决

1. 行政程序违法的类型化

（1）行政程序违法的"二分法"。

随着程序正义理念的普及，正当程序作为行政法的一项基本原则已经得到了普遍认可和接受。但对于程序违法应当采取何种司法审查立场，立法、司法实践和学理上的纷争从未间断。1989 年《行政诉讼法》将"违反法定程序"作为法院作出撤销判决的法定事由，极大地推动了程序正义理念的普及和程序价值的认可。但围绕"法定程序"的范围，理论上和实践中一直意见纷呈。[③] 2014 年《行政诉讼法》修改过程中，围绕行政程序违法的判决形式，也经历了多次修改。第一次审议稿规定：具体行政行为"违反法定程序，且可能对原告权利产生实际影响的"，予以撤销；"具体行政行为程序违法，但未对原告权利产生实际影响的"，确认违法。第二次审议稿规定：具体行政行为"违反法定程序，不能补正且可能对原告权利产生实际影响的"，予以撤销；"具体行政行为程序轻微瑕疵，能够补正的"，确认违法。第三次审议稿改为：行政行为"违反法定程序的"，予以撤销；"行政行为程序轻微违法，但对原告权利不产生实际影响的"，确认违法。最后通过的立法条文延续了三

---

① 参见最高人民法院（2016）最高法行再 2 号行政裁定书。

② 蔡小雪：《行政行为的合法性审查》，中国民主法制出版社 2020 年版，第 251 页。

③ 关于违反法定程序的学术梳理和司法实践，可参见章剑生：《对违反法定程序的司法审查——以最高人民法院公布的典型案件（1985—2008）为例》，载《法学研究》2009 年第 2 期，第 151 - 161 页。

审稿的表述，对程序违法采取了二分法，即以程序违法的严重程度和对私人权利的影响程度为标准，一般违反法定程序的，判决予以撤销；程序轻微违法，对原告权利不产生实际影响的，确认违法。

（2）"狭义程序瑕疵"类型。

有学者对这种二分法提出了质疑，指出"从行政程序瑕疵类型的二分法来看，新法的确在精细化的道路上有所迈进。但与司法实践相比，法律规范层面的行政程序瑕疵类型依旧无法应对现实情景的多样化与复杂性"，主张在"违反法定程序"和"程序轻微违法"之外，引入由法院予以指正并判决驳回诉讼请求的"狭义程序瑕疵"①。此种观点得到了实践中诸多判决的印证，也符合权利救济必要性和诉讼经济的法理。如在范某友诉重庆市人民政府行政告知案中，最高人民法院指出："行政复议机关未以书面形式作出不予受理决定且不予受理结果合法的，人民法院可以在裁判理由中予以指正而不判决确认违法"②。对于这种可以指正而不确认违法的程序瑕疵，最高人民法院内部的立场不完全统一，有观点指出："目前，《行政诉讼法》及本解释并未采用程序瑕疵的概念，未对程序瑕疵补正及程序瑕疵行政行为的判决方式作出规定……因此，目前在法律层面，尚无补正程序瑕疵的适用空间"③。这种立场主要基于对行政诉讼监督功能的重申和强调：对于程序轻微违法，《行政诉讼法》选择了判决确认违法，而非判决行政机关补正，更非判决驳回诉讼请求。这有利于进一步强化行政机关严格依法行政特别是严格依程序行政的意识。④

（3）严重违反法定程序类型。

这里需要进一步思考的是：对于程序违法，这种二分法及其对应的判决类型是否已经周延和穷尽？违反法定程序的，予以撤销；程序轻微违法的，确认违法；狭义程序瑕疵的，驳回诉讼请求。是否存在严重违反法定程序需要作出确认无效判决的情形？《行政诉讼法》第 75 条规

① 梁君瑜：《行政程序瑕疵的三分法与司法审查》，载《法学家》2017 年第 3 期，第 50 页。

② 最高人民法院（2016）最高法行申 450 号行政裁定书。

③ 本书编委会编：《行政诉讼法及司法解释关联理解与适用》，中国法制出版社 2018 年版，第 715 页。

④ 参见本书编委会编：《行政诉讼法及司法解释关联理解与适用》，中国法制出版社 2018 年版，第 715 页。

定：行政行为有实施主体不具有行政主体资格或者没有依据等重大且明显违法情形，原告申请确认行政行为无效的，人民法院判决确认无效。该条规定的适用无效判决的法定情形中，并未列明程序违法的情形。但此处的"等"究竟是等内等，还是等外等？无效判决的适用是否局限于该条所列明的不具有主体资格和没有依据这两类重大且明显违法的情形？严重违反法定程序是否存在"重大且明显违法情形"，从而被纳入适用确认无效判决的空间？2021 年修改的《行政处罚法》明确了违反法定程序可能构成处罚无效的情形。该法第 38 条第 2 款规定："违反法定程序构成重大且明显违法的，行政处罚无效。""本条对违反法定程序的程度进行区分，一般情况下违反法定程序可导致行政处罚行为的撤销，只有在违反行政程序构成重大且明显违法的情况下，才会导致行政处罚的无效"①。对于违反哪些程序可以被认定为违反法定程序构成重大且明显违法？《行政诉讼法》未予明确，但该法第 62 条规定："行政机关及其执法人员在作出行政处罚决定之前，未依照本法第四十四条、第四十五条的规定向当事人告知拟作出的行政处罚内容及事实、理由、依据，或者拒绝听取当事人的陈述、申辩，不得作出行政处罚决定；当事人明确放弃陈述或者申辩权利的除外。"此处的"不得作出行政处罚决定"尽管是从行为而非法律后果的角度作出规定，但关于行政机关在未履行相应告知义务和听取陈述申辩义务时法律后果如何，学者有不同认识。有学者认为，"不得作出行政处罚决定"，既不属于行政处罚决定无效，也不属于行政处罚决定不成立。该条款仅强调行政主体遵守法定程序的强制义务，而对不遵守法定程序后果避而不谈，使之直接与《行政诉讼法》第 70 条关于法院撤销或部分撤销行政行为的规定相衔接。②也有学者认为，"违反告知、陈述申辩程序规定属于违反法定程序，人民法院可以撤销行政处罚决定；但是否属于重大明显违法，违法情形已重大明显到任何有理智的人均能判断的程度，尚需结合实际进一步研究"③。应当认为，无效判决的适用情形不应局限于《行政诉讼法》第

---

① 杨伟东主编：《中华人民共和国行政处罚法理解与适用》，中国法制出版社 2021 年版，第 122 页。

② 参见杨伟东主编：《中华人民共和国行政处罚法理解与适用》，中国法制出版社 2021 年版，第 192 页。

③ 袁雪石：《中华人民共和国行政处罚法释义》，中国法制出版社 2022 年版，第 337-338 页。

75 条明确列举的两种实体违法情形,对于严重侵害私人程序权利的行为,如果其违法程度达到重大且明显,则也应纳入确认无效判决的适用范围。

如此,对于程序违法及其对应的判决方式,可以类型化为如下四种:(1)严重违反法定程序(即违反法定程序且构成重大明显违法),作出确认无效判决;(2)一般违反法定程序,作出撤销判决;(3)程序轻微违法(对原告权利不产生实际影响),作出确认违法判决;(4)狭义程序瑕疵,法院指正并作出驳回判决。

2. 程序轻微违法的判定

行政程序环节众多,不同行政程序的价值不完全相同。部分行政程序的设置是为了保障私人的合法权益,如告知、听取陈述和申辩、回避等;部分行政程序的设置主要是为了提升行政管理效率和规范行政管理流程,如有关期限、步骤、送达方式等程序规定。即便涉及私人合法权益,不同行政程序的价值和重要性也存在差异。部分构成当事人的重要程序性权利,如告知、听取陈述申辩、说明理由等;部分对当事人的合法权益影响甚微。

对于《行政诉讼法》第 74 条所规定的程序轻微违法如何判定,立法未作出明示。一般认为,"程序轻微违法主要是指形成程序可以补正的一些情形,不影响实体决定的正确性,如告知送达不规范、超过法定期限作出决定"①。2018 年《行诉法解释》第 96 条规定,有下列情形之一,且对原告依法享有的听证、陈述、申辩等重要程序性权利不产生实质损害的,属于《行政诉讼法》第 74 条第 1 款第 2 项规定的"程序轻微违法":(1)处理期限轻微违法;(2)通知、送达等程序轻微违法;(3)其他程序轻微违法的情形。这三种情形都不难理解,也不复杂。有学者对此解释提出批评,认为:其一,将"原告权利"解释为"重要程序性权利",限缩了确认违法判决的适用范围,切断了程序违法与实体权利受损害之间存在的关联性;其二,将"对原告权利不产生实际影响"这一确认违法判决要件转变为判定"程序轻微违法"的要件,限缩

---

① 全国人大常委会法制工作委员会行政法室编:《〈中华人民共和国行政诉讼法〉解读与适用》,法律出版社 2015 年版,第 164 页。

了"程序轻微违法"的适用范围。[①]

对于 2018 年《行诉法解释》第 96 条的适用，需要注意如下几方面：

（1）重要程序性权利的判断。

一般来说，"程序轻微违法的标准是对原告依法享有的听证、陈述、申辩等重要程序性权利不产生实质性损害"[②]。对于哪些内容属于重要的程序性权利，2018 年《行诉法解释》做了列举，即原告依法享有的听证、陈述、申辩等权利。但需要注意如下几点：首先，重要的程序性权利不局限于司法解释明文列举的三项权利。"这里的'等'属于'等外等'，除了听证、陈述、申辩之外，还包括回避等程序性权利"[③]。其次，这里的"依法享有"不局限于实体法的明确规定。这些程序性权利对私人具有极为重要的意义，可以被纳入"正当程序"的范畴。"'重要程序性权利产生实际损害的程序违法'是与'程序轻微违法'相对应的模糊概念，应当指违反正当程序原则的程序违法情形，主要包括：（1）未依法举行听证；（2）未遵守回避原则；（3）做出不利行政行为时，未听取利害关系人的陈述、申辩等。"[④] "行政机关违反此类程序，一般会被认定为违反法定程序或者违反正当程序"[⑤]。最后，该解释第 96 条所列举的三种情形与"程序轻微违法"之间不是等同关系，这三种情形只是对构成程序轻微违法的一种例示性列举。在构成该条所列举的三种情形下，法院依然要判断是否对原告的重要程序性权利产生实质损害。

（2）不产生实质损害的判断。

一般来说，"实质损害是指对当事人权利的实质性剥夺或减损"[⑥]，"不产生实质损害是指程序违法不能影响当事人意见依法阐述和有效表

① 参见章剑生：《再论对违反法定程序的司法审查——基于最高人民法院公布的判例（2009—2018）》，载《中外法学》2019 年第 3 期，第 619 页。

② 梁凤云：《行政诉讼法司法解释讲义》，人民法院出版社 2018 年版，第 263 页。

③ 梁凤云：《行政诉讼法司法解释讲义》，人民法院出版社 2018 年版，第 263 页。

④ 最高人民法院行政审判庭编著：《最高人民法院行政诉讼法司法解释理解与适用》，人民法院出版社 2018 年版，第 445 页。

⑤ 梁凤云：《行政诉讼法司法解释讲义》，人民法院出版社 2018 年版，第 263 页。

⑥ 本书编委会编：《行政诉讼法及司法解释关联理解与适用》，中国法制出版社 2018 年版，第 714 页。

达"①。从现代程序正义理念来看，程序既具有服务于实体结果的工具性价值，也具有彰显私人人格尊严的独立实体价值。对于程序违法的法律后果，不能完全从程序违法对最终结果的实质性影响来判断。但考虑到程序违法本身的多样性，对行政程序违法一概作出撤销判决并不当然有利于私人合法权益的保障，也可能造成行政成本和社会资源的巨大浪费。为此，修改后的《行政诉讼法》和司法解释，引入确认违法判决，就旨在控制"违反法定程序"在判决方式上的严苛性。在判断行政程序违法是否应当予以撤销时，法院需要判断此种程序违法对最终的处理决定产生了何种程度的影响。"听证、陈述、申辩等虽然属于当事人的重要程序权利，但只要不属于实质影响该权利行使的程序违法问题，即如果只是涉及该项权利行使的非关键性或实质性程序环节违法，但在实质上已经保障了当事人的重要程序性权利，则不构成重大程序违法或一般程序违法"②。例如，法律要求行政机关于 5 日内举行听证，行政机关在第 7 天举行听证，或者法律要求行政机关书面通知听证事项，行政机关却通过口头或电子方式通知。尽管这些事项涉及或影响当事人听证权的行使，但并不实质性影响当事人的意见表达机会，可以将相关程序违法归入对当事人的重要程序性权利"不产生实质损害"的情形。

（3）超期及通知、送达程序违法不当然构成"程序轻微违法"。

2018 年《行诉法解释》第 96 条所列举的三种情形是否构成程序轻微违法，还需要结合本条条文中列明的是否对原告的重要程序性权利产生实质损害作出判断。"程序轻微违法通常发生在期限、通知、送达等程序环节，但并非期限、通知、送达等程序环节的违法问题都属于程序轻微违法"③。如果期限、通知、送达等程序违法严重影响到了相对人和利害关系人参与行政程序、进行陈述和申辩等权利的行使，就不属于该条所规定的"程序轻微违法"的情形。

（4）其他程序轻微违法的情形。

鉴于行政程序环节和种类的多样性，对轻微程序违法的具体情形也难以穷尽列举。司法解释在明示实践中两种典型的程序轻微违法的情形

---

① 梁凤云：《行政诉讼法司法解释讲义》，人民法院出版社 2018 年版，第 263 页。

② 本书编委会编：《行政诉讼法及司法解释关联理解与适用》，中国法制出版社 2018 年版，第 714 页。

③ 本书编委会编：《行政诉讼法及司法解释关联理解与适用》，中国法制出版社 2018 年版，第 714 页。

后，通过一个兜底条款概括其他难以穷尽的程序轻微违法情形。实践中，可以构成程序轻微违法情形的，还包括如下种类：1）对原告程序性权利不产生实际影响的程序颠倒；2）违反行政内部程序；3）行政行为形式错误等。

3. 程序轻微违法与对原告权利不产生实际影响应当并用

在适用时，"程序轻微违法"与"对原告权利不产生实际影响"是否应当同时满足，在不同案件中对二者关系的判断并无统一标准。在冯某升诉辽宁省沈阳市皇姑区人民政府征收补偿决定案中，最高人民法院认定：皇姑区政府在作出涉案补偿决定过程中，在选定评估机构的送达程序上存在不当之处，但未影响冯某升主张权利。[①] 这主要是根据送达程序的轻微瑕疵认定确认违法而非撤销。而在何某玉诉乐东黎族自治县人民政府等土地行政登记案中，法院认为：何某玉只缴纳了部分土地出让金、尚未取得 196 号土地证，故乐东县政府为何某强办理 034 号土地证项下土地使用权登记行为虽程序存在违法之处，但对当时何某玉尚未取得的物权不产生实际影响。[②] 这尽管未对程序违法程度进行界定，但根据没有权利影响和损害作出判断，可以说权利保护必要性是不充分[③]的，这时不应作出撤销判决。在戚某君诉威海市人民政府海域使用权行政许可上诉案中，法院认为，"威海市政府虽然存在超期作出行政许可决定的问题，但未对刘公岛水产公司的合法权益产生重大影响，故该行政许可行为应属于轻微程序违法"[④]。

（三）不可撤销行为的确认违法判决

不同于 2014 年《行政诉讼法》第 74 条第 1 款的两项属于不适宜撤销的情形，其第 2 款的三项属于不需要撤销或判决履行的情形。撤销判决的目的是消除行政行为的法效力，但如果行政行为不具有法效力或者法效力已经"消失"，则撤销判决就失去了适用对象，即没有可撤销的内容，所以法院会适用确认违法判决。[⑤] 有观点认为，不可撤销具体行

---

① 参见最高人民法院（2016）最高法行申 3160 号行政裁定书。
② 参见最高人民法院（2016）最高法行申 2579 号行政裁定书。
③ 参见王贵松：《论我国行政诉讼确认判决的定位》，载《政治与法律》2018 年第9 期，第 18 页。
④ 山东省高级人民法院（2016）鲁行终 56 号行政判决书。
⑤ 参见章剑生：《现代行政法总论》，法律出版社 2019 年版，第 504 页。

政行为是指否定性效力评价不可能或无必要的具体行政行为，具体包括因执行力的实现而使行为确定力绝对化和不涉及效力评价的具体行政行为。[①]

此类确认违法判决适用于以下几类情形：

1. 行政事实行为

行政事实行为，是指行政机关作出的不创设新的行政法律关系但实际上影响当事人利益的行为，例如执行行为，或者与执行职务有密切关联的殴打他人、损毁财物等行为。行政机关作出的事实行为，因缺乏法律效力而被认定为不具有可撤销的内容。"撤销判决针对的是行政处理，而行政事实行为原本就没有可以撤销的内容，对于这种行为也无法适用撤销判决。所以，这种针对事实行为的确认违法判决具有独立性，与撤销判决之间并不存在补充性的关系"[②]。

在徐某敏诉云南省文山市人民政府、云南省文山市人民政府新平街道办事处行政强制案中，最高人民法院认为，"违反法定程序是人民法院据以确认被诉行政行为违法的法定情形，并非确认被诉行政行为违法的结论本身。违法的行政行为依法本应撤销，但是，新平街道办的强制拆除行为属于事实行为，无法撤销，只能判决确认违法"[③]。同样，在会同县韵渠旅游开发有限公司诉湖南省会同县人民政府案中，最高人民法院认为："行政强制措施行为程序违法，但如果该违法行政行为系事实行为、不具有可撤销内容的，人民法院应当依法判决确认违法"[④]。

2. 原行政行为已被改变、撤销或执行完毕

在司法实践中，一些案件中法院将建设项目已经建设完成，认定为不具有可撤销的内容，从而判决确认违法。在法律适用上与《行政诉讼法》第 74 条第 1 款适用的相关案件类型相同，判决结果相同，仅仅是适用的法律不同。也即项目建设完成可以被解释为：（1）撤销将对国家利益、公共利益造成损害；（2）不具有可撤销的内容。如在一起案件

---

① 参见叶平：《不可撤销具体行政行为研究——确认违法判决适用情形之局限之补正》，载《行政法学研究》2005 年第 3 期，第 53 页。

② 王贵松：《论我国行政诉讼确认判决的定位》，载《政治与法律》2018 年第 9 期，第 19 页。

③ 最高人民法院（2020）最高法行申 5187 号行政裁定书。

④ 最高人民法院（2019）最高法行申 10324 号行政裁定书。

中，最高人民法院认为："因违法强制拆迁行为已经实施完毕且不具备可撤销内容，人民法院应当作出确认违法判决"[①]。在另一起案件中，最高人民法院指出，"县政府作出 112 号通知前，未听取当事人意见，违反正当程序原则，本应依法撤销，但考虑到县政府办公楼已经建成并投入使用，撤销 112 号通知中有偿收回涉案土地使用权决定已无实际意义，且可能会损害公共利益。依据 2000 年《行诉法解释》第 58 条规定，应当依法判决确认该行政行为违法"[②]。

对于已经执行完毕的行政处罚或具有制裁性质的行政强制措施，如强制戒毒等，能否适用确认违法判决？此种行政处罚或行政强制虽然已经被执行完毕，对私人造成的损害已成既定事实，似乎已无可撤销内容，但由于行政处罚或行政强制潜在的声誉制裁难以因执行完毕而自动终结，因而在实践中经常发生要求撤销已经执行完毕的行政处罚或强制措施的实例。蔡小雪法官认为："因判决确认违法，客观上是保留行政处罚、具有处罚性质的行政强制措施的法律效力，不能彻底还被处罚人的清白。已经执行的，也是可以撤销的，被撤销的行政行为自始无效，只有这样才可以使其名誉得到彻底恢复。已经执行的，可通过行政赔偿予以解决"[③]。

3. 行政机关不履行或拖延履行法定职责

《行政诉讼法》第 74 条第 2 款第 3 项规定的是针对被告不履行或拖延履行法定职责的情形。针对不履行或拖延履行法定职责，最为典型的判决形式是履行判决。《行政诉讼法》第 72 条规定：人民法院经过审理，查明被告不履行法定职责的，判决被告在一定期限内履行。对此处的"不履行法定职责"，应当采广义理解，包括"逾期不予答复""拒绝履行""延期履行"等多种情形。2018 年《行诉法解释》第 91 条规定：原告请求被告履行法定职责的理由成立，被告违法拒绝履行或者无正当理由逾期不予答复的，人民法院可以根据《行政诉讼法》第 72 条的规

---

① 于某楚诉贵阳市住房和城乡建设局强制拆迁案，载《最高人民法院公报》2013 年第 10 期，第 33 - 35 页。

② 定安城东建筑装修工程公司与海南省定安县人民政府、第三人中国农业银行定安支行收回国有土地使用权及撤销土地证案，载《最高人民法院公报》2015 年第 2 期，第 39 - 45 页。

③ 蔡小雪：《行政行为的合法性审查》，中国民主法制出版社 2020 年版，第 252 页。

定，判决被告在一定期限内依法履行原告请求的法定职责；尚需被告调查或者裁量的，应当判决被告针对原告的请求重新作出处理。鉴于履行判决在本书中另有专述，此处不赘述。

针对不履行或拖延履行法定职责的确认违法判决的适用，需要注意如下要点：

（1）履行判决的优先适用。

考虑到司法救济本身的滞后性，"在一些案件中，由于原告请求的时效性很强，或者时过境迁，请求的事项对于现在的原告而言已然失去意义"，此时显然不宜再作出履行判决。"考虑到原告此时提起诉讼的目的在于惩处行政机关的失职行为，并赔偿其损失，人民法院应当判决被告不履行或拖延履行法定职责的行为违法，并可以同时判令被告采取补救措施，承担赔偿责任"[1]。"履行判决本身就具有确认不作为违法的功能，而且确认不作为违法判决相对于履行判决而言是较为迂回的救济方式，故而，确认不作为违法判决只能是履行判决的补充，也可以说是课予义务诉讼的衍生品"[2]。因此，针对行政机关不履行或拖延履行法定职责的违法行为，人民法院应当优先适用履行判决。只有在不适合作出履行判决的时候，才可能作出确认不作为违法判决。在这一意义上，确认不作为违法判决是履行判决的补充。

（2）尊重当事人的诉权。

对于被告不履行或延迟履行法定职责的案件，如果查明被告不履行法定职责成立，人民法院可以判决被告在一定期限内履行。但是，"如果原告诉讼请求是确认被告不履行法定职责行为违法，经法院释明后仍坚持确认被告行为违法的，应当尊重当事人的选择，作出确认违法判决"[3]。

（3）确认违法与履行判决的并用。

在被告不履行法定职责案件中，如果当事人仅请求确认被告不履行法定职责违法，但此时被告履行法定职责仍具有实际意义，如何处理？

---

[1] 本书编委会编：《行政诉讼法及司法解释关联理解与适用》，中国法制出版社2018年版，第712页。

[2] 王贵松：《论我国行政诉讼确认判决的定位》，载《政治与法律》2018年第9期，第20页。

[3] 本书编委会编：《行政诉讼法及司法解释关联理解与适用》，中国法制出版社2018年版，第712页。

在韩某荣诉沈阳市于洪区人民政府不履行城乡建设行政复议职责纠纷案①中，法院认为被告行政复议超期且送达不符合法定形式，应当视为未完整地履行法定职责；法院在确认被诉行为违法的同时，责令被告重新履行法定职责："原告请求确认被告逾期不作复议决定违法，但被告继续履行复议职责仍有实际意义，本案不能适用《最高人民法院关于执行〈中华人民共和国行政诉讼法〉若干问题的解释》第五十七条第二款（一）项的规定。因此，应该判令被告重新履行送达程序，完整地履行复议职责。"

三、确认违法判决适用的其他问题

（一）关于引入法律关系确认之诉的空间

根据诉讼标的（对象）的不同，可以将诉讼类型简单划分为行为之诉与法律关系之诉。所谓行为之诉，是指针对行政行为争议进行的诉讼，其诉讼请求是行为的确认违法、撤销或纠正，或者课予行政机关这些义务。法律关系之诉是指针对与行政相关的法律关系或者权利义务是否存在等发生争议而进行的诉讼。"行为诉讼关注的是让权利义务发生变动的原因行为，而法律关系诉讼针对的是权利义务或法律地位的存在与否"②。

在学理上，围绕确认违法判决的适用对象，存在一定的分歧。域外行政诉讼法中的确认之诉，通常既包括对行政行为违法、无效的确认之诉，也包括对行政法律关系存在与否的确认之诉。我国行政诉讼法上的确认判决，尽管直接渊源于民事诉讼法中的确认之诉，但受制于行政行为合法性审查原则，在制度设计上仅明确了针对行政行为的确认判决，是否有必要引入针对法律关系的确认判决，存在一定的探讨空间。在理论上，有学者将行政确认诉讼界定为：公民、法人或其他组织请求法院就处于争议状态的行政行为是否无效、违法以及行政法律关系存在与否作出确认判决的诉讼种类。③

从域外行政诉讼的实践来看，存在两类诉讼标的的根源在于"撤销

---

① 参见辽宁省沈阳市中级人民法院（2006）沈行初字第 49 号行政判决书。

② 章剑生主编：《行政诉讼判决研究》，浙江大学出版社 2010 年版，第 117 页（张旭勇执笔）。

③ 参见章志远：《行政诉讼类型构造论》，法律出版社 2021 年版，第 184 页。

诉讼中心主义"，即在各种行政诉讼类型中，撤销诉讼处于中心地位。撤销诉讼中心主义意味着行政诉讼原则上需要等到行政机关作出行政行为，然后相对人以行政行为为对象提起。[①] 撤销诉讼中心主义既体现了权利救济的直接性与充分性，也体现了司法监督的边界与谦抑。传统的撤销诉讼仅仅针对狭义的行政法律行为（行政处理），难以应用于行政处理之外的其他行政活动方式。在撤销之诉外兴起的确认之诉，能够将行政处理之外的其他行政活动方式引发的纠纷纳入诉讼范围，实现权利救济的充分性。

将行政处理之外的其他行政活动方式引发的行政争议纳入行政诉讼的受案范围，在我国理论上和实践中都不存在明显的障碍。当然，受制于各种因素，我国当下的确认诉讼在具体适用情形上还较为有限，现行制度下预防性诉讼、规范审查诉讼等诉讼类型还有待发展，但在诉讼对象方面，打破了传统具体行政行为的窠臼的我国，在确认之诉的适用对象方面，具有了更强的灵活性和容纳空间，正如王贵松指出的，"在增加行为诉讼的判决种类（包括拓展确认违法判决的适用情形）之后，法律关系诉讼的确认判决的必要性也将大为下降"[②]。

（二）可以适用确认违法判决的其他情形

1. 行政协议类案件

尽管《行政诉讼法》第78条未明确规定行政协议类案件可以适用确认违法判决，但该条规定了采取补救措施或赔偿损失等责任。此种责任形式的承担，需要以被诉行为违法性得到确认为前提。特别是在被告违法行使行政优益权，且难以通过撤销判决得到救济的情况下，人民法院作出确认相关行政行为违法，同时责令行政机关采取相关补救措施或赔偿损失，就成为一种必然的选择。如在寿光中石油昆仑燃气有限公司诉寿光市人民政府、潍坊市人民政府解除政府特许经营协议案[③]中，因行政相对人迟延履行政府特许经营协议致使协议目的无法实现的，行政

---

① 参见王天华：《行政诉讼的构造：日本行政诉讼法研究》，法律出版社2010年版，第22页。

② 王贵松：《论我国行政诉讼确认判决的定位》，载《政治与法律》2018年第9期，第23页。

③ 寿光中石油昆仑燃气有限公司诉寿光市人民政府、潍坊市人民政府解除政府特许经营协议案，载《最高人民法院公报》2018年第9期，第42-48页。

机关单方解除政府特许经营协议。但被告在收回特许经营权过程中没有履行听证程序而被法院认定违法。二审法院最后认定："从合理性角度考量，因上诉人燃气项目已经开工建设，如果寿光市政府收回上诉人燃气经营区域授权的行为给其造成一定程度的损失，在该行政行为被确认违法又不宜撤销的情况下，寿光市政府依法应当采取必要的补救措施。"当然，这一案件是针对被告收回特许经营协议的行为，并非针对行政协议本身。

2. 行政允诺类案件

我国《行政诉讼法》及相关司法解释虽都未将行政允诺作为一种法定的行政行为类型纳入行政诉讼受案范围，但实践中此类案件的受理并未遇到太大障碍。在因行政允诺引发的行政诉讼中，人民法院能否作出确认违法判决呢？在韩国会社诉辽宁省沈阳市大东区人民政府行政允诺案中，辽宁省沈阳市大东区人民政府（以下简称"大东区政府"）与韩国会社签订意向书，就在大东区设立广告公司及运营业务达成意向，约定投资的前提是大东区政府负责为韩国会社办理合法运营及广告营业许可等手续。辽宁省沈阳市中级人民法院一审认为，根据《沈阳市户外广告设置管理办法》的相关规定，大东区政府没有为广告公司设立在沈阳市利用广告车辆进行合法广告经营的经营许可及运营许可的法定职权，因此，其就此对韩国会社作出允诺的行为违法。法院判决确认大东区政府作出允诺的行为违法。

3. 法律、法规变化导致的原来违法的行政行为变得合法的案件

在行政许可、行政登记案件中，经常出现"被诉具体行政行为违反当时法律规范但符合新法律规范"的情况，这也可能被法院判决确认违法。依据最高人民法院的司法解释，被诉准予行政许可决定违反当时的法律规范但符合新的法律规范的，应判决确认该决定违法。① 毕竟针对这种情况，如果判决撤销则没有必要，因为其现在是一个合法行为；如果判决驳回，则可能放弃对违法行为过去曾对国家利益和公共利益造成的损害的责任追究，也会导致受害人无法请求赔偿。②

---

① 参见《行政许可审理规定》第 10 条。
② 参见林鸿潮：《行政法与行政诉讼法案例研习》，中国政法大学出版社 2013 年版，第 257 页。

（三）确认违法判决的效力

确认违法判决的效力根据适用情形不同而略有不同。对于《行政诉讼法》第 74 条所列第一类，即情况判决，作出违法确认判决意味着被诉行政行为违法，但不予撤销，该行政行为依然存在，仍然有效。换言之，对其作出违法性评价，主要是为了解决原告的赔偿问题；同时，维护违法的行政行为的效力，主要是基于法律安定性、维护国家利益和社会公共利益的考虑。但需要指出的是，因程序轻微违法所作出的确认违法判决，难以产生国家赔偿责任。"鉴于确认行政行为违法的要件之一是'对原告权利不产生实际影响'，因而这一类确认违法的判决不能作为当事人请求赔偿的根据"[①]。对于《行政诉讼法》第 74 条第二类违法行为的确认判决，意味着被诉行政行为无论是在合法性上还是在效力上都作出了否定性评价，原告可以要求被告采取补救措施，并依法给予赔偿。

（四）确认违法判决之后责令采取补救措施

如前所述，相比撤销判决和履行判决，确认违法判决对当事人的权利救济具有不充分性。其仅仅是基于保护公共利益的需要、出于行政效率的考虑或由于存在一些不可撤销之事，法院不得已而采取的一种权宜之计。私人因法院未作出撤销判决或履行判决可能遭受的利益损失如何得到弥补呢？行政诉讼法有相应的制度安排。2014 年《行政诉讼法》第 76 条规定："人民法院判决确认违法或者无效的，可以同时判决责令被告采取补救措施；给原告造成损失的，依法判决被告承担赔偿责任。"也就是说，法院作出确认违法判决的，有时还可以责令被告采取"补救措施"。关于责令被告采取补救措施的适用，需要注意如下要点：（1）责令被告采取补救措施并非确认判决的当然内容，是否责令被告采取补救措施，由法院视个案情况确定。（2）补救措施的目的是"实质性解决行政争议"。为此，补救措施的具体内容，需要根据被诉行政行为涉及的法益进行个案判定。（3）补救措施若能确定，法院可以在裁判中加以明确；若无法确定，也可以由行政机关裁量。[②]

---

① 何海波：《行政诉讼法》，法律出版社 2022 年版，第 488 页。
② 参见章剑生：《再论对违反法定程序的司法审查——基于最高人民法院公布的判例（2009—2018）》，载《中外法学》2019 年第 3 期，第 620 页。

第75条（确认无效判决）

毕洪海

第七十五条　行政行为有实施主体不具有行政主体资格或者没有依据等重大且明显违法情形，原告申请确认行政行为无效的，人民法院判决确认无效。

行政诉讼确认无效判决为2014年《行政诉讼法》所规定的确认判决的一个子类型，是专门针对无效行政行为设计的一种救济类型和裁判方式。确认无效判决的核心条款是《行政诉讼法》第75条的规定："行政行为有实施主体不具有行政主体资格或者没有依据等重大且明显违法情形，原告申请确认行政行为无效的，人民法院判决确认无效。"该规定包含两个层面的内容：一是确认无效判决适用的方式，这个属于单纯的诉讼法问题；二是行政诉讼确认无效判决适用的实质条件，这个在本质上属于实体法问题。最高人民法院在2018年《行诉法解释》中分别于第94条和第99条进一步补充和明确了这两个层面的内容，由此建立了行政诉讼确认无效判决的基本规范体系。除此之外，该解释第22条第 2 款关于"复议机关确认原行政行为无效，属于改变原行政行为"的规定、第 136 条"原行政行为被撤销、确认违法或者无效"给原告造成损失的赔偿规定、第 162 条附则关于对 2014 年《行政诉讼法》生效前的行政行为提起无效确认诉讼的规定，则进一步将诉讼法上的具体问题加以明确。

目前关于确认无效判决的学说清晰地展现了前述两个层面：确认无效判决是"法院根据原告提出的申请确认行政行为无效的诉讼请求或者在申请撤销之诉中依职权审查，认为行政行为存在实施主体不具有行政主体资格或没有依据等重大且明显违法情形，作出的否认行政行为效力的判决形式"①。然而除了这里胪列的基本规范，确认无效诉讼的司法实践尚处于发展当中，诸多裁判规则有待进一步展开，而且无效确认诉讼在行政协议、行政确认等领域运用的必要性、具体情形和范围等的认识都还有待进一步的厘清。

一、规范变迁与体系定位

（一）规范变迁

1989 年《行政诉讼法》并未规定确认无效判决，这一空白后来部分通过司法解释的形式得到了填补。2000 年《行诉法解释》第 57 条第 2 款规定，"被诉具体行政行为依法不成立或者无效的"，法院应当作出确认被诉具体行政行为违法或者无效的判决。不过，由于在规范和学理层面就该条款中"无效"与"不成立"之关系的理解尚不一致，确认无效诉讼与普通的撤销诉讼有何不同的认识和规定都还比较笼统，所以确认无效判决在实践中的应用非常有限。当然，确认无效判决适用的这种有限性也与该判决类型在整个体系中所处的"补充性"地位有关，体现的是司法谦抑的态度。

确认无效判决所要解决的是"无效行政行为"的认定和处理问题，然而行政行为的无效或无效行政行为的认定标准，在实体法和诉讼法层面的语义和意义脉络存在明显的不一致。这种不一致部分应归咎于行政行为无效理论中的无效并无法理论上显白的意思，即并非基于有效/无效这种二元的认知框架，而是专指存在严重瑕疵的行政行为自始即无法律效力这种"流动的标准"。申言之，行政行为无效理论关心的不是效

---

① 程琥主编：《行政审判实务问题解答》，中国法制出版社 2019 年版，第 267 页。

力的有无问题，而是导致效力丧失的原因，即瑕疵的程度差别——限于重大且明显的违法，以及效力丧失的结果，即救济上的差别——不受诉讼时效的限制。因此行政行为效力理论呈现出强烈的实践面向和政策考量。①相应地，可以理解的是，在法律规范最终确立确认无效判决之前，早期行政法学理论对这一问题是比较忽视的②，后来主要是借鉴比较法上的经验，为在立法上确立行政行为无效制度提供支撑。③

2014 年《行政诉讼法》第 75 条的规定除了吸收学理上关于行政行为无效理论的研究成果，其还与法院不予执行行政行为和不承认行政许可基础行为的情形形成了一定的呼应。2000 年《行诉法解释》、《行政强制法》和 2018 年《行诉法解释》都规定了行政行为明显缺乏事实根据，明显缺乏法律、法规依据④，其他明显违法并损害被执行人合法权益的，法院不予执行。2018 年《行诉法解释》的变化则是在前述三项的基础上增加了实施主体不具有行政主体资格的情形。《行政许可审理规定》不承认明显缺乏事实根据、明显缺乏法律依据、超越职权、其他重大明显违法的行政行为作为行政许可的基础行为。当然，具体的适用条件、政策目的和利益权衡或许会有细微差别——这些差别在具体的实践中并非无足轻重，但是无效行政行为的理论在整体上被认为可以作为司法机关否认申请执行的行政行为和行政许可基础行政行为效力的理由。相较于无效判决是积极且明确地否定行政行为的效力，在后两者的情形下，司法机关更多的是消极地"不承认"行政行为的效力。

与行政行为无效理论相结合，《行政诉讼法》第 75 条的确立澄清了两种认知偏差及其在规范上的映射。第一种是"倒果为因"的无效，即将所有不具有法律效力的行政行为都归结为无效行政行为。这里的典型即 1996 年《行政处罚法》和 2000 年《行诉法解释》所造成的行政行为

① 参见杨建顺：《关于行政行为理论与问题的研究》，载《行政法学研究》1995 年第 3 期，第 11 页。
② 例如关于 1990 年前新中国行政法学的研究综述并没有提到无效行政行为的情形，参见张尚鷟主编：《走出低谷的中国行政法学——中国行政法学综述与评价》，中国政法大学出版社 1991 年版。
③ 参见姜明安主编：《行政法与行政诉讼法》，北京大学出版社、高等教育出版社 1999 年版，第 159-161 页；比较完整且详细的讨论参见赵宏：《法治国下的目的性创设——德国行政行为理论与制度实践》，法律出版社 2012 年版，第 141-154 页。
④ 2000 年《行诉法解释》第 95 条只是规定了"明显缺乏法律依据的"，并无"法规"。

"不成立"和"无效"的混同。① 虽然 1996 年《行政处罚法》和 2000 年《行诉法解释》的规定都已经被修改,但是这种相提并论造成的认知和实践混乱还是存在的。当然,这里也不乏将不成立的行政行为全部归于无效的主张,但是"不成立"的行为不仅仅限于"无效"的行为,还包括"不成熟的行为"②。所以这样的主张无助于厘清二者的关系,仍然有在理论和实践层面加以界分的必要。

按照通说,行政行为的不成立是指行政行为欠缺必备要件而未"存在"或"作成",例如缺少权能要件,权能的实际运用、意思表示和法律效果等因素尚未完全齐备。③ 行政行为无效理论的前提则是行政行为已经"存在"或"作成"。这里尚且留下的问题是不成立的行政行为如何救济,例如行政行为成立要件(形式要件)缺损、没有合法送达等。④ 有观点认为,"欠缺某一要素的行政行为,视为不存在的行政行为,任何人在任何情况下都可主张无效"⑤。当然,即便不存在的行政行为也可以通过确认判决加以救济,但是就其实质性的原因要件而言,显然与无效行政行为的确认判决存在重要差别。

当然,1996 年《行政处罚法》所说的"不能成立"还有另外一种解释即"不合法"或站不住脚,这种解释实际上更符合"不能成立"这一日常用语的含义以及《行政处罚法》的立法目的。1996 年《行政处罚法》第 41 条规定,拒绝听取当事人的陈述和申辩作出行政处罚的,虽然存在瑕疵,即违反法定程序,但行政处罚显然符合行政行为的成立要件,所以无法按照前述成立与生效与否的方式加以理解。⑥ 此外,

---

① 关于《行政处罚法》不成立和无效用语的批评,参见赵宏:《法治国下的目的性创设——德国行政行为理论与制度实践》,法律出版社 2012 年版,第 154 - 155 页。

② 甘文:《行政诉讼司法解释之评论——理由、观点与问题》,中国法制出版社 2000 年版,167 页。

③ 参见柳砚涛:《质疑"行政处罚决定不能成立"——以我国〈行政处罚法〉第 41 条为分析对象》,载《政治与法律》2017 年第 2 期,第 125 - 137 页。

④ 参见林鸿潮:《论行政行为不成立之诉——〈行政诉讼法〉修订中的一个遗漏》,载《国家行政学院学报》2015 年第 1 期,第 58 - 62 页。

⑤ 杨海坤、顾运:《当前行政法学界关于行政行为效力的讨论》,载《江苏社会科学》1999 年第 6 期,第 38 页。

⑥ 有意思的是,2021 年《行政处罚法》第 62 条修改了这一规定,取消了引发严重误解的"不成立",取而代之的是禁止性的"不得作出行政处罚决定"。这里同样不意味着不听取当事人的陈述和申辩作出的行政处罚就不成立。

1996 年《行政处罚法》第 3 条第 2 款的"无效"也并非在行政行为无效理论的意义上使用，即不受行政诉讼起诉期限的限制。即便坚持这样的理解，也得不到行政诉讼实践的支持。所以这里的无效只是意味着结果上的不产生效力，而确认无效判决与撤销判决在行政行为丧失效力的理由方面存在重要差别，所以不能以结果的相同取代条件的差别。

由《行政处罚法》关于"无效"的使用，我们也可以得出《行政诉讼法》第 75 条的确立澄清了前述第二种认知偏差，即"不分轻重"的结果无效的结论。行政行为无效理论的实质即在于法律安定性与个案正义之间作出了有利于后者的权衡，但相应地将其适用的条件严加限制，通常仅限于行政行为具有极其严重瑕疵的情形。考诸当前的实定法，大量关于"无效"的规定，显然并不具有这种"轻重"的差别，只是单纯地强调相应的行政决定不合法，因而不具有法律效力，故这些行政决定通常只是撤销判决的适用对象。这在 2000 年司法解释前法律层面上关于无效用语的零星使用当中也可以看到。这些法律可以分为两种：一种与狭义上的行政行为（命令性行为）有关，另一种则与法律关系和法律状态的确认（确认性行为）有关。① 因为确认无效判决适用的重要程序要件是关于诉讼时效的规定，倘若将实定法上此类"无效"的规定笼统地归入《行政诉讼法》第 75 条的适用情形，不仅背离《行政诉讼法》以无效诉讼作为例外的特殊救济手段这一立法目的，也可能有违各项特别法的主旨。例如，1986 年《土地管理法》第 48 条规定："无权批准征用、使用土地的单位或者个人非法批准占用土地的，超越批准权限非法批准占用土地的，批准文件无效"。该条规定主要针对的是无权限或超越权限的情形，这一规定经过 1988 年的修改，基本上保留了下来。2019 年《土地管理法》也保留了类似的规定，但是增加了违反法定程序的情形。② 除此以外，诸如《税收征收管理法》③ 和《护照法》④ 也有

① 参见何海波：《行政诉讼法》，法律出版社 2022 年版，第 492 页。
② 《土地管理法》第 79 条规定，无权批准征收、使用土地的单位或者个人非法批准占用土地的，超越批准权限非法批准占用土地的，不按照土地利用总体规划确定的用途批准用地的，或者违反法律规定的程序批准占用、征收土地的，其批准文件无效。
③ 《税收征收管理法》第 33 条规定，地方各级人民政府、各级人民政府主管部门、单位和个人违反法律、行政法规规定，擅自作出的减税、免税决定无效，税务机关不得执行，并向上级税务机关报告。
④ 《护照法》第 16 条规定，伪造、变造、骗取或者被签发机关宣布作废的护照无效。

关于"无效"的规定。这里并不适合就这些"无效"的情形作出详细的解释。有必要指出的是，在各项特别法的语义和意义脉络下理解相关概念，只有当其符合"重大且明显违法"的标准时，才能满足《行政诉讼法》第 75 条确认无效判决适用的实质条件，而不能仅依据"无效"的用语就将其笼统地归结为适用确认无效判决的实质条件。

（二）体系定位

1. 独立性

2014 年《行政诉讼法》确立确认无效判决的类型，主要原因是"无效行政行为在实践中客观存在，而其他判决种类难以处理这种情况。对于无效的行政行为，过去的审判实践一般都适用撤销判决，于法理不通。因为严格地讲，撤销的前提是该行政行为在此之前是存在的，但无效行政行为在法律上自始就无效"①。

确认无效判决的独立性首先体现在与确认违法判决的区别。2014 年《行政诉讼法》第 75 条确认无数判决将确认无效判决单独加以规定，第 75 条确认无效判决与第 74 条确认违法判决的适用条件存在明显的差别：无效行政行为虽然不具有公定力，但本身是存在的，且具有法律效力之表象；确认违法判决所适用的通常行政行为已经由于各种理由消灭，此时溯及既往地消除其效力已没有实际意义。当然，这里还需要明确的是，确认无效判决与第 74 条第 2 款第 1 项"行政行为违法，但不具有可撤销内容"的关系。第 74 条的这一规定所适用的主要是行政事实行为，行政事实行为实际影响当事人的利益却并不通过意思表示设定权利义务，因而不具有可撤销的内容。无效行政行为被认为自始无效，只是基于有限公定力理论推定其不具有公定力，不能认为无效行政行为不具有可撤销的内容，也不能认为其在事实上不存在。行政行为无效的确认是对行政行为不利负担的排除，而非对公定力的排除。此为确认无效判决存在的独立价值。②

就确认无效判决与撤销判决的关系，目前存在着相当不同的认识。有观点认为，撤销判决也可以实现确认无效判决所能达到的功能，因此

---

① 江必新主编：《中华人民共和国行政诉讼法理解适用与实务指南》，中国法制出版社 2015 年版，第 342 页。

② 参见梁君瑜：《行政行为无效确认之诉的理论内核与制度前景》，载《理论月刊》2016 年第 7 期，第 112 - 118 页。

二者具有一定的替代性，至少在起诉期限内提起确认无效诉讼的情形是如此。① 在行政诉讼法修改的过程中，关于确认无效判决也不无审慎的态度，认为"确认无效判决用得很少，具体行政行为无效的标准也不明确，撤销判决多数情况下能够保护原告的合法权益……"②。在撤销诉讼中心主义的理念下，"无效确认诉讼是错过时机的撤销诉讼"，"无效确认诉讼可以说是'乘坐定期公共汽车而晚点了的撤销诉讼'"③。按照这种观点，确认无效判决仅适用于撤销诉讼"错过时机"的情形，由此形成的撤销判决和确认无效判决是一种先后关系，二者的差别只是在诉讼要件上而非实质要件上。这种观点尽管从救济效果的角度而言是成立的，却不能得到行政诉讼实定法的支持，2014 年《行政诉讼法》第 70条和第 75 条确立的两种判决是并行关系。还有观点则肯定确认无效判决相对于撤销判决的独立地位，救济机制的特别设计是基于无效行政行为实体法上的特殊性，即适用条件的独立。④ 虽然有限公定力这一理论具有强烈的诉讼面向，但是否定无效行政行为效力并不限于通过诉讼程序进行，在理论上，相对人也拥有针对无效行政行为的抵抗权。同时，"宣告"行政行为无效本身即具有以重大瑕疵而加以否定的效果，而非只是着眼于救济效果的考量。这种不惜通过破坏法的安定性来追求实质正义的"宣告"，本身即具有精神层面的意义。

2. 补充性

确认无效诉讼在诉讼程序上不受诉讼时效的限制，因此就确认无效诉讼的适用而言，立法持非常谨慎的态度。理论上，在奉行撤销诉讼中心主义的情境下，只要存在其他救济方法，原则上不能提起无效等确认诉讼。这种考量背后不仅存在司法/行政关系层面的设计，在某种程度上也与"权利救济的必要性"联系在一起，即权利保护的必要性越大，

---

① 参见郭修江：《行政诉讼判决方式的类型化——行政诉讼判决方式内在关系及适用条件分析》，载《法律适用》2018 年第 11 期，第 16 页。

② 全国人大常委会法制工作委员会行政法室编：《行政诉讼法立法背景与观点全集》，法律出版社 2015 年版，第 182 页。

③ 主张这种观点的多是基于日本法上的学理，参见〔日〕盐野宏：《行政救济法》，杨建顺译，北京大学出版社 2008 年版，第 149、153 页。

④ 参见张浪：《行政诉讼中确认无效之诉的问题探讨》，载《法学论坛》2017 年第2 期，第 127 - 135 页。

司法介入的必要性也就越大。① 这也是为何《行政诉讼法》将确认无效判决适用的实质条件限于行政行为存在严重瑕疵的情形，这些情形在整个行政行为合法性审查的谱系中都处于最严重的行列。当然，对这种严重瑕疵的情形如何安排，本身不完全是一个理论上的问题，而是属于立法机关裁量的政策问题，也即法的安定性和实质正义界限的第一次裁决是属于立法机关判断的事项。考虑到在常规的诉讼时效范围内，撤销诉讼能够实现确认无效诉讼所追求的法律效果，但是在超出常规的诉讼时效范围时，仍然允许确认无效诉讼的存在，这本身就意味着确认无效判决这种救济方式属于"剩余正义"的情形。

二、确认无效判决的适用条件

《行政诉讼法》第75条以及相关司法解释所确定的确认无效判决适用的实质条件可以被概括为"重大且明显违法标准"。就技术层面而言，采取的都是概括加列举的形式：首先是概括式的行政行为无效标准——重大且明显违法，其次是具体列举式的"重大且明显违法"情形，最后是开放列举式的"重大且明显违法"情形。

（一）总体标准："重大且明显违法标准"

根据《行政诉讼法》第75条的规定，确认无效判决适用于"实施主体不具有行政主体资格或者没有依据等重大且明显违法情形"。2018年《行诉法解释》第99条将"重大且明显违法"解释为：（1）行政行为实施主体不具有行政主体资格；（2）减损权利或者增加义务的行政行为没有法律规范依据；（3）行政行为的内容客观上不可能实施；（4）其他重大且明显违法的情形。2021年《行政处罚法》第38条也规定了两种"无效"的情形：第一，行政处罚没有依据或者实施主体不具有行政主体资格的，行政处罚无效。第二，违反法定程序构成重大且明显违法的，行政处罚无效。除此以外，前文所提到的现行有效的《土地管理法》《税收征收管理法》《护照法》等关于"无效"的规定，并不当然属于确认无效的实质理由。这里的实质要件可以分为两种情形：第一种情形是"绝对无效的"事由，第二种情形是需要斟酌个案确定的"相对无效的"事由。

---

① 参见薛刚凌等：《法治国家与行政诉讼——中国行政诉讼制度基本问题研究》，人民出版社2015年版，第425-426页（王天华执笔）。

"重大且明显违法标准"意味着无效行政行为必须同时具备重大违法和明显违法两个条件。仅有重大违法但并不明显，或者仅有明显违法但并不重大，均不符合"重大且明显违法"的标准。重大意味着"大且重要"，因此所谓重大，关系到的即违法程度是严重的；明显意味着显白性，易于让人看出或察觉。申言之，"重大且明显违法的标准"本身包含了两个层面。第一个是内在实质属性——重大违法。这里的重大"意指行政行为违反重要法规、欠缺本质要件"，关键是欠缺重要的合法要件。不过就具体情形而言，除了实定法层面上绝对无效的事由，需要在个案中根据行政行为的合法要件进行判断。[①] 第二个则是外在形式属性——明显违法。判断这里的明显与否并不采取主观说，不依法院或个案行政机关和行政相对人的主观判断，而是采取客观说，即无须经过调查，以一般正常人或平均理性人的判断为标准，行政行为的违法如写在额头般明显。[②]

"重大且明显违法"是一个具有流动性内涵的总体标准，因而有待在具体法律、司法解释以及个案当中进一步展开。结合实定法层面的规定，目前有四种情形被归入了"重大且明显违法"之列。

（二）具体列举式的"重大且明显违法"情形

具体情形 1：行政行为实施主体不具有行政主体资格。

不具有"行政主体"资格属于管辖权瑕疵的情形，就重大且明显违法标准而言，这是相对容易判断的。行政行为无效理论尤为重视管辖权瑕疵的情形，然而管辖权的瑕疵具有诸如事项管辖瑕疵、级别管辖瑕疵、地域管辖瑕疵等多种情形，这里的不具有行政主体资格，指的是完全不具有行政主体资格的情形，区别于有行政主体资格但无相应职权的情形。就后者而言，应当认定为"超越职权"，适用撤销判决而非确认无效判决。[③]

这里的行政主体概念是第一次在《行政诉讼法》中出现。至于何谓行政主体，通说认为行政主体是指具有行政管理职能，能够以自己名义

---

① 参见王贵松：《行政行为无效的认定》，载《法学研究》2018 年第 6 期，第 165 页。

② 参见王贵松：《行政行为无效的认定》，载《法学研究》2018 年第 6 期，第 165 页。

③ 参见江必新主编：《中华人民共和国行政诉讼法理解适用与实务指南》，中国法制出版社 2015 年版，第 343 页；姜明安：《行政诉讼法》，北京大学出版社 2017 年版，第 313 页。

作出行政行为并独立承担法律后果的行政机关以及法律、法规、规章授权的组织。这里常见的实施主体不具有主体资格的情形主要有两种：第一种是行为主体根本不是行政主体。[①] 例如卫生监督所没有经过机构改革"三定方案"认可的机构编制，所以没有行政主体资格，因而其作出的行政处罚即属于"重大且明显违法"的情形。第二种是行政主体超越行政职权作出了行政处罚。例如，行政拘留的行政处罚只能由公安机关等特定的行政机关作出，假如市场监管局作出行政拘留处罚，这当然属于严重超越职权的重大且明显违法的情形，但是市场监管局本身具有行政主体资格，那么前述行政拘留的处罚是否构成此处所说的"重大且明显违法"，是否需要通过确认无效的判决形式来解决，就是值得商榷的。

具体情形 2：负担性行政行为没有依据。

这里的负担性行政行为是对 2018 年《行诉法解释》中的"减损权利"或者"增加义务"的行政行为的概括，包括原本具有授益性质的行政行为。由此体现出确认无效判决的权利救济属性。

"没有依据"，不是行政行为的依据错误，而是完全没有依据。具体而言，"没有依据"不同于作为"撤销事由"的"法律、法规适用错误"，例如行政处罚本身具有法律依据，但仅仅漏写了具体条文，不应认为行政处罚无效。实践中通常将此类行为认定为"适用法律错误"或"违反法定程序"，归入违法可撤销的行政行为，例如宣某成等诉浙江省衢州市国土资源局收回国有土地使用权案[②]和兰州常德物资开发部诉兰州市人民政府收回土地使用权批复案[③]是代表性的案例。

"没有依据"是指没有法律依据还是事实根据，理论上和实务中有不同的理解。一种观点认为，或者是完全没有事实依据，或者是完全没有法律依据，同时还要区别于一般依据错误的行为。[④] 这一点似乎也可以得到《行政强制法》和《行政许可审理规定》的支持。然而这二者都是从司法机关而非普通理性人的角度进行判断的，更何况后者还将超越职权的情形纳入其中。再者就是没有事实根据相较于没有法律依据，虽

---

① 参见江必新、夏道虎主编：《行政处罚法条文解读与法律适用》，中国法制出版社 2021 年版，第 129－130 页。

② 参见浙江省衢州市柯城区人民法院（2003）柯行初字第 8 号行政判决，载《最高人民法院公报》2004 年第 4 期。

③ 参见甘肃省高级人民法院行政判决书，载《最高人民法院公报》2000 年第 4 期。

④ 参见姜明安：《行政诉讼法》，北京大学出版社 2021 年版，第 353 页。

然可能是重大违法，但在违法的"显白性"方面并不如没有规范依据容易判断。所以，目前来说，根据司法实务层面的判断，这里的"没有依据"是没有法律规范依据而没有非事实依据。而且，法律依据应该是指广义的法律、法规、规章等规范性文件。具体而言，行政行为没有依据或者是指行政行为毫无依据，即行政行为全然没有法律依据，或者说在法律上找不到任何依据；或者是指行政行为虽然有规范性文件作为依据，但是该规范性文件与上位法直接、明显抵触，视为没有依据。① 这里的规范依据，还有可能已经被废止、修改、撤销；或者与行政违法行为无关；或者是执法人员改变了法律规范中行政处罚的种类；或者作出具体行政行为时未引用具体法律条款，且在诉讼中不能证明该具体行政行为符合法律的具体规定等。② 不过"没有依据"本身是否也需要达到"重大且明显"的标准，还是没有依据本身即构成"重大且明显违法"？前述观点显然倾向于前者，这本身包含了根据个案进行权衡的方式。③

至于行政行为的性质，2014 年《行政诉讼法》第 75 条规定的是行政行为没有依据的情形，而 2018 年《行诉法解释》第 99 条则规定的是："减损权利或者增加义务的行政行为没有法律规范依据"。关于后一规定是否限缩了《行政诉讼法》第 75 条规定的"没有依据"，存在不同的理解。一种理解是，2018 年《行诉法解释》只是对行政行为没有依据的情形的列举，而非对《行政诉讼法》第 75 条规定的解释。这种理解容有在负担性的行政行为没有依据外，还存在授益性的行政行为没有依据的情形，其中也隐含了关于司法解释属性的判断。另一种理解是，立法机关意图通过规定无效行政行为纠正粗暴、低水平的违法④，司法解释试图在此区分不同性质行政行为，将因没有依据无效的情形限于负担性的行政行为。

对于负担性行政行为的合法性要求更加严格是符合法理的。首先，如果对于负担性行政行为和授益性行政行为的无效理由不加区分，司法解释的这一"限定性"列举将变得没有太多的意义；其次，负担性行政

---

① 参见梁凤云：《行政诉讼讲义》，人民法院出版社 2022 年版，第 997 页。
② 参见袁雪石：《中华人民共和国行政处罚法释义》，中国法制出版社 2021 年版，第 245 页。
③ 参见梁凤云：《行政诉讼讲义》，人民法院出版社 2022 年版，第 997 页。
④ 参见袁杰主编：《中华人民共和国行政诉讼法解读》，中国法制出版社 2014 年版，第 207 页。

行为和授益性行政行为没有依据时，对相对人权利救济的意义不同。当然，考虑到确认无效判决还需要司法机关在实践中积累经验，司法机关通过将《行政诉讼法》第 75 条的规定限于负担性的行政行为，表现出在面对确认无效诉讼时的谦抑态度，避免扩大司法权对行政权干预的范围。退一步讲，即便将这里的"没有法律规范依据"仅限于负担性的行政行为，也不排除将授益性行政行为没有规范依据的情形纳入其他"重大且明显违法的情形"。当然，这会带来相应条款适用方式上的差别。

具体情形 3：行政行为的内容客观上不可能实施。

这里是指行政行为的内容对于任何人均属于不可能实现，即事实上的不可能实现，不包括法律上的不可能实现和主观上的不可能实现。例如某市政府要求本市所有宾馆、旅馆和饭店在 5 日内修建好残疾人通道和设施，而实际的劳动工作量至少需要 30 天才能完成。[①] 根据实务部门的总结，客观上不可能实施包括客体不能、时限不能、成本不能、自身不能等诸多情形。客体不能，如行政机关命令拆除已经不复存在的违章建筑；时限不能，如行政机关要求长期居住的公民在两小时之内搬离违章建筑物；成本不能，如行政机关课予公民义务虽然在实际操作上属于可能，但导致公民巨额的金钱支出；自身不能，如特定个体由于身体状况、年龄等原因无法履行义务。[②] 这里所说的客观不能的理由是在行政行为作成之时存在的，而非在行政行为作成之后发生的。

（三）开放列举式的"重大且明显违法"情形

开放列举与具体列举在逻辑上是相呼应的，即表明具体列举并未穷尽所有重大且明显违法的情形。2014 年《行政诉讼法》第 75 条规定的"等"以及 2018 年《行诉法解释》中的所谓"其他"情形，即为通过司法实践以及单行法发展具体的情形留下了空间。

就比较法以及学理观点而言，除了前述具体列举的行政行为无效的事由，还有诸如：行政决定未署名、行政主体不明确；行政行为的履行将导致犯罪或严重违法；行政行为严重违反公序良俗；行政主体受胁迫作出的行政行为；行政行为应以书面形式作出而未以书面形式作出；行

---

① 参见姜明安：《行政法》，北京大学出版社 2017 年版，第 254 页。

② 参见梁凤云：《行政诉讼讲义》，人民法院出版社 2022 年版，第 1000 页。

政行为的实施将严重损害公共利益或他人合法权益等。① 但是基于与前述相同的审慎理由，无论立法还是司法解释都采取了相对保守的态度，司法解释只是进一步列举了"行政行为的内容客观上不可能实施"的情形，同时以"其他重大且明显违法的情形"的规定，为日后通过司法实践在个案中发展确认无效判决的适用事由留下了空间。

当然，发展"重大且明显违法"的具体情形也可以通过单行法来进行，因此，立法和司法解释的开放列举措辞为援用其他实体法的规定提供了规范上的通道。目前来说，关于"重大且明显违法"最有代表性的是 2021 年《行政处罚法》所规定的无效情形。《行政处罚法》第 38 条第 1 款的规定与 2014 年《行政诉讼法》的规定相同，即行政处罚没有依据或者实施主体不具有行政主体资格的，行政处罚无效，这里不再赘述。第 38 条第 2 款的规定则比较特殊，即"违反法定程序构成重大且明显违法的"，行政处罚无效。

如果说前述具体列举的三种情形属于绝对无效的还是相对无效的理由容有争议的空间，那么《行政处罚法》第 38 条第 2 款的规定显然属于相对无效的理由，即除了符合违反法定程序的要件，尚需要达到重大且明显违法的程度，所以需要完成两个层次的实质判断。根据理论和司法实务方面的经验，《行政处罚法》第 38 条第 2 款针对的主要是处罚机关遗漏和拒绝行政处罚关键程序的行为。这是第一层次的判断。所谓程序重大违法，是指行政行为的实施将给公民、法人或者其他组织的合法权益带来重大影响；所谓程序明显违法，是指行政行为的违法性已经明显到任何有理智的人都能够判断的程度。这是第二层次的判断。当然，具体就哪些情形属于明显且重大的行政处罚程序违法，学理上和实务中提出了若干种情形，但是这些情形尚未成为稳定的司法实践和学理共识。例 1：行政机关及其执法人员在作出行政处罚决定前，未依照法律规定向当事人告知给予行政处罚的事实、理由和依据，或者拒绝听取当事人的陈述、申辩的，应当被确认为无效。例 2：执法人员应当回避而未回避作出的行政处罚②；行政行为收集证据的手段或过程违法，如采

---

① 参见姜明安：《行政诉讼法》，北京大学出版社 2021 年版，第 352 页；梁凤云：《行政诉讼讲义》，人民法院出版社 2022 年版，第 999－1000 页。

② 参见马怀德：《〈行政处罚法〉修改中的几个争议问题》，载《华东政法大学学报》2020 年第 4 期，第 16 页。

用非法进入他人住宅的方式或"钓鱼执法取证"。例 3：行政行为应当以书面形式作出，没有注明作出机关的，处罚无效。因为公民不知道行政行为由谁作出，也不知道向哪个机关提出撤销请求，甚至该书面决定是否为行政机关的行为、是否存在行政行为，均有疑问。[①] 例 4：在没有法律规定的情形下一名执法人员实施行政处罚的情形。[②] 这里除了例 3 的情形符合前述学理上的认识，其他三种情形即便是构成了"明显且重大的违法"，但是否有必要归入无效行政行为的情形、是否必须通过确认无效诉讼这种补充性的方式加以救济，仍然需要根据具体个案判断。[③] 总体而言，尽管《行政处罚法》表面上留下了比较宽泛的解释空间，实质上体现的还是立法机关对行政处罚程序价值的强调。然而在具体判断时，还应充分考虑确认无效判决在整个体系中的定位：首先是法律规范的明确规定或通说所承认的构成无效的情形，在此基础上，还要根据个案中的具体价值加以衡量。[④]

（四）从实体向诉讼维度的转变：具体价值衡量说

前述关于无效行政行为的判断标准，已经蕴含着绝对无效和相对无效两种不同的类型。绝对无效，即只要可以归入所明确列举的情形就属于所谓"明显且重大违法"的情形（一阶判断）。相对无效，即明确列举的情形也需要达到"明显且重大违法"的程度（二阶判断）。当然，具体的立法选择往往是二者混合的模式，具体个案中两个阶层的判断也是往复关系而非简单的递进关系。关于无效行政行为的实体判断标准，有具体价值衡量说。该说认为，行政行为的瑕疵是重大还是明显，其实无法用统一的标准来衡量，应根据各个具体情形考虑种种具体的利益而

---

① 参见江必新、梁凤云：《行政诉讼法司法解释实务指南与疑难解答》，中国法制出版社 2018 年版，第 353 页；另外参见殷玉凡：《行政程序违法的司法审查标准》，人民出版社 2019 年版，第 161 - 163 页。对于程序违法判决确认无效的标准，有：（1）无法辨认作出行政处理决定的行政机关；（2）未依法作出法律规定必须通过颁发证书形式作出的行政行为；（3）因行政机关未为有效告知，致使当事人无法行使听证、陈述或申辩的权利的情形。

② 参见袁雪石：《中华人民共和国行政处罚法释义》，中国法制出版社 2021 年版，第 246 页。

③ 参见何海波：《行政诉讼法》，法律出版社 2022 年版，第 491 页。

④ 参见张青波：《拒绝权视角下的无效行政行为》，载《环球法律评论》2019 年第 3 期，第 77 页。

定。例如，当涉及第三人利益时，对于明显要件的要求就应该更强。①这种观点本身包含了从抽象标准到具体标准的转变，也是从立法视角到司法视角的转变，在某种意义上可以说是从实体法上的考量转变为诉讼法上的考量，其中内置了权利救济的必要性等诉讼上的利益衡量要件。笔者认为，尽管存在前述视角的转变，"重大且明显违法"标准作为实体要件本身就包含了根据个案进行具体衡量的余地。立法机关所确立的标准，无论如何模糊或者在适用方面如何有限，司法机关的具体判断都应该围绕这个标准展开。当然，"从维护法律安定性，国家行为存续本身所具有的公益性，以及国家权威，传统的行政法理论与实务均倾向于限缩无效行政处分的范围，……对无效事由的界定应当保持相对审慎的立场"②。申言之，具体价值衡量说虽然将无效行政行为在个案中的判断交给了司法机关，但本质上是法的安定性和实质正义界限的第二次裁决，所以应当结合诉讼的要件，在立法机关第一次裁决的范围内展开判断。

三、确认无效判决的适用方式

《行政诉讼法》第 75 条在诉讼要件上有"原告申请确认行政行为无效"的规定，但是否以原告的请求作为确认无效诉讼的启动要件，法院是否完全以原告的诉讼请求作为审查对象，这涉及不同诉讼类型之间的转换。2018 年《行诉法解释》在第 94 条中就此作了规定。同时，第 94 条第 2 款关于"起诉期限"的规定，也带来了行政行为无效诉讼的时效等诉讼法上的特有问题。

（一）诉讼请求与诉讼类型的转换

诉讼请求与判决类型的转换涉及诉判一致性的问题，就此理论和实务界有不同的看法。根据 2014 年《行政诉讼法》的规定，各类判决的方式总的来说并不受原告诉讼请求的限制，法院对被诉行政行为合法性进行审查，不受原告诉讼请求和理由的限制。只要被诉行政行为确定，此后选用何种方式作出判决，是法官依据《行政诉讼法》的规定作出判

---

① 参见王贵松：《行政行为无效的认定》，载《法学研究》2018 年第 6 期，第 167、166 页。

② 翁岳生主编：《行政法》（上），元照出版公司 2020 年版，第 671 页。

断的权力。① 《行政诉讼法》第 49 条第 3 项规定提起行政诉讼应当要有"具体的诉讼请求和事实根据",这里的"具体的诉讼请求和事实根据"是指原告起诉要有具体明确的被诉行政行为,并初步证明被诉行政行为存在的事实。至于原告是请求撤销被诉行政行为,还是确认被诉行政行为违法或无效,抑或是请求变更被诉行政行为等,均不影响人民法院对行政案件的审理和判决。②

不过,如果严格按照《行政诉讼法》第 75 条的规定,人民法院判决确认无效的,应当以原告提出确认无效的请求为前提,而确认违法的判决则不受此限。③ 但是根据 2018 年《行诉法解释》,确认无效诉讼和撤销诉讼存在两种转换的情形:(1)从撤销诉讼转换为确认无效诉讼。2018 年《行诉法解释》第 94 条第 1 款规定:"公民、法人或者其他组织起诉请求撤销行政行为,人民法院经审查认为行政行为无效的,应当作出确认无效的判决。"按照该解释,撤销诉讼转换为确认无效诉讼无须原告变更诉讼请求。(2)从确认无效诉讼转为撤销诉讼。2018 年《行诉法解释》第 94 条第 2 款规定:"公民、法人或者其他组织起诉请求确认行政行为无效,人民法院审查认为行政行为不属于无效情形,经释明,原告请求撤销行政行为的,应当继续审理并依法作出相应判决;原告请求撤销行政行为但超过法定起诉期限的,裁定驳回起诉;原告拒绝变更诉讼请求的,判决驳回其诉讼请求。"按照该解释,从确认无效诉讼转为撤销诉讼,需要原告转变诉讼请求,因此相应地出现了三种情形:第一,原告同意变更且在起诉期限内的,法院继续审理并且作出相应的判决;第二,原告同意变更但起诉超过法定期限的,由法院裁定驳回起诉;第三,原告不同意变更,坚持请求确认行政行为无效的,由法院裁定驳回诉讼请求。④

撤销诉讼转换为确认无效诉讼无须原告同意,没有采用释明转换,

---

① 参见郭修江:《行政诉讼判决方式的类型化——行政诉讼判决方式内在关系及适用条件分析》,载《法律适用》2018 年第 11 期,第 17 页。

② 参见郭修江:《以行政行为为中心的行政诉讼制度——人民法院审理行政案件的基本思路》,载《法律适用》2020 年第 17 期,第 72 - 83 页。

③ 参见江必新主编:《中华人民共和国行政诉讼法理解适用与实务指南》,中国法制出版社 2015 年版,第 344 页。

④ 参见梁君瑜:《实然与应然:确认无效诉讼的起诉期限辨析》,载《行政法学研究》2021 年第 1 期,第 146 页。

而确认无效诉讼转换为撤销诉讼需要原告同意，则采用释明转换。关于这种程序规则如何获得自洽的解释，有两种看法。第一种看法是从满足原告诉讼请求的角度进行解释。第一种转换足以通过确认无效判决满足原告基于撤销的诉讼请求；第二种转换则是从更加彻底地否定行政行为的确认无效诉讼转换为撤销诉讼，释明后原告改变诉讼请求，本身也是为了尊重原告的诉讼请求。[①] 第二种看法则是从法律安定性维护的角度解释这种程序规则的理由：诉请撤销的被告违法程度比原告诉讼请求所指还要严重，故而法律安定性因严重违法而被例外打破；在被告违法程度较原告的诉讼请求所指更轻，基于法律安定性的维持，并无作出诉外裁判的余地。[②] 当然，两种诉讼之所以能够实现转换，是因为原告实体上的请求权基础是相同的，判决所适用的实体要件的标准是流动的，而判决类型是互斥的，因而以判决类型能否满足诉讼请求作为这种转换程序差别的解释理由更加合理。

（二）诉讼时效

2014 年《行政诉讼法》并未规定确认无效诉讼的时效问题，根据 2018 年《行诉法解释》第 94 条第 2 款所提及的撤销诉讼的时效问题，可以推断，确认无效诉讼在时效规则上有别于撤销诉讼。关于确认无效诉讼，2014 年《行政诉讼法》修正、实施后有两种情形：第一种情形是对 2015 年 5 月 1 日新《行政诉讼法》实施前的行政行为可否提起确认无效之诉。2018 年《行诉法解释》就此持否定的态度。该解释第 162 条规定："公民、法人或者其他组织对 2015 年 5 月 1 日之前作出的行政行为提起诉讼，请求确认行政行为无效的，人民法院不予立案。"其理由是行政行为无效属于实体法规则，按照实体从旧原则，该无效规定不具有溯及力，只有《行政诉讼法》修法颁布施行后发生的行政行为，才适用无效的规定。[③] 第二种情形是对 2015 年 5 月 1 日后作出的行政行为提起确认无效诉讼的时效问题。就此情况，实务部门出于对"滥诉"的担忧，认为"行政诉讼规定的起诉期限制度，是所有行政案件必须遵守

---

① 参见王贵松：《行政行为无效的认定》，载《法学研究》2018 年第 6 期，第 173 页。

② 参见梁君瑜：《论行政诉讼中确认无效判决》，载《清华法学》2016 年第 4 期，第 142 页。

③ 参见最高人民法院对十三届全国人大一次会议第 2452 号建议的答复，2018 年 9 月 10 日。

的法定起诉条件，法律和司法解释均没有作出例外规定。因此，请求确认行政行为无效，同样要受起诉期限的限制"①。不过此种立场会导致现有确认无效诉讼的制度功能基本丧失，同时也无法在理论上自洽，因为有期限的无效行政行为即意味着经过相应的期限，无效行政行为将获得确定力，这与无效行政行为的内在逻辑不一致。最高人民法院在给全国人大的答复中作出的说明，可以说是目前实践层面关于诉讼时效问题的基本认识："提起确认行政行为无效之诉不受起诉期限的限制，行政相对人可以在任何时候请求有权国家机关确认该行为无效"②。

即使在不受起诉期限限制的情况下，确认无效诉讼也并非民众诉讼，仍然要求原告具有诉的利益，并且在决定是否作出确认无效判决时需要考虑权利救济的必要性并进行具体价值的权衡。确认无效诉讼是立法机关在法安定性和实质正义之间作出的侧重后者的决定，其适用的实质标准限于"重大且明显的违法"，本身即意味着这种打破法律安定性的情形是特殊的例外决断，因此司法机关在适用时自应保持审慎。

（三）先行程序

确认无效之诉无须以行政机关的先行处理为必经程序。③ 在一些国家和地区存在先行程序的要求：当事人在提起确认无效之诉时，必须先向作出行政行为的机关请求确认行政行为无效，而未被允许或未获答复。从立法论的角度，这种先行程序有利于穷尽更便捷的行政救济手段，避免滥诉，给予行政机关自我纠错和反思的机会。当然，这种先行程序必须基于法律的明文规定。目前我国《行政诉讼法》以及其他法律、法规对此并未作出规定。在没有明确法律依据的情况下，要求当事人经过先行确认程序，客观上不仅会给当事人行使诉权增设门槛，延宕救济的时机，甚至给当事人造成不当的压力，还会为行政机关附加法定义务之外的先行处理义务。④ 关于这样的先行程序是否可取，有观点认为，如果只是增加一个救济环节，可能并不会有助于阻止滥诉，反而有

---

① 最高人民法院第一巡回法庭关于行政审判法律适用若干问题的会议纪要，2018年7月23日。

② 最高人民法院对十三届全国人大一次会议第 2452 号建议的答复，2018 年 9月 10 日。

③ 参见张旭勇：《提起确认无效诉讼无须经过先行确认程序》，载章剑生、黄锴主编：《行政法判例选析Ⅱ》，法律出版社 2019 年版，第 275 页。

④ 参见最高人民法院（2017）最高法行申 1174 号行政裁定书。

可能成为获取司法救济的程序障碍。[①] 再者，假如增设先行程序的环节，当事人尚可以就行政机关不予确认无效的行为提起履行之诉，而不必定是确认无效之诉。

四、两种特殊的确认无效情形

（一）行政协议的无效

行政协议的无效与行政行为的无效不同，可以参照适用民事法律规范。"法院审理这类争议，在实体法方面，应当优先适用有关法律法规或规章的特别规定，没有特别规定的，适用合同法"[②]。根据最高人民法院《行政协议审理规定》第 12 条的规定：行政协议存在《行政诉讼法》第 75 条规定的重大且明显违法情形的，法院应当确认行政协议无效。此外，法院还可以适用民事法律规范确认行政协议无效。与无效行政行为的瑕疵无法通过补正进行消除不同，行政协议无效的原因在一审法庭辩论终结前消除的，法院可以确认行政协议有效。

原则上，行政行为无效的规则和民事合同无效的规则都可以适用于行政协议，然而关于行政协议无效具体的适用和裁判规则，理论层面和实务层面尚未完全确定。[③] 行政协议的无效并不只是简单地叠加行政行为的无效和民事合同的无效，而是有着自身特殊的标准[④]，这种特殊性在于两种无效标准并不一定能够落入彼此相对应的范畴当中，因而产生了交叉而非叠加的标准。例如，在逻辑上可以区分是协议无效还是签订协议的行政行为无效，这两者的情形并不完全相同。[⑤] 简言之，签订协议的行政行为无效适用《行政诉讼法》第 75 条"重大且明显违法"的标准，这会带来一般违法的情形下行政协议是否有效的问题。鉴于第

[①] 参见张旭勇：《提起确认无效诉讼无须经过先行确认程序》，载章剑生、黄锴主编：《行政法判例选析Ⅱ》，法律出版社 2019 年版，第 275 页。

[②] 袁杰主编：《中华人民共和国行政诉讼法解读》，中国法制出版社 2014 年版，第 45 页。

[③] 参见王贵松：《行政协议无效的认定》，载《北京航空航天大学学报（社会科学版）》2018 年第 5 期，第 19 - 23、102 页；王敬波：《司法认定无效行政协议的标准》，载《中国法学》2019 年第 3 期，第 64 - 83 页。

[④] 参见王敬波：《司法认定无效行政协议的标准》，载《中国法学》2019 年第 3 期，第 64 - 83 页。

[⑤] 参见王贵松：《行政协议无效的认定》，载《北京航空航天大学学报（社会科学版）》2018 年第 5 期，第 19 - 23、102 页。

75 条的规定是为了维护法律的安定性，因而"重大且明显违法"标准的适用非常严格，进而还存在违法但有效的行政协议的问题。这样固然有利于保护行政协议相对人的利益，却可能带来依法行政的巨大漏洞。关于《行政诉讼法》第 75 条对行政协议的适用，理论界和实务界的倾向都是更加宽松，例如超越职权签订的行政协议无效，就比行政行为的实施主体不具有行政主体资格的范围要更加广泛。[①] 此外，从民事法律规范的情形来看，适用《民法典》第 146、153、154 条所规定的无效情形的，对这些条文的理解也可能会带来违法且有效的行政协议问题，典型的就是关于效力性强制规定和管理性强制规定的区分，违反前者会带来行政协议的无效，而违反后者则否。[②]

因此，关于行政协议无效的认定，不应完全固守《行政诉讼法》第 75 条"重大且明显违法"的标准。除了签订行政协议的行为无效会导致行政协议的无效，一般违法的行政行为或者违反法律、法规、规章的强制性规定的，原则上也导致行政协议无效，除非形式上的轻微瑕疵对相对人的权利不产生影响。同样地，关于行政协议无效的认定，也不应该完全套用民法上关于无效的规定[③]，例如违反国家强行法的规定即可能落入行政行为违法而非无效的范畴，故不能将两种"无效"简单地对应。

目前关于行政协议无效的案件，法院审查的要点是：（1）行政协议签订主体是否合法，即行政机关是否有权签订涉案行政协议、能否通过行政协议方式行使相关的行政管理职责等。（2）行政协议的内容是否违反法律、法规的强制性规定。违反法律法规的规定是否还包括严重违反关于法定程序的规定。（3）行政协议是否会侵害国家利益、社会公共利

[①] 参见梁凤云：《行政诉讼讲义》，人民法院出版社 2022 年版，第 770 - 771 页；王敬波：《司法认定无效行政协议的标准》，载《中国法学》2019 年第 3 期；濮阳华润燃气有限公司诉河南省濮阳市城市管理局、河南省濮阳市人民政府确认行政协议无效案，最高人民法院（2022）最高法行再 509 号行政判决书。

[②] 参见梁凤云：《行政诉讼讲义》，人民法院出版社 2022 年版，第 774 页；最高人民法院行政审判庭编著：《行政协议典型案例裁判规则与评析》，人民法院出版社 2021 年版，第 318 - 325 页，"行政协议所依托的行政行为未获批准，并不必然导致协议本身无效"。

[③] 参见张青波：《行政协议司法审查的思路》，载《行政法学研究》2019 年第 1 期，第 60 - 61 页。

益、第三人利益等。① 司法机关的这个审查要点考虑到了行政协议的特点，并没有简单地套用行政行为无效和民事合同无效的情形。

（二）行政确认的无效

行政确认属于和命令性行为、形成性行为相对的确认性行为，其效果为确认相对人法律上的权利义务关系或者确认人、物的重要性质。与命令性行为和形成性行为根据行政机关的意思表示确定权利义务关系的内容不同，行政相对人法律上的权利义务在确认性行为下为自身意思表示的内容，行政机关的行为只是起到宣示性的效果，这种效果随着权利义务关系或事实状态的延续具有持续性。② 在以某种法律关系是否存在作为行政确认对象时，对行政行为与法律关系的内容即应以这种二阶层的视角加以观察。就其法律效果而言，行政确认只发生宣告的确定力，不具有程序排他性的公定力。即当本体法律关系无效或发生变化时，即便确认行为本身并无合法性的瑕疵，这种宣告的效果也自然消失，无须首先通过行政诉讼的程序加以消除。因此，从纠纷解决的角度而言，当事人有争议的是作为基础的本体法律关系，只有当行政行为具有独立于这种基础关系的合法性问题时，才应该例外地以确认行为本身作为审查的对象。相应地，确认无效行政诉讼的规则在行政确认领域中也应当是补充性的，确认行为的瑕疵对于基础关系的效果仍然需要根据个案加以权衡。这种二阶层的观察视角目前在房屋登记和婚姻登记领域非常明显。

关于行政确认行为无效的裁判规则，在理论上应该优先解决基础性法律关系。③ 就此而言，通过否定当事人的意思表示即可消除行政行为的效力，相反，通过消除行政行为的效力否定本不属于其意思表示内容的权利义务关系，虽然可以起到救济的效果，但在法理和逻辑上难以融

① 参见人民法院出版社编：《最高人民法院司法观点集成》，人民法院出版社 2024 年版，第 1283 页。另外参见陆平辉、郭宏杨：《论行政合同的法律适用》，载《汕头大学学报（人文社会科学版）》2007 年第 2 期，第 52 页。

② 参见［日］柳濑良干：《行政行为》，王天华译，载沈岿主编：《行政法论丛》第 28 卷，法律出版社 2022 年版，第 156-160 页；关于特许、许可、认可和确认概念认知的整理，参见王贵松：《中国行政法学说史》，中国人民大学出版社 2023 年版，第 328-329 页。

③ 参见章剑生：《行政行为对法院的拘束效力——基于民事、行政诉讼的交叉视角》，载姜明安主编：《行政法论丛》（第 13 卷），法律出版社 2011 年版，第 391-415 页。

贯。具体到婚姻登记，法院在个案中应当区分婚姻关系的无效与婚姻登记行为的无效，并适用不同的判决形式。[①] 除了法定的无效婚姻和可撤销婚姻的情形，在实践中对于虚构身份、冒用身份以及材料弄虚作假的婚姻关系，是否可以通过确认婚姻登记无效的判决形式加以解决产生了不少的纠纷。以具有典型意义的如尚某俊诉江苏省如东县民政局案。[②] 尚某俊 14 年前被人冒用姓名和身份证号码登记结婚，如果按照常规的起诉期限理解，在她提起行政诉讼时早已过了最长期限。由于登记行为发生在 2015 年 5 月 1 日之前，按照 2018 年《行诉法解释》，也无法适用 2014 年《行政诉讼法》确认无效诉讼的诉讼时效。抛开个案的事实，即便登记行为发生在 2015 年 5 月 1 日之后，超过最长起诉期限的婚姻登记行为是否可以采用确认无效诉讼亦是一个棘手的问题。另外，尚某俊案的裁判理由适用的是《行政诉讼法》第 75 条和 2018 年《行诉法解释》第 99 条，即认定婚姻登记因内容客观上无法实现而无效，以此绕开了最长的起诉期限问题。但是，这一裁判理由对于第 99 条规定的解释不无疑问，是否必须通过确认无效诉讼方可解决相关的争议也有待商榷。其实，对于尚某俊 5 次被冒名结婚的情形，究其本质，尚某俊的婚姻关系并未成立，而只有婚姻关系成立才会涉及婚姻关系的有效或无效，所以通过民事诉讼确认婚姻关系不存在（或不成立），进而撤销婚姻登记的表象，即足以为尚某俊提供救济。就此，仍可回归前述二阶层的观察思路，只要通过基础法律关系足以提供救济的，即无须适用确认无效诉讼的判决类型，由此也不会造成无效诉讼的诉讼时效和实质条件方面的严重问题。

这一路径部分能够得到实践的支持。2021 年最高人民法院、最高人民检察院、公安部和民政部联合发布的通知[③]中明确规定，法院对当事人冒名顶替或者弄虚作假办理婚姻登记类行政案件，应结合具体案情依法认定起诉期限：对被冒名顶替者或者其他当事人不属于其自身的原因耽误起诉期限的，被耽误的时间不计算在起诉期限内，但最长亦不得

[①] 参见黄锴：《确认无效判决的适用》，载章剑生、黄锴主编：《行政法判例选析Ⅱ》，法律出版社 2019 年版，第 271-272 页。

[②] 参见江苏省南通经济技术开发区人民法院（2020）苏 0691 行初 325 号行政判决书。

[③] 参见《关于妥善处理以冒名顶替或者弄虚作假的方式办理婚姻登记问题的指导意见》（高检发办字〔2021〕109 号），2021 年 11 月 18 日。

超过《行政诉讼法》第 46 条第 2 款规定的 5 年的起诉期限。法院在对相关事实进行调查认定后认为应当撤销婚姻登记的，应当及时向民政部门发送撤销婚姻登记的司法建议书。[①] 就此一文件的基本精神而言，虽然没有否定，但是也并没有认可婚姻登记类案件适用《行政诉讼法》的确认无效诉讼，所以采用行政行为无效诉讼至多只能被视作特殊的例外救济措施。当然，该指导意见仍然留下了诸如尚某俊这样的起诉期限超过《行政诉讼法》第 46 条第 2 款所规定的 5 年的情形该如何处理的问题。对此，通过前述基础关系的审查和宣告即足以解决，当然也符合倘若存在其他方式，原则上不采用婚姻登记无效确认诉讼这种补充性的做法。[②] 这种基础关系优先的处理原则也可以在行政确认行为被撤销的法律效果方面得以体现。简言之，行政确认行为的撤销并非一定会造成恢复原状的效果，而是要根据个案当事人的意愿以及法律关系变动的情况而定。也就是说，基础法律关系的法律效果具有独立性。例如在梁某某诉徐州市云龙区民政局离婚登记行政确认案中[③]，离婚登记一经完成，即具有宣告的效果，产生社会公信力，即便婚姻登记机关以管辖权为由确认离婚登记行为无效，表面上符合明显且重大违法的实质标准，基础法律关系的法律效果也无须甚至不可能通过撤销离婚登记的方式恢复。

五、确认无效判决的效力

确认无效判决不涉及权利变更，只是单纯的宣示性质，具有"认定"行政行为无效的效果，本质上也无须强制执行。无效的原因在于"重大且明显的违法"情形，而且行政行为自作成之日起即无效，因而属于实体意义上的无效，但由于涉及行政相对人的抵抗权等方面的问题，所以确认无效判决属于判断权归诸有权机关的诉讼程序问题。[④]

确认无效判决既判力原则上仅发生于当事人之间，第三人除非在诉讼过程中得到了适当的表示意见的机会，否则并不受判决的拘束。同时

① 参见《关于妥善处理以冒名顶替或者弄虚作假的方式办理婚姻登记问题的指导意见》（高检发办字〔2021〕109 号），2021 年 11 月 18 日。
② 参见何海波：《司法决策的合法性》，载《中外法学》2023 年第 6 期，第 1405 - 1424 页。
③ 参见《最高人民法院公报》2022 年第 1 期，第 37 - 43 页。
④ 参见本书编委会编：《行政诉讼法及司法解释关联理解与适用》，中国法制出版社 2018 年版，第 719 页。

确认无效判决对其他程序亦具有相应的拘束力。

《行政诉讼法》第 76 条规定：人民法院判决确认违法或者无效的，可以同时判决责令被告采取补救措施；给原告造成损失的，依法判决被告承担赔偿责任。就此而言，确认无效判决与责令补救和赔偿判决的诉讼标的并不同一，确认无效判决的法律效果是后者的先决问题，亦即原告后续诉讼的请求权基础，因此，行政赔偿诉讼中的法院以及作出行政赔偿先行处理的行政机关，都应当受确认无效判决的拘束，法院不再就确认无效判决的内容组织辩论、证据调查以及再次作出内容相同的判决。[①]

判决既判力的客观范围限于经过法院裁判的诉讼标的，实务中较普遍的做法是以被诉的行政行为作为判断的标准。然而，基于不同的事实和理由当事人可以再次提起诉讼或者重启行政程序。由此可见，前诉判决的既判力是无法约束这些情形的。

---

① 参见陈清秀：《行政诉讼法》，法律出版社 2016 年版，第 703—704 页。

第 76 条（确认判决的责令补救和赔偿）

成协中

第七十六条 人民法院判决确认违法或者无效的，可以同时判决责令被告采取补救措施；给原告造成损失的，依法判决被告承担赔偿责任。

2014 年《行政诉讼法》第 76 条规定了作为确认判决辅助判决的责令采取补救措施判决和责令承担赔偿责任判决（下文将二者简称为责令补救判决和责令赔偿判决），该判决旨在补足作为主判决的确认判决的功能缺失，实现权利救济的充分性。

一、规范沿革与规范要旨

责令补救和赔偿判决经历了从司法解释确定的无名判决类型，到 2014《行政诉讼法》的实定法化。这一转变体现了我国行政诉讼法在判决类型和内容方面的不断完善，也体现了我国行政诉讼法治的进步。

(一) 规范沿革

1. 1989 年《行政诉讼法》未作规定

1989 年《行政诉讼法》并未就"责令被告采取补救措施"作出规定。但鉴于确认判决在权利救济方面的内在缺陷，1989 年《行政诉讼法》实施之后，就有观点主张法院在作出尚未明文化的确认判决的同时可以作出给付判决，不过其仅论及行政机关承担赔偿责任的情形，而未涉及责令采取补救措施的情形。①

2. 2000 年《行诉法解释》的成文化

2000 年《行诉法解释》对情况判决作出了明确规定，并于两处规定了责令采取补救措施，分别为情况判决的附随结果和撤销判决的附随结果。《行诉法解释》第 58 条规定：被诉具体行政行为违法，但撤销该具体行政行为将会给国家利益或者公共利益造成重大损失的，人民法院应当作出确认被诉具体行政行为违法的判决，并责令被诉行政机关采取相应的补救措施；造成损害的，依法判决承担赔偿责任。第 59 条规定，根据《行政诉讼法》第 54 条第 2 项规定判决撤销违法的被诉具体行政行为，将会给国家利益、公共利益或者他人合法权益造成损失的，人民法院在判决撤销的同时，可以分别采取以下方式处理：(1) 判决被告重新作出具体行政行为；(2) 责令被诉行政机关采取相应的补救措施；(3) 向被告和有关机关提出司法建议；(4) 发现违法犯罪行为的，建议有权机关依法处理。

从上述规定可以看出，司法解释并未明确责令采取补救措施是不是一种独立的判决类型。由于判决主文才具有完整的判决效力，将责令采取补救措施作为判决主文的裁判内容似乎更为妥当。如果将其作为一种独立的判决类型，由于其并未被纳入《行政诉讼法》中，故属于一种无名判决。在日本法上，存在就无名抗告诉讼容许性的争议。② 我国行政诉讼尚未明确建立诉讼类型化制度，在行政诉讼法并未明确规定责令补救判决和责令赔偿判决的条件下，能否通过司法解释创设新的判决类

---

① 参见罗豪才主编：《中国司法审查制度》，北京大学出版社 1993 年版，第 562 - 563 页。

② 参见〔日〕盐野宏：《行政救济法》，杨建顺译，北京大学出版社 2008 年版，第 171 - 172 页；〔日〕高木光：《事实行为与行政诉讼》，田卫卫、王贵松译，中国政法大学出版社 2023 年版，第 337 - 338 页；王天华：《行政诉讼的构造：日本行政诉讼法研究》，法律出版社 2010 年版，第 35 - 37 页。

型，可能引发一定争议。对此问题的回答不仅涉及当下是否还可能出现新的判决类型，如要求行政机关不为特定行为的预防性判决，还关乎在2014 年修法前确认判决以及这里所讨论的其为辅助判决的合法性。从行政诉讼受案范围的概括化与无漏洞权利保护的实现出发，基于实体法上权利保护的实效性确保，承认无名判决的正当性更为妥当。

3. 2014 年《行政诉讼法》将其作为法定判决类型

2014 年《行政诉讼法》修改，在判决部分吸收了 2000 年《行诉法解释》的成果，实现了责令补救和赔偿判决的法定化。由于 2000 年《行诉法解释》中的补救措施附随于情况判决或撤销判决，又因为情况判决是撤销判决的例外情形，故有观点将责令补救和赔偿判决视作撤销判决的补充。[①] 不过在 2014 年《行政诉讼法》第 76 条的文义中，责令补救和赔偿判决仅与确认判决相联系，不仅不再附随于撤销判决，也不局限于特定类型的确认判决。而确认判决并不都是撤销判决的例外情形，亦即并非所有确认判决都是本应适用撤销判决而基于特定原因仅作违法性确认的判决，部分确认违法判决和确认无效判决具有独立性。由此，再将责令补救和赔偿判决作为撤销判决的补充存在不当。

（二）规范要旨

责令补救和赔偿判决属于确认判决的辅助判决。而之所以要为确认判决设置辅助判决，是因为前者在行政诉讼权利保护目的实现上具有不足，需要通过责令补救或判决赔偿实现后果清除或补足上述缺陷。

1. 责令补救和赔偿判决是确认判决的辅助判决

行政诉讼的判决以是否独立适用为标准，可以分为主判决和辅助判决两类。1989 年《行政诉讼法》仅包括重作判决这一种辅助判决，不包括责令补救和赔偿判决。2000 年《行诉法解释》规定的责令采取补救措施亦附随于特定判决类型。2014 年《行政诉讼法》在新增了确认违法与确认无效这两类主判决类型后，在第 76 条明确将责令补救和赔偿判决的适用条件规定为"判决确认违法或者无效的"，其明确了责令补救和赔偿判决对于确认判决的依附性、辅助性。

2. 辅助判决用于补足主判决的功能缺陷

辅助判决是由于主判决在权利保护或合法性监督方面存在欠缺，因

---

① 参见信春鹰主编：《中华人民共和国行政诉讼法释义》，法律出版社 2014 年版，第 209 页。

而以辅助判决予以补强。责令补救和赔偿判决主要旨在补足主判决在权利救济上的不充分，例外有法秩序维护的功能。一方面，确认判决本身并不影响实体法上的行为效力或权利义务关系，也不课予行政机关实体法上的义务，而仅就法律状况——系争行为的合法性与效力进行确认。在确认无效判决和就事实行为的确认违法判决中，系争行为自始不生效力，并不存在违法行为存续或行政机关不履行作为义务的情形。此类违法行为产生的法律效果，仅为相对人和利害关系人就其所受侵害获得救济的请求权。在行政处理的确认违法判决中，尽管系争行为具有效力，但违法行为的存续本就是立法基于利益衡量所欲达至的结果，而责令补救和赔偿判决也无法消灭违法有效行为的效力。不过在例外情形下补救措施也具有法秩序维护的功能，即补救措施旨在事后治愈系争行为的违法性，如要求行政机关补正相关的程序要求或充足未被满足的行为要件。

3. 责令补救和赔偿判决旨在实现权利救济的充分

既然责令补救和赔偿判决主要旨在辅助确认判决在权利救济功能上的缺陷，那么此种救济属性为何就需要说明。行政机关的违法行为造成权利侵害时，受损者所能主张的救济可以分为两个层次：一是存在违法行政处理时原则上消灭其效力，由此防止权利侵害状况的延续。二是对违法行为造成的损害进行救济，责令补救和赔偿判决针对的是对违法行为损害结果的救济。在损害结果尚可通过一定行政活动消除时，补救措施有适用余地；在无法完全消除和无法消除时，行政机关需进行赔偿。而由于这里论及的责令补救和赔偿判决附随于确认判决，故是在第一层救济缺位情形下，径直给予的第二层次救济，此前的确认使第二层次救济中的违法要件得到满足。这两个层次的区分，与主判决和附随判决逻辑上的先后顺序相对应，分别指向法地位的复原与事实状态的复原。

第一，行政处理和事实行为的区分要求救济措施需要分为法地位上的复原与事实状态上的复原，责令补救和赔偿判决指向事实状态上的复原。在行政机关仅作出具有法效性的行为，而此行为不需通过任何事实行为加以实施或尚未通过任何事实行为加以实施的情形下，撤销原处理决定或确认其无效即可实现权利救济。反之，在行政机关仅通过事实行为对私人施加影响，或行政处理已经通过事实行为——包括私人行为，加以实施的情形下，行政机关便需要通过恢复原状或赔偿来恢复到未遭受事实影响或相对未遭受事实影响的状态。在我国诉讼不停止执行的制度安排下，对行政处理带来的事实状态变化的清除更为必要。

第二，基于撤销判决的形成力或拘束力，撤销判决除产生法地位上的复原效果外，附带地产生要求行政机关采取补救措施的义务，而确认判决则无此效果，故需另作设置辅助判决类型。在比较法上，一般认为行政行为执行后果的清除是撤销判决的效果之一，但在具体处理方式和理论建构上有所差异。在法国法上，原状的恢复是越权诉讼中撤销判决的当然效果。行政机关在撤销判决后没有恢复原状而导致原告再行起诉的，法院并不另行判决，而在明示判决执行方式后移送行政机关。[①] 在日本法上，通说认为恢复原状是撤销判决形成力带来的附随效果，是为了补全消极形成效力以使其具有实效性。此外，也有观点将它纳入撤销判决的拘束力下加以把握。[②] 而确认判决仅就有效或无效、合法或非法的法状况进行确认，并非形成判决，不具有形成力，行政机关并不因确认判决而当然负有原状恢复的义务，故行政机关需要另作判决。

第三，违法性的确认是需采取补救措施或进行赔偿的前提，决定了责令补救和赔偿判决在逻辑上后置于确认判决。采取补救措施和进行赔偿均属于给付判决，是对事实侵害的救济。行为的相对人和利害关系人对行政机关的合法侵害负有忍受义务，而仅对违法侵害有权利请求救济，故确认行政行为违法或无效是作出此判决的前提。而如前述，撤销判决的形成力或拘束力已包括了行政机关恢复原状的义务，故于此仅有原告单独请求赔偿的问题，而不需另就行政处理执行的结果的除去作出独立的判决。确认判决无此形成力或拘束力，故就恢复原状和赔偿均需作独立判决。

综上，责令补救和赔偿判决是确认判决的辅助判决，旨在补足确认判决在权利救济上的不完全性，使违法行政活动对私人事实上的不利影响被清除或达到等同于被清除的状态。

二、责令补救判决的适用

《行政诉讼法》第 76 条将责令补救判决和责令赔偿判决的适用要件

---

① 参见［日］小早川光郎：《行政诉讼的构造分析》，王天华译，中国政法大学出版社 2014 年版，第 196 - 200 页。

② 不过拘束力说仅见于日本法，并以其《行政案件诉讼法》第 33 条为依据。参见王贵松：《行政诉讼判决对行政机关的拘束力——以撤销判决为中心》，载《清华法学》2017 年第 4 期，第 100 - 101 页。

分别予以规定，故就二者的适用也需分别加以讨论。就责令补救判决的适用而言，由于确认判决包括了不同类型，因而附随于不同类型确认判决的责令补救判决的适用条件与判决内容存在差异。下文先根据确认判决的类型，说明不同类型责令补救判决的不同权利基础，进而再说明其适用要件与判决内容。

（一）不同类型责令补救判决的权利基础

1. 附随于确认违法判决的责令补救判决的权利基础

《行政诉讼法》第74条规定了两类确认判决。第1款针对的是依然存续的狭义上的行政行为（下文简称"行政处理"）①，第2款针对的是行政处理之外的行政行为、不再存续的行政处理和特定类型的不作为。

（1）两类确认违法判决的区分。

是否针对行政处理是两类确认违法判决的核心区别。尽管《行政诉讼法》并未使用行政处理这一概念，但行政处理和其他行政活动的区分对行政诉讼法的适用仍具有重要意义。行政机关单方作出的各种活动中，只有行政处理才具有法效性，由此才存在被撤销和确认无效的可能性。第74条第1款中"行政行为有下列情形之一的"为适用要件，"人民法院判决确认违法，但不撤销行政行为"为法律后果，而法律后果中对"不撤销行政行为"的强调，意指该款所针对的行为本可适用撤销判决，亦即该款适用的行为为行政处理。也正是由于此判决仅适用于行政处理，因而其与同样可适用于行政处理的确认无效判决、撤销判决的关系需要厘清。与第1款不同，第74条第2款规定，"行政行为有下列情形之一，不需要撤销或者判决履行的，人民法院判决确认违法"，并未在法律后果部分强调不撤销，而在要件部分强调不需撤销，表明该款所针对的行为是不具有撤销可能性的行为，亦即生效行政处理之外的行政活动。

（2）弥补损害：针对存续行政处理的责令补救判决的权利基础。

第74条第1款规定的针对生效行政处理的确认违法判决的两种情

---

① 就1989年《行政诉讼法》中"具体行政行为"和2014年《行政诉讼法》中"行政行为"的解释，学界争论颇多，不过显而易见的趋势是概念外延呈扩展趋势，已经远不限于行政处理。此点与比较法上，为扩大救济范围而对行政处理"处分性"进行扩张解释的抗告诉讼活用论与无名抗告诉讼的发展有相似之处。本文于此不加讨论，为避免争议而采取行政处理一词。行政处理，相当于比较法上所谓之行政处分，即指行政机关单方依其高权针对特定相对人与具体事件作出的具有法效性的行为。

形，分别属于应当撤销而不撤销和可以撤销而不撤销。该款第 1 项明确提及"行政行为依法应当撤销，但……"，故其针对的行为是符合第 70 条撤销判决要件的行政处理，可以视为第 70 条的例外。该款第 2 项规定的要件包括程序轻微违法，其本可以以违反法律法规为由适用撤销判决，但立法在衡量权利保护与行政效率这两种价值后，在程序轻微违法行为的处理上以后一种价值的实现为先。附随于此类确认违法判决的责令补救判决，并非对执行后果的去除，而是要求行政机关实施金钱给付外的其他行政活动减轻权利侵害的后果，即弥补损害。此类行为因其违法行为的效力依然存续，已经执行造成的损害状态无法变更，而且未执行部分依然可以执行，所以法律效果的维持即为采取确认判决的目的所在。故此处补救措施的权利基础并非后果除去请求权，而应当从权利救济或合法性维护这两种行政诉讼的制度功能上另寻基础。

就附随于情况判决的补救措施而言，由于情况判决适用于本应作出撤销判决的情形，但在对撤销违法行为可能造成的公益损害与保护个人利益的必要性进行权衡之后，仍作出维持违法行为效力的决定，因此情况判决的作出必然导致原告权利被侵害的状况的维持。此种情形，显然不利于相对人和第三人的权利保障。附随于情况判决的补救措施的功能，就在于阻止违法行政处理造成的权利侵害的扩大和持续。

就适用于程序轻微违法确认判决的补救措施而言，关于此种确认违法判决是否有附随的责令补救判决，可能存在两种观点。第一种观点是，其适用要件明确包括"对原告权利不产生实际影响"，此即意味着原告的实体权利于此并无受损，而补救措施仅针对实体权利，在实体权利未受影响情况下也就不再存在采取补救措施的空间和必要。第二种观点是，补救措施不仅是针对原告实体权利的救济，也具有保护程序性权利的功能。此功能的实现也附带地具有合法性维护的效果，亦即通过事后的补救措施既实现原告在行政程序中被忽视的程序权利，也治愈先前行为的违法性。在司法实践中，也存在针对程序违法被法院责令采取补救措施的情形。在郑某宝等 38 人诉山东省五莲县人民政府行政征收案中，被告作出征收决定前未经政府常务会议讨论决定，山东高院判决确认征收程序违法，责令被告采取补救措施。随后，被告在五莲县政府常务会议上追认了相关征收决定的合法性。[1]

---

[1] 参见最高人民法院（2018）最高法行申 640 号行政裁定书。

（3）后果清除：针对其他行政活动的责令补救判决的权利基础。

《行政诉讼法》第74条第2款规定的三种情形不能撤销的原因存在差异，分别针对事实行为①、不再有效的行政处理和不作为。前两种情形中不适用撤销判决，而后一种情形中行政机关不履行或拖延履行职责，意味着本可适用履行判决。三种情形中，均不存在依然有效的行政处理，补救措施的作出不受生效行政处理的拘束。

第一，第74条第2款第1项所规定的"行政行为违法，但不具有可撤销内容的"应当指向行政事实行为。在行政事实行为被确认违法后，补救措施的权利基础即为后果清除请求权。行政事实行为并不存在具有法效力的意思表示，没有需要执行的行政处理，故此时责令补救判决一般为要求行政机关清除权利损害后果。需要特别说明的是，已经执行完毕的行政处理不属于不具有可撤销内容的情形，原则上适用撤销判决。有观点认为执行完毕的行为不具可撤销内容，故只能被确认违法。② 此观点不妥。行政处理执行完毕后具有存续力，依然可能因其构成要件效力而对行政相对人和第三人产生不利。如行政相对人受到拘留这一治安管理处罚，尽管拘留执行完毕后已经不复存在恢复原状的可能，但行政相对人嗣后因其他规范中的任职限制条款而利益受损。③ 对此类行为作出撤销判决后，其效力等溯及地消灭，后果清除属于判决形成效力中的附随效果，即使无法清除，也可通过赔偿等方式予以救济。

第二，"被告改变原违法行政行为"中的行政行为是行政处理，其应指行政机关在判决前自行改变原行政处理的情形，附随于此的补救措施的权利基础一般也为后果清除请求权，具体则取决于确认利益的有无和属性。原行政处理的效力已为行政机关新行政处理所消灭的情形下，法院确认的是一个已经不复存在的行政处理违法。拘束事实状态的行政

---

① 就规范文义而言，该项"行政行为违法，但不具有可撤销内容的"并不必然意味着其仅指事实行为，实践中也存在适用于生效行政处理的判决，但应当认识到不能恢复原状不意味着不能撤销，此点在下文详述，而将此处限缩理解为事实行为较为妥当。前述判决忽视了撤销可能带来的法秩序的变动，无视了行政行为的构成要件效力。参见何海波：《行政诉讼法》，法律出版社2022年版，第489页。

② 参见梁凤云：《行政诉讼讲义》，人民法院出版社2022年版，第1005页。

③ 如《保安服务管理条例》第17条规定："有下列情形之一的，不得担任保安员：（一）曾被收容教育、强制隔离戒毒、劳动教养或者3次以上行政拘留的……"

处理不再存在，法院判决行政机关恢复原状并不与存续的行政处理相冲突。不过需要注意的是，就此类确认违法判决是否需要确认利益并不明确。法律规范本身并未就确认利益提出要求①，但最高人民法院就2018年《行诉法解释》的释义书指明此处需要存在确认利益，最高人民法院亦有与之对应的判例。②

第三，在法院确认无继续履行可能的不履行违法后，并无责令补救判决的适用空间。此类确认判决适用于行政机关不履行或者拖延履行法定职责，而由于情势变化，履行已经丧失对象或意义的情况。如行政机关的危险防止义务只在危险发生时具有意义，此后法院在危险消除的情况下只能判决此前的不履行行为违法，于此也无补救的可能。至于是否因前不履行或拖延履行产生新的法定职责也不在本案的处理范围内，而应当由原告另行向行政机关请求或在符合诉的合法性条件下起诉。

2. 附随于确认无效判决的责令补救判决的权利基础

《行政诉讼法》第75条规定的确认无效判决，针对的是具有法效性的行政处理，主要适用于行政处理明显且重大违法的情形。由于无效是自始无效，故自始不存在具有法效性的行政处理。由无效行政处理导致的执行等事实状态上的变动，是无根据的侵害行为，亦应当得到清除。因此，后果清除请求权可以成为责令补救判决于此情形适用的权利基础。还需要特别说明的是，无论是前述确认违法判决还是确认无效判决，责令行政机关作出的补救措施并不包括通过事后满足行为要件的方式治愈行为违法性的措施。由于行政诉讼是主观诉讼，原告请求与诉讼判决均需围绕权利救济展开，而事后就违法性的治愈一般情形下并非实效性的权利救济，故补救措施并不包括合法性要件的补足。

总之，就确认判决而言，在确认无继续履行可能的不履行行为违法的情形下，并无责令补救判决的适用空间；在作出情况判决的情形下，责令补救判决的权利基础是减轻权利损害；在其他情形下，责令补救判决的权利基础是后果清除请求权。

① 有学者尽管主张确认利益的必要性，但亦承认规范未作此要求，参见王贵松：《论我国行政诉讼确认判决的定位》，载《政治与法律》2018年第9期，第20页。
② 参见李某菊诉开封市鼓楼区人民政府征收补偿决定案，最高人民法院（2017）最高法行申2290号行政裁定书。

（二）责令补救判决的适用要件

1. 以确认判决作出为前提

基于前述分析，责令补救判决并非一种独立的判决类型，其在形式上、功能上都依附于确认判决，因此责令补救判决的作出以法院作出确认判决为前提。确认判决在权利保护功能上的不足，决定了其难以实现定分止争和纠纷的实质性化解。法院在作出确认判决时，需要考虑原告合法权益受损的实际情况，有针对性地一并作出责令补救判决或责令赔偿判决。但这一要件，并不要求形式上确认判决要先于责令补救判决，二者可在一份判决中同时作出。在 2014 年《行政诉讼法》修改之前，实践中也出现了一些以主判决的形式作出责令补救判决的情形。其主要针对的是不履行法定职责类的案件。由于在这类案件中，被告的"拒绝行为"没有任何载体，甚至只是构成事实上未向原告发放土地补偿款，因此法院在审理认为这种拒绝行为侵犯了原告的合法权益后，便可直接依据 2000 年《行诉法解释》第 59 条第 2 项作出要求被告向原告发放土地补偿款的判决。① 但从法律适用规范性的角度，针对此类不履行法定职责之违法行为，在不存在履行可能的情况下，法院需要先确认不履行法定职责行为违法，再判决被告采取相应补救措施或进行赔偿。

2. 有权利损害需要弥补

《行政诉讼法》第 74 条规定的两类确认判决，分别针对不宜撤销和不能撤销两种情形。这两类确认判决，都以维持现有法律状态为直接目的，不从法律上终结违法行为的法律效力。因此，针对违法行为造成的权利受损事实，确认判决都难以实现权利救济的充分性。责令补救判决就是针对确认判决在权利救济上的不充分，采取某种补救措施，将违法行政活动对私人事实上的不利影响清除或达到等同于清除的状态。责令补救判决不能实现受损权利的完全恢复，特别是不能实现法律状态的修复和恢复，而仅仅使当事人在事实层面得到一定的损害弥补。

3. 不以当事人提出补救请求为前提

2014 年《行政诉讼法》就责令补救判决的适用仅规定"人民法院判决确认违法或者无效的，可以同时判决"，通过"可以"赋予了法院决定裁量的空间。从诉判一致性的角度出发，法院作出责令补救判决以

---

① 参见陈思融：《论行政诉讼补救判决的适用——基于 104 份行政裁判文书的统计分析》，载《中国法学》2015 年第 2 期，第 234-247 页。在作者收集的 104 个案件中，有 15 个案件的责令补救判决是以主判决形式作出的。

当事人提出补偿请求为宜。有学者对我国责令补救判决的适用情形进行了样本分析，指出实践中多数责令补救判决都是法院依职权作出的，而非依当事人的诉讼请求作出的。[①] 实践中，也存在一审法院作出了责令补救判决而被二审法院认定没有法律依据的情形。如在内乡县人事劳动和社会保障局与谢某某劳动人事行政管理纠纷再审案[②]中，二审法院认为："一审再审判决撤销被诉具体行政行为是适当的，但判令内乡县人劳局通知谢某某主管部门补发申请人自 2000 年 1 月至 2004 年 12 月期间应享受的各种工资待遇缺乏相应法律依据，应予撤销。"二审法院的逻辑在于，法院作出责令补救判决应当以当事人的诉讼请求为基础，在不存在当事人该项诉讼请求的情况下，法院作出责令补救判决就是超范围审理，这不符合司法的中立性和被动性。我们认为，这一判决过于机械地理解了诉判一致性原理。实践中，当事人提起行政诉讼，是为了救济受损的合法权益。一般而言，撤销被诉行政行为，才能实现充分的权利救济。为了实现权利救济的充分性，原告通常更期待撤销违法行为，而较少会退而求其次地提出要求确认违法并采取补救措施的诉讼请求。机械地要求法院以当事人提出补救请求为前提而作出责令补救判决，不利于行政诉讼效率和行政争议的实质性化解。责令补救判决的作出不宜以当事人提出明确的补救诉讼请求为前提。在原告没有提出采取补救措施的诉讼请求的前提下，法院也可以依职权判决责令被告采取补救措施，以弥补或减轻违法行为造成的损害后果。

当然，从诉判一致、防止突袭裁判以及权利救济实效等原因出发，更为妥当的处理方式应为，由法院释明原告可一并提出相关请求或另行起诉。在主观诉讼框架下，法院判决需要回应原告的诉讼请求，原告诉讼请求应当对法院审判形成拘束，即应以诉判一致为原则。[③] 如果法院可在原告未请求情形下作出责令补救判决，则不论是仅作答复判决还是作出明确具体的补救措施，原、被告双方均未就补救措施的具体内容发表意见，或本能予以明确的补救措施未能被明确，或所明确的补救措施

---

① 参见陈思融：《论行政诉讼补救判决的适用——基于 104 份行政裁判文书的统计分析》，载《中国法学》2015 年第 2 期，第 234 - 247 页。在作者收集的 104 个案件中，有 64 个案件的责令补救判决是法院依职权径行作出的。

② 参见河南省南阳市中级人民法院（2009）南行再字第 27 号行政判决书。

③ 参见程琥：《我国行政诉讼诉判关系的反思与重构》，载《法律适用》2023 年第 6 期，第 98 - 100 页。

并不妥当，由此，行政争议无法得到实质化解。

4. 责令补救判决的内容有可裁量性

就损害后果清除的具体方式而言，行政机关往往具有裁量空间。鉴于责令补救判决的依附性、从属性特点，无论是行政实体法，还是行政诉讼法，对补救措施的具体内容都难以作出明确、具体的规范。法院在作出确认判决时，一方面，从权利救济实效性的角度出发，需要责令被告采取补救措施以弥补和减轻损害后果；另一方面，从尊重行政自主性的角度出发，在立法对补救形式未作出具体规定的情形下，法院又不得代替行政机关作出政策判断。为此，法院需要在权利救济的实效性与尊重行政机关的自主性之间进行权衡。在多数案件中，法院都直接判决责令被告采取补救措施，而没有明确补救措施的形式和具体内容。

（三）责令补救判决的具体类型

《行政诉讼法》第76条本身并未对补救措施的具体内容作出规定。实践中，法院作出的责令补救判决主要包括两种类型。一是法院仅概括地要求被告作出补救措施，而不明确补救措施的具体内容。此即所谓答复判决。二是法院在判决中明确行政机关应当如何补救。在实践中，法院往往仅作答复判决。[1] 在应然层面上，两种判决均可作出，具体内容则取决于行政机关裁量空间的大小。

1. 仅作出答复判决

由于行政机关就结果除去的方式原则上具有裁量空间，因而法院一般仅作出答复判决，在确认被诉行政行为违法或无效时，要求被告采取相关补救措施。具体补救方式则由行政机关自行决定。实践中，绝大多数责令补救判决都为答复判决。[2] 如在李某萍等三人诉云南省昆明市西山区人民政府征地公告一案[3]中，最高人民法院在再审判决中指出：二

---

① 参见何海波：《行政诉讼法》，法律出版社2022年版，第495页。

② 在学者统计的104个案例中，法院在46个案例中明示补救措施的具体内容，而另外58个案例中，法院只是笼统地判决被告采取补救措施，但至于如何补救，判决未有涉及。参见陈思融：《论行政诉讼补救判决的适用——基于104份行政裁判文书的统计分析》，载《中国法学》2015年第2期，第234-247页。

③ 参见李某萍等三人诉云南省昆明市西山区人民政府征地公告案，最高人民法院（2017）最高法行申5906号行政裁定书。

审法院已在判决中予以指出并责令西山区人民政府对李某萍、杨某祥、杨某舒的国有土地使用权事宜采取补救措施，至于具体如何补救，不宜由法院直接作出判断，应督促政府通过更为细致和专业的评估，充分考虑各种因素和各方情况，及时给予对等、适当、足额、到位的补偿。在实践中也出现了一审法院对补救措施作出具体规定而被二审法院纠正的情形。如在海口市人民政府等与海南凯鹏房地产开发有限公司土地行政管理纠纷上诉案中，一审法院判决："两被告于本判决生效之日起三个月内恢复未被海口市绕城高速公路占用的原告宗地土地（面积以实际测绘数据为准）的土地使用权，并为原告核发国有土地使用权证；两被告应为原告等值置换已被海口市绕城高速公路占用的原告该宗土地（面积以实际测量的为准）。"二审法院则指出，"一审判决的第二项、第三项具体明确两上诉人应当作出补救措施的内容，亦属不当，应予纠正"，因此判决"上诉人海口市人民政府应在本判决生效之日起三个月内对被上诉人海南凯鹏房地产开发有限公司因收地造成的损失作出相应的补救措施"①。

此外，即使作答复判决，法院也可以在判决主文中明确采取补救措施的期限与标准。如在益民公司案中，一审法院在判决确认市计委作出的招标方案、中标通知和市政府作出的周政文（2003）54 号文违法的基础上，责令市政府对益民公司施工的燃气工程采取相应的补救措施。二审法院则认为，一审法院判决确认被诉具体行政行为违法并无不当，但其对补救措施的判决存在两点不足：一是根据法律精神，为防止行政机关对于采取补救措施之义务无限期地拖延，在法律未明确规定期限的情况下，法院可以指定合理期限，但一审判决未指定相应的期限。二是一审判决仅责令市政府采取相应的补救措施，而未对市发展计划委员会科以应负的义务。二审法院将责令补救判决的主文改为："责令周口市人民政府、周口市发展计划委员会于本判决生效之日起六个月内采取相应补救措施，对周口市益民燃气有限公司的合法投入予以合理弥补"②。尽管该判决从性质上仍属于答复判决，但其就补救的期限以及补救标准作出了相应要求，有利于相对人合法权益的维护。

① 海南省高级人民法院（2008）琼行终字第 3 号行政判决书。
② 益民公司诉河南省周口市政府等行政行为违法案，最高人民法院（2004）行终字第 6 号行政判决书。

我们认为，仅作答复判决可能会产生程序空转与权利救济实效性不足等问题，而在行政机关就补救措施又具有裁量空间的情形下，可以通过在判决理由中进行释明，借助裁判理由所具有的拘束力化解前述困境。一般认为，判决的既判力仅及于主文。这是由于判决主文是围绕本案的诉讼标的作出的，而诉讼标与诉讼请求密切相关①，由此满足诉判一致的要求。这也进一步导出，仅有判决主文具有既判力，课予义务判决理由并不仅围绕诉讼标的作出，在审理过程中，原、被告双方可能并未围绕其进行充分的攻击与防御。承认判决理由的既判力，有造成突击裁判的可能，使当事人就在本案中未加主张而被法院在判决理由中予以判断的事项无法再行提起诉讼。尽管判决理由并不具有判决主文所具有的既判力，但其依然存在拘束力，法院可以在判决理由中就补救应当达到何种程度，以及可能的补救措施等予以指明，从而提升责令补救判决的实效性。

2. 明确具体补救措施

为了实现权利救济的充分性，在不少判决中，法院也对采取补救措施的具体内容作出了更为细致的要求。具体来看，法院判决采取的补救措施主要包括如下类型。

（1）返还财产。若原告的财产因被诉行为遭受侵害，法院在确认被诉行为违法时，可以判决被告行政机关将收取的原告财物予以返还。如胡某平诉沛县五段镇人民政府行政征收案②中，法院在确认沛县五段镇人民政府行政征收行为违法的同时，判决沛县五段镇人民政府于判决生效后 60 个工作日内按照《江苏省非税收入管理条例》的相关规定为胡某平办理相关退付手续。

（2）履行相关法定程序。这主要适用于被诉行政行为程序违法的情形。在被诉行政行为因程序违法侵害原告的合法权益时，法院因故确认被诉行政行为违法的同时，可以责令被告通过补办相关手续的方式来弥补对原告合法权益的侵害。在深圳市龙华新区可乐园小区第二届业主委

---

① 如果采取程序法进路的诉讼标的理论，诉讼请求即为诉讼标的或诉讼标的的一部分。参见马立群：《行政诉讼标的理论溯源及其本土化路径》，载《比较法研究》2022年第 6 期，第 93 - 97 页。

② 参见江苏省徐州市中级人民法院（2016）苏 03 行终 125 号行政判决书。

员会诉深圳市生态环境局龙华管理局环境行政许可案①中，被诉行政许可违反法定程序，但考虑到公共利益的要求，法院未予撤销而仅确认违法，并责令被告采取补救措施。法院指出："被上诉人作出批复前未进行的听证程序，可以采取补救措施，依照《环境保护行政许可听证暂行办法》补充听取上诉人的听证意见。上诉人主要反映的建设项目运营期振动污染环境影响评价，可以由被上诉人依照《中华人民共和国环境影响评价法》（2016 年修订）相关规定，采取补充评价处理。"在南雄市希普思五金机械有限公司诉南雄市交通运输局、南雄市地方公路管理站侵占土地行政纠纷案中，在法定条件不成熟的情况下，被告实施占地建设行为构成违法侵占行为。基于社会公共利益的考虑，人民法院可以在判决确认该行政行为违法的同时，责令行政机关采取补救措施，及时完善用地手续，依法弥补违法行政行为给企业造成的经济损失。

（3）提供相关公共服务。这主要适用于因确认相关特许经营协议无效导致公共服务难以持续的情形。如在灌云中孚环保科技有限公司诉灌云县人民政府等撤销政府特许经营协议纠纷案②中，二审法院确认被上诉人灌云县人民政府授权被上诉人灌云县城市管理局与原审第三人中国光大环境（集团）有限公司签订的"连云港市灌云县生活垃圾焚烧热电联供厂 BOO 项目特许经营协议"无效，责令自本判决生效之日起，被上诉人灌云县人民政府依法采取补救措施，履行行政管理和服务职能，保障持续稳定安全地提供与"连云港市灌云县生活垃圾焚烧热电联供厂 BOO 项目特许经营协议"所涉特许经营项目相关的公共产品及公共服务。

（4）解决权利冲突，化解争议。这主要适用于因行政行为导致私权冲突的情形。在英德中油燃气有限公司诉广东省英德市人民政府等特许经营行政协议纠纷案中，行政机关将同一区域内独家特许经营权先后授予不同的经营者，引发争议。一审法院判决保护在先的特许经营权，确认在后的特许经营协议无效。广东省高级人民法院二审认为，被告存在于同一区域将具有排他性的独家特许经营权先后重复许可给不同的主体的行为，应当认定为违法。该重复许可系行政机关的行政行为所致，并不必然导致在后的华润公司所获得的独家特许经营权无效，华润公司基

---

① 参见广东省深圳市中级人民法院（2019）粤 03 行终 1011 号行政判决书。
② 参见《最高人民法院公报》2023 年第 11 期，第 38－48 页。

于其所签订的特许经营权协议而享有的相关合同利益、信赖利益亦应当受到保护。且中油公司、华润公司均已进行了管道建设并对园区企业供气，若撤销任何一家的特许经营权，均将影响到所在地域的公共利益。对于重复许可的相关法律后果，应当由行政机关承担，不应由华润公司承担，原审法院判令该公司停止管道燃气建设及经营活动不当。最终二审法院判决在确认二次许可违法的同时，责令英德市政府采取补救措施。尽管二审法院在判决主文中未明确补救措施的具体内容，但在判决理由中提出："英德市政府应当采取补救措施，依法作出行政处理，对双方相应经营地域范围予以界定，妥善解决本案经营权争议"。本案二审承办法官对此的解释是："本案中，对于经营权冲突的彻底解决，必然需要明确中油公司、华润公司各自的经营权地域范围。明确范围，则可能涉及经营区域的二次界定、是否合理补偿以及补偿的具体方式如何确定等问题，牵扯各方利益，需要统筹解决，不宜由人民法院直接判决予以确定"①。在南阳华润燃气有限公司与南阳市卧龙区人民政府等特许经营协议行政纠纷上诉案②中，一审法院认为被诉行政行为违法，但存在不宜撤销的法定情形，在作出确认违法的同时，责令被告南阳市卧龙区人民政府、南阳市卧龙区住房和城乡建设规划局于本判决生效之日起2个月内采取相应补救措施。但一审判决对于补救措施的内容未作出具体要求。二审判决在维持一审判决的同时，在判决理由中指出："卧龙区政府、卧龙区住建局对华润燃气、中燃燃气在涉案范围内的管道燃气经营权争议如何妥善解决、经营地域范围如何界定、在管道范围的基础上是否可以再行扩大等现实问题，应当主动履行行政职责，积极采取相应补救措施，依法作出行政处理。"

（5）消除影响。这具体包括停止侵害、重新启动行政程序等。如陈某华与常熟市支塘镇人民政府行政强制案③中，法院认为支塘镇政府是行政主体的镇人民政府，我国相关法律未规定授予其享有对行政相对人使用房屋实施断电断水行政强制的行政职权，故支塘镇政府对陈某华购买并使用的房屋所实施的断电断水行政强制行为，应当被认定为是超越

---

① 林劲标：《特许经营权重复许可的效力认定及归责》，载《人民司法》2020年第8期，第95页。

② 参见河南省高级人民法院（2019）豫行终3520号行政判决书。

③ 参见江苏省苏州市中级人民法院（2017）苏05行终82号行政判决书。

了行政职权的行为，构成违法，遂判决支塘镇政府在本判决生效后 5 日内对房屋恢复供电供水。

三、责令赔偿判决的适用

与责令补救判决的权利基础不同，责令赔偿判决的权利基础单一，即为损害赔偿请求权，其适用要件也基本等同于国家赔偿的相关要件，下简述之。

（一）责令赔偿判决的请求权基础

从国家公法责任体系的均衡性出发，此处的赔偿与一并适用于撤销判决的赔偿无本质差异，均立基于损害赔偿请求权。尽管撤销判决并未规定作为其附随判决的责令赔偿判决，但 2018 年《行诉法解释》第 95 条规定："人民法院经审理认为被诉行政行为违法或者无效，可能给原告造成损失，经释明，原告请求一并解决行政赔偿争议的，人民法院可以就赔偿事项进行调解；调解不成的，应当一并判决。人民法院也可以告知其就赔偿事项另行提起诉讼。"故不仅在作出确认判决的情形下，法院作出责令赔偿判决；在作出撤销判决的情形下，法院也可以在当事人请求的情形下作出责令赔偿判决。第 95 条将撤销判决与确认判决中的责令赔偿一并规定，说明两种情形下的赔偿在本质上并无不同，均属于国家赔偿。

（二）责令赔偿判决的适用要件

《行政诉讼法》第 76 条就责令补救判决仅规定了"给原告造成损失的"这一个适用要件，但此并不意味着其不需要国家赔偿所需的其他要件。由于适用于被撤销的行政处理的责令赔偿判决的作出需要满足行政赔偿的一般要件，而如果认为附随于确认判决的责令赔偿判决仅需损失要件，则会造成赔偿力度的不一，故为统一对国家侵权行为带来的损害的救济力度，应认为此处的赔偿要件与行政赔偿的要件相同。至于行政赔偿的要件为何，学界就过错与违法要件的必要与否、如何判断等存在一定争议，本文在此不予讨论。由于损害要件的判断与作为主判决的确认判决的类型以及补救措施存在密切关系，故需要予以特别说明。

第一，部分确认判决并无附随作出责令赔偿判决的可能。行政诉讼原则上为主观诉讼，权利侵害的存在为诉的合法性要件之一，特别是在承认确认利益必要性的情况下，法院作出确认判决，依然维持了违法行政行为的效力。违法行为造成的权利侵害后果，不能通过确认违法得到修复，从而需要作出责令补救判决。尽管补救措施并非仅指向事实状态的完全恢复，部分恢复或不利影响的削弱亦是补救措施的可能效果，但部分情形下，恢复原状或不利影响的消除均不再可能，如前述不再存在履行可能的不履行职责与拖延履行职责行为被确认违法的情形，又如对人身自由的违法剥夺或违法行政活动使私人所有物灭失的情形。在这些情形下，无补救措施的作出空间，而只有赔偿的余地。

第二，在补救能够完全恢复原状的情形下，也无作出责令赔偿判决的可能。从填平原则的角度出发，在行政活动损害被补救措施弥补的情形下，也无作出责令赔偿判决的可能。在王某林诉山东省聊城市东昌府区人民政府行政强制案①中，一、二审法院确认被告占用王某林承包土地的行为违法，责令被告采取补救措施，但驳回了原告提出的赔偿请求。一审法院认为，采取补救措施已经包括或者变相包括了原告的诉讼请求，在被告采取补救措施前，原告要求赔偿的行为还不成熟，尚"不具备法定条件"。二审法院则认为，裁判被告承担赔偿责任的时机不成熟，原告如果在领取补偿款后仍不足以弥补损失，可通过其他途径维权。

第三，尽管 2014 年《行政诉讼法》第 76 条也没有规定责令赔偿判决的作出需要以原告请求为前提，但如在前文责令补救判决的部分所述，从诉判一致等原则出发，一般还是以引导原告提出相应请求，经双方在诉讼程序中充分的互为攻防后法院再行确定赔偿数额为宜。特别是 2018 年《行诉法解释》第 95 条就释明的规定，并未明确区分不同情形下的责令赔偿判决，责令赔偿判决的作出均需以原告请求为前提。

（三）责令赔偿判决具体内容的确定

责令赔偿判决的具体内容即赔偿的数额为何，一般应当遵循国家赔偿的数额计算方法。和一般情形下的赔偿存在区别的是，本处的责令赔偿可能与责令补救同时作出。从填平原则出发，在同时作出责令补救判决与责令赔偿判决的情形下，赔偿的额度不应超过采取补救措施之后未能弥补的损害，仅需就补救措施未能予以解决的部分予以赔偿。在许某云诉金华市婺城区人民政府房屋行政强制及行政赔偿案②中，各级法院

---

① 参见最高人民法院（2018）最高法行申 5251 号行政裁定书。
② 参见《最高人民法院公报》2018 年第 6 期，第 30 - 38 页。

对被诉强制拆迁行为违法并无异议，争议焦点在于本案应通过行政赔偿程序还是补偿程序进行。最高人民法院在对本案的再审判决中指出：一审判决责令婺城区政府参照征收补偿方案对许某云进行赔偿，未能考虑到作出赔偿决定时点的类似房地产市场价格已经比征收补偿方案确定的补偿时点的类似房地产市场价格有了较大上涨，仅参照征收补偿方案进行赔偿，无法让许某云有关赔偿房屋的诉讼请求得到支持；二审判决认为应通过征收补偿程序解决本案赔偿问题，未能考虑到案涉房屋并非依法定程序进行的征收和强制搬迁，而是违法实施的强制拆除，婺城区政府应当承担赔偿责任。

四、适用顺序与判决执行

在说明责令补救判决与责令赔偿判决的权利基础与适用要件后，值得进一步讨论的是责令补救判决和责令赔偿判决的适用顺序和执行问题。

（一）责令补救判决与责令赔偿判决的适用顺序

如前所述，责令补救判决和责令赔偿判决，在权利救济方面都具有依附性、后备性，不如撤销判决所具有的权利救济的彻底性和充分性。只是在基于利益权衡或事实原因不宜撤销和不能撤销时，为弥补当事人合法权益受损而采取的一种替代性、补充性的判决形式。那么，在功能上，责令补救判决和责令赔偿判决就都属于第二次权利救济的形式。比较法存在第一次权利救济优先的原则，其将后果清除作为第一次权利救济，而优先于国家赔偿。我国立法对此并未予以明确，在学理上值得探讨。

1. 应当将责令补救判决和责令赔偿判决均归入第二次权利救济范畴

在德国法上，一、二次权利救济的划分不仅与不同实体权利之间的关系有关，更与法院的设置与分工有关。鉴于我国国家赔偿立法与一元化的法院体系，无法完全移植一、二次权利救济划分的理论。国家赔偿的请求可以在行政诉讼中一并提出，其和责令补救判决相似，均后置于撤销判决或确认判决的作出，亦即二者均非处于第一顺位，而属于第二次权利救济。出于维护救济时效统一等目的的考虑，也应采取第一次权利救济优先原则，但第一次权利救济不包括后果清除，即要求法院判决责令采取补救措施或责令赔偿时需要先行确认行政活动违法。[①]

2. 根据诉讼请求确定适用顺序

在将补救措施与赔偿均置于第二次权利救济后，需要分析的是补救措施和损害赔偿之间的适用顺序。在立法上，《行政诉讼法》第 76 条尽管将赔偿后置于补救措施，但也并未强制规定二者的先后顺序。实践中，法院会综合考虑原告的诉讼请求作出判断。认为补救措施应当优先适用于赔偿的观点，往往诉诸存续保护优先于财产保护的观点，即认为清除损害后果比给予金钱补偿对原告更为有利。在第一次权利保护优先原则之下，法院应当通过详尽和缜密的衡量，竭尽所能地寻找排除权利侵害的可能性，并根据这种可能性来设计和责令行政机关采取相应的补救措施；在这种可能性明显不存在之时，才考虑进行损害赔偿。但何者对于原告的补救更为彻底，由原告判断可能更为妥当。如在土地被行政机关违法占用的情形下，时过境迁，原告可能不再具有开发该土地的意愿与必要，此时给予金钱补偿反而更为合适。在原告不请求法院判决责令采取补救措施，而径行请求法院赔偿的情形下，法院一般根据填平原则判决赔偿即可，而不需再引导原告增加请求判决责令采取补救措施的诉讼请求。不过在涉及多方当事人的情形下，若部分当事人请求恢复原状，而部分当事人请求赔偿，在采取恢复原状的补救措施的成本并不畸高时，优先判决采取补救措施，而不为责令赔偿判决，可以使利益的分布状态回复到违法行政活动作出前的情形，减少不必要的纠纷。如在被行政机关违法占用的土地上有不属于土地使用权人的房屋，房屋所有人与土地使用权人就请求责令赔偿还是责令采取补救措施存在争议，此时，行政机关返还土地及土地上房屋即可使双方权利均得恢复，从而一次性化解相关争议。

（二）责令补救判决的可执行性问题

1. 法院应尽可能明确补救措施的具体内容

在因维护国家、社会公共利益而确认违法情况下，即使相对人的请求不包含采取补救措施的内容，人民法院也应主动向当事人释明，引导当事人提出补救措施的请求，避免相对人另行提起给付或赔偿之诉，对

---

① 参见杜仪方：《论我国行政赔偿中的确认违法程序》，载《南开学报（哲学社会科学版）》2023 年第 2 期，第 182-185 页。

当事人造成更大不利影响。为确保责令补救判决的可执行性，在作出判决前应就补救措施的内容、期限征求双方当事人的意见。在行政机关并无裁量空间或者经双方协商能就补救措施的具体内容形成明确意见的情况下，法院应在判决主文中明确补救措施的具体内容。对部分难以明确补救措施内容的，应在裁判理由中通过明确补救措施必须考量的相关因素进行约束规制，避免产生"无效"责令补救判决。

2. 补救措施明确具体时，可诉请法院强制执行

责令补救判决属于给付性质的判决形式，是对原告结果去除请求权的一种认可和确认，具有可执行的内容。责令补救判决作出后，行政机关未按照判决采取补救措施，或仅采取部分补救措施，或补救措施与原判内容明显不符的，原告可以申请人民法院强制执行，人民法院采取的强制执行手段则主要通过《行政诉讼法》第 96 条的规定进行。对行政机关采取的补救措施不服的，相对人有权提起诉讼。人民法院不得以不属于受案范围、重复起诉等理由不予受理，并应当对补救行为是否符合原判进行判断、认定。在王某诉山西省大同市平城区人民政府行政赔偿案①中，一审法院判决：确认原南郊区政府强制拆除王某房屋的行政行为违法，并责令其对被拆房屋采取补救措施，给予王某相应的补偿或者赔偿。该判决书生效后，王某向山西省朔州市中级人民法院申请执行，该院以行政判决书中没有明确的给付内容为由，驳回了王某的执行申请。王某向一审法院提出了行政赔偿之诉，一、二审法院都驳回了其诉讼请求。最高人民法院对此进行再审后认定：该判决生效后，王某于2017 年 7 月 14 日向原南郊区政府提出国家赔偿申请，原南郊区政府未在两个月内作出赔偿决定。缘此，王某向原南郊区政府要求赔偿未果后，提起本案行政赔偿诉讼，不属于重复起诉。一审法院以重复起诉为由裁定驳回王某的起诉，二审法院予以维持，属适用法律错误，应当予以纠正。

3. 在补救措施不够明确具体时，私人可以另行提出补救请求

实践中，概括性的补救措施，难以达到权利救济的目的。实践中出现过一些因补救措施不具体不明确而导致原告合法权益难以得到实质性救济的情形。在向某生、荆某英诉湖南省溆浦县大江口镇人民政府行政

---

① 参见最高人民法院（2020）最高法行赔再 1 号行政裁定书。

允诺案①中，原告以"一审判决'责令政府采取补救措施'没有具体内容"为由提起上诉。二审法院对补救措施的内容进行了细化，要求被告："结合本案实际情况，具体的补救措施可先由双方相互协商确定；协商不成，溆浦县政府、大江口镇政府在本判决生效后 60 日内按照《国有土地上房屋征收与补偿条例》及当地实施办法的规定，参照本案判决时溆浦县签订国有土地上房屋征收补偿协议并搬迁腾空房屋的最高奖励标准和一次性每户奖励，对向某生夫妇房屋拆迁进行一次性的货币补偿。"被告溆浦县政府又以"二审确定的具体补救办法认定事实和适用法律错误，实践中无法执行"为由向最高人民法院申请再审。最高人民法院最后认定："本院组织询问时，溆浦县政府表示当地并无征收国有土地上房屋的先例，没有对应的当地补偿标准，但二审法院所指的参照标准不应局限于溆浦县当地，若当地确无对应标准，溆浦县政府可以参考怀化市或者湖南省其他县市的标准进行。请溆浦县政府按照二审法院的裁判指引和裁判结论及时、充分地兑现行政允诺，用实际行动履行人民法院的生效裁判。"

在类似案件中，争议的焦点通常是补救措施的实效性问题。鉴于生效裁判已确认了被诉行政行为的违法性或无效，私人不得再对行政行为的违法性或无效提起争讼。但针对补救措施，鉴于生效判决通常未明确补救措施的具体内容，即便法院受理了当事人的另行起诉，法院也难以直接强制执行。在此种情形下，可以考虑由私人直接向负有补救义务的行政机关另行提起补救请求。如果行政机关未在规定范围内采取补救措施，或采取的补救措施未令私人满意，那么私人可以针对行政机关未履行补救职责，另行提起不履行法定职责之诉或给付之诉。

---

① 参见最高人民法院（2019）最高法行申 612 号行政裁定书。

第77条（变更判决）

黄　锴

第七十七条　行政处罚明显不当，或者其他行政行为涉及对款额的确定、认定确有错误的，人民法院可以判决变更。

人民法院判决变更，不得加重原告的义务或者减损原告的权益。但利害关系人同为原告，且诉讼请求相反的除外。

一、规范沿革与规范意旨

2014年《行政诉讼法》第77条规定："行政处罚明显不当，或者其他行政行为涉及对款额的确定、认定确有错误的，人民法院可以判决变更。人民法院判决变更，不得加重原告的义务或者减损原告的权益。但利害关系人同为原告，且诉讼请求相反的除外。"该条在吸收1989年《行政诉讼法》第54条第4项和2000年《行诉法解释》第55条之规定的基础上作了一定程度的修改，构成了当下行政诉讼变更判决的规范基础。

（一）规范生成

不同于其他判决形式大多能在比较法上找到成例，1989年《行政诉讼法》设立变更判决主要是源于对本土问题的回应。① 基于对当时司法权与行政权力量差距的认识，为了尽可能提高司法审查的实效性，实现"行政机关作出符合法院意图的裁决"的目标，各级法院普遍要求在行政诉讼法当中承认"司法变更权"②。这一意见在行政诉讼法起草之初就被吸收，并被写入条文之中："对行政机关明显失当或受到不相关因素干扰的处理决定，并使起诉人受到不利影响时，人民法院可以适当变更行政机关的处理决定"③。这成为变更判决的雏形。然而，在征求意见过程中，该规定却收到了褒贬不一的评价。支持者多是法官，在他们看来，"变更权是审判权的组成部分，是制约和监督行政机关依法办事的有效方式"④。反对者则多是学者，其反对在行政诉讼法中写入变更判决的原因大抵可以归纳为两个层面：其一，从权力分立的角度，认为司法权可以监督行政权，但不能代替行政权。⑤ 其二，从专业分工的角度，认为司法权没有能力代替行政权作出变更。⑥

一边是司法实践的强烈需求，另一边是学者的据理力争，陷入两难的立法者最后选择了折中的立法途径——有限地承认司法变更权。1989年《行政诉讼法》最终规定："行政处罚显失公正的，可以判决变更。""有限地承认司法变更权"的立法原意对变更判决产生了以下两点规范

---

① 作为比较法上极为罕见的立法例，隶属于行政的法国行政法院、日本明治时期的行政法院、中华民国早期平政院也可作出变更判决。参见王贵松：《过程之中的行政裁量研究——对两篇评论的回应与思考》，载章剑生主编：《公法研究》第17卷，浙江大学出版社2018年版，第294页。

② 江必新：《论行政诉讼中的司法变更权》，载《法学研究》1988年第6期，第32页。

③ 《中华人民共和国行政诉讼法（试拟稿）》第22条第2款，1987年7月11日第一稿。参见何海波编：《行政法治奠基时：1989年〈行政诉讼法〉史料荟萃》，法律出版社2019年版，第8页。

④ 韦宗、阿江：《行政诉讼立法要论》，载《中国法学》1988年第6期，第17页。

⑤ 如有学者提出："正如行政机关应当尊重法院的独立，不能干涉法院的职权一样，法院也应当尊重行政机关职权的范围。法院监督行政机关行使职权，不是代替行政机关行使职权。"王名扬：《我国行政诉讼立法的几个问题》，载《法学杂志》1989年第1期，第4页。

⑥ 如有学者提出："司法机关往往不具备行政决定的事务方面的专业知识或专业组织，因此，司法变更权的适用可能导致司法专断或司法滥用裁量权，不利于整个国家管理目的。"江嘉禧：《行政审判中的司法变更权研究》，载《中国法学》1988年第6期，第34页。

意涵：其一，变更判决的本质是司法机关行使司法变更权，即司法机关可以代替行政机关直接改变行政行为的具体内容。立基于司法变更权的变更判决是以直接改变行政行为、形成新的行政法律关系为目标的，这与行政诉讼"不是直接去解决行政纠纷和调整行政关系，而是审查具体行政行为是否合法"的主流理解存在明显的张力。① 其二，变更判决在行政诉讼判决体系中居于次要的位置，其适用范围极为有限。1989 年《行政诉讼法》对变更判决的适用范围作出两点限制，即在行为类型上有且仅有行政处罚一类，在具体情形上也仅限于"显失公正"②。为进一步压缩适用范围，立法说明对"显失公正"的程度进行明确："至于行政机关在法律、法规规定范围内作出的行政处罚轻一些或者重一些的问题，人民法院不能判决改变"③。

1989 年《行政诉讼法》实施以后，为了避免变更判决可能带来的"不敢告"现象，借鉴刑事诉讼法上"上诉不加刑"的规定，2000 年《行诉法解释》第 55 条对变更的内容作出限制规定："人民法院审理行政案件不得加重对原告的处罚，但利害关系人同为原告的除外。人民法院审理行政案件不得对行政机关未予处罚的人直接给予行政处罚。"至此，行政诉讼变更判决"一主一辅"的规范结构正式生成。

---

① 参见肖峋：《试论人民法院审查具体行政行为合法性的原则》，载《中国法学》1989 年第 4 期，第 30 页以下。事实上，在这一问题上，行政诉讼法最后的起草环节中立法者仍旧存在摇摆，1989 年 3 月 28 日的起草说明谈道："草案同时规定，人民法院判决被告改变原具体行政行为的，被告不得以同一的事实和理由作出与原具体行政行为基本相同的具体行政行为。"这意味着，变更判决并不直接作出行政行为，而是间接地责令行政机关改变行政行为。然而最终于 1989 年 4 月 4 日通过的《行政诉讼法》将这一限制挪到了重作判决上，即该法的第 55 条："人民法院判决被告重新作出具体行政行为的，被告不得以同一的事实和理由作出与原具体行政行为基本相同的具体行政行为。"这也从反面证实了，在立法者看来，变更判决不是间接地责令行政机关改变行政行为，而是直接代替行政机关作出行政行为。参见王汉斌：《关于〈中华人民共和国行政诉讼法（草案）〉的说明——1989 年 3 月 28 日在第七届全国人民代表大会第二次会议上》，载《最高人民法院公报》1989 年第 2 期，第 14 页。

② 采用"显失公正"这一表述，可能受到当时学者观点的影响："行政机关的处理决定是在幅度以内，但法院有确凿的证据证明行政机关所作的决定受到了不相关因素的影响，或明显失之公允，以至损害了相对人的权益时，法院可以变更。"应松年：《行政诉讼的基本原则》，载《政法论坛》1988 年第 5 期，第 69 页。

③ 王汉斌：《关于〈中华人民共和国行政诉讼法（草案）〉的说明——1989 年 3 月 28 日在第七届全国人民代表大会第二次会议上》，载《最高人民法院公报》1989 年第 2 期，第 14 页。

（二）规范变迁

变更判决虽被写入《行政诉讼法》当中，但由于"行政处罚显失公正""可以判决变更"等概念的高度不确定性，其在实务中极少得到适用。据全国法院司法统计公报的数据，全国三级法院共审结一审行政案件中，适用变更判决的比例逐年下降，至 2010 年以后，该项比例已经跌至 0.1% 以下，几乎可以忽略不计。① 对此，有观点认为，应当通过扩大变更判决的适用范围，使法官不再受到这些不确定法律概念的限制。② 与之相反的观点则认为，变更判决的价值实际上只是解决立法初期存在的行政机关有意对抗司法权威的问题，目前这一问题已经得到了解决，变更判决便不再需要适用。③

这样的观点碰撞在 2014 年《行政诉讼法》修改过程中被进一步放大。支持者认为不仅应该保留变更判决，还应当扩大其适用范围；反对者认为应当删除变更判决的有关规定。究其根源，在于双方对司法权状况的认知不一，支持者更多地看到当下的司法权过度谦抑，丧失了解决矛盾纠纷的能力，反对者则更多地看到当下的司法权过度能动，具有侵蚀行政权的危险。对此，立法者仍旧以折中的态度调和两者的矛盾："在我国现有的行政体制和司法体制下，建立能动型司法既不现实，也不科学，而司法过于保守又使行政审判难以发挥实效，在这种情况下，对两者进行折中，既坚持司法中立、司法被动的原则，又强调司法对社会需求和实质正义的回应，实现司法审查有限与有为的兼得"④。基于这一认知，立法者将变更判决在修法中加以保留，并作了以下两点修改：

其一，将变更判决适用范围有限扩大。虽然立法说明中，用了"扩

---

① 参见历年全国法院司法统计公报，载 http：//gongbao. court. gov. cn/ArticleList. html? serial _ no＝sftj。

② 参见林莉红主编：《行政法治的理想与现实——〈行政诉讼法〉实施状况实证研究报告》，北京大学出版社 2014 年版，第 319 页。

③ 参见余凌云：《行政诉讼上的显失公正与变更判决——对〈中华人民共和国行政诉讼法〉第 54 条第（4）项的批判性思考》，载《法商研究》2005 年第 5 期，第 50 - 51 页。

④ 全国人大常委会法制工作委员会行政法室编：《行政诉讼法立法背景与观点全集》，法律出版社 2015 年版，第 318 页。

大变更判决范围"这样的表述①，但事实上，立法者并没有吸纳"所有
自由裁量行为显失公正都可以直接变更"的观点，"考虑到变更判决涉
及司法权与行政权的界限划分，原则上法院不能替代行政机关作出行政
行为，也不能替代行政机关决定行政行为内容，这个原则应当坚持，总
体上例外情形不宜过多"②。因此，2014 年《行政诉讼法》对变更判决
适用范围的修改即便认为是扩大，也是极其有限的扩大。对于适用范围
的修改主要包括两方面内容：（1）将"行政处罚显失公正"修改为"行
政处罚明显不当"，原因主要在于保持与撤销判决适用情形的一致。③
（2）增加了"其他行政行为涉及对款额的确定、认定确有错误"的情
形，这一修改被认为借鉴了德国等的立法例，原因是"一般来说，金钱
数额计算无须依赖于复杂的、只能由行政机关确认的因素"④。

其二，吸收了 2000 年《行诉法解释》第 55 条第 1 款的内容。2014
年《行政诉讼法》将原先变更判决"一主一辅"的规范结构予以合并，
形成了《行政诉讼法》第 77 条的规定。其中第 77 条第 2 款规定："人
民法院判决变更，不得加重原告的义务或者减损原告的权益。但利害关
系人同为原告，且诉讼请求相反的除外。"其中，有关变更内容限制，
以"不得加重原告的义务或者减损原告的权益"代替了原先"不得加重
对原告的处罚"的表述，使这一限制覆盖到新增的"其他行政行为涉及
对款额的确定、认定确有错误"的情形；限制的例外中增加了"且诉讼
请求相反"的要件，弥补了原先的法律漏洞。值得注意的是，2000 年
《行诉法解释》第 55 条第 2 款的内容在 2014 年修法中被舍弃，究其原
因，应当是"人民法院审理行政案件不得对行政机关未予处罚的人直接
给予行政处罚"本质上并非变更某个行政行为，而是作出某个行政行

---

① 参见信春鹰：《关于〈中华人民共和国行政诉讼法修正案（草案）〉的说明——
2013 年 12 月 23 日在第十二届全国人民代表大会常务委员会第六次会议上》，载《全国
人民代表大会常务委员会公报》2014 年第 6 期，第 691 页。

② 全国人大常委会法制工作委员会行政法室编：《中华人民共和国行政诉讼法解
读》，中国法制出版社 2014 年版，第 212 - 213 页。

③ 参见全国人大常委会法制工作委员会行政法室编：《中华人民共和国行政诉讼
法解读》，中国法制出版社 2014 年版，第 210 页。

④ ［德］弗里德赫尔穆·胡芬：《行政诉讼法》，莫光华译，法律出版社 2003 年
版，第 589 页。

为，与变更判决的内容无涉。①

（三）体系定位

2014 年《行政诉讼法》初步完成了"判决方式类型化"的目标②，作为判决类型的一种，变更判决与多种判决之间存在较为紧密的关系，厘清变更判决与其他判决之间的关联，明确其在判决体系中的定位，是适用变更判决的必要前提。

1. 作为撤销判决补充形式的变更判决

参照民事诉讼法上的分类规则，变更判决与撤销判决同属于形成判决，两者的关联最为紧密。③ 关于两者的关系，学界主要有补充说、例外说两种学说：补充说认为，变更判决是撤销判决的补充，在撤销判决适用范围中存在部分情形可以选择适用变更判决④；例外说认为，变更判决是撤销判决的例外，在特定情形下无法适用撤销判决时方可适用变更判决。⑤ 权威观点采纳了补充说，认为"变更判决是撤销判决的补充形式，能作出变更判决的也能作出撤销判决"⑥。

将变更判决视为撤销判决的补充形式在规范上可以得出两点推论，直接影响到变更判决的适用：其一，变更判决的适用范围应该内含于撤

---

① 修法以后，2000 年《行诉法解释》第 55 条第 2 款的内容在最高人民法院法官的著述中仍被保留和重申，并指出"这一内容实际上与禁止不利变更原则同等重要，虽然本次修订没有收入，但是，在司法实践中应当继续执行司法解释的有关规定"。参见江必新、梁凤云：《行政诉讼法理论与实务》，法律出版社 2016 年版，第 1626 页；李广宇：《新行政诉讼法逐条注释》，法律出版社 2015 年版，第 669 页。

② 参见郭修江：《行政诉讼判决方式的类型化——行政诉讼判决方式内在关系及适用条件分析》，载《法律适用》2018 年第 11 期，第 10 页。

③ 参见张卫平：《民事诉讼法》，法律出版社 2016 年版，第 414 页。比较法上，行政诉讼的诉讼类型也是在参考民事诉讼制度基础上予以划分，如德国的《行政法院法》即将诉讼类型分为形成之诉、确认之诉、给付之诉三种类型：形成之诉指旨在通过法院的形成判决直接形成法律关系的诉；确认之诉指旨在要求法院作出确定某法律关系是否存在或具体行政行为是否自始无效的诉讼类型；给付之诉是指旨在通过法院实现原告的某权利的要求，即要求被告实施某种"给付"的诉。参见刘飞：《德国公法权利救济制度》，北京大学出版社 2009 年版，第 83-84 页。

④ 参见李广宇：《新行政诉讼法逐条注释》，法律出版社 2015 年版，第 664 页。

⑤ 参见黄永维、郭修江：《司法谦抑原则在行政诉讼中的适用》，载《法律适用》2021 年第 2 期，第 72 页。

⑥ 袁杰主编：《中华人民共和国行政诉讼法解读》，中国法制出版社 2014 年版，第 211 页。

销判决的适用范围内。具体而言：（1）变更判决所针对的行为类型应该少于或等于撤销判决所针对的行为类型，如对《行政诉讼法》第 74 条第 2 款规定的"不具有可撤销内容"的行政行为，因为不适用撤销判决，所以也不能适用变更判决；（2）变更判决所针对的具体情形应该少于或等于撤销判决所针对的具体情形，《行政诉讼法》第 70 条规定了撤销判决适用的六种情形，那么变更判决所适用的"行政处罚明显不当"和"其他行政行为涉及对款额的确定、认定确有错误"必然包含于其中。其二，即便在变更判决的适用范围内，法院亦可作出撤销判决。在法律规定的适用范围内，变更判决也并非可以得到优先适用，相反，即便如此，法院作出撤销判决可能是更优选择。

2. 区分于重作判决的变更判决

《行政诉讼法》第 70 条在规定撤销判决之外，还确立了作为撤销判决从判决的重作判决。同为撤销判决的补充形式，变更判决与重作判决的关系是值得分析的。重作判决是在撤销判决之后，判决被告重新作出行政行为。其与变更判决一样，是以一个新的行政行为代替一个旧的行政行为。特别是在典型案例尹某玲诉台州市国土资源局椒江分局土地行政批准案确立了"在裁判时机成熟时"判令行政机关作出内容明确的行政行为的规则后[1]，重作判决与变更判决之间的界限看似更趋模糊。有学者据此指出："撤销重作判决发挥着变更判决的作用，尤其是法院在判决中指示行政机关如何重作的情况下更是如此"[2]。

事实上，这样的认知是值得商榷的。即便重作判决可以判令行政机关作出内容明确的行政行为，这一行政行为最终依旧是行政机关自己作出的，与直接代替行政机关作出行政行为的变更判决依旧存在天壤之别。换言之，重作判决不具有形成力，无法直接形成新的行政法律关系，而变更判决则具有形成力，可以通过判决直接形成新的行政法律关系。[3] 就此而言，比之于重作判决，变更判决的司法审查强度更高，也

---

① 参见最高人民法院行政审判庭编：《中国行政审判案例》（第 4 卷），中国法制出版社 2012 年版，第 165 页以下。

② 孔繁华：《行政诉讼变更判决研究——以比较法为视角》，载《当代法学》2006 年第 5 期，第 157 页。

③ 参见张静：《论行政诉讼变更判决》，载《行政法学研究》2015 年第 2 期，第 74 页。

因此，其在实质性解决行政争议方面的功能更为强大。[①]

3. 不适用于行政协议变更的变更判决

《行政诉讼法》第78条规定了行政协议判决，内含了继续履行、采取补救措施、赔偿三种形式的判决，但并不包含变更行政协议的判决。随着2019年《行政协议审理规定》将"其他有关行政协议的订立、履行、变更、终止等诉讼请求"纳入行政协议诉讼之中，司法实务中亟须变更行政协议的判决依据。对此，司法实务认为，"在行政协议案件中，亦可以适用变更判决"[②]。同时，在最高人民法院发布的行政协议典型案例温某芝诉上海市虹口区住房保障和房屋管理局请求确认房屋征收补偿协议无效案中，法院根据《行政诉讼法》第77条对征收补偿协议的内容进行变更的做法也得到了认可。[③]

将变更判决适用于行政协议变更在司法实务中虽无障碍，但从本质上偏离了变更判决的设立初衷。如上文所述，变更判决立基于司法变更权，其本质上处理的是行政权与司法权的关系，而行政协议兼具行政性与协议性，行政机关在订立行政协议过程中与行政相对人处于平等地位，很难称得上是行使行政权，因此，变更行政协议与其说是代替行政机关作出行政行为，毋宁说是代替协议双方表达真实意思，显然，这不符合变更判决的基本定位。那么，法院应当如何回应变更行政协议的诉讼请求呢？更为妥当的做法是，适用《行政协议审理规定》第27条的规定，参照适用民事法律规范中有关合同变更的规定作为判决变更行政协议的依据。正如一些观点指出的："行政协议变更判决的适用情形可以参照合同法第54条规定的立法精神。行政协议虽然是一种行政行为，但属于双方行政行为，与民事合同具有法理上的共通性。合同法上变更判决的适用情形对于行政协议的变更判决具有重要参考价值"[④]。

[①] 参见章剑生：《行政诉讼"解决行政争议"的限定及其规则——基于〈行政诉讼法〉第1条展开的分析》，载《华东政法大学学报》2020年第4期，第100页。

[②] 江必新主编：《新行政诉讼法专题讲座》，中国法制出版社2015年版，第273页。

[③] 参见《最高人民法院行政协议典型案例（第一批）》。

[④] 危辉星、张波、吴宇龙：《行政判决可以直接变更行政协议》，载《人民法院报》2017年1月5日，第6版。

二、变更判决的适用范围

关于变更判决的适用范围，《行政诉讼法》第 77 条明确规定了"行政处罚明显不当"和"其他行政行为涉及对款额的确定、认定确有错误"的两种情形，在两种情形后并无"等"字。据此可以认为，变更判决的适用限于以上两种情形，对这两种情形之外的情形必定无法适用变更判决。同时，基于立法者对变更判决所持的"有限适用"态度，对"行政处罚明显不当"和"其他行政行为涉及对款额的确定、认定确有错误"应当坚持限缩解释。

（一）行政处罚明显不当

"行政处罚明显不当"的适用情形源于 1989 年《行政诉讼法》中的"行政处罚显失公正"。该适用情形可以分解为：（1）行政行为必须是行政处罚；（2）行政处罚必须是明显不当的。其中第（2）点又可进一步分解为：行政处罚属于明显不当、不当达到明显的程度。

1. 行政行为必须是行政处罚

1989 年《行政诉讼法》把变更判决所适用的行为类型限定于"行政处罚"，当时提出的主要理由是"自由裁量权过大，应有所制约"[1]。随着 1996 年《行政处罚法》的出台，行政处罚领域的法律规范不断完善，当年立法中面临的"滥罚"现象逐渐得到治理。对此，有学者质疑道："显失公正的问题不仅仅在行政处罚当中存在，在其他行政行为当中也同样存在。既然法院可以对显失公正的行政处罚进行干预，为什么就不能对显失公正的其他行政行为进行干预呢？"[2]然而，2014 年《行政诉讼法》修改并未吸收这一观点，修改以后的法条依旧将"明显不当"的评判对象限定于"行政处罚"，权威的解释是："之所以限定为行政处罚，是因为行政处罚与其他具体行政行为相比，对相对人权益影响最严重，需要通过司法变更权加强对行政处罚的监督力度"[3]。

---

① 胡康生：《〈行政诉讼法〉立法过程中的若干问题》，载最高人民法院《行政诉讼法》培训班编：《行政诉讼法专题讲座》，人民法院出版社 1989 年版，第 52 页。

② 余凌云：《行政诉讼上的显失公正与变更判决——对〈中华人民共和国行政诉讼法〉第 54 条第（4）项的批判性思考》，载《法商研究》2005 年第 5 期，第 49 页。

③ 全国人大常委会法制工作委员会行政法室编：《行政诉讼法立法背景与观点全集》，法律出版社 2015 年版，第 313 页。

　　"行政行为必须是行政处罚"这一要件可以进一步展开：其一，行政处罚必须是成立且生效的。上文提及，因为变更判决是撤销判决的补充形式，所以变更判决所针对的行为类型应当是内含于撤销判决所针对的行为类型。通说认为，撤销判决所撤销的是行为的效力①，因此，不具有效力的行为无法撤销，也无法变更。在昆明威恒利商贸有限责任公司与昆明市规划局、第三人昆明市盘龙区人民政府东华街道办事处行政处罚纠纷案中，法院认为"被诉行政处罚在诉讼过程中已由被告昆明市规划局自行撤销"，因此，原告请求判令变更行政处罚的主张不能成立。② 其二，对于行政处罚的判定应当与行政处罚法对行政处罚的界定保持一致。2021年《行政处罚法》修改对行政处罚的种类进行了较大的扩充，并新设了行政处罚的定义条款，对此，司法实践对变更判决的适用范围也应作出相应的调整：对于新纳入行政处罚中的行为可以适用变更判决，对于未纳入行政处罚中的行为绝不能适用变更判决。以今天的眼光来看，黑龙江汇丰实业发展有限公司诉哈尔滨市规划局行政处罚案中法院所变更的除"罚款"之外，更重要的是"责令拆除违法建筑"的行为，而这一行为显然不属于行政处罚之列，对其适用变更判决已经明显超出了法定的适用范围。③ 总之，对这里的行政处罚须持限缩解释的态度，唯有如此，才能确保变更判决不被滥用。④

---

　　① 参见姜明安主编：《行政法与行政诉讼法》，北京大学出版社、高等教育出版社2019年版，第527页。

　　② 参见昆明威恒利商贸有限责任公司与昆明市规划局、第三人昆明市盘龙区人民政府东华街道办事处行政处罚纠纷案，载《最高人民法院公报》2009年第10期，第34—37页。

　　③ 参见黑龙江汇丰实业发展有限公司诉哈尔滨市规划局行政处罚案，最高人民法院（1999）行终字第20号行政判决书。对于"责令改正"行为的行为性质，《行政处罚法》第28条第1款规定："行政机关实施行政处罚时，应当责令当事人改正或者限期改正违法行为。"从该款规定看，责令改正本身显然不属于行政处罚之列。

　　④ 有学者批评道，如果采形式主义的行政处罚观，则容易导致像"责令停止行为"和"责令停产停业"，"制裁目的的违法事实公布"和"信息公开目的的违法事实公布"这些本身极为接近的行为措施，一部分可以适用变更判决，一部分不可以适用变更判决，不仅其合理性值得怀疑，而且也会给实践中的法律适用带来困扰。参见王明喆：《行政处罚种类扩张论批判》，载《交大法学》2022年第1期，第94页。事实上，从变更判决立法目的的角度来看，若不将行政处罚限定在明确的范围内，极易导致实践中变更判决滥用，从而打破司法权与行政权之间的平衡。

2. 行政处罚明显不当

行政处罚的违法情形可能包括主体、事实、依据、程序等各个方面，但本条将其限制在"明显不当"这种情形。根据权威观点，"明显不当"与 1989 年《行政诉讼法》中的"显失公正"并无实质区别。① 然而，关于何谓"显失公正"，一直以来众说纷纭，有观点认为显失公正主要指向裁量问题，也有观点认为显失公正可以指向程序问题，甚至有观点认为事实认定、法律适用也同样可能产生显失公正②，这一问题在司法实践中也未达成充分共识。③ 相比而言，"明显不当"则可以通过体系解释得出相对明确的内涵。除了变更判决，《行政诉讼法》第 70 条撤销判决也规定了"明显不当"的情形，同一部法律内的同一用词理应保持一致。④ 同时，如上文所述，变更判决的适用范围应当内含于撤销判决，因此，《行政诉讼法》第 77 条中的明显不当应当与《行政诉讼法》第 70 条中的明显不当作同一解释。进一步的，"在多个司法审查根据并存的情况下，对任何一个审查根据的解释都需要照顾体系的和谐，确保不同审查根据既有区分又能衔接"⑤，为避免与其他司法审查根据发生重叠，明显不当应当被严格限定于实体内容的效果裁量，具言之，这一判定又可分解为以下三个层次。

其一，明显不当指向行政裁量。"明显不当"中的"不当"即为

---

① 参见袁杰主编：《中华人民共和国行政诉讼法解读》，中国法制出版社 2014 年版，第 211 页。

② 参见朱新力：《行政处罚显失公正确认标准研究》，载《行政法学研究》1993 年第 1 期，第 33 页以下；林莉红：《行政处罚显失公正新论》，载《华中理工大学学报（社会科学版）》1999 年第 1 期，第 64 页以下；余凌云：《行政诉讼上的显失公正与变更判决——对〈中华人民共和国行政诉讼法〉第 54 条第（4）项的批判性思考》，载《法商研究》2005 年第 5 期，第 44 页以下；李哲范：《"显失公正"之定位》，载《当代法学》2010 年第 4 期，第 40 页以下。

③ 有学者统计自 1985 年《最高人民法院公报》创刊以来，人民法院在行政处罚案件中真正运用"显失公正"标准审查行政裁量问题的只有 1 例。参见黄雪娇：《行政判决"明显不当"标准之探讨——以〈最高人民法院公报〉和最高人民法院指导性案例中的行政处罚案例为样本的分析》，载《河南财经政法大学学报》2017 年第 2 期，第 37 页。

④ 参见章剑生：《现代行政法总论》，法律出版社 2019 年版，第 507 页。

⑤ 何海波：《论行政行为"明显不当"》，载《法学研究》2016 年第 3 期，第 75 页。

"不合理"，不合理在行政法上特指行政裁量的不合理。① 明显不当指向裁量问题，意味着在事实认定上不能适用"明显不当"，因为事实认定上不存在裁量。在王某利诉天津市和平区房地产管理局案中，法院以"和平区房管局也未提供王某利所申请政府信息涉及商业秘密的任何证据"作为判断明显不当的理由②，这一判断显然是错误的。证据不足的情况下，法院应当以《行政诉讼法》第70条第1项"主要证据不足"作为司法审查根据，而非采用明显不当。

其二，明显不当指向效果裁量。关于行政裁量的构造，学界主要有两种意见：一种意见认为裁量只限于法律效果的裁量③，另一种意见则认为裁量包括要件裁量和效果裁量。④ 近年来，更多学者持后一种意见，认为法律要件的判断和法律效果的确定之间并没有本质的区别。⑤即便承认要件裁量，也须排除明显不当适用于要件裁量的可能，原因在于：（1）从条文内部的体系解释来看，"要件裁量"问题一般能被"适用法律、法规错误"所吸收，无须通过明显不当予以解决。⑥（2）从条文外部的体系解释来看，《行政诉讼法》第60条第1款规定："人民法院审理行政案件，不适用调解。但是，行政赔偿、补偿以及行政机关行

① 在2014年《行政诉讼法》修改中，征求意见稿中本无"明显不当"的表述，正是基于"有些地方、法院、专家学者和社会公众提出，现行行政诉讼法规定人民法院只能对具体行政行为是否合法进行审查，对于行政机关明显不合理的行政行为，没有规定人民法院可以判决撤销，不利于解决行政争议"的考量，才在法条中写入了"明显不当"的表述，也可从侧面反映明显不当指向裁量。参见李适时：《全国人民代表大会法律委员会关于〈中华人民共和国行政诉讼法修正案（草案）〉修改情况的汇报——2014年8月25日在第十二届全国人民代表大会常务委员会第十次会议上》，载《全国人民代表大会常务委员会公报》2014年第6期，第694页。

② 参见《最高人民法院发布政府信息公开十大案例》，2014年9月12日。

③ 参见姜明安：《论行政自由裁量权及其法律控制》，载《法学研究》1993年第1期，第44-45页。

④ 参见杨建顺：《论行政裁量与司法审查——兼及行政自我约束原则的理论根源》，载《法商研究》2003年第1期，第64页。

⑤ 参见王贵松：《行政裁量的内在构造》，载《法学家》2009年第2期，第33-35页；郑春燕：《取决于行政任务的不确定法律概念定性——再问行政裁量概念的界定》，载《浙江大学学报（人文社会科学版）》2007年第3期，第171-173页。

⑥ 司法实践中一般认为："适用法律、法规错误，通常表现为行政机关对法律的原意、本质含义或者法律精神理解、解释的错误或者有意片面适用有关法律、法规规范等。"江必新、梁凤云：《行政诉讼法理论与实务》，法律出版社2016年版，第1604-1605页。

使法律、法规规定的自由裁量权的案件可以调解。"此处的"裁量"被解释为对法律效果的裁量。①

其三，明显不当指向实体内容的效果裁量。效果裁量分为对程序内容的效果裁量和对实体内容的效果裁量。法律对行政程序的规定往往也留有裁量空间，由行政机关根据实际情况自行裁量。此时能否用明显不当评价对程序内容的裁量？在张某文、陶某等诉四川省简阳市政府侵犯客运人力三轮车经营权案中，法院认为："简阳市政府 1996 年的经营权许可在程序上存在明显不当，直接导致与其存在前后承继关系的本案被诉行政行为的程序明显不当"②。事实上，这种做法是值得商榷的，行政机关在程序内容的裁量上存在不妥，法院依"违反法定程序"予以审查更为稳妥。退一步讲，即便法院认定了程序明显不当，也无法适用变更判决，因为变更判决的本质是法院代替行政机关作出行政行为，而行政程序已经实施完毕，其已不再具备可变更性。③

需要强调的是，本要件"行政处罚的违法情形属于明显不当"可进一步明确为"行政处罚的违法情形只有明显不当"，如果行政处罚同时构成了明显不当和其他司法审查根据中的一个或多个，便不再属于变更判决的适用范围。正如有学者所说："变更判决只有在极其例外的情况下使用，一般先通过其他审查标准检视之后，都没有发现问题，却仍然感到处罚畸轻畸重，这时才可以采用'明显不当'，通过精细化论证，在效果裁量上作有限度的纠偏"④。

3. 不当达到明显的程度

1989 年《行政诉讼法》起草说明中提道："行政处罚显失公正的，可以判决变更。至于行政机关在法律、法规规定范围内作出的行政处罚

---

① 参见袁杰主编：《中华人民共和国行政诉讼法解读》，中国法制出版社 2014 年版，第 169 页。

② 最高人民法院指导案例 88 号。

③ 在卢某等 204 人诉杭州市萧山区环境保护局环保行政许可案中，法院指出"如果认为行政行为存在程序违法或明显不当的"，有权确认违法或予以撤销，而并不包含变更。这也从侧面印证了本文观点。参见《人民法院环境保护行政案件十大案例》。

④ 余凌云：《论行政诉讼上的合理性审查》，载《比较法研究》2022 年第 1 期，第 153 页。

轻一些或者重一些的问题，人民法院不能判决改变"①。由此可知，行政行为不合理只有达到一定的程度方能进入到司法审查的范畴。就明显不当而言，关键在于对"明显"的把握，即在立法者看来，如果行政行为的不当达到了"明显"程度的话，那么，它就由合理性问题转化为了合法性问题，从而可以进入审查范围。这在司法审查中也被广泛认同："行政机关裁量行为仅存在不当的瑕疵，则司法审查不应介入；如行政机关裁量行为超过必要的限度构成违法，则应当接受司法审查"②。

对"明显"的把握实际上涉及司法审查强度的问题，将明显的标准提得越高代表着司法审查强度越低，如英国法上将温斯伯里原则作为判断"明显"的标准，其要求"严重违背常理或者公认的道德标准，任何一个通情达理的人在面对该问题时都不会作出那样的决定"③；相反的，将明显的标准放得越低代表着司法审查强度越高，如美国法上的重新审理标准要求法院无须考虑行政机关的意见，完全基于自己对该问题的判断作出裁决，而只要该裁决与行政机关的决定不一致，行政机关的决定就属"明显"不当。④ 我国司法实践中采取的司法审查强度总体较低，往往是以一个"理性人"所能感受到的"明显"为准⑤，在审查中通常采用"是否考虑应当考虑的因素"、平等原则、比例原则等标准：其一，"是否考虑应当考虑的因素"。通过判断行政机关在作出行政行为时的主观考虑因素，确定不当的明显程度。如在陈某河与洛阳市人民政府、洛阳中房地产有限责任公司行政赔偿案中，法院认为被告未考虑"房屋价格明显上涨且被拆迁人未及时获得合理补偿安置"的因素，按照多年前

① 王汉斌：《关于〈中华人民共和国行政诉讼法（草案）〉的说明——1989年3月28日在第七届全国人民代表大会第二次会议上》，载《最高人民法院公报》1989年第2期，第14页。
② 彭某华诉浙江省宁波市北仑区人民政府工伤行政复议案，载中华人民共和国最高人民法院行政审判庭编：《中国行政审判指导案例》（第1卷），中国法制出版社2012年版，第103-104页。
③ 余凌云：《英国行政法上的合理性原则》，载《比较法研究》2011年第6期，第17-18页。
④ 参见王名扬：《美国行政法》，北京大学出版社2015年版，第516页。
⑤ 参见梁君瑜：《行政诉讼变更判决的适用范围及限度》，载《法学家》2021年第4期，第91页。

制定的补偿标准对原告进行补偿的行为明显不当。[①] 其二，平等原则。一般对平等原则的理解是，相同情况相同对待、不同情况不同对待。如在翁某芬诉江苏省东台市市场监督管理局商标行政处罚案中，法院认为，被告在同一处罚程序中针对同类违法行为作出的两次处罚决定虽然都在法定范围内，但后一次处罚存在明显的加重，属于"明显不当"[②]。其三，比例原则。自公报案例陈某诉庄河市公安局行政赔偿纠纷案后，比较法上的比例原则得到继受，成为我国司法实践中判断"明显"与否最为主要的标准。[③] 如在陈某诉济南市城市公共客运管理服务中心客运管理行政处罚案中，法院指出，"在上述事实尚不明确以及该行为社会危害性较小的情况下，将该行为的后果全部归于被上诉人，并对其个人作出较重处罚，有违比例原则，构成明显不当"[④]。

值得注意的是，无论采取上述何种标准进行审查，只能判定行政机关所作的行政行为是否存在"明显"不当。至于究竟怎么样才是"当"，这些标准都给不了答案。这也使后续法院直接变更行政行为缺乏必要的支撑，成为"惊险的一跃"。

（二）其他行政行为涉及对款额的确定、认定确有错误

"其他行政行为涉及对款额的确定、认定确有错误"的适用情形系2014年《行政诉讼法》修改时新增，其借鉴了德国《联邦行政法院法》第113条的规定。[⑤] 可将此种情形分解为：（1）其他行政行为；（2）款额；（3）确定与认定；（4）确有错误。以下逐一分析。

1. 其他行政行为

基于上述对变更判决与撤销判决之关系的认识，可以推知，此处的

[①] 参见陈某河与洛阳市人民政府、洛阳中房地产有限责任公司行政赔偿案，载《最高人民法院公报》2015年第4期，第40-42页。

[②] 翁某芬诉江苏省东台市市场监督管理局商标行政处罚案，最高人民法院（2019）最高法行申9339号行政裁定书。

[③] 参见蒋红珍：《比例原则位阶秩序的司法适用》，载《法学研究》2020年第4期，第41-42页。

[④] 陈某诉济南市城市公共客运管理服务中心客运管理行政处罚案，载《最高人民法院公报》2018年第2期，第45-48页。

[⑤] 德国《联邦行政法院法》第113条中规定："如果原告要求改变具体行政行为所确定的金额或一个与此相关的确认，法院可以将其确定为另一数额或以另一个确认取代原有确认。"

其他行政行为应当是已经成立且生效的行政行为。更具有讨论价值的是，这里的"其他"为何意？根据条文内部的体系解释，可知这里的"其他"是指除了第一种情形中的"行政处罚"之外的其他行政行为。那么，这是否意味着"行政处罚涉及对款额的确定、认定确有错误"的，不能适用变更判决呢？司法实践中的观点认为，对此，法院也可以作出变更判决。^① 其理由为，"从条文的逻辑关系来看，'明显不当'意味着人民法院对于行政机关裁量空间较小的'明显不当'进行监督，而'款额确定认定'意味着人民法院对行政机关裁量空间几乎为零的事项进行监督，前者对行政处罚的监督力度更大"^②。

事实上，这种观点是值得商榷的。"行政处罚涉及对款额的确定、认定确有错误"的情形能否适用变更判决的关键在于，其能否被"行政处罚明显不当"所吸收。其中"行政处罚涉及对款额的确定……确有错误"实际上仍是针对处理结果的，只要该处理结果是由于裁量原因而"明显不当"，就可以通过"行政处罚明显不当"予以覆盖。问题的关键在于，"行政处罚涉及对款额的……认定确有错误"这种情况实际上已经不属于效果裁量的范畴，而属于事实认定的范畴，明显不当已经无法实现覆盖，因此，从逻辑上讲，"行政处罚涉及对款额的……认定确有错误"的，并不能适用变更判决。但从立法目的来看，其他行政行为涉及款额认定确有错误的，可以变更，而行政处罚涉及对款额认定确有错误的，不能变更，实难找到可靠理由，应将其视为法律漏洞。

2. 款额

"款额"一词的文义为"经费或款项的数额"^③。《行政诉讼法》除了第77条外，还有两处出现了"款额"，其中第82条有"案件涉及款额二千元以下"的表述，第96条有"对应当归还的罚款或者应当给付的款额，通知银行从该行政机关的账户内划拨"的表述，可见《行政诉讼法》当中的款额与一般文义上的并无差别。将款额作为该种情形的构成要件，主要原因在于"款额的确定、认定错误产生的原因有时是计算

---

① 参见梁凤云：《新行政诉讼法讲义》，人民法院出版社2015年版，第438页。

② 江必新、梁凤云：《行政诉讼法理论与实务》，法律出版社2016年版，第1622页。

③ 参见中国社会科学院语言研究所词典编辑室编：《现代汉语词典》，商务印书馆2016年版，第759页。

方法，有时是笔误，具有客观性，且行政机关对款额的确定、认定通常没有裁量空间，若法院认为被诉行政行为中款额的确定、认定错误不能直接变更，那只能作撤销加重作判决，这种做法徒增诉累，浪费程序资源，不足以及时性地保护原告合法权益"[1]。

在司法实践中，有将"款额"作过度扩张解释的倾向。在一起山林确权行政裁决案件中，法院认为被告所作的土地权属纠纷处理决定所确定的土地面积有误，并径行变更了土地面积。[2] 在案例评析中，法官进一步阐释道，"土地、山林、草原确权行政裁决案件中，涉及争议地中各方权利归属具体面积数额的确定确有错误属于与款额相关联的权利归属的认定出现错误"[3]。这一观点是值得商榷的。须知该规定虽然参考了德国《联邦行政法院法》第 113 条的规定，但我国只规定了款额可以变更，而未吸收"一个与此相关的确认"可以变更的规定。

3. 确定与认定

"款额的确定"与"款额的认定"的含义是不同的。根据权威解释，确定是行政机关根据案件事实作出的数额判断，如支付抚恤金、最低生活保障待遇、社会保险待遇案件中，对抚恤金、最低生活保障费、社会保险金的确定；认定主要是对客观存在事实的肯定，如拖欠税金的案件中，税务机关对企业营业税的认定。[4]

由此可知，款额的确定针对的是金钱给付决定的内容，款额的认定针对的则是作出行政行为的事实根据。因而，针对款额确定确有错误的变更更接近于针对行政处罚明显不当的变更，其所变更的是处理结果；针对款额认定确有错误的变更则与之不同，其所变更的是行政行为所认定的事实。

4. 确有错误

对"确有错误"的理解可以比照《行政诉讼法》第 90 条中的相同

---

[1] 章剑生：《现代行政法总论》，法律出版社 2019 年版，第 507 页。

[2] 参见广西壮族自治区隆林各族自治县新州镇民强村民委员会江管农业经济合作社诉隆林各族自治县人民政府、百色市人民政府山林确权行政裁决及行政复议案，最高人民法院（2019）最高法行再 134 号行政判决书。

[3] 郭修江、张巧云：《审理山林确权类行政裁决案件可适用变更判决》，载《人民司法》2020 年第 11 期，第 98 页。

[4] 参见袁杰主编：《中华人民共和国行政诉讼法解读》，中国法制出版社 2014 年版，第 212 页。

表述①，与"明显不当"不同，确有错误并非只指向于行政裁量，只要是最终的确定或认定结果确有错误，无论是何种原因导致的，均可被纳入"确有错误"之中。②

更为重要的是，"确有错误"所强调的虽也是程度问题，但其与"明显不当"的程度判定存在不同。明显不当更为强调的是"明显"，即在"任何人"或者"理性人"人看来是不当的；而确有错误则更为强调"确有"，即法院有足够的证据证明行政机关的认定或确定是错误的。因此在确有错误的判定中，比起使用各种原则，法院更倾向于用事实说话，即通过审查和计算对款额的确定和认定形成明确的结果，而这一结果与行政机关所得出的结果不同，即可证明行政行为是确有错误的。如在洪某祥等诉上海市静安区人民政府征收补偿决定案中，法院通过计算认为行政机关所作出的补偿决定"遗漏了已经计算好的独用天井补偿费"，因而认为这样的错误是极其明显的。③ 在梁某珍诉蚌埠市禹会区人民政府房屋征收补偿决定案中，法院以与原告位于同一栋楼、同一楼层的房屋情况"相差无几"的案外人的补偿金额推知出原告应得的补偿金额，继而认定"确有错误"④。

确有错误的判定标准要求法院站在行政机关的角度上重新模拟行政行为，因此其所要求的司法审查强度比明显不当要高，也正因为在款额的确定和认定上，往往有着极其清晰的计算公式或换算标准，行政机关没有裁量空间或者裁量空间极小，所以有贯彻这种高强度司法审查模式的可能。更进一步而言，这样的司法审查强度也为后续直接变更行政行为奠定了坚实的基础。

三、变更判决的适用方式

对于适用范围内的情形，《行政诉讼法》第 77 条给出的适用方式

---

① 《行政诉讼法》第 90 条规定："当事人对已经发生法律效力的判决、裁定，认为确有错误的，可以向上一级人民法院申请再审，但判决、裁定不停止执行。"

② 司法实践也采这种观点。参见梁君瑜：《行政诉讼变更判决的适用范围及限度》，载《法学家》2021 年第 4 期，第 92 - 93 页。

③ 参见洪某祥等诉上海市静安区人民政府征收补偿决定案，最高人民法院（2016）最高法行申 2023 号行政裁定书。

④ 梁某珍诉蚌埠市禹会区人民政府房屋征收补偿决定案，最高人民法院（2019）最高法行申 1450 号行政裁定书。

是："可以判决变更"。这里实际上包含了《行政诉讼法》授予法院的双重裁量：（1）"可以"意味着法院具有是否变更的裁量权限；（2）未明确对变更内容作出规定意味着法院具有变更内容的裁量权限。其中对于变更内容的裁量，《行政诉讼法》第 77 条第 2 款作出了"禁止不利变更"的限定。

（一）是否变更的裁量

变更意味着法院代替行政机关作出行政行为，其隐含的是极高的司法审查强度。[①] 立法者预见到，即便处于变更判决的适用范围，法院也并不一定有能力去完成这样的高强度审查，因此，通过"可以"的规定授予其是否适用变更判决的裁量权限。就此推知，"可以"所处理的并非变更判决与驳回诉讼请求判决的关系，而是变更判决与撤销判决的关系。关于对"可以"的解读，学界主要有两种观点：一种为"选择适用说"。该说认为："变更判决只是法院可以选择的方式，也就是说如果法院认为案件事实清楚，可以判决变更，如果案件情况比较复杂，法官并不比行政官员在此案的判断上更具有优势，可以选择不适用变更判决"[②]。另一种则为"优先适用说"。该说认为："被诉行政行为违法，但是属于'行政处罚明显不当，或者其他行政行为涉及对款额的确定、认定确有错误的'，要优先适用变更判决，不得适用第 70 条作出撤销加重作判决"[③]。基于前述对变更判决与撤销判决之关系的认识，选择适用说是更符合立法原意和体系解释的。

那么，法院应当如何进行选择？是否具有可资参考的标准呢？遗憾的是，这样的标准在司法实践中是匮乏的，无论《行政诉讼法》及其司法解释还是最高人民法院的典型案例均未给出任何标准。有学者认为，

[①] 参见王贵松：《行政裁量的构造与审查》，中国人民大学出版社 2016 年版，第 167 页。

[②] 孔繁华：《行政变更判决研究——以比较法为视角》，载《当代法学》2006 年第 5 期，第 155 页。

[③] 黄永维、郭修江：《司法谦抑原则在行政诉讼中的适用》，载《法律适用》2021 年第 2 期，第 72 页。"优先适用说"往往是立基于对"选择适用说"的批判，如有观点指出："这种选择适用……可能会弱化本条的规制意义，人民法院经过审查以后，发现行政处罚明显不当，法院可能会基于种种考虑，不直接判决变更，而是判决撤销，从而使本条的规定虚置。"参见梁凤云：《新行政诉讼法讲义》，人民法院出版社 2015 年版，第 438 页。

法院选择适用变更判决应当主要考虑行政裁量是否收缩至零，只有当行政裁量收缩至零时，法院方可以适用变更判决。① 行政裁量收缩至零是源自比较法上的概念，其是指在特定情况下，法律赋予行政机关的裁量权限缩到只有一种选择。② 重大的被害法益是将行政裁量向零压缩的规范上的压力，存在迫切的具体的危险，就是将裁量权向零压缩的现实基础。③ 将裁量收缩至零理论导入变更判决能够有效弥补变更判决的"先天不足"，避免变更判决违反权力分立和司法谦抑的原则④，但就规范结构而言，这种观点本质上是以"裁量收缩至零—应当变更"代替了"明显不当—可以变更"，过度限缩了变更判决的适用范围，违背了变更判决的立法初衷。

在司法实践中，法官在作出是否适用变更判决时的考虑因素可能主要有以下三点：其一，诉判关系。基于变更判决作为撤销判决补充形式的定位，并非只有针对变更行政行为的诉讼请求，法院才可作出变更判决，在株洲市超宇实业有限公司诉湖南省株洲市人民政府、湖南省人民政府房屋征收补偿决定及行政复议案中，原告株洲市超宇实业有限公司的诉讼请求为"请求撤销 1 号征补决定，撤销 42 号复议决定，判决株洲市政府重新作出补偿决定"，实质上为撤销加重作的诉讼请求，但法院则根据评估结论和征收补偿方案径行变更了补偿决定。⑤ 但在针对其他诉讼请求作出变更判决前，法院应当向原告释明转换诉讼请求，若原告拒绝，则法院不得作出变更判决。其二，机构能力。机构能力是指某一机构作出相关决定的能力。⑥ 在变更判决这一问题上，主要是指法院

---

① 参见王锴：《行政诉讼中变更判决的适用条件——基于理论和案例的考察》，载《政治与法律》2018 年第 9 期，第 6 页；梁君瑜：《行政诉讼变更判决的适用范围及限度》，载《法学家》2021 年第 4 期，第 94 页。

② 参见翁岳生主编：《行政法》（上），元照出版有限公司 2000 年版，第 279 页。

③ 参见王贵松：《行政裁量的构造与审查》，中国人民大学出版社 2016 年版，第 170 页。

④ "对于一些应当撤销，但具有羁束性，行政主体只能作出特定的行政行为时，人民法院可以依法直接代替行政主体作出，这实际上并不违反司法谦抑原则，而是从避免诉累的考虑出发，所以，在这种情况下，由法院直接变更的做法是适宜的。"马怀德主编：《新编中华人民共和国行政诉讼法释义》，中国法制出版社 2014 年版，第 349 页。

⑤ 参见株洲市超宇实业有限公司诉湖南省株洲市人民政府、湖南省人民政府房屋征收补偿决定及行政复议案，最高人民法院（2019）最高法行再 4 号行政判决书。

⑥ 参见杨伟东：《权力结构中的行政诉讼》，北京大学出版社 2008 年版，第 178 页。

是否具有代替行政机关作出行政行为的能力。大多数情况下，在形成个别的行政法律关系方面，法院的机构能力是远弱于行政机关的[①]，但在某些特定领域和特定事项上，无论是法院还是行政机关都有能力作出判断，此时，变更判决方有适用可能，较为典型的即"款额的确定、认定"方面。当然，即便在这些特定领域和特定事项上，也需具体情况具体分析，而非一刀切地适用变更判决。德国《联邦行政法院法》在承认法院可以变更"具体行政行为所确定的金额或一个与此相关的确认"后，也明确了若数额计算依赖于复杂的、只能由行政机关确认的因素的，法院不应变更。[②] 我国最高人民法院在黄某花诉辉县市人民政府提高抚恤金标准案中也遵循了类似的原则。[③] 其三，避免讼累。1989 年《行政诉讼法》设立变更判决的初衷即在于避免循环诉讼、减轻讼累，因此，对于存在明显恶意的被告，采用撤销判决或撤销加重作判决无法有效保障相对人权益的，法院更应倾向于适用变更判决。如果行政机关在应诉中出现不出庭、不答辩、出庭怠慢等不配合诉讼的情形，特别是已经法院判决撤销，行政机关重新作出行政行为后又进入诉讼的案件，法院在审查后如确认条件成熟则应作出变更判决。[④]

"可以判决变更"中的"可以"二字看似简单，实则要求法院从低强度的司法审查（明显不当）跃向高强度的司法审查（作出内容明确的行政行为），而完成这"惊险的一跃"对法官而言是艰难的。这也是司法实践中变更判决处于"备而不用"状态的主要原因。

---

① 立法者显然也意识到了这一问题，因此《行政复议法实施条例》第 47 条有关行政复议变更决定的适用范围要远大于变更判决的适用范围。参见王万华：《行政复议法的修改与完善——以"实质性解决行政争议"为视角》，载《法学研究》2019 年第 5 期，第 109 页。

② 参见［德］弗里德赫尔穆·胡芬：《行政诉讼法》，莫光华译，法律出版社 2003 年版，第 589 页。

③ 在黄某花诉辉县市人民政府提高抚恤金标准案中，最高人民法院认为，涉案水利伤残抚恤金的标准由辉县市当地人民政府根据当地的经济发展状况和居民收入水平等因素综合确定，没有可直接适用或参照的法定标准，因此人民法院不能代替行政机关直接行使行政裁量权。参见黄某花诉辉县市人民政府提高抚恤金标准案，最高人民法院（2017）最高法行申 7073 号行政裁定书。

④ 参见张静：《论行政诉讼变更判决》，载《行政法学研究》2015 年第 2 期，第 77 页。

（二）变更内容的裁量

在决定适用变更判决后，则需进一步对变更内容进行裁量。在"其他行政行为涉及对款额的认定确有错误"的情形下，由于变更的是事实认定，因此只需通过职权调查明确相关事实即可，不存在裁量空间。在"其他行政行为涉及对款额的确定确有错误"的情形下，由于相关的计算公式或换算标准通常是清晰明确的，因此变更内容也无太多裁量空间，如在孟某荣与新疆维吾尔自治区奎屯市人民政府房屋征收补偿案中，最高人民法院根据被告制定的补偿标准，即"按房屋面积市场价的1∶1.2进行补偿"，对补偿决定予以变更。[①]

最为困难的是"行政处罚明显不当"的情形，在该种情形下，法院通过"明显不当"标准否定了行政机关所作的行政处罚，继而需要根据自己的判断作出行政处罚，实质上是"以司法裁量代替行政裁量"。在此裁量过程中，可以达成的两点基本共识是：其一，变更内容应当是与原行政处罚具有"明显"区别的。变更判决的适用前提是"明显不当"，这就必然要求最后作出的变更内容与原行为的内容之间存在"明显"区别。有一些案例中，法院认定原行为"明显不当"，但最终变更的结果是"稍作"变更，这是不妥当的。[②] 其二，变更内容应当在法定范围内。如上文所述，明显不当所指向的是实体内容的效果裁量，行政机关在作出行政裁量时须受到法律给定的裁量空间的限制，这同样适用于法院作出的司法裁量。在方林富炒货店诉西湖区市监局行政处罚案中，法院认定被告所作的罚款20万元的行政处罚明显不当，继而突破《广告法》第57条设定的裁量下限将行政处罚变更为罚款10万元。[③] 该案中变更判决的适用显然是错误的，法院代替行政机关作出的行政行为因超越权限而违法。[④]

[①] 参见孟某荣诉新疆维吾尔自治区奎屯市人民政府房屋征收补偿案，最高人民法院（2018）最高法行再75号行政判决书。

[②] 参见周浩仁：《"行政处罚明显不当"的行政诉讼研究——基于134份行政诉讼裁判文书的分析》，载《西部法学评论》2019年第4期，第66页。

[③] 参见方林富炒货店诉西湖区市监局行政处罚案，浙江省高级人民法院（2019）浙行申64号行政裁定书。

[④] 有学者对该案的评价是："突破行政处罚之法定幅度的变更判决未必不可，但前提是满足法定的减轻处罚条件。"参见梁君瑜：《行政诉讼变更判决的适用范围及限度》，载《法学家》2021年第4期，第97-98页。该观点是值得商榷的，因为若应适用减轻处罚而未予适用，本质上是"适用法律、法规错误"，不属于变更判决的适用范围。

在以上两点当然的限制之外，《行政诉讼法》第 77 条第 2 款还对变更内容作出了一点限制："人民法院判决变更，不得加重原告的义务或者减损原告的权益。但利害关系人同为原告，且诉讼请求相反的除外。"该款规定不仅适用于"行政处罚明显不当"的情形，也适用于"其他行政行为涉及对款额的确定、认定确有错误"的情形。对此款规定可以作以下两个层面的解读：其一，禁止不利变更。从监督行政机关依法行使职权的立法目的而言，行政诉讼应当对违法行政行为"有错必纠"，但考虑到保护公民、法人和其他组织合法权益的立法目的，《行政诉讼法》对变更内容作出了"不得加重原告的义务或者减损原告的权益"的限制，"因为如果可以加重，确实可能达到违法必究的效果，但相对人的诉权就没保障了"①。其中不得加重原告的义务主要针对的是侵益性的行政行为，减损原告的权益主要针对的是授益性的行政行为。实践中较为疑难的问题是，如何判定法院对处罚种类的变更是否构成"加重原告的义务"，如有的违法行为既可以被处以 5 日的行政拘留，也可以被处以 2 000 元的罚款，此时法院将 2 000 元的罚款变更为 5 日的行政拘留是否构成"加重原告的义务"。对此比较好的做法是，"在作出变更判决时，可以根据案件具体情况，在征求当事人意见的基础上，作出相应的判断"②。其二，禁止不利变更的例外。此款规定第二句"但利害关系人同为原告，且诉讼请求相反的除外"明确了禁止不利变更的例外。在行政处罚案件中，利害关系人同为原告的情形主要有被处罚人和受害人同为原告、数个被处罚人同为原告、数个受害人同为原告三种③，如果各原告之间的诉讼请求相反，法院在作出变更时不受禁止不利变更的限制。

此外，变更内容除了在实体上须受到限制，在程序上也须受到限制。与行政机关作出行政行为一样，法院代替行政机关作出行政行为也须进行充分的说理，唯有如此，才能确保二审法院或再审法院对变更判决的合理性具有审查之可能。"法官必须对其裁量决定说明理由，这不但是推动依法行政的需要，也是维护司法审查自身合法性的需要。要想

①　胡建淼主编：《论公法原则》，浙江大学出版社 2005 年版，第 500 页。

②　梁凤云：《新行政诉讼法讲义》，人民法院出版社 2015 年版，第 441 页。

③　参见江必新、梁凤云：《行政诉讼法理论与实务》，法律出版社 2016 年版，第 1626 页。

法院切实担负起监督行政活动、推动依法行政的角色，法官必须告诉行政机关应当遵守的规则是什么"①。

四、变更判决的效力

作为形成判决的一种，变更判决与撤销判决一样具有形成力，不同的是，撤销判决的形成力表现为消灭某种行政法律关系，而变更判决的形成力则表现为通过变更行政行为变更某种行政法律关系。

更重要的问题是，变更判决是否具有执行力。一般认为，判决的执行力只存在于给付判决之中，当义务人不依照判决确定的内容履行应当履行的义务时，权利人可以申请法院强制执行。② 但由于变更判决是由法院代替行政机关作出内容明确的行政行为，故该判决的内容也具有执行之可能。惟这种执行力究竟是变更判决所具，还是变更判决所含的行政行为所具，是值得玩味的。换言之，当原告不履行变更判决时，行政机关是应当根据《行政诉讼法》第 95 条的规定申请诉讼执行，还是应当根据行政强制法的规定实施强制执行或者申请法院非诉执行？从司法实务的观点看，法院更倾向于认为此时是行政行为执行力与行政诉讼判决执行力之间的竞合："变更判决确定之后，一方当事人不履行义务时，他方以判决为依据，可以申请人民法院强制执行，或者由行政机关依法强制执行，以国家强制力保证判决的内容实现"③。而这样的认识将会导致对于变更判决确定的行政行为，行政相对人无法提起诉讼，其诉权受到限制甚至被剥夺。这也是变更判决的适用应当审慎而为的原因之一。

---

① 何海波：《论行政行为"明显不当"》，载《法学研究》2016 年第 3 期，第 80 页。

② 参见江必新、梁凤云：《行政诉讼法理论与实务》，法律出版社 2016 年版，第 1598 页。学理上也称为"实现力"。参见姜明安主编：《行政法与行政诉讼法》，北京大学出版社、高等教育出版社 2019 年版，第 524 页。

③ 江必新、邵长茂：《新行政诉讼法修改条文理解与适用》，中国法制出版社 2015 年版，第 285 页。

第 78 条（行政协议诉讼判决）

陈天昊

第七十八条　被告不依法履行、未按照约定履行或者违法变更、解除本法第十二条第一款第十一项规定的协议的，人民法院判决被告承担继续履行、采取补救措施或者赔偿损失等责任。

被告变更、解除本法第十二条第一款第十一项规定的协议合法，但未依法给予补偿的，人民法院判决给予补偿。

一、规范沿革与规范意旨

2014 年《行政诉讼法》修订首次明确将行政协议争议纳入行政诉讼管辖，第 78 条规定行政协议继续履行、采取补救措施及责令赔偿判决和责令补偿判决，旨在有效监督政府违约毁约、保障政府守信践诺。[1]

（一）规范沿革

1989 年《行政诉讼法》以"具体行政行为"界定行政诉讼受案范围，1991 年《行诉法意见》将"具体行政行为"限定于"单方行为"，这使行政协议作为一种双方行政行为无法被纳入行政诉讼管辖，因而也

---

[1]　参见李广宇：《新行政诉讼法逐条注释》，法律出版社 2015 年版，第 670 页。

不存在与之相适配的行政协议判决类型。在实践中，该阶段解决行政协议纠纷较多通过协商、仲裁及行政机关内部裁决等方式完成。① 为维护相对人合法权益，行政法学者倾向于通过行政救济路径解决行政协议纠纷，从实体法和程序法上提出建构独立的行政诉讼规则的设想②，并对判决类型作了初步探讨。③

2014 年 11 月 1 日，第十二届全国人大常委会第十一次会议审议通过了《关于修改〈中华人民共和国行政诉讼法〉的决定》。为了避免行政遁入私法，并更好地解决行政争议，此次修法将政府特许经营协议、土地房屋征收补偿协议等行政协议的履行、变更、解除所引发的争议纳入行政诉讼解决。④《行政诉讼法》第 78 条随之规定了适用于行政协议争议的判决类型。2015 年《行诉法解释》对人民法院如何审理行政协议争议作了初步的细化规定。⑤

2017 年《行政诉讼法》修正，其 78 条沿用了 2014 年《行政诉讼法》第 78 条的规定。2018 年《行诉法解释》颁布后，2015 年《行诉法解释》被废止。2018 年《行诉法解释》未对行政协议争议做专门规定。2019 年《行政协议审理规定》发布，构成最高人民法院关于行政协议诉讼的唯一现行有效的专门司法解释，对 2017 年《行政诉讼法》第 78 条进行了充实和发展。

---

① 参见余凌云：《论行政契约的救济制度》，载《法学研究》1998 第 2 期，第 129-130 页。

② 参见应松年主编：《行政行为法——中国行政法制建设的理论与实践》，人民出版社 1992 年版，第 626 页

③ 有学者提出，行政合同经法院审查后，应产生继续履行、解除合同、变更合同、行政赔偿、行政补偿等不同的法律后果。参见张树义：《行政合同》，中国政法大学出版社 1994 年版，第 170-174 页。根据行文，此处的"法律后果"可与"判决类型"等同。

④ 参见信春鹰主编：《中华人民共和国行政诉讼法释义》，法律出版社 2014 年版，第 204-205 页。

⑤ 2015 年《行诉法解释》第 15 条规定：原告主张被告不依法履行、未按照约定履行协议或者单方变更、解除协议违法，理由成立的，人民法院可以根据原告的诉讼请求判决确认协议有效、判决被告继续履行协议，并明确继续履行的具体内容；被告无法继续履行或者继续履行已无实际意义的，判决被告采取相应的补救措施；给原告造成损失的，判决被告予以赔偿。原告请求解除协议或者确认协议无效，理由成立的，判决解除协议或者确认协议无效，并根据合同法等相关法律规定作出处理。被告因公共利益需要或者其他法定理由单方变更、解除协议，给原告造成损失的，判决被告予以补偿。

《行政诉讼法》第 78 条围绕被诉行政机关不履行行政协议的情形展开，将其分为不依法履行、未按照约定履行、违法变更和违法解除四类。[①] 这四类情形涵括了行政机关不履行协议的各类情形，但彼此存在交叉，如违法解除可能导致行政机关不履行行政协议，违法变更可能导致行政机关未按约定履行。[②] 该条部分参考了原《合同法》的规定，但是又将"不依法履行""未按照约定履行"分别规定，体现出不同于民事合同的行政协议的特点。《行政协议审理规定》第 19 条进一步细化了行政机关违约责任的规定，并且基于行政协议的"公益性""执行便利性""原告诉求考量"等要求进行了相应的制度设计。[③]

（二）规范意旨

第 78 条是《行政诉讼法》中唯一明确行政协议争议判决方式的规定。该条维持了行政诉讼"民告官"的基本定位，主要关注行政协议履行阶段的争议情形和判决类型[④]，而这又进一步对行政协议效力争议的解决提出了要求。

首先，该条直面了现行法框架下行政协议中行政机关一方的独特地位。一方面，在现实中，行政机关可能通过高权行为单方变更、解除行政协议，同时该高权行为需接受合法性审查。相较于民事合同，行政协议一方即有法律、法规授权的行政机关，为了国家利益、社会公共利益可单方变更、解除行政协议，因而第 78 条对行政机关违反变更、解除行政协议的行政行为加以规范。[⑤] 另一方面，行政机关仍然需要遵守合同的一般规则，在主体资格、意思表示、权利义务内容等要件上，与民事合同无本质区别。[⑥] 在行政协议中，相对人的意思具有决定作用，非有双方意思表示达成合致行政协议不能成立并生效，由此，双方合意便

---

① 参见《中华人民共和国行政诉讼法注解与配套》，中国法制出版社 2020 年版，第 51 页。

② 参见薛政编著：《行政诉讼法注释书》，中国民主法制出版社 2020 年版，第 611 页。

③ 参见薛政编著：《行政诉讼法注释书》，中国民主法制出版社 2020 年版，第 617 页。

④ 参见袁杰主编：《中华人民共和国行政诉讼法解读》，中国法制出版社 2014 年版，第 212 页。

⑤ 参见袁杰主编：《中华人民共和国行政诉讼法解读》，中国法制出版社 2014 年版，第 214 页。

⑥ 参见张树义：《行政合同》，中国政法大学出版社 1994 年版，第 170－174 页。

具有对行政机关的实质约束力，未按约定履行的，需要承担相应的违约责任，因而第 78 条亦对行政机关"不依法履行""未按照约定履行"进行规范。

其次，《行政协议审理规定》进一步补充和细化了《行政诉讼法》第 78 条关于行政协议的判决规定。①《行政协议审理规定》第 16 条对行政机关变更、解除行政协议的行为加以规范，与《行政诉讼法》第 78 条中行政机关变更、解除的行政行为是否合法相关联。《行政协议审理规定》第 19 条对行政机关不依法履行、未按照约定履行行政协议的行为加以规范，细化了《行政诉讼法》第 78 条中对不依法履行、未按照约定履行的不同判决类型之适用条件及内容。

最后，需要注意的是，《行政诉讼法》第 78 条仅针对行政协议的履行争议作出规定，然而人民法院在审理行政协议履行争议时，往往会遭遇行政协议本身是否有效的争议。作为对此审判需求的回应，《行政协议审理规定》进一步对人民法院如何审理行政协议效力争议进行了规定，由此确立了人民法院以行政诉讼对行政协议案件进行全面管辖的原则。②

二、行政协议履行争议的判决

行政协议履行争议指当事人围绕协议是否全面、恰当履行发生的争议，具体包括行政机关不依法履行、未按照约定履行行政协议，以及行政机关变更、解除行政协议所引发的争议。

（一）行政机关不依法履行、未按照约定履行行政协议的判决

1. 争议情形

《行政诉讼法》第 78 条同时规定"不依法履行"和"未按照约定履行"两种情形，其目的在于确保覆盖行政机关在行政协议之下所负担之全部履行义务。

行政机关不依法履行是指行政机关违背法定的履行行政协议之义务。区别于民事合同，行政协议中的部分内容可能源于法律法规及规章

---

① 参见薛政编著：《行政诉讼法注释书》，中国民主法制出版社 2020 年版，第 617 页。

② 参见最高人民法院行政审判庭编著：《最高人民法院关于审理行政协议案件若干问题的规定理解与适用》，人民法院出版社 2020 年版，第 123 页。

之规定，此时行政机关依法履职之义务便与依约履行之义务相互重叠，这里便将"不依法履行"作为可予起诉的对象。相应地，行政机关未按约定履行是指行政机关在履行行政协议约定之义务上不完备。① 如此，便从履行义务的来源上区分了"不依法履行"和"未按照约定履行"。

有学者指出，上述区分对于人民法院审理行政协议履行争议的意义在于，能够帮助明确审理对象的顺序，以及明确审理依据之"法"的范围。② 要言之，人民法院面对行政协议之履行争议，首先需要审查行政机关是否依法履行行政协议，此时需要判断行政机关在行政协议之下负担何种法定职责，以及其是否履行了相关的法定职责；随之，应审查行政机关是否依约履行了行政协议，即审查行政机关的行为是否与约定之权利义务相符。有待进一步解决的问题是：能够被视为行政协议中权利义务内容的客观法渊源之边界何在？上述客观法在进入协议权利义务之内容时，是否需要双方当事人作出某种程度的意思表示？这两方面问题有待未来进一步研究。

另有学者指出，区分不依法履行和未按约定履行的意义，在于其直接关联依法行政原则和契约严守原则这两项基础性原则。在行政协议之下，行政机关既负担约定于协议中的权利义务，也同时依法享有不同于民事合同相对人的行政权力并承担相应的行政责任，包括对行政协议的履行有权进行指挥和监督、在符合协议目的及维持经济平衡的前提下有权单方变更解除给付内容、对不履行行政协议义务的相对人可依法强制执行并科以处罚、在行政协议内容不明确或存在分歧的情况下有权进行解释等权力。③ 上述观点看到了行政协议与民事合同之区别，但亦需特别注意的是：第一，上述各项基于传统理论载于行政优益权之下的行政机关监督指导权、单方变更解除权、强制执行权、对条文的单方解释权等，其行使都需要有法律法规的明确授权，而不可因涉案协议被认定为行政协议便自动认为行政主体享有上述权力；第二，即使在符合法律、法规授权的要求下，上述权力的行使也必须符合行政法的基本原则，如

① 参见信春鹰主编：《中华人民共和国行政诉讼法释义》，法律出版社 2014 年版，第 205 页。

② 参见韩宁：《行政协议行为司法审查规则研究》，载《浙江学刊》2018 年第 3 期，第 27 页。

③ 参见江必新、邵长茂：《新行政诉讼法修改条文理解与适用》，中国法制出版社 2015 年版，第 287-288 页。

比例原则、正当程序原则，以及适用于行政协议的财务平衡原则等。

结合上述规范边界和类型提炼的学理与实践讨论，对"不依法履行"和"未按照约定履行"的区分，其意义既在于保障行政协议诉讼覆盖的全面性，也在于协调行政协议中的公法原则与私法原则。行政机关在行政协议之下负担之权利义务的来源到底是法律、法规及规章，还是协议约定，这是界分"依法履行"和"依约履行"的关键所在。

进一步将行政机关不依法履行、未按照约定履行协议与民事合同规范关于履行程度的区分相对接，可以使其从整体上被类型化区分为四种：第一，协议不履行。这是指行政机关未按照法定或约定履行义务。合同法上，合同的不履行包括拒不履行和履行不能，拒不履行指当事人能够履行合同却无正当理由而故意不履行，履行不能是指因不可归责于债务人的事由致使合同的履行在事实上不可能。[①] 在合同法基础上，行政协议的不履行还应包括当事人故意不履行在行政协议之下负担的法定职责。第二，协议瑕疵履行。此又称不完全给付，行政机关虽履行了义务，但其所履行之义务未达到法定或约定之内容或期限等方面的要求。迟延履行也可能构成瑕疵履行，但若迟延履行致使完全未给付，则属于完全不履行。第三，预期违约。此即行政机关在履行期限到来前以明示或默示不履行法定或约定义务。预期违约强调届期前的拒绝给付，在可预期行政机关不履行时，相对人可以提前诉请获得救济。《行政协议审理规定》第20条规定："被告明确表示或者以自己的行为表明不履行行政协议，原告在履行期限届满之前向人民法院起诉请求其承担违约责任的，人民法院应予支持。"第四，与给付无关的义务违反。这一类强调的是义务履行过程中对相对人固有利益的保障，如对保护义务的违反，此属于对附随义务的违反，此外对信赖基础的破坏也构成对与给付无关的义务违反。在行政协议之下，行政机关也可能因为法定或约定义务而延伸负担某种附随义务，违反此类附随义务也应构成不依法履行、未按照约定履行。[②]

2. 判决方式

对于行政机关不依法履行、未按照约定履行协议的行为，人民法院

---

① 参见胡康生主编：《中华人民共和国合同法释义》，法律出版社2009年版，第179页。

② 参见陈天昊：《行政协议中的附随义务》，载《浙江学刊》2022年第3期，第85页。

可以判决行政机关继续履行、采取补救措施或赔偿损失等。上述判决的适用可能引发下述一系列问题。

第一，人民法院作出上述判决是否以原告诉讼请求为限？《行政诉讼法》第78条并未明确回应此问题，而《行政协议审理规定》第19条对此作了补充，明确"被告未依法履行、未按照约定履行行政协议，人民法院可以依据行政诉讼法第七十八条的规定，结合原告诉讼请求，判决被告继续履行，并明确继续履行的具体内容"。可见，最高人民法院仍然要求人民法院在作出判决时"结合原告诉讼请求"。

此处之所以需"结合"原告诉讼请求，原因在于：其一，需在判决中明确应继续履行之内容，原告所提具体诉讼请求可为人民法院充实履行内容给出指引。其二，法官判决有必要考虑协议相对人对于协议是否还可继续履行之意愿。实践中存在协议相对人希望追究行政机关的违约责任，但并不希望继续履行协议的情形，此时即便行政机关存在违约毁约之行为，只要协议履行所涉及之公益性有限，人民法院便不宜判决继续履行。其三，需注意此处并未规定应"根据"原告诉讼请求，换言之，法院裁判不受原告诉讼请求之绝对羁束。例如，在最高人民法院发布的行政协议典型案例张某春诉重庆市綦江区新盛镇人民政府不履行土地复垦行政协议案中，原告张某春与行政机关签订了"农村建设用地复垦协议书"，行政机关未继续支付土地复垦补偿费。原告最初提出的诉讼请求为确认被告减少复垦面积违法并予以行政赔偿。但根据案情，本案实际应为行政协议履行之诉，人民法院遂对原告进行释明，引导原告提请行政机关继续履行协议，最终判决新盛镇政府继续履行"农村建设用地复垦协议书"，并且在判决中明确了行政机关应当履行的具体内容。

第二，如何理解"继续履行"及"补救措施"这两种判决类型？就"继续履行"而言，有学者指出，所继续履行的应是规定于合同内的义务。[①] 实践中出现了法院认为履约和履行法定职责存在不一致而支持继续履行法定职责的情况，据此有学者认为，履行判决包含履行法定职责和履行给付义务两种可能，此种方式可以满足合同纠纷中判决被告以各种方式履约的可能。[②] 就"补救措施"而言，《行政诉讼法》第78条的

---

① 参见张树义：《行政合同》，中国政法大学出版社1994年版，第170页。
② 参见陈无风：《行政协议诉讼：现状与展望》，载《清华法学》2015年第4期，第107页。

规定乃参考原《合同法》关于违约责任的第 107 条（现《民法典》第
577 条）之规定。然而也需指出，《民法典》第 577 条并未明确规定作
出"补救措施"之判决的适用情形，而《行政协议审理规定》第 19 条
则对此作出了专门规定，即"被告无法履行或者继续履行无实际意义
的，人民法院可以判决被告采取相应的补救措施"。换言之，责令补救
判决的作出，是在行政协议有效的前提下，且被告无法继续履行或者继
续履行已无实际意义时才可作出。[①] 需要注意的是，这一条款隐含的前
提乃是，行政协议的继续履行与采取补救措施为互斥关系，只可接替适
用：可继续履行的才可判决继续履行，不可继续履行的便只能判决采取
补救措施。学界也因此产生了判决方式的顺位论证，并强调继续履约的
第一顺位。[②] 然而此种理解有可进一步商榷之处。比如在瑕疵履行的情
况下，合同既可能构成可以继续履行的情况，同时亦要求采取一些补救
措施方可完全按照合同最初之目的得以履行。《民法典》第 775 条规定，
定作人提供材料的，应当按照约定提供材料。承揽人对定作人提供的材
料应当及时检验，发现不符合约定时，应当及时通知定作人更换、补齐
或者采取其他补救措施。此时，承揽合同中，部分材料的不符合约定，
并不会必然导致协议整体的无法履行，并且与之相反，协议整体得以继
续履行这一前提，才是此处当事人请求对合同部分标的采取更换等补救
措施的目的。因此，虽然《行政诉讼法》第 78 条中补救措施的设定参
考了民法的规定，但是由于《行政协议审理规定》第 19 条的条件增设，
在事实上缩限了采取补救措施之判决的适用范围。

　　在实践中，法院对补救措施的运用其实也不限于《行政协议审理
规定》第 19 条规定的方式，反而更类似《民法典》之规定，存在同
时适用的情况。在最高人民法院发布的行政协议典型案例英德中油燃
气有限公司诉英德市人民政府、英德市英红工业园管理委员会、英德
华润燃气有限公司特许经营协议纠纷案中，原告中油中泰公司与行政

---

① 参见陈思融：《论行政协议诉讼各类判决方式之关系》，载《政治与法律》2017
年第 8 期，第 143 页。

② 参见郭修江：《行政协议案件审理规则——对〈行政诉讼法〉及其适用解释关
于行政协议案件规定的理解》，载《法律适用》2016 年第 12 期，第 51 页；陈思融：
《论行政协议诉讼各类判决方式之关系》，载《政治与法律》2017 年第 8 期，第 143 页；
黄学贤：《行政协议司法审查的理论研究与实践发展》，载《上海政法学院学报（法治论
丛）》，2018 年第 5 期，第 114 页。

机关签订特许经营协议，协议约定将该市管道天然气特许经营权独家授予中油中泰公司，在特许经营期限内，行政机关又与华润燃气公司签订特许经营协议，授予后者包括英红工业园在内的英德管道燃气业务独家特许经营权。法院认为，该重复许可系行政机关的行政行为所致，并不必然导致在后的华润公司所获得的独家特许经营权无效，华润公司基于其所签订的特许经营权协议而取得的相关合同利益、信赖利益亦应当受到保护，并且责令英德市人民政府采取补救措施。该案同样是在行政协议继续履行的同时责令政府就行政协议中的部分标的采取补救措施。

当然，二者也可能出现接替适用的情形。行政机关在行政协议中的承诺可能由于法律、法规及政策的变化而无法继续履行，或者与其他的协议义务相冲突而无法继续履行，或者协议的继续履行对于双方当事人及公共利益的实现而言皆不具有足够的意义。此时，人民法院便可不再要求行政机关继续履行协议，而要求其采取补救措施，以协调具体案件中相互纠缠的复杂利益。

第三，如何理解《行政诉讼法》第 78 条第 1 款规定之"赔偿损失"的判决？学理上，责令赔偿判决被视为继续履行判决、补救措施判决后的兜底性判决，只要行政机关存在过错，过错方应当承担相应的违约责任，给对方造成损失的，应当承担赔偿责任。[①] 无论是行政机关违法履行、违约履行，均能适用，这点并无疑义。围绕责令赔偿判决的争议主要在赔偿的法律定性及其范围。

一种观点认为，行政协议的赔偿类似行政赔偿，在行政机关行使行政优益权时，赔偿范围为原告因签订协议和为履行协议做准备及被告解除协议后原告处理善后工作所造成的直接经济损失，而不包括间接损失。[②] 另一种观点认为，虽然国家赔偿法确立了赔偿直接损失的原则，但从立法原意来看，行政协议并不是国家赔偿法的调整对象，因此不能径直认为行政协议赔偿也只赔偿直接损失。[③] 还有学者从责任性质入

[①] 参见梁凤云：《行政协议案件的审理和判决规则》，载《国家检察官学院学报》2015 第 4 期，第 37 页。

[②] 参见程琥：《行政协议案件判决方式研究》，载《行政法学研究》2018 年第 5 期，第 89 页。

[③] 参见江必新：《行政协议的司法审查》，载《人民司法》2016 年第 34 期，第 13 页。

手，指出行政机关违反行政协议而非不履行行政行为，只有行政机关不履行行政行为造成相对人损失的，才适用《国家赔偿法》，因而违反行政协议的不应适用。① 另有观点认为，在被告不依法履行行政协议时，被告应赔偿原告在协议正常履行下应获得的全部利益，这显然超越了国家赔偿制度一般所要求的直接损失。②

第二种观点更具妥当性，行政机关不依法履行、未按照约定履行协议所产生的法律责任应区别于《国家赔偿法》第3、4条规定的侵权损害责任，而应为违约责任。据此，人民法院在此情形下作出"赔偿损失"之判决应当参照适用民事法律规范关于违约责任的规定。需要注意，此种参照也有限制，若行政协议约定内容与行政协议行政性相冲突，则不得参照约定内容，如国有土地出让合同的违约金必须按照法律及行政法规规定收取，原则上不得调减。③ 排除上述情况，人民法院便应参照《民法典》第584条之规定："当事人一方不履行合同义务或者履行合同义务不符合约定，造成对方损失的，损失赔偿额应当相当于因违约所造成的损失，包括合同履行后可以获得的利益；但是，不得超过违约一方订立合同时预见到或者应当预见到的因违约可能造成的损失。"可见，民事合同违约责任之范围不限于当事人的直接损失，还包含当事人对于合同履行后可得收益的损失，但应以可预见之范围为限。《行政协议审理规定》亦确定了行政协议充分赔偿原则，要求"行政机关违约的，应当充分赔偿当事人的实际损失，该实际损失不仅包括直接损失，也包括预期损失"④。基于充分赔偿之原则，《行政协议审理规定》第19条第2款规定："原告要求按照约定的违约金条款或者定金条款予以赔偿的，人民法院应予支持。"进一步参照适用《民法典》第585至588条关于违约金及定金条款的规定，约定违约金若高于或低于违约导致的损失的，人民法院可通过判决予以调整，若当事人既约定了违约金也约定了定金的，当事人可择一提出请求。

---

① 参见南京铁路运输法院课题组：《行政协议案件判决方式研究》，载《法律适用》2019年第2期，第87-88页。
② 参见沈起：《适用行政协议变更判决的条件与限度》，载《人民司法》2021年第25期，第65页。
③ 参见薛政编著：《行政诉讼法注释书》，中国民主法制出版社2020年版，第618页。
④ 黄永维、梁凤云、杨科雄：《行政协议司法解释的若干重要制度创新》，载《法律适用》2020年第1期，第36-37页。

（二）行政机关变更、解除行政协议的判决

《行政诉讼法》第 78 条还规定对于"违法变更、解除"行政协议的，应判决"被告承担继续履行、采取补救措施或者赔偿损失等责任"，若该变更、解除合法，"但未依法给予补偿的，人民法院判决给予补偿"。

1. 争议情形

对于行政机关单方变更、解除行政协议的行为进行审查，人民法院主要审查其合法性问题，《行政协议审理规定》进一步补充了"严重损害国家利益、社会公共利益"要件，并明确适用《行政诉讼法》第 70 条规定的行政行为合法性审查要件。

学理上一般认为，行政机关因公共利益的需要可行使单方变更、解除权，这往往被视为行政协议之下行政主体享有行政优益权的最主要组成部分。① 目前主要的分歧在于，如何解释和确定公共利益及其他的适用要件。有研究指出，在法律有明文规定时，可以确定与公共利益有关，或者认为直接授予了行政机关单方变更及解除权。② 围绕这一观点，有学者认为，其规范依据应限于规范位阶在其他规范性文件以上的法律规范③，也有学者认为，在不能找到法律规则或原则的依据时，公共利益不能等同于某个群体、部分社会成员的利益，而应当是属于整个国家或特定地方不特定多数人的、社会成员皆可分享的利益。④ 而也有研究强调，若继续履行协议将导致重大的公益损失，则可认定与公共利益有关。⑤ 归根到底，学者们普遍认为，不能仅停留在"公共利益"的文义层面进行解释，因为行政机关可能为了行使行政优益权人为地"创

---

① 参见叶必丰：《行政合同的司法探索及其态度》，载《法学评论》2014 年第 1 期，第 70 页；程琥：《审理行政协议案件若干疑难问题研究》，载《法律适用》2016 年第 12 期，第 37 页。

② 参见梁凤云：《行政协议案件的审理和判决规则》，载《国家检察官学院学报》2015 第 4 期，第 38 页。

③ 参见沈广明：《行政协议单方变更或解除权行使条件的司法认定》，载《行政法学研究》2018 年第 3 期，第 129 页。

④ 参见张青波：《行政机关变更解除行政协议的司法审查》，载《财经法学》2021 年第 6 期，第 101 页。

⑤ 参见江必新：《行政协议的司法审查》，载《人民司法》2016 年第 34 期，第 12 页。

设"公共利益,从而不当行使单方变更、解除权,导致社会关系进入不稳定状态。① 更有学者认为,不同类型的行政协议单方变更解除行为所涉公共利益并不同质,不加以区分而进行统一性释明的方式正是司法审查困境的成因。② 因此,大量学者主张应对公共利益的界定采审慎态度,即认为行政机关只有在法律直接而具体的授权的前提下,或者有合同具体的约定下,才享有单方、变更解除权。③ 也即权力行使应当得到规范授权,且限定为成文法规范,而非概括授权。④ 可见,公共利益边界的不明朗,影响了行政优益权的概念界定,在缺乏明确规范依据的情况下,学界日益倾向于对行政机关单方变更、解除权采取审慎理解。

除公共利益之外,也有学者主张法律、法规、规章修改或废止,或者政策重大调整等情形,均可能使行政机关具有合法的单方变更、解除权。⑤ 概言之,当发生不可归责于双方当事人的原因,产生情势变更,导致合同的基础动摇或丧失,继续维持原有合同效力将导致显失公平等情形时,或者发生不能预见、不能避免、不能克服之情形,导致合同履行不能时,都需要赋予行政机关单方变更、解除权。⑥ 当然,也有学者认为,情势变更、不可抗力与行政优益权是两种不同的变更、解除协议关系的模式,二者在制度的适用条件、法律后果上都存在差别,应以区别对待为原则。⑦

行政机关在协议履行阶段主张变更、解除协议引发争议,可具体区分为两种情形:第一,行政机关作出高权决定,以单方意志变更、解除协议引发争议;第二,行政机关适用民事合同情势变更、法定解除制度

---

① 参见陈雪楚:《论我国行政协议制度中行政优益权的规范运行》,载《湖湘论坛》2022 年第 3 期,第 51 - 52 页

② 参见翟冬:《行政协议单方变更解除行为的司法审查》,载《行政法学研究》2022 年第 3 期,第 80 页。

③ 参见胡建淼:《对行政机关在行政协议中优益权的重新解读》,载《法学》2022 年第 8 期,第 48 - 51 页。

④ 参见陈天昊:《行政协议变更、解除制度的整合与完善》,载《中国法学》2022 年第 1 期,第 163 - 164 页。

⑤ 参见梁凤云:《行政协议案件的审理和判决规则》,载《国家检察官学院学报》2015 第 4 期,第 38 页。

⑥ 参见江必新:《行政协议的司法审查》,载《人民司法》2016 年第 34 期,第 12 页。

⑦ 参见章程:《论行政协议变更解除权的性质与类型》,载《中外法学》2021 年第 2 期,第 467 - 471 页。

引发争议。行政机关单方变更解除制度旨在调和协议约定之安定性与公益需求的可变性之间的矛盾，因此，其适用场景仅限于公共利益需求发生新变化导致既有协议约定无法持续恰当维护公共利益的情形。[①]

在行政协议中，法律、法规或规章可能授权行政机关在公共利益需求发生新变化时以高权行为的方式单方变更或解除协议，再对其由此造成的损失予以补偿，此即行政协议之单方变更、解除制度。此时，行政机关作出该行为需满足"法定职权""公益需求""比例原则""严重后果""充分补偿"五方面的要件。下面对上述五点分别展开论述。

第一，法定职责。行政机关合法作出变更、解除协议之行为至少应获得法律、行政法规或规章的授权。《行政诉讼法》第70条规定有"超越职权"之撤销要件，可见高权行为要满足合法性要求必须在法定职权范围内行使。行政协议区别于民事合同的本质在于其构成行政机关履行公共职责的手段，因此在协议履行过程中，若公共利益的需求发生新变化，行政机关便有必要单方变更、解除协议以更好地履行公共职责。此处值得进一步讨论的是，授予该单方变更、解除权力的规范基础能否扩展至规章？一方面，大量的公共政策其实是通过各个部委来实施的，上述公共政策要贯彻落实到具体的行政协议缔结及履行阶段，就需要给予规章介入行政协议的权力。而另一方面，规章往往具有较强的部门利益，缺乏全局性且不够稳定，而行政协议不仅旨在贯彻落实公共政策、实现公共利益，更是以调动市场及社会的力量来实现上述目标，因此若概括性地允许规章规定行政主体在协议中的单方变更、解除权，可能助长部门利益、有碍全国统一大市场的建设。由此，后续可以通过立法确定，以行政法规授予上述权力为原则，仅对于特定领域的单方变更、单方解除权，可由规章在满足一定条件下授予。

第二，公益需求。行政协议区别于民事合同的本质，在于其构成行政机关履行公共职责的手段，因此在协议履行过程中若公共利益的需求发生新变化，行政机关便有必要单方变更、解除协议以更好地履行公共职责。学理上一般将公共利益与行政优益权相关联，行政机关的优益权被视作保障行政协议顺利履行和公共利益实现的手段[②]，当产生客观情

---

① 参见陈天昊：《行政协议变更、解除制度的整合与完善》，载《中国法学》2022年第1期，第168页。

② 参见黎学基、谭宗泽：《行政合同中行政优益权的规制及其法律救济——以公共选择理论为视角》，载《南京工业大学学报（社会科学版）》2010年第2期，第64页。

况发生变化等情况，导致公共利益可能严重受损、协议目的不能按预期实现时，就需要某种制度对协议进行修正，行政机关便被赋予了行政优益权这种单方变更、解除行政协议的权力。① 需要注意的是，行政优益权的适用需要受到严格的限制，而不能假借公共利益的名义滥用。在最高人民法院行政协议典型案例崔某某诉徐州市丰县人民政府招商引资案中，也体现了相应的公益要求。该案中，崔某某提起行政诉讼督促丰县政府履行招商引资奖励承诺，而丰县发改委便作出《部分条款的解释》文件，将其原本承诺的奖励范围中的"本县新增固定资产投入"限缩在"丰县原有企业，追加投入、扩大产能"的情形。人民法院考虑到丰县政府是在被诉后临时出台的该解释性文件，且相关解释内容特别针对崔某某的起诉事宜，便认定此种行为乃旨在刻意排除自身协议义务，违背善意履约的要求，因此构成"对优益权的滥用，显然有悖于诚实信用原则"。据此可见，不以满足公共利益新需求为目的的单方变更、解除行为会被人民法院视为"滥用职权"而被认定违法。

第三，比例原则。上位法对于行政机关突破协议约定，不仅在权限维度提出要求，而且还要求其目的取向和法律后果的匹配。学理上，比例原则要求满足适当性、必要性和相称性的要求，行政主体实施行政行为应兼顾行政目标的实现和保护相对人权益。② 遗憾的是，至今尚无法律、行政法规、规章对行政协议中的比例原则如何适用予以进一步规定，尤其是如何通过程序予以保障，使比例原则得到充分运用，此有待后续完善。值得注意的是，最高人民法院在草本公司诉荆州开发区管委会、荆州市政府行政协议纠纷案中已经有初步的探索，其要求"当作出单方调整或者单方解除时，应当对公共利益的具体情形作出释明"，并且"单方调整须符合比例原则，将由此带来的副作用降到最低"。由此，在程序规范上，行政机关在作出单方变更或解除之高权行为的过程中，至少应当对公益之目的进行专门的释明，并对其满足比例原则之要求进行专门的说明和论证。

第四，严重后果。若不变更或解除协议，继续履行会导致严重损害

---

① 参见张榆：《行政优益权的理论基础与行使规则探析》，载《法律适用》2022年第3期，第113页。

② 参见湛中乐：《行政法上的比例原则及其司法运用——汇丰实业发展有限公司诉哈尔滨市规划局案的法律分析》，载《行政法学研究》2003年第1期，第70页。

国家利益、社会公共利益的情形。实践中，最高人民法院倾向于将行政机关实施单方变更、解除之高权行为缩限于在结果维度上继续履行原协议可能出现严重损害国家利益、社会公共利益的情形，从而将对这一结果维度的判断嵌入人民法院对行政机关之单方变更、解除之高权行为的合法性审查之中。这也在《行政协议审理规定》中得到体现，其第 16 条规定："在履行行政协议过程中，可能出现严重损害国家利益、社会公共利益的情形，被告作出变更、解除协议的行政行为后，原告请求撤销该行为，人民法院经审理认为该行为合法的，判决驳回原告诉讼请求"。那么，什么情形才构成此种"严重损害国家利益、社会公共利益的情形"？基于最高人民法院的审判实践，可以看到，若继续履约仅可能给缔约行政主体带来更为沉重的财政负担，此不应被视为可能给"国家利益、社会公共利益"带来严重损害，从而不足以支撑行政主体单方突破协议之约定。如在唐某国诉贵州省关岭县政府案中①，人民法院指出：仅以（关岭县政府）多支出一部分补偿款就认定关岭县政府可以基于行政优益权行使单方变更协议权，缺乏事实根据和法律依据，亦对唐某国不公。而若继续履约所导致的后果可能给地方整体规划或长远发展造成实质性障碍，此便可能被视为对"国家利益、社会公共利益"的严重损害，进而赋予行政主体单方突破协议约定的正当性。

第五，充分补偿。《行政诉讼法》第 78 条特别规定："被告变更、解除本法第十二条第一款第十一项规定的协议合法，但未依法给予补偿的，人民法院判决给予补偿。"可见，当行政主体依法变更、解除行政协议时，其也应负担补偿责任。这一立法选择的理论根据在于，行政机关单方变更、解除行政协议乃旨在更好地履行公共职责，但这一旨在维护公共利益的行为很可能对协议相对人造成伤害，若由协议相对人独自承担为了公共利益之实现而引发的成本将明显违背公平原则，由此，即应由行政机关代表国家给予补偿，以实现协议相对人的财务再平衡。对于补偿标准如何确定的问题，现行法没有明确规定，但最高人民法院在制定《行政协议审理规定》时指出："（司法解释）明确因行政机关违约充分赔偿和因国家利益需要充分补偿原则，确保行政协议案件中当事人产权利益得到有力保护。"可见，行政机关对协议相对人之补偿标准的确定应以实现对当事人产权利益"有力保护"为指引，在充分补偿的原

---

① 参见最高人民法院（2018）最高法行申 8980 号行政裁定书。

则之下，可参照赔偿之标准，不限于直接损失，而将协议相对人的预期
收益损失同样纳入。①

此外，在民事合同中，当合同的基础条件发生不可预见之变化以至
于继续履行合同会导致对当事人明显不公时，人民法院亦可介入对合同
内容进行变更调整乃至解除合同。此即民事合同之情势变更制度。在民
事合同中，当发生不可抗力或其他合同目的不能实现之情形时，合同当
事人享有从合同关系中解脱出来的权利。此即民事合同之法定解除制
度。行政机关亦可在行政协议中适用民事合同之情势变更、法定解除制
度。《行政协议审理规定》第 27 条第 2 款规定："人民法院审理行政协
议案件，可以参照适用民事法律规范关于民事合同的相关规定。"该条
为行政机关在变更、解除合同时参照适用《民法典》关于法定解除、情
势变更之规定提供了明确的规范依据。

最高人民法院在审判实践中已经参照适用民事合同制度解决行政协
议履行争议。如在草本工房公司诉荆州市开发区管委会案②中，荆州开
发区管委会与草本工房公司签订招商项目投资合同，约定后者对国有土
地进行投资开发，后被发现合同所涉国有土地已闲置长达 4 年之久。荆
州开发区管委会向草本工房公司作出合同自行终止通知书并予以送达。
最高人民法院审查荆州开发区管委会的行为后认为："如果是因为相对
方违约致使合同目的不能实现，行政机关完全可以依照《合同法》的规
定或者合同的约定采取相应的措施，尚无行使行政优益权的必要"。

2. 判决方式

依据《行政诉讼法》第 78 条之规定，人民法院对于"违法变更、
解除"行政协议之行为同样可以作出"继续履行""采取补救措施"及
"赔偿损失"的判决；而若行政机关之变更、解除行为并未违法，则需
要判决行政机关给予补偿。关于补偿判决，前述已经予以阐释，下面具
体分析继续履行、采取补救措施及赔偿损失在适用中可能引发的问题。

第一，对于行政机关违法的变更、解除行为，是否应先予撤销，抑
或直接判决继续履行并/或采取补救措施？有学者主张，在告知函、通
知等行为的外在表现形式未被撤销时，其对行政相对人和行政机关仍然

---

① 参见黄永维、梁凤云、杨科雄：《行政协议司法解释的若干重要制度创新》，载
《法律适用》2020 年第 1 期，第 36 - 37 页。

② 参见最高人民法院（2017）最高法行申 3564 号行政裁定书。

发生拘束力，原行政协议仍然处于被变更或丧失法律效力的状态，当法院审查认为行政机关的单方变更解除行为违法时，应当在作出履行判决要求被告行政机关继续履行原行政协议中设定的权利义务的同时，一并作出补救措施判决要求行政机关撤销违法的单方变更解除行为，以排除违法单方变更解除行政行为的拘束力，从而恢复原行政协议的法律效力。①

基于上述观点，应首先对行政机关变更、解除行为的法律定性进行细致分析，再分类处理。具体而言，行政机关可以参照适用《民法典》规定的情势变更、法定解除制度，从而在民法意义上主张协议关系的变更及解除，特别是当适用法定解除制度时，面对不可抗力，行政机关作为合同当事人也是单方发出解除意思表示便可以解除协议。若如此，行政机关作出的行为便不具有高权性，人民法院在原则上应该参照适用《民法典》及《民事诉讼法》的有关规定，直接判决继续履行及/或采取补救措施；若有损害的，判决赔偿损失。而如果行政机关乃行使高权作出单方变更、解除行为，此时便不能直接判决继续履行及/或采取补救措施，因为行政机关之高权一经行使便单方地改变了客观法秩序，在判决继续履行或采取补救措施之前，需要首先消灭上述单方高权行为，行政机关继续履行及采取补救措施才可能实现。《行政协议审理规定》第16条便是基于上述逻辑所作的规定：第一步，人民法院应该审查争议的高权变更、解除行为是否存在《行政诉讼法》第70条之情形，即是否构成违法的行政行为，若存在，则"判决撤销或者部分撤销，并可以判决被告重新作出行政行为"。需要注意的是，此处的判决类型并未由《行政诉讼法》第78条所规定，而是由《行政协议审理规定》嫁接《行政诉讼法》第70条之撤销判决的规定。第二步，在认定"被告变更、解除行政协议的行政行为违法"后，人民法院再进一步"依据行政诉讼法第七十八条的规定判决被告继续履行协议、采取补救措施；给原告造成损失的，判决被告予以赔偿"。

第二，对违法的高权变更、解除行为，作出责令赔偿判决的，是否应当适用《国家赔偿法》？前已述及，行政机关不依法履行、未按照约定履行协议给对方当事人造成损失的，人民法院应当将其视为违约责任

---

① 参见陈思融：《论行政协议诉讼各类判决方式之关系》，载《政治与法律》2017年第 8 期，第 145 页。

予以赔偿，这是因为前述两类情形都仅构成行政机关的违约。不同于此，行政机关以高权行为违法变更、解除合同，便不属于违约行为，而直接构成违法行为，法律上的不利后果应该是消灭该违法行为的效果，并且对该高权行为所侵犯的公民权利给予赔偿。显然，此种情形自然落入《国家赔偿法》第3、4条之适用范围。也有学者采不同观点，在参考比较法后，主张应当运用财务平衡等原则公平确定赔偿方案，其表现应是对相对人行政协议期待利益的赔偿。① 此观点有其合理之处，然而可能混淆了对基于公益变更解除协议之合法行为导致的补偿责任，与违法的变更解除行为导致损失引发的赔偿责任。当然，考虑到《国家赔偿法》第36条对侵犯公民、法人及其他组织财产权的计算方式未专门考虑行政机关侵犯给予合同关系的财产权，借鉴财务平衡原则设置专门的赔偿计算规则应为可取的改革方向。

三、行政协议效力争议的判决

行政协议效力争议是指当事人围绕协议是否具有法律效力产生的争议。2014年《行政诉讼法》第12条第1款第11项并未将效力争议明确纳入行政诉讼受案范围，但是2015年《行诉法解释》第15条第2款规定："原告请求解除协议或者确认协议无效，理由成立的，判决解除协议或者确认协议无效，并根据合同法等相关法律规定作出处理。"由此便将效力争议纳入行政诉讼的实际管辖。《行政协议审理规定》对此做了进一步的扩展。

行政协议的底层法律关系为合同法律关系，其效力发生的规则与民事合同的完全一致，即合同关系当事人意思表示应当自由且真实，并且当事人意思表示之合致不得违背客观法之规定。围绕行政协议是否具有法律效力之争议亦以上述两个维度为基础而提出，具体包括基于意思表示存在瑕疵而提起的争议，以及基于意思合致违背客观法而提起的争议。②

（一）意思表示存在瑕疵的判决

合同作为当事人之间的"法律"，其发生法律效力的根据在于个人

---

① 参见邢鸿飞、朱菲：《论行政协议单方变更或解除权行使的司法审查》，载《江苏社会科学》2021年第1期，第118页。

② 参见江必新：《中国行政合同法律制度：体系、内容及其构建》，载《中外法学》2012年第6期，第1172页。

的意思自治。而个人意思自治的前提，又在于个人在作出意思表示时是自由的，其作出的意思表示也是真实的，否则意思表示存在瑕疵，便会为合同之效力留下裂痕。《行政协议审理规定》第 14 条规定："原告认为行政协议存在胁迫、欺诈、重大误解、显失公平等情形而请求撤销，人民法院经审理认为符合法律规定可撤销情形的，可以依法判决撤销该协议。"该条款旨在维护行政协议之合意性，保障当事人的意思自治。有学者总结了瑕疵的类型，包含行政主体与无行为能力的公民签订协议，行政机关以欺诈、胁迫方式缔结契约，行政机关与私人恶意串通等情形。① 此处意思表示之瑕疵的具体外延，还有待后续审判实践的探索。

就最高人民法院的既有裁判来看，在行政协议典型案例王某某诉江苏省仪征枣林湾旅游度假区管理办公室房屋搬迁协议案中，原告王某某的房屋被列入搬迁范围，2017 年 8 月 4 日早晨，房屋拆迁服务有限公司工作人员一行到原告家中商谈搬迁补偿安置事宜，次日凌晨一点三十分左右，王某某在搬迁协议上签字，凌晨被送至医院直至出院，入院诊断为"1. 多处软组织挫伤；……"。原告主张受到胁迫，法院认为："在签订本案被诉的搬迁协议过程中，虽无直接证据证明相关拆迁人员对王某某采用了暴力、胁迫等手段，但考虑到协商的时间正处于盛夏，王某某的年龄已近 70 岁，协商的时间跨度从早晨一直延续至第二日凌晨等，综合以上因素，难以肯定王某某在签订搬迁协议时系其真实意思表示，亦有违行政程序正当原则。据此，判决撤销案涉行政协议。"另外，在最高人民法院发布的行政协议典型案例卡朱米公司诉福建省莆田市荔城区人民政府请求撤销征收补偿安置协议案中，被告荔城区政府与原告卡朱米公司签订企业征迁补偿安置协议书，其中第 6 条约定，将搬迁补贴额预留 12 104 576 元作为履约保证金，卡朱米公司需开展兼并重组且兼并重组投资额需大于征迁补偿额 36 182 713 元，并经荔城区政府审核后，才可以取得履约保证金。原告主张显失公平，法院认为："卡朱米公司要实现上述条款的首要条件就必须依赖第三方的参与及其意思表示，这样的条件设定对于卡朱米公司权利的实现显然困难。条件中关于'投资额必须大于征迁补偿额''如果投资额小于征迁补偿额将取消履约保证金'等设定没有考虑到卡朱米公司投资的实际状况以及实践中

① 参见蔺耀昌：《行政契约效力研究》，法律出版社 2010 年版，第 119 页。

投资额到位的各种可能性……对于卡朱米公司而言显然过于苛刻……约定的履约保证金约占搬迁补贴额的 45％，如此巨额的履约保证金对于卡朱米公司也是极为不公平的。"法院最终认定，行政协议存在不当联结，构成显失公平，遂判决撤销该协议。

结合既有研究和上述实践，可以看到，人民法院适用《行政协议审理规定》第 14 条，还需参照《民法典》关于民事法律行为效力的有关规定，并结合行政协议之特殊性。现有学理虽存在对意思瑕疵的类型判断，但未有研究将需要平衡的利益加以综合审视。[①] 以此为基础，行政协议的效力审查可按照下述逻辑展开。

第一，当事人意思表示是否存在瑕疵。《行政协议审理规定》列举了四类意思表示瑕疵情形，即"胁迫、欺诈、重大误解、显失公平"。此四类情形如何理解，具体可参照《民法典》第 147、148、150、151 条的定义。如《民法典》对显失公平之定义为："一方利用对方处于危困状态、缺乏判断能力等情形，致使民事法律行为成立时显失公平的"。进一步再结合行政协议中行政机关往往在当地享有政策制定和执行上的垄断地位，在行政协议之下还应将行政机关利用其所享有的政策制定及执行上的垄断地位对协议相对人强加不平等的合同条件之情形纳入"显失公平"，如前述卡朱米公司诉福建省莆田市荔城区人民政府请求撤销征收补偿安置协议案中，人民法院便将此案中的"不当联结"嵌入"显失公平"之中。

第二，基于意思表示存在瑕疵撤销协议需平衡保护协议关系之安定性。当存在意思表示瑕疵时，协议当事人享有对协议的撤销权，但该撤销权不能由当事人对协议相对方直接行使，而需向人民法院提出，由人民法院审查后以判决方式实施。具体而言，民事法律规范出于维护合同关系之安定性的考虑对撤销权之行使设置了具体条件。根据《民法典》第 152 条之规定，当事人行使撤销权的期限原则上为"知道或者应当知道撤销事由之日起一年"，对于重大误解情形该期限为 90 日，对于受胁迫的情形该期限为胁迫行为终止之日起 1 年，超过上述期限的，撤销权消灭。若当事人知道撤销事由后以明示或默示方式表达放弃撤销权的，撤销权归于消灭。若当事人自协议发生之日起 5 年内都未行使撤销权

---

① 参见张青波：《行政协议司法审查的思路》，载《行政法学研究》2019 年第 1 期，第 60 - 61 页。

的，撤销权同样归于消灭。行政协议之安定性同样重要，正是因此，《行政协议审理规定》第14条之中便有"人民法院经审理认为符合法律规定可撤销情形的，可以依法判决撤销该协议"的规定。上述关于撤销权消灭之条件，人民法院在行政协议效力争议中应当参照适用，以平衡对协议关系安定性的保护。

第三，基于意思表示存在瑕疵撤销协议需平衡对公共利益之维护。行政机关缔结行政协议乃旨在更好地履行公共职责，因此当事人主张消灭协议效力，在满足前述行使撤销权之条件的情况下，人民法院"可以"依法判决撤销该协议，其在具体作出判决时，还应当将对公共利益的维护纳入裁量，避免由于协议效力之消灭影响公共服务的持续、稳定之提供，比如可以通过部分撤销，甚至变更判决的方式，协调对当事人意思自治的尊重和对公共利益的维护。[①] 并且，《行政协议审理规定》第15条规定，"因被告的原因导致行政协议被确认无效或者被撤销，可以同时判决责令被告采取补救措施"，这使人民法院可以进一步通过科以行政机关作出补救措施之方式协调意思自治与公共利益。

（二）意思合致违法的判决

合同作为当事人之间的"法律"，其发生法律效力还需要得到客观法的承认。国家以客观法维护公共秩序、践行公共政策，合同在原则上不得与之相违背，否则便无法获得国家强制力的保障。[②]《行政协议审理规定》第12条第1、2款规定："行政协议存在行政诉讼法第七十五条规定的重大且明显违法情形的，人民法院应当确认行政协议无效。人民法院可以适用民事法律规范确认行政协议无效。"可见，此条款乃通过结合民事合同之无效及行政行为之无效的两项条款，共同构筑行政协议合法性审查的规范依据。

具体而言，一方面，《行政诉讼法》第75条规定："行政行为有实施主体不具有行政主体资格或者没有依据等重大且明显违法情形，原告申请确认行政行为无效的，人民法院判决确认无效。"依据该条款，仅当出现重大且明显违法时，行政协议才能归于无效，行政协议的缔约主

① 参见最高人民法院行政审判庭：《最高人民法院关于审理行政协议案件若干问题的规定的理解与适用》，人民法院出版社2020年版，第212页。
② 参见苏永钦：《私法自治中的国家强制》，中国法制出版社2005年版，第22-24页。

体本身不具有行政主体资格或缔结该协议没有依据，为法律所明确列举之两种"重大且明显违法"之情形。另一方面，《民法典》第153条规定："违反法律、行政法规的强制性规定的民事法律行为无效。但是，该强制性规定不导致该民事法律行为无效的除外。违背公序良俗的民事法律行为无效。"依据该条款，行政协议可以准用民事合同法律规范的无效标准，但仍需与公法原则相协调。①

在审判实践中，人民法院对行政协议进行合法性审查，普遍严格把控协议无效之判决。比如最高人民法院发布的行政协议典型案例之金华市光跃商贸有限公司诉金华市金东区人民政府拆迁行政合同案中，行政机关与市场主体通过收购方式实现征拆之目的，双方在签订补偿协议后对补偿标准又发生争议，市场主体提起行政诉讼请求确认协议无效，人民法院审理后认为："对于原告同意收购、承诺可以先行拆除再行协商补偿款项并已实际预支部分补偿款、行政机关愿意对房屋所有权人进行公平合理的并不低于当时当地同区位同类房屋市场评估价格的补偿安置，且不存在合同法第五十二条等规定的以欺诈、胁迫等手段签订收购协议情形的，不宜完全否定此种收购协议的合法性。故对原告事后要求确认该协议无效的请求，不予支持。"可见，行政协议具有一般性的违法性并不必然导致协议无效。

还比如在最高人民法院发布的行政协议典型案例温某芝诉上海市虹口区住房保障和房屋管理局请求确认房屋征收补偿协议无效案中，当事人"认为补偿协议认定的居住困难人口中有多人不符合居住困难认定条件，损害了国家利益，侵犯了自身的合法权益，遂提起本案诉讼请求确认补偿协议无效"。法院在审理后，剔除了不符合居住困难认定条件的5人，将原认定的居住困难人口从11人调整为6人。对于原告提出的确认协议无效的诉讼请求，人民法院指出：补偿协议的签约主体适格，其内容并无法定无效的情形，故温某芝请求确认补偿协议无效理由及依据不足，不予支持。而法院以变更判决满足了原告的诉求："变更补偿协议第六条为：经认定，被征收户符合居住困难户的补偿安置条件，居住困难人口为6人，居住困难户增加货币补贴款人民币428 739.62

---

① 参见王贵松：《行政协议无效的认定》，载《北京航空航天大学学报（社会科学版）》2018年第5期，第20-22页；陈无风：《行政协议诉讼：现状与展望》，载《清华法学》2015年第4期，第104页。

元。"最高人民法院在总结该案之典型意义时指出："若当事人提出的诉讼请求不能成立或者部分成立，而行政协议又不具有合法性的，人民法院不宜简单判决驳回诉讼请求。本案中，涉案行政协议对补偿款项的认定确有错误，但又不足以影响协议效力，人民法院根据行政诉讼法第七十七条的规定作出变更判决，既回应了当事人的实质诉求，保障被征收人获得公平、公正的补偿，又使涉案协议回归合法状态，有效监督房屋征收部门依法进行征收补偿工作"。此案例既延续了人民法院对无效判决严格把握之态度，亦进一步提出引入变更判决直接修复具有一般性违法的协议之内容。

在既有文献和实践的基础上，结合民事合同无效理论之通说，应当严格限定行政协议的无效情形：第一，无效情形应由较高位阶之规范来确定，即法律、行政法规；第二，法律、行政法规中的任意性规范被违反，为了促进市场交易的繁荣，也不宜认为会导致合同无效；第三，即便是违反法律、行政法规中的强制性规定，也应根据具体案情进行分析，若"该强制性规定不导致该民事法律行为无效"的，便不应认定合同无效，比如以实施管理为目的之强制性规定，违反该规定应当承担如行政处罚等行政管理法律责任，而实现该管理目标并不必然要求同时消灭与之相关联的合同效力，此时便应当维持合同之效力。

第 79 条（复议决定的一并裁判）

王贵松

第七十九条　复议机关与作出原行政行为的行政机关为共同被告的案件，人民法院应当对复议决定和原行政行为一并作出裁判。

一、规范沿革与规范意旨

对于复议机关与作出原行政行为的行政机关共同被告的案件，2014年《行政诉讼法》规定对复议决定和原行政行为一并作出裁判。这是一条 2014 年新增的规定，在 1989 年《行政诉讼法》中并不存在。

（一）规范沿革

1989 年《行政诉讼法》当然规定着复议案件的处理方式。该法第 25 条第 2 款规定，"经复议的案件，复议机关决定维持原具体行政行为的，作出原具体行政行为的行政机关是被告；复议机关改变原具体行政行为的，复议机关是被告"。当时，并不存在共同被告的问题。不过，在原告就原具体行政行为提起行政诉讼之后，现实中仍面临着复议维持决定如何处理的问题。

而 2014 年《行政诉讼法》改变了上述做法，该法第 26 条第 2 款规定，"经复议的案件，复议机关决定维持原行政行为的，作出原行政行为的行政机关和复议机关是共同被告；复议机关改变原行政行为的，复议机关是被告"。复议维持的案件，就出现了法定的共同被告，而不由原告自由选择。如此，就需要对作为被告复议机关的复议行为作出判断。

（二）规范意旨

《行政诉讼法》第 79 条的规定就是要处理复议维持案件的裁判问题。一方面，第 79 条要求针对复议决定和原行政行为一并作出裁判；另一方面，考虑到对原行政行为裁判的多种可能性，法律为了避免冗长且可能并不周全的规定，没有就具体的裁判样态作出规定，这也为探索符合案件实情的裁判预留下空间。当然，法律虽未作列举规定，但实践中仍有统一司法的需求。故而，最高人民法院以司法解释的方式对一并裁判的方式作出列举，为各地法院的裁判提供提示。

二、一并裁判的适用情形和司法审查

一并裁判为新法之下的新问题，《行政诉讼法》自身仅仅规定了适用情形，而没有作更多的规定。《行诉法解释》则对其适用情形和审查方式等稍有补充。

（一）复议维持决定与原行政行为的关系

对于复议维持决定与原行政行为的关系，理论上存在不同的观点，也对应着不同的实践。其一是同意说或确认说。有学者认为，维持决定仅仅是复议机关作为中间人对原行政行为的合法性作出一种具有行政监督意义上的认同，既不是以复议维持决定效力覆盖原行政行为，也不是以复议维持决定效力代替原行政行为，更不增减申请人既有的权利义务。[1] 也有人认为，维持决定是对原行政行为的效力的认可，赋予了原行政行为有效性，对外的行为只是原行政行为；复议维持决定意味着原行政行为的合法性得到了复议机关的进一步确认。[2] 当然，原行政行为并不需要复议机关的认可，即可产生法律效力，故而，认可说并不妥当（学理上的"认可"与俗语中的"认可"并不相同，后者大致与"同意"

---

[1] 参见章剑生：《关于行政复议维持决定情形下共同被告的几个问题》，载《中国法律评论》2014 年第 4 期，第 145 页。

[2] 参见梁凤云：《行政复议机关作共同被告问题研究——基于立法和司法的考量》，载《中国政法大学学报》2016 年第 6 期，第 124 页。

同义)。

对于复议维持决定与原行政行为并存的案件，1991年《行诉法意见》第65条规定："人民法院判决撤销复议机关维持的原具体行政行为，复议裁决自然无效"。2000年《行诉法解释》第53条第1款也作出类似规定："复议决定维持原具体行政行为的，人民法院判决撤销原具体行政行为，复议决定自然无效"。当时在起草《行诉法解释》时存在较大争议。一种观点认为，作出维持决定的复议机关不是案件当事人，审查的不是复议决定的合法性，因此，法院不能对复议决定的合法性作出判决。另一种观点认为，复议决定维持了一个违法的行政行为，复议决定的内容必然违法。法院应当在撤销原行政行为的同时判决撤销复议决定。还有一种观点认为，尽管复议决定违法，但由于不是被诉行政行为，法院无权对其作出判决。但是，由于法院撤销了其所维持的行政行为，复议决定就失去了存在基础，自然失去效力。最后一种观点得到采纳。[①] 如此规定的理由在于：第一，复议维持，对私人的处理就是原行政机关的意志，复议机关只是对其加以肯定而已。对私人权利义务产生拘束力的是原行政行为，而非复议决定。第二，复议维持决定是对原行政行为法律效力的认可，复议决定在内容上从属于原行政行为。若原行政行为被撤销，复议决定就失去了存在的基础。第三，法院判决的权威性高于复议决定，在两者产生矛盾时，以判决为准。[②] 也就是说，在1989年《行政诉讼法》之下，因为维持决定并非诉讼程序标的，法院并不处理复议维持决定，但为了法的明确性要求，以司法解释的方式明确维持决定无效。

其二是并存说，即维持决定与原行政行为共同存在，形成叠加关系。在2014年《行政诉讼法》之下，法律要求对复议维持决定与原行政行为一并作出裁判，这就意味着复议维持决定与原行政行为是两个独立的行政行为，被认为"虽不是同一行政行为，也非同类行为，但属于关联度很高的两个行为"[③]。其关联性在于，复议维持决定包含着对原

[①] 参见甘文：《行政诉讼法司法解释之评论——理由、观点与问题》，中国法制出版社2000年版，第149-150页。

[②] 参见最高人民法院行政审判庭编：《〈关于执行《中华人民共和国行政诉讼法》若干问题的解释〉释义》，中国城市出版社2000年版，第113-114页。

[③] 全国人大常委会法制工作委员会行政法室编：《中华人民共和国行政诉讼法解读与适用》，法律出版社2015年版，第172页。

行政行为合法性的审查和确认，否定其中任何一个行为，都可能影响另一个行为的合法性评价。但复议维持决定是由复议机关按照行政复议程序所作出的一个行政行为，故而，又有独立于原行政行为的一面。2014年《行政诉讼法》要求对原行政行为和复议维持决定一并审查、一并裁判，这一立场有助于消除现实中对复议维持决定效力的疑虑。

（二）复议决定一并裁判的适用情形

出现复议维持决定与原行政行为并存的局面，大致有两种可能：其一是复议机关与作出原行政行为的行政机关为共同被告的案件，这是一般情况；其二是复议机关与原决定机关是同一个机关，亦即没有共同被告的案件，这是例外情形。法律仅仅规定了前者，而没有规定后者。后者是省级政府和国务院部门自我复议的案件，虽然不存在形式上的共同被告问题（虽然存在机关内部的决定和复议分工，但都没有主体资格），但存在实质上的复议维持决定与原行政行为并存的问题，与复议机关和作出原行政行为的行政机关为共同被告的案件所面临的问题是一致的。对于这一情形，虽然《行政诉讼法》并未规定如何裁判，但按照同则同之的要求，适用第 79 条是合适的。

对于"复议维持决定"，根据 2023 年《行政复议法》第 68 条的规定，"行政行为认定事实清楚，证据确凿，适用依据正确，程序合法，内容适当的，行政复议机关决定维持该行政行为"。2000 年《行诉法解释》第 7 条曾规定，复议决定改变原具体行政行为所认定的主要事实和证据，改变原具体行政行为所适用的规范依据且对定性产生影响，撤销、部分撤销或者变更原具体行政行为处理结果的，均属于行政诉讼法规定的"改变原具体行政行为"。换言之，这三种情形都不属于维持原行政行为。2015 年《行诉法解释》第 6 条第 2 款规定，"复议机关改变原行政行为"，是指复议机关改变原行政行为的处理结果。而 2018 年《行诉法解释》第 22 条第 1 款第 2 句进一步予以明确，"复议机关改变原行政行为所认定的主要事实和证据、改变原行政行为所适用的规范依据，但未改变原行政行为处理结果的，视为复议机关维持原行政行为"。如此，只有改变原行政行为处理结果，才不属于复议维持原行政行为。

对于复议维持决定和复议驳回决定之间的关系，2018 年《行诉法解释》第 133 条规定，《行政诉讼法》第 26 条第 2 款规定的"复议机关决定维持原行政行为"，包括复议机关驳回复议申请或者复议请求的情形，但以复议申请不符合受理条件为由驳回的除外。2023 年《行政复议法》第 33 条规定，"行政复议机关受理行政复议申请后，发现该行政复议申请不符合本法第三十条第一款规定的，应当决定驳回申请并说明理由"。这是驳回复议申请决定，属于程序性判断。这一情形的驳回复议申请就属于 2018 年《行诉法解释》第 133 条排除的情形。《行政复议法》第 69 条规定，行政复议机关受理申请人认为被申请人不履行法定职责的行政复议申请后，发现被申请人没有相应法定职责或者在受理前已经履行法定职责的，决定驳回申请人的行政复议请求。这是驳回复议请求决定，属于实体性判断。① 这一驳回决定与 2018 年《行诉法解释》第 133 条的驳回复议请求决定是一致的。行政复议法上的维持决定是针对侵害行为作出的，驳回决定是针对授益行为作出的。这种区分类似于《行政诉讼法》第 69 条驳回判决两种情形的区分。但对于复议申请人而言，维持决定和驳回决定都意味着自身的复议请求不能成立。

（三）复议维持决定案件的审查

既然分别存在复议维持决定和原行政行为，那么，如何审查这两个行为就成为一个现实问题。对于复议维持决定，行政诉讼法规定了诉讼的入口和出口问题，规定了被告问题、复议维持决定和原行政行为的一并裁判问题，没有规定诉讼过程中如何审查的问题。2018 年《行诉法解释》第 135 条分三款对于审查问题作出规定。

第一，"复议机关决定维持原行政行为的，人民法院应当在审查原行政行为合法性的同时，一并审查复议决定的合法性"。复议决定和原行政行为各有各的合法性，其判断对象和判断标准均有不同之处。在判断对象上，一个是复议决定，一个是原行政行为，前者包含着对后者合法性和适当性的判断；在判断标准上，原行政行为是通过该行政行为的实体法和程序法来判断其合法性，复议决定除了通过原行政行为的合法要件来判断其内容的合法性，还要通过行政复议行为规范来判断其复议主体、形式、程序等的合法性。

第二，"作出原行政行为的行政机关和复议机关对原行政行为合法

---

① 2023 年《行政复议法》较 2007 年《行政复议法实施条例》第 48 条第 1 款的规定更为清晰地区分了两种情形。《行政复议法实施条例》第 48 条第 1 款规定，有下列情形之一的，行政复议机关应当决定驳回行政复议申请：（1）申请人认为行政机关不履行法定职责申请行政复议，行政复议机关受理后发现该行政机关没有相应法定职责或者在受理前已经履行法定职责的；（2）受理行政复议申请后，发现该行政复议申请不符合行政复议法和本条例规定的受理条件的。

性共同承担举证责任，可以由其中一个机关实施举证行为。复议机关对复议决定的合法性承担举证责任"。原行政行为和复议决定包含着共同的内容，即原行政行为所规范的事项，在这一方面，原行政机关和复议机关所具有的证据通常是一致的，甚至是由原行政机关持有的。虽然两者对原行政行为合法性共同承担举证责任，但由原行政机关举证也是合乎事实情况的。如果是复议机关改变了原行政行为所认定的事实、证据或适用的规范依据，那么由复议机关举证也是合适的。

第三，"复议机关作共同被告的案件，复议机关在复议程序中依法收集和补充的证据，可以作为人民法院认定复议决定和原行政行为合法的依据"[1]。尤其是这第三点，相当于允许以复议机关事后收集和补充的证据证明原行政行为的合法性，在理论上被认为是违反"先取证，后裁决"的原则。[2] 但是，《行诉法解释》应是采取了一种新的思路，即将原行政行为和行政复议均作为行政过程，区别于诉讼的司法过程，而不是简单地将行政复议归入行政救济的范畴。《行诉法解释》的这种审查模式不是将复议决定和原行政行为作为两个独立的行政行为进行审查，而是将两者合二为一，这时审查的原行政行为已经是经复议决定修正过的原行政行为。在 2015 年《行诉法解释》起草过程中，起草者曾明确指引，"复议决定改变原行政行为认定的事实或者适用的依据的，应当基于改变后的事实和依据审查原行政行为合法性"。这种审查方式被认为即原处分主义。[3] 2018 年《行诉法解释》也承继了这一做法，更为全面地规定了审查对象和审查方法。

---

① 根据 2018 年《行诉法解释》第 163 条第 2 款的规定，《行诉证据规定》第 61 条（复议机关在复议程序中收集和补充的证据，或者作出原具体行政行为的行政机关在复议程序中未向复议机关提交的证据，不能作为人民法院认定原具体行政行为合法的依据）与此不一致，应当不再适用。2023 年《行政复议法》第 45 条第 1 款规定，"行政复议机关有权向有关单位和个人调查取证"。

② 参见梁君瑜：《复议机关作行政诉讼共同被告——现状反思与前景分析》，载《行政法学研究》2017 年第 5 期，第 32 页。实务部门的人为该解释规定辩护指出，"复议机关也是先收集证据后作出复议维持决定的，故仍符合'先取证后裁决'原则"。最高人民法院行政审判庭编著：《最高人民法院行政诉讼法司法解释理解与适用》，人民法院出版社 2018 年版，第 632 页（于泓执笔）。但新收集补充的证据也是用来证明原行政行为合法性的，故而，在与原行政行为的关系上仍然存在违反程序原则的问题。

③ 参见赵大光、李广宇、龙非：《复议机关作共同被告案件中的审查对象问题研究》，载《法律适用》2015 年第 8 期，第 79 页。

三、一并裁判的种类

对于复议维持决定的法定共同被告案件，法律要求就维持决定和原行政行为一并裁判。

（一）列举的一并裁判种类

这里的"一并作出裁判"，主要是针对否定被告的裁判而言的。如果法院经过审查，拟作出的裁判为肯定被告的，比如驳回原告诉讼请求等，则与原行政行为、复议行为具有同向性，不发生抵消、冲突的情形。而如果拟作出的裁判是否定被告的，如撤销原行政行为，则必须对另一个行为有所交代。①

在 2015 年《行诉法解释》第 10 条规定四种判决情形的基础上，2018 年《行诉法解释》第 136 条规定了五种判决和裁定的情形。

第一，"人民法院判决撤销原行政行为和复议决定的，可以判决作出原行政行为的行政机关重新作出行政行为"。出现了《行政诉讼法》第 70 条的六种情形的，法院应当撤销被诉行政行为，无论是原行政行为还是复议决定。但《行政诉讼法》第 70 条还规定，"并可以判决被告重新作出行政行为"。在撤销了原行政行为时，法院可以判决原行政行为的作出机关重新作出行政行为。在撤销了复议决定时，法院是否还要复议机关重新作出复议呢？该司法解释没有规定，但实际上应是给出了否定的回答。在同时撤销原行政行为和复议决定的情况下，案件的法律状态就恢复到未曾作出原行政行为的状态。

第二，"人民法院判决作出原行政行为的行政机关履行法定职责或者给付义务的，应当同时判决撤销复议决定"。无论是履行法定职责还是给付义务，首先还是原行政行为的行政机关的职责问题。故而，在作出履行判决或给付判决的同时，仅需撤销复议决定即可，而不必判决复议机关履行职责，以免出现两级机关同时管辖同一个请求的问题。

第三，"原行政行为合法、复议决定违法的，人民法院可以判决撤销复议决定或者确认复议决定违法，同时判决驳回原告针对原行政行为的诉讼请求"。而 2015 年《行诉法解释》第 10 条第 4 款规定的是，"原行政行为合法、复议决定违反法定程序的，应当判决确认复议决定违

---

① 参见江必新、邵长茂：《新行政诉讼法修改条文理解与适用》，中国法制出版社2015 年版，第 290 页。

法，同时判决驳回原告针对原行政行为的诉讼请求"。一方面，复议决定违反法定程序的，未必只是因"程序轻微违法，但对原告权利不产生实际影响"而确认复议决定违法，如果是一般乃至严重违反法定程序的情形，那应当是按照《行政诉讼法》第 70 条规定判决撤销复议决定。另一方面，复议决定也不仅仅涉及违反法定程序的问题，也可能有其他违法情形。

第四，"原行政行为被撤销、确认违法或者无效，给原告造成损失的，应当由作出原行政行为的行政机关承担赔偿责任；因复议决定加重损害的，由复议机关对加重部分承担赔偿责任"。而 2015 年《行诉法解释》第 10 条第 5 款规定的是，"原行政行为被撤销、确认违法或者无效，给原告造成损失的，应当由作出原行政行为的行政机关承担赔偿责任；因复议程序违法给原告造成损失的，由复议机关承担赔偿责任"。前后规定的差别在于，复议机关承担赔偿责任的情形。按照《国家赔偿法》第 8 条的规定，"经复议机关复议的，最初造成侵权行为的行政机关为赔偿义务机关，但复议机关的复议决定加重损害的，复议机关对加重的部分履行赔偿义务"。2018 年《行诉法解释》的规定更加符合《国家赔偿法》的规定。在理论上和实务中有所谓"隐性"加重后果问题。例如，原行政机关作出责令停产停业等行政行为后，由于复议期间一般不停止执行，在复议期间原行政行为所造成的损害就处于持续扩大状态。在复议维持后，原行政行为被判决撤销或确认违法无效，这时事实上已经出现加重的损害后果。复议机关逾期不决的情形也是如此。[①] 确实，这种情形如果不赔偿，有违公平。但按照国家赔偿法的规定，这并不是"复议决定"的加重损害，不由复议机关承担赔偿责任，可由原行政机关承担赔偿责任。

第五，"原行政行为不符合复议或者诉讼受案范围等受理条件，复议机关作出维持决定的，人民法院应当裁定一并驳回对原行政行为和复议决定的起诉"。这是 2018 年《行诉法解释》新增的一种情形，同时也是指明可能适用"裁定"的情形。法律规定了"一并裁判"，而 2015 年《行诉法解释》仅考虑到了判决的情形。在原行政行为不符合复议的受理条件时，按照 2023 年《行政复议法》第 33 条的规定，复议机关"应

当决定驳回申请并说明理由"。如果现实中复议机关作出了维持决定，那可能也只是相当于驳回复议申请。最高人民法院曾指出："区分复议机关的驳回复议申请究竟属于因理由不成立而驳回，还是因不符合受理条件而驳回，应当适用实质性标准。名为驳回复议申请，甚至名为不予受理决定，但事实上对复议请求作出了实体审查的，也应当定性为驳回复议请求，进而构成对原行政行为的维持"①。在原行政行为不符合诉讼的受理条件时，按照《行政诉讼法》第51条第2款和2018年《行诉法解释》第69条第1款的规定，裁定不予立案或裁定驳回起诉。但在这样的原行政行为被复议维持，之后又提起了行政诉讼时，为了避免对复议决定作出实体审查，应当裁定一并驳回对原行政行为和复议决定的起诉。最高人民法院还曾例示说明如此规定的理由："在原行政行为超过起诉期限的前提下，复议机关作出维持决定，当事人不服提起行政诉讼的，人民法院亦应对全案裁定驳回起诉。此外，从维护行政法律关系的稳定性及行政诉讼起诉制度的严肃性考虑，亦不应当让已经超过起诉期限的当事人通过行政复议程序重新获得已经丧失的诉权"②。

（二）未列举的一并裁判种类

上述司法解释的规定很大程度上是对现有司法实践的经验总结，是对可能的裁判形式的列举，而非仅能作出如此一并裁判的限制。法院在上述五种情形之外，按照案件的实情，选择适当的一并裁判的形式，应当是被容许的。③ 总体而言，法院可以针对原行政行为和复议维持决定根据案件情况分别适用驳回判决、撤销判决、履行判决、给付判决、确认违法判决、确认无效判决、变更判决等，在一份判决书或裁定书中分别作出裁判，只要裁判的内容不造成矛盾即可。

---

① 王某生诉周口市人民政府行政复议案，最高人民法院行政裁定书（2018）最高法行申152号。

② 《最高人民法院行政法官专业会议纪要（二）》（复议诉讼领域），载微信公众号"行政执法与行政审判"2018年7月10日。另参见蔡小雪、陈裕琨、缪蕾主编：《新编最高人民法院司法观点集成（行政卷Ⅲ）》，中国民主法制出版社2023年版，第1431页。

③ 有法官列举了15种主要的一并判决的情形。参见江必新主编：《中华人民共和国行政诉讼法及司法解释条文理解与适用》，人民法院出版社2015年版，第524-526页（耿宝建、李纬华执笔）。

第 89 条（二审裁判）

赵 宏

第八十九条 人民法院审理上诉案件，按照下列情形，分别处理：

（一）原判决、裁定认定事实清楚，适用法律、法规正确的，判决或者裁定驳回上诉，维持原判决、裁定；

（二）原判决、裁定认定事实错误或者适用法律、法规错误的，依法改判、撤销或者变更；

（三）原判决认定基本事实不清、证据不足的，发回原审人民法院重审，或者查清事实后改判；

（四）原判决遗漏当事人或者违法缺席判决等严重违反法定程序的，裁定撤销原判决，发回原审人民法院重审。

原审人民法院对发回重审的案件作出判决后，当事人提起上诉的，第二审人民法院不得再次发回重审。

人民法院审理上诉案件，需要改变原审判决的，应当同时对被诉行政行为作出判决。

我国现行《行政诉讼法》第 89 条是对二审裁判的类型和适用标准的具体规定。对比于其他裁判条文，该条内容相对繁复，基本上是二审裁判的种类综合。但行政诉讼二审裁判的具体适用并非简单的案件审理之后的类型选择，还同时关涉二审的审理方式、审查范围，亦牵连和反映行政诉讼的现实需要。这些问题在实践中和学理上都曾引发诸多争议，下文通过对二审裁判的适用与标准进行基本梳理，来透视和剖析行政诉讼二审的基本现状和核心问题。

一、规范沿革与核心要义

《行政诉讼法》第 89 条是有关上诉案件裁判的具体规定，其针对二审审理一审裁判可能出现的各类情形，分别规定了不同的处理方式。与该条相对应的是 1989 年《行政诉讼法》的第 61 条："人民法院审理上诉案件，按照下列情形，分别处理：（一）原判决认定事实清楚，适用法律、法规正确的，判决驳回上诉，维持原判；（二）原判决认定事实清楚，但适用法律、法规错误的，依法改判；（三）原判决认定事实不清，证据不足，或者由于违反法定程序可能影响案件正确判决的，裁定撤销原判，发回原审人民法院重审，也可以查清事实后改判。当事人对重审案件的判决、裁定，可以上诉。"

两相对比会发现，2014 年修改后的《行政诉讼法》在二审裁判上的变动表现为如下几点：

第一，对原有的二审裁判方式进行了填补，增加"原判决遗漏当事人或者违法缺席判决等严重违反法定程序的，裁定撤销原判决，发回原审人民法院重审"这一适用情形。这一增加其一是为了保障案件当事人的审级利益，其二是对比修改前的"违反法定程序可能影响案件正确判决的，裁定撤销原判，发回原审人民法院重审"的表述，也可说强化了二审对一审裁判程序的审查，即只要原判决严重违反法定程序，就无须考虑其是否可能影响案件的正确判决，都应撤销原判，发回原审法院重审。

第二，在原来的第 61 条基础上增加对一审裁定的处理，即二审法院除可对一审判决维持原判决、依法改判、发回重审之外，同样可对一审裁定予以维持、撤销或变更。这一点可说是对修改前的《行政诉讼法》有关二审裁判类型的重要补充。

第三，完善对原审裁判事实认定问题的处理。这一点尤其体现为，修改前的《行政诉讼法》对原判事实不清、证据不足的规定是，"发回原审人民法院重审，也可以查清事实后改判"，但修改后则细化为两类，一类是原审判决"认定事实错误"的依法改判，另一类是原审裁判"基本事实不清、证据不足的"，发回原审人民法院重审，或者查清事实后改判。这一变化参考了《民事诉讼法》的相关规定，同时也反映出上诉审对事实问题的审查范围和强度在《行政诉讼法》修改前后的变化。

第四，增加二审"需要改变原审判决的，应当同时对被诉行政行为作出判决"的规定。这一规定此前就已出现于 2000 年《行诉法解释》第 70 条中，在修改后被引入《行政诉讼法》，也可说是对强化二审监督能力这一现实需求的肯定和回应。

第五，对于发回重审的案件，明确当事人再上诉的，二审法院不得再次发回重审，这一规定体现了对程序成本的考虑，同样也吸纳了民事诉讼法修改的相关做法，由此也避免了实践中二审法院为回避矛盾而对发回重审的过度适用。

二、二审的审查方式与审查范围

二审裁判的具体类型和适用，本质上又关涉二审的审理方式和审查范围，对《行政诉讼法》第 89 条也应结合有关二审的其他关键条文才能明晰其体系定位和基本意涵。此外，二审裁判的具体类型和适用标准同样又有诉讼现实的考虑。一直以来，二审程序及其裁判都是行政诉讼的痛点。据学者统计，自《行政诉讼法》实施以来，在二审法院的主要结案方式中，维持原判的比例一直居高不下，而直接改判或是发回重审的比例却逐年走低。[①] 这也在很大程度上说明，"二审程序对一审判决的监督力度整体上明显下降，当事人通过上诉程序获得救济的可能性也变得更为渺茫"[②]。与之相对应的又是一审的上诉率。在较长时间内，我国一审判决的上诉率都在 70% 以上，一审裁定的上诉率为 65.9%。这也很大程度上反映出一审裁判的公信力仍有待提高。由此，如何通过二审强化对一审裁判的审查和监督，成为主导二审裁判方式、审查范围以及裁判类型变化的现实因素。而二审裁判方式及其标准也都应首先回

---

① 参见朱春华：《行政诉讼二审审判状况研究：基于对 8 家法院 3980 份裁判文书的统计分析》，载《清华法学》2013 年第 4 期，第 89 页。

② 何海波：《困顿的行政诉讼》，载《华东政法大学学报》2012 年第 2 期，第 88 页。

溯到这一背景下以获得理解。

（一）二审的审查方式

也因为上述现实考虑，2014 年《行政诉讼法》对二审程序与裁判进行了大幅修改。修法前，有关二审程序的规定是，"人民法院对上诉案件，认为事实清楚的，可以实行书面审理"。为提高二审的有效性，修法后的二审裁判方式变成《行政诉讼法》第 86 条之规定，即"人民法院对上诉案件，应当组成合议庭，开庭审理。经过阅卷、调查和询问当事人，对没有提出新的事实、证据或者理由，合议庭认为不需要开庭审理的，也可以不开庭审理"。由此，开庭审查替代此前的书面审查成为二审审查方式的原则。

除考虑审判的透明度和参与度外，二审究竟采取书面审还是言词审，又与二审的定位密切相关。各国对于上诉审的构造设定并不一致，甚至呈现很大差异，以至于诉讼法学者指出，"在存在一审判决的前提下，控诉审（上诉审）应当具有怎样的结构，这一问题在立法论上可以作出极具自由度的构想"①。域外立法例中，二审的两种典型分别是事后审和复审制。所谓事后审，即上诉审仅利用一审使用的诉讼材料来判断一审判决是否正当，并不适用新的诉讼资料，二审也只对一审适用法律是否正确进行审查，而不审查一审法院所认定的事实；与之相反，在复审制下，上诉审可忽略一审程序，对案件进行完全意义上的重新审查，诉讼资料也完全来自上诉审，其独立对案件事实和法律适用作出判断。② 在典型的事后审和复审制之间，还有一种折中的类型是续审制。续审制下的二审审理属于一审程序的延续，在诉讼资料的使用上，既使用上诉审中新出现的诉讼资料，同时也使用一审中的诉讼资料；但审查对象原则上仅限于当事人不服提起上诉的范围，而且驳回一审判决的情形也仅限于上诉审判断不同于一审判决主文中的判断的情形，这一点又有事后审的特点。民诉学者总结续审制的特点是：（1）二审以一审诉讼资料为基础；（2）当事人在一审的诉讼行为在二审依然有效，二审是一审的延续；（3）以二审辩论终结时为判断当事人诉讼请求是否正当的时

---

① ［日］高桥宏志：《重点讲义民事诉讼法》，张卫平、许可译，法律出版社 2007 年版，第 435 页。

② 参见［日］高桥宏志：《重点讲义民事诉讼法》，张卫平、许可译，法律出版社 2007 年版，第 436 页。

间标准；（4）当事人可以在二审中提出新的事实主张，即提出新的攻击、防御方法，但提出新的攻击、防御方法有所限制。[①] 综上，如果只是事后审，法院仅需核查法律问题而无须进行新的事实调查，原则上也不接受新的事实和证据；书面审无疑是更为经济和便利的操作。但如果是复审制，与之更匹配的审查方式当然就应该是言词审。

我国行政诉讼的二审构造在《行政诉讼法》修改前更近于一种中间形态的续审制。但考虑到二审监督的实效性，修改后的二审构造则更近于"复审制"，即二审中仍旧要求法院对事实和法律问题进行全面审查，且全面收集一切诉讼材料，当事人亦可在二审程序中提出其在一审程序中没有提出的事实和理由，其在二审中的证据"更新权"也未见受到显著限制。[②] 但这种对初审的完全重复必定又会带来诉讼的延宕、司法资源的紧张和当事人负担的加重。也因此，如当事人"没有提出新的事实、证据或者理由"，法律规定合议庭也可认为经过阅卷、调查和询问当事人就已满足程序需要，此时也无须再进行开庭审理。因《行政诉讼法》第 86 条的规定与《民事诉讼法》第 176 条[③]的规定几乎一致，所以，二审不开庭审理的情形也可参照 2022 年《民诉法解释》第 331 条的规定，即"（一）不服不予受理、管辖权异议和驳回起诉裁定的；（二）当事人提出的上诉请求明显不能成立的；（三）原判决、裁定认定事实清楚，但适用法律错误的；（四）原判决严重违反法定程序，需要发回重审的"。但即使是不开庭审理，法律也规定法院须经阅卷、调查和询问当事人的基本程序，其目的在于提高对当事人诉讼权利和实体权利的保护。

仔细斟酌《行政诉讼法》第 86 条的规定会发现，这里已凸显一个关键问题：尽管将二审程序原则上确定为言词审是为了提高二审的监督力度，但其本质也是将一审未解决的矛盾进一步后移，而且将二审程序的设定确立为提高监督力度的言词审，则此时又需考虑如何避免二审与一审完全重复，进而削减一审功能并使诉讼延宕。

---

① 参见张卫平：《民事诉讼法》，法律出版社 2023 年版，第 441 页。

② 参见齐树洁：《民事上诉制度研究》，法律出版社 2006 年版，第 46 页。

③ 《民事诉讼法》第 176 条规定："第二审人民法院对上诉案件应当开庭审理。经过阅卷、调查和询问当事人，对没有提出新的事实、证据或者理由，人民法院认为不需要开庭审理的，可以不开庭审理"。

（二）二审的审查范围

与二审裁判方式密切相关的条文还有二审的审查范围。修改后的《行政诉讼法》第 87 条增加"人民法院审理上诉案件，应当对原审人民法院的判决、裁定和被诉行政行为进行全面审查"的规定。这一条的内容此前也已出现于 2000 年《行诉法解释》第 67 条中，属于《行政诉讼法》修改时的直接移植。

"全面审查"同样指向行政诉讼二审的基本定位，即其究竟只是旨在纠正一审的错误，而将审判重点仅放在一审裁判的事后审，还是不受一审裁判约束，可以对案件涉及的所有事实问题和法律问题进行全新审查的复审。从《行政诉讼法》第 87 条的规定来看，所谓"全面审查"，指二审既要审查一审裁判是否正确，又要审查被诉行政行为是否合法；既要审查法律问题，又要审查事实问题。[①] 甚至还有学者提出，二审的审查可以突破当事人上诉请求的范围，无论是否与当事人的上诉请求相关，只要与被诉行政行为和一审裁判有关就可以进行审查。[②] 但这种认识又突破了诉讼中的处分主义原则，也和二审中的禁止不利变更原则存在内在张力。也正因为此处有关全面审查的规定，二审在裁判方式上才补充规定，"第二审人民法院不得再次发回重审。人民法院审理上诉案件，需要改变原审判决的，应当同时对被诉行政行为作出判决"。

全面审查的引入当然也是为提高二审对一审的监督力度，其背后的支持理由还包括，既然"行政行为的合法性审查原则"属于行政诉讼的基本原则，就应贯穿于行政诉讼的全过程，即对行政行为的合法性审查既要适用于一审程序也要适用于二审程序，而且一审裁判本身就与被诉行政行为的合法性密切相连，也唯有对被诉行政行为的合法性予以审查后，才能认定一审裁判的正确性。[③] 但这种全面审查亦存在将二审与一审重叠，进而弱化一审功能发挥的问题，而且行政行为的合法性审查原则上主要适用于典型的撤销之诉，在诸如课予义务之诉、给付之诉、确认之诉等其他诉讼中，审查焦点已经发生转换，此时二审是否仍旧应维

[①] 参见最高人民法院行政审判庭编：《关于执行〈中华人民共和国行政诉讼法〉若干问题的解释释义》，中国城市出版社 2000 年版，第 146 页。

[②] 参见江必新、邵长茂、李洋：《新行政诉讼法导读》，中国法制出版社 2015 年版，第 106 页。

[③] 参见李广宇：《新行政诉讼法逐条注释》，法律出版社 2015 年版，第 730 页。

续行政行为的合法性审查也值得斟酌。此外，虽然全面审查提示在法律审之外，同样要对事实问题予以审查，但对事实问题的审查强度是否应与一审互相区别，还是要与一审保持一致，也是《行政诉讼法》第 87 条的混沌之处。

由此，从以上关于二审审查方式和审查范围的分析来看，基于提高监督强度的现实需要，《行政诉讼法》在修改后对二审的基本定位更趋近于一种全面的复审主义，而这也在很大程度上主导了二审的裁判方式和适用标准。

三、针对一审判决的二审裁判

二审裁判根据其类型可区分为判决和裁定两类。在具体适用上，其又可区分为针对一审判决的裁判和针对一审裁定的裁判。为便于理解，下文按照二审裁判是针对一审判决还是裁定予以区分。针对一审的实体性判决，二审可根据不同情况作出维持原判、依法改判、发回重审以及驳回起诉四类处理，前两类处理表现为二审判决，而后两类处理则以二审裁定的方式作出。其适用情形和标准如下。

（一）驳回上诉维持原判

《行政诉讼法》第 89 条第 1 款第 1 项规定，原判决、裁定认定事实清楚，适用法律、法规正确的，判决或者裁定驳回上诉，维持原判决、裁定。据此，驳回上诉维持原判的适用条件为，原判认定事实清楚，适用法律、法规正确。驳回上诉维持原判可说是上诉审作出的驳回性判决，即其否定了上诉人的上诉请求。

1. 二审中的事实审查

《行政诉讼法》第 89 条的"事实清楚，适用法律、法规正确"当然应与《行政诉讼法》第 69 条驳回原告诉讼请求中的"行政行为证据确凿，适用法律、法规正确"作同样理解。实践中，被诉行政行为的内容有轻微瑕疵但未影响事实认定和行为定性，或者行政机关收集的证据可认定基本事实，但可能缺少枝节情况的证据，法院在一审裁判中亦会判决驳回原告的诉讼请求。此时当事人不服，提起上诉的，二审法院显然不能对这些轻微瑕疵做相较一审更严苛的惩罚。

鉴于事实与证据处于表里关系，二审在事实审查部分的强度又集中体现于最高人民法院《行诉证据规定》中。其第 50 条规定，"在第二审程序中，对当事人依法提供的新的证据，法庭应当进行质证；当事人对第一审认定的证据仍有争议的，法庭也应当进行质证"。此处似乎普遍承认当事人在二审程序中对证据材料的更新权。但《行诉证据规定》亦对此处的更新权进行了一定的限制，认为此处的新证据仅包括以下三种类型：其一，在一审程序中应当准予延期提供而未获准许的证据；其二，当事人在一审程序中依法申请调取而未获准许或者未取得，人民法院在第二审程序中调取的证据；其三，原告或者第三人提供的在举证期限届满后发现的证据。从上述列举来看，法律对当事人二审过程中证据更新权的限定并不严格，只要当事人在举证权限和期限内尚未发现的证据，都可以作为新证据在二审中提出并予以质证。法律所禁止的只是《行诉证据规定》所规定的，"原告或者第三人在第一审程序中无正当事由未提供而在第二审程序中提供的证据"。对此类证据人民法院不予采纳，其所防堵的，也只是"案件当事人故意将证据隐藏在二审程序中才出示，形成证据突袭，侵害对方当事人合法权益，影响二审裁判的顺利进行"①。从这点来看，尽管我国二审对于事实问题的审查并非一种完全的重复审，但与彻底的法律审不同，二审在事实问题上仍旧保留了很大空间，二审对一审的事实认定也无须给予高度尊重。

虽然复审主义使二审可以考虑新的事实和证据，但评判法律和事实状态的实质性时点，仍旧需适用一审程序中的规则，即评判撤销之诉的基准时，原则上就是行政机关作出被诉行政决定的时刻。② 但对于义务之诉和给付之诉中法律和事实状况的评价时点，我国《行政诉讼法》并未规定，而德国《联邦行政法院法》规定的是上诉程序中最后一次言词审理的时间。③

2. 二审中的法律适用审查

与"事实清楚"相对应，《行政诉讼法》第89条的"适用法律、法规正确"是二审对法律问题的审查。二审对法律问题的审查既包含对被诉行政机关法律适用的审查，也包括对一审判决法律适用的审查。二者

---

① 沈志先主编：《行政证据规则应用》，法律出版社2012年版，第119页。

② 参见［德］弗里德赫尔穆·胡芬：《行政诉讼法》，莫光华译，法律出版社2003年版，第611页。

③ 参见［德］弗里德赫尔穆·胡芬：《行政诉讼法》，莫光华译，法律出版社2003年版，第612页。

在一些方面重合，但也并不完全一致。对一审判决法律适用的审查除包括其对案涉的行政实体法和程序法的适用以外，还有对行政诉讼法及其司法解释的适用。

《行政诉讼法》第 89 条缺少的规定是，如果原判结果正确但适用法律有瑕疵又应如何处理。德国法的做法是，原判虽有违反法律的情形但并不影响裁判结果的，原则上为避免当事人的诉讼负累和影响诉讼经济，二审不得废弃原判，只是在驳回上诉维持原判的同时，应对原判存在的瑕疵予以指正。[①] 我国 2022 年《民诉法解释》第 332 条也规定，"原判决、裁定认定事实或者适用法律虽有瑕疵，但裁判结果正确的，第二审人民法院可以在判决、裁定中纠正瑕疵后，依照民事诉讼法第一百七十七条第一款第一项规定予以维持"。现实的行政审判中也出现过类似案例。例如在创博亚太科技（山东）有限公司与国家工商行政管理总局商标评审委员会、原审第三人张某河商标异议复审行政纠纷案中，一审法院以被异议商标构成《商标法》第 10 条第 1 款第 8 项规定的情形为由，判决认定被异议商标不应予以核准注册，二审法院虽认定一审判决结论正确，但认为法律规范的适用不当。在该案中，最高人民法院认为，行政诉讼的二审判决应适用《民事诉讼法》及司法解释的规定，在纠正一审判决适用法律的瑕疵后维持一审判决。[②] 最高人民法院作出上述判断的依据在于《行政诉讼法》第 101 条的规定，即"人民法院审理行政案件，关于期间、送达、财产保全、开庭审理、调解、中止诉讼、终结诉讼、简易程序、执行等，以及人民检察院对行政案件受理、审理、裁判、执行的监督，本法没有规定的，适用《中华人民共和国民事诉讼法》的相关规定"。而学者也认为，二审裁判的方式应被包含于行政诉讼应适用《民事诉讼法》的事项中。[③]

此外，与一审的驳回原告诉讼请求判决相比，《行政诉讼法》第 89 条第 1 款第 1 项虽未写明维持原判方面的程序要求，但"事实清楚，适用法律、法规正确"中也当然包含原判在程序方面并无严重违反法定程序的情形。

---

① 参见［德］弗里德赫尔穆·胡芬：《行政诉讼法》，莫光华译，法律出版社 2003 年版，第 604 页。

② 参见最高人民法院（2016）最高法行申字第 3313 号行政裁定书。

③ 参见章剑生：《行政诉讼中民事诉讼规范之"适用"：基于〈行政诉讼法〉第 101 条展开的分析》，载《行政法学研究》2021 年第 1 期，第 71 页。

（二）撤销原判依法改判

《行政诉讼法》第89条第1款第2项可拆解为两个部分：原判决认定事实错误或者适用法律、法规错误的，依法改判；原裁定认定事实错误或者适用法律、法规错误的，依法撤销或者变更。因此，撤销原判依法改判适用的第一种情形是原判决认定事实错误或者适用法律、法规错误的。此外，《行政诉讼法》第89条第1款第3项同样规定，原判决认定基本事实不清、证据不足的，法院在查清事实后也可以依法改判。这是撤销原判依法改判适用的第二种情形。

撤销原判是上诉审作出的支持判决，即对上诉人不服一审判决的诉讼请求的肯定。一旦原判被撤销，一审法院针对当事人诉讼请求的答复也会随之消失，这一空白就必须由上诉审来填补。此时，一审判决中的诉讼请求会直接成为二审裁判的对象。二审答复的方式又可区分为自行判决、发回重审等类型。于前者，二审法院对上诉人的诉讼请求自行作出裁判；于后者，二审法院考虑到当事人的审级利益，且认为由一审法院审理更为合适，故而发回重审。

1. 改判的第一种情形：原判认定事实错误或者适用法律、法规错误

根据《行政诉讼法》第89条第1款第2项，原判决认定事实错误或者适用法律、法规错误的，二审法院在撤销原判的同时需自行依法改判，此处并无发回重审的适用空间。对于第2项中的"适用法律、法规错误"，可参照撤销判决中的"适用法律、法规错误"。此处的"法律、法规"不仅应被扩大理解为行政行为所依据的所有法律规范，其情形还主要包括以下几类：（1）应适用甲法，却适用了乙法；（2）应适用上位法、特别法、新法，却适用了下位法、一般法、旧法；（3）应适用某法的某条款，却适用了该法的其他条款；（4）未援引具体法律规范，包括完全未援引、仅笼统援引但未指出所依据的具体条文；（5）适用尚未生效或已失效、废止的法律规范；（6）援引法律规范虽达到具体程度但不全，包括应适用多个法律规范却只适用其中一部分、应适用某法律规范中的多个条款却只适用其中一部分。[①] 对于适用法律、法规错误的，二审法院应当在更正法律适用后依法改判。

---

① 参见朱新力：《司法审查的基准：探索行政诉讼的裁判技术》，法律出版社2005年版，第433-434页；全国人大常委会法制工作委员会行政法室编：《〈中华人民共和国行政诉讼法〉解读与适用》，法律出版社2015年版，第156-157页。

值得注意的是，《行政诉讼法》第 89 条区别了"认定事实错误"和"认定基本事实不清、证据不足"。对于前者，二审法院应当依法改判；对于后者，二审法院可撤销原判发回重审，也可在查清事实后依法改判。一般认为，"认定事实"包括调查事实和确定事实两个部分，相应地，认定事实错误也包括违法确定事实和违法遗漏事实。前者是指当事人已在诉讼中予以主张且加以佐证的事实，在原审法院裁判时被遗漏；后者是指原审法院在确定事实时违背了证据法则、经验法则和伦理法则。① 而"认定事实错误"也同时意味着，二审法院基于原审法院已确定的事实和其在二审时依法应斟酌的其他事实，在遵守证据法则、经验法则和伦理法则的前提下，已能够对案件涉及的法律要件事实予以明确，此时，二审法院也无须再发回原审法院对事实问题进行重新调查，因其据以作出裁判的条件已经成熟。

2. 改判的第二种情形：基本事实不清、证据不足

与"认定事实错误"不同，对于"基本事实不清、证据不足"的，因二审法院作出裁判的法定事实条件并不具备，所以其可以选择撤销原判发回重审，也可选择在查清事实后依法改判。此处的"基本事实不清、证据不足"，即一审法院判决中对事实的认定没有充分的证据来支撑，判决也缺乏与其结果对应的所必需的法律要件事实。

除可通过"认定事实错误"和"基本事实不清"对这两项予以区别外，对"认定事实错误"和"基本事实不清、证据不足"的区分也可以借鉴《民事诉讼法》及其司法解释的规定。在《民事诉讼法》的规定中，"认定事实错误"被认为指向的是除基本事实以外的其他事实，而"基本事实"，根据 2022 年《民诉法解释》第 333 条的规定，专指"用以确定当事人主体资格、案件性质、民事权利义务等对原判决、裁定的结果有实质性影响的事实"。由此，如果是基本事实不清，二审法院可发回重审来保障当事人的审级利益，也可在查清事实后改判；而如果是基本事实以外的一般事实不清，出于诉讼经济的考虑，二审法院就应当依法改判。

但在基本事实不清、证据不足的情况下，应优先选择发回重审还是直接改判，《行政诉讼法》第 89 条的规定不详。德国法对此的规定是，"仅当初审法院的程序具有重大瑕疵，并且基于这个瑕疵有必要进行一

① 参见徐瑞晃：《行政诉讼法》，五南图书出版股份有限公司 2012 年版，第 548 页。

种更广泛或耗费较大的取证，以及初审法院尚未对实质问题本身作出决定时，才可以发回重审。相反，对于新的事实和证据，普通上诉法院自己必须作出决定"①。由此来看，二审法院发回重审的权限在此被严格限制，法律更强调在事实问题上由二审法院自己对实质问题进行判决。

《行政诉讼法》第 89 条第 1 款第 3 项未予澄清的还有，如果一审判决事实不清，二审法院查清事实后作出了同样的结果认定，是否还需依法改判。例如在淮南市洞山村农村信用合作社诉淮南市房地产管理局案中，一审判决以房证不符、手续不全为由，撤销了被告颁发的房屋所有权证。最高人民法院二审判决认为，一审判决未认定诉争房屋产权存在争议，事实不清，遂撤销原判。但二审判决与一审判决主文相同，且最后都是撤销了被告颁发的房屋所有权证。此处似乎很难被认为是对原判进行了改判。② 此处涉及的核心问题就是改判到底仅指改变结果，还是同样包含概念判决中的理由认定和法律适用。但从 2022 年《民诉法解释》第 332 条"原判决、裁定认定事实或者适用法律虽有瑕疵，但裁判结果正确的，第二审人民法院可以在判决、裁定中纠正瑕疵后，依照民事诉讼法第一百七十七条第一款第一项规定予以维持"的规定来看，所谓改判，涉及的只是判决结果。

3. 改判时应同时对被诉行政行为作出判决

《行政诉讼法》第 89 条第 3 款还规定，"人民法院审理上诉案件，需要改变原审判决的，应当同时对被诉行政行为作出判决"。这一条属于 2014 年修法时新增的内容，其目的首先是配合《行政诉讼法》第 87 条有关二审审查范围中"全面审查"的规定，同样也是使相对人能够获得有效的二审裁判。二审法院改变原审判决是对原审判决的否定，相应地，也需对被诉行政行为的合法性进行重新认定，否则就会使被诉行政行为的合法性及效力仍旧处于不确定状况中，也未发挥二审裁判案结事了的基本功能。③ 而对被诉行政行为的判决，当然需适用《行政诉讼法》所规定的一审判决类型。

---

① ［德］弗里德赫尔穆·胡芬：《行政诉讼法》，莫光华译，法律出版社 2003 年版，第 608 页。

② 参见最高人民法院（1999）行终字第 19 号行政判决书。

③ 参见最高人民法院行政审判庭编著：《〈关于执行《中华人民共和国行政诉讼法》若干问题的解释〉释义》，中国城市出版社 2000 年版，第 152 页。

（三）撤销原判发回重审

所谓发回重审，是指一审判决在事实认定或者审判程序上存在问题，为维护当事人的审级利益或更好地进行事实认定，不宜由二审法院直接改判，而需要由一审法院依照一审程序重新审理的，予以发回重审。从法律逻辑上看，发回重审的前提依旧是二审法院首先否定了一审裁判的效力且撤销了原判，因此其也属于上诉审作出的支持判决。

行政诉讼二审中发回重审适用于以下三种情形：其一，原审判决认定事实不清、证据不足；其二，原判决遗漏当事人或者违法缺席判决等严重违反法定程序的；其三，原判决遗漏了必须参加诉讼的当事人或者诉讼请求的。第三类情形的依据在于 2018 年《行诉法解释》第 109 条第 3 款，即"原审判决遗漏了必须参加诉讼的当事人或者诉讼请求的，第二审人民法院应当裁定撤销原审判决，发回重审"。而 2018 年《行诉法解释》第 109 条其实与《行政诉讼法》第 89 条第 1 款第 4 项也存在交叉和重合。

1. 发回重审的具体情形

对于第一种适用情形中的认定"事实不清、证据不足"，上文已有阐释，此时二审可选择发回重审，也可选择在查清事实后依法改判。与1989 年《行政诉讼法》第 61 条不同，2014 年修改后的《行政诉讼法》第 89 条第 1 款第 4 项不仅将遗漏当事人或者违法缺席判决都列入严重违反法定程序的情形，还明确此类情形均应撤销原判发回重审，而无须像修改前的第 61 条一样，在违反法定程序之外，再附加"可能影响案件正确判决"作为发回重审的条件。二审法院无须再审查一审法院违反法定程序是否可能影响案件正确判决即可发回重审，这首先减轻了二审法院在个案中的判断困难，其次凸显了对于法律程序的尊重和司法程序的独立价值。[①] 既然上诉制度的功能之一就在于审级监督，那么审级监督的内容就不仅包括一审判决的实体问题，还包括一审的程序问题。

所谓"严重违反法定程序"，是指严重违反了法律规范所规定的审理行政案件时应遵守的步骤、方式、形式和时间等程序规则。但《行政诉讼法》第 89 条所列举的严重违反法定程序仅包括遗漏当事人或者违法缺席判决两类。至于"严重违反法定程序"的其他类型，可参考

---

① 参见李广宇：《新行政诉讼法逐条注释》，法律出版社 2015 年版，第 747 页。

2022 年《民诉法解释》第 323 条的规定："下列情形，可以认定为民事诉讼法第一百七十七条第一款第四项规定的严重违反法定程序：（一）审判组织的组成不合法的；（二）应当回避的审判人员未回避的；（三）无诉讼行为能力人未经法定代理人代为诉讼的；（四）违法剥夺当事人辩论权利的"。

对于 2018 年《行诉法解释》所补充的，"原审判决遗漏了必须参加诉讼的当事人或者诉讼请求的"的情形，又可再区分为遗漏了必须参加诉讼的当事人和遗漏了诉讼请求两类。必须参加诉讼的当事人，除原告、被告外，还有必须参加诉讼的第三人。2018 年《行诉法解释》第 30 条中规定，"行政机关的同一行政行为涉及两个以上利害关系人，其中一部分利害关系人对行政行为不服提起诉讼，人民法院应当通知没有起诉的其他利害关系人作为第三人参加诉讼。与行政案件处理结果有利害关系的第三人，可以申请参加诉讼，或者由人民法院通知其参加诉讼"。由此可见，如果行政机关的同一行政行为涉及两个以上利害关系人，其中一部分利害关系人对行政行为不服提起诉讼，另一部分利害关系人则相当于必要参加诉讼的第三人，法院有义务通知其参加诉讼。① 另一类必须参加诉讼的第三人即 2018 年《行诉法解释》第 26 条第 2 款规定的，"应当追加被告而原告不同意追加的，人民法院应当通知其以第三人的身份参加诉讼"。如果原审判决遗漏了上述当事人，出于审级利益的考虑，就需撤销原判发回重审。

对于诉讼请求，2018 年《行诉法解释》第 68 条的规定是，"（一）请求判决撤销或者变更行政行为；（二）请求判决行政机关履行特定法定职责或者给付义务；（三）请求判决确认行政行为违法；（四）请求判决确认行政行为无效；（五）请求判决行政机关予以赔偿或者补偿；（六）请求解决行政协议争议；（七）请求一并审查规章以下规范性文件；（八）请求一并解决相关民事争议；（九）其他诉讼请求"。但并非所有遗漏了诉讼请求的情形都需要发回重审，2018 年《行诉法解释》第 109 条的规定是，"原审判决遗漏行政赔偿请求，第二审人民法院经

---

① 此外，2010 年《房屋登记审理规定》第 6 条规定："人民法院受理房屋登记行政案件后，应当通知没有起诉的下列利害关系人作为第三人参加行政诉讼：（一）房屋登记簿上载明的权利人；（二）被诉异议登记、更正登记、预告登记的权利人；（三）人民法院能够确认的其他利害关系人"。此处的"应当通知"也应该被理解为"必要参加诉讼第三人"。

审查认为依法不应当予以赔偿的，应当判决驳回行政赔偿请求。原审判决遗漏行政赔偿请求，第二审人民法院经审理认为依法应当予以赔偿的，在确认被诉行政行为违法的同时，可以就行政赔偿问题进行调解；调解不成的，应当就行政赔偿部分发回重审。当事人在第二审期间提出行政赔偿请求的，第二审人民法院可以进行调解；调解不成的，应当告知当事人另行起诉"。据此，如果遗漏了行政赔偿请求，二审法院认为不应当赔偿的，可径行裁判。此处似乎又与当事人的审级利益保护之间存在冲突。法律如此规定的原因在于，相比于其他诉讼请求，行政赔偿请求并不具有独立性，而是依附于行政行为的违法性确认。如果原审裁判已认定被诉行政行为合法，但未对赔偿请求予以回复，二审法院也认可被诉行政行为的合法性，且认为上诉人并没有获赔的请求权，此时直接驳回当事人的赔偿请求而不是发回重审更符合诉讼经济。但如果二审法院认为应当赔偿，其前提或者是二审否定了一审裁判对被诉行政行为合法性的确认，或者是二审尽管认可一审裁判对被诉行政行为合法性的确认，却认为当事人仍具有获赔的权利。无论是哪种情形，此时又都会涉及当事人的审级利益保护。2018 年《行诉法解释》在此参考了 2015 年《民诉法解释》①的做法，即引入调解制度作为平衡审级利益和诉讼经济的工具：二审认为应当予以赔偿的，可在确认被诉行政行为违法的同时，就行政赔偿问题予以调解，如果调解成功，相当于当事人认可二审裁判，因此未牺牲其审级利益，如果调解不成，出于对当事人审理利益的保护，就必须将行政赔偿的部分发回重审。而当事人在二审期间才提出赔偿请求的处理方式的背后逻辑也与此相同，即首先通过调解处理，调解不成的，告知当事人另行起诉。

2. 发回重审的形式与要求

与维持原判和依法改判不同，根据 2018 年《行诉法解释》第 101 条第 1 款第 13 项，"裁定适用于下列范围：……（十三）提审、指令再

---

① 2015 年《民诉法解释》第 326 条规定："对当事人在第一审程序中已经提出的诉讼请求，原审人民法院未作审理、判决的，第二审人民法院可以根据当事人自愿的原则进行调解；调解不成的，发回重审"；第 327 条规定："必须参加诉讼的当事人或者有独立请求权的第三人，在第一审程序中未参加诉讼，第二审人民法院可以根据当事人自愿的原则予以调解；调解不成的，发回重审"；第 328 条规定："在第二审程序中，原审原告增加独立的诉讼请求或者原审被告提出反诉的，第二审人民法院可以根据当事人自愿的原则就新增加的诉讼请求或者反诉进行调解；调解不成的，告知当事人另行起诉"。

审或者发回重审”，发回重审的形式应适用裁定。二审法院裁定发回原审法院重新审理的行政案件，原审法院应当另行组成合议庭进行审理。

发回重审意味着原一审的审理程序全部无效，法院应当对案件重新审理，这就包括了重新确定举证期限、实行证据交换、开庭审理、法庭调查、质证、法庭辩论等。① 但不属于审理程序的程序或措施无须重新开始或实施，依然具有诉讼效力，如证据保全、财产保全措施等。此处也应适用 2022 年《民诉法解释》第 340 条的规定，即"当事人在第一审程序中实施的诉讼行为，在第二审程序中对该当事人仍具有拘束力。当事人推翻其在第一审程序中实施的诉讼行为时，人民法院应当责令其说明理由。理由不成立的，不予支持"。又根据民事诉讼法的一般原理，在发回重审时，只要原审裁判中的诉讼资料和证据资料未被二审判决撤销，就依然具有拘束力；但上诉审中的诉讼资料和证据材料不能当然成为重审的资料，还需要重新进行一审的辩论程序；上诉审关于撤销原判发回重审的判决理由以及对法律部分的评判，对于发回后的一审也具有拘束力。

如上文所述，除原判决遗漏当事人、诉讼请求或者违法缺席判决等严重违反法定程序的，法律要求二审法院必须发回重审外，对于原审判决认定事实不清、证据不足，法院可自主裁量发回重审还是查清事实后依法改判。一般而言，发回重审有助于查清案件事实，防止二审法院一裁终局，因此更符合二审终审的原则和有利于保护当事人的审级利益，但发回重审也可能造成诉讼拖延，增加诉讼成本，进而伤害当事人及时获得裁判的诉讼权利。又从实践看，发回重审曾在我国一直存在过度适用的情形，很多二审法院为回避矛盾，更倾向于用发回重审来替代对案件实体问题的判决，这就导致案件久拖不决，不能及时审结。② 鉴于此，《行政诉讼法》在 2014 年修改时特别增加"原审人民法院对发回重审的案件作出判决后，当事人提起上诉的，第二审人民法院不得再次发回重审"的规定。这一条其实是吸纳了《民事诉讼法》的规定，即一审判决已经查清事实的案件，二审法院原则上不得以事实不清、证据不足为由发回重审；二审法院因原审判决事实不清、证据不足将案件发回重

---

① 参见张卫平：《民事诉讼法》，法律出版社 2023 年版，第 449 页。
② 参见吴毓平：《一起经过 14 次裁判的行政案件》，载《行政法学研究》1998 年第 4 期，第 78 页。

审的，原则上只能发回重审一次。[①] 第一审法院重审后，第二审法院认为原判决认定事实仍有错误，或者原判决认定事实不清、证据不足的，应当查清事实后依法改判。

（四）裁定驳回起诉

值得注意的是，对于一审的实体判决，2018 年《行诉法解释》第 123 条第 1 项还规定了一种例外的处理情形，即"第一审人民法院作出实体判决后，第二审人民法院认为不应当立案的，在撤销第一审人民法院判决的同时，可以径行驳回起诉"。这一规定当然旨在维护受理条件法定和二审全面审查这两项原则，而要求法院不予考虑当事人在二审中是否对受理问题提出了异议。同时，这一条款也参考了 2015 年《民诉法解释》第 330 条的规定，即"人民法院依照第二审程序审理案件，认为依法不应由人民法院受理的，可以由第二审人民法院直接裁定撤销原裁判，驳回起诉"。

实践中，一审法院已进行了实体审理，但二审法院仍旧以不符合受理条件为由驳回起诉的，也不在少数。[②] 如此做法，的确挫伤了当事人对案件应获司法裁判的期待，而且二审就是否符合起诉条件的事项径直作出裁判，同样也不符合当事人的审级利益保护。也因此，就有学者提出，驳回起诉应相对慎重，对于当事人在一审程序中未按规定对起诉提出异议，在二审程序中提出的，二审法院不予审查；一审法院已对案件作出实体判决的，二审法院即使认为该案不符合受理条件，原则上也不应再驳回起诉。[③] 这种观点本质上还是基于诉讼处分主义原则，认为二审审查也应严格受到当事人诉讼请求的限制。但按照民事诉讼法的一般原理，法院主管的问题属于法院职权调查事项，并不受当事人申明的限制，也不属于不利变更原则约束的范畴。[④] 法律在此更优先保护的是法定的受理条件。

四、针对一审裁定的二审裁判

判决和裁定虽统称为"裁判"，但二者的指向和适用并不相同，判

---

① 参见《最高人民法院关于民事审判监督程序严格依法适用指令再审和发回重审若干问题的规定》第 4 条。

② 参见何海波：《行政诉讼法》，法律出版社 2022 年版，第 678 页。

③ 参见何海波：《行政诉讼法》，法律出版社 2022 年版，第 678 页。

④ 参见［日］兼子一等主编：《条解民事诉讼法》，弘文堂 1986 年版，第 1190 页。

决是法院经过实体审理后诉讼结果的最终表现，而裁定则是针对诉讼中的程序事项所作的司法处理。尽管对于判决而言，裁定具有从属性地位，但其同样具有重要的程序价值。

2018 年《行诉法解释》第 101 条规定，裁定适用于下列范围："（一）不予立案；（二）驳回起诉；（三）管辖异议；（四）终结诉讼；（五）中止诉讼；（六）移送或者指定管辖；（七）诉讼期间停止行政行为的执行或者驳回停止执行的申请；（八）财产保全；（九）先予执行；（十）准许或者不准许撤诉；（十一）补正裁判文书中的笔误；（十二）中止或者终结执行；（十三）提审、指令再审或者发回重审；（十四）准许或者不准许执行行政机关的行政行为；（十五）其他需要裁定的事项"①。其中可以上诉的裁定包括不予立案、驳回起诉和管辖权异议。根据 2014 年《行政诉讼法》第 89 条第 1 项和第 2 项，原裁定认定事实清楚、适用法律、法规正确的，二审法院同样会以裁定方式维持原裁定，而原裁定认定事实错误或者适用法律、法规错误的，二审法院会撤销或变更原裁定。对不予立案、驳回起诉和管辖权异议的裁定，2018年《行诉法解释》则规定了更细致的处理。对于这三种裁定，二审法院同样要用裁定作出处理。

（一）维持原裁定

根据 2014 年《行政诉讼法》第 89 条第 1 款第 1 项，原裁定事实清楚，适用法律、法规正确的，裁定驳回上诉，维持原裁定。据此，如果一审法院作出不予立案、驳回起诉和确定管辖争议的处理符合法律规定的，二审法院会裁定维持原裁定。

（二）撤销或变更原裁定

根据 2014 年《行政诉讼法》第 89 条第 1 款第 2 项，原裁定认定事实错误或者适用法律、法规错误的，二审法院撤销或者变更原裁定。但此处又会根据原裁定是不予受理、驳回起诉还是驳回管辖权异议而在处理上存在差异。

2018 年《行诉法解释》第 109 条规定，"第二审人民法院经审理认为原审人民法院不予立案或者驳回起诉的裁定确有错误且当事人的起诉

---

① 这些列举虽然齐备，但仍有一些未被列入，例如对上诉不符合法定条件的，应当以裁定驳回；对于申请撤回上诉的，应以裁定作出准许或者不准许的裁断。

符合起诉条件的，应当裁定撤销原审人民法院的裁定，指令原审人民法院依法立案或者继续审理"。据此，针对不予立案和驳回起诉的裁定，二审法院撤销的条件有两项：其一是不予立案或者驳回起诉的裁定确有错误，其中包括认定事实错误和适用法律、法规错误；其二是当事人的起诉必须符合起诉条件。换言之，仅不予立案或者驳回起诉的裁定有错误，并非二审法院撤销原裁定的充分理由，当事人起诉的法定条件还需依照 2014 年《行政诉讼法》第 49 条以及 2018 年《行诉法解释》第 68 条的规定。又根据 2018 年《行诉法解释》第 109 条第 1 款，对于违法的不予受理和驳回起诉的裁定，二审法院必须撤销原裁定，并指令原审法院依法立案受理或者继续审理，而不能直接审理。如此处理当然是为了避免剥夺当事人对实体判决的上诉权利，而指令原审法院"依法立案受理"还是"继续审理"，对应的分别是不予受理的裁定和驳回起诉的裁定。

对于管辖权异议的裁定，如果其认定事实错误或者适用法律、法规错误，法律只是粗略地规定二审法院应撤销或变更，《行诉法解释》也未有更细致的规定。2018 年《行诉法解释》第 10 条规定，"对当事人提出的管辖异议，人民法院应当进行审查。异议成立的，裁定将案件移送有管辖权的人民法院；异议不成立的，裁定驳回"。由此来看，如果原审法院关于管辖权异议的裁定认定事实错误或者适用法律、法规错误，二审法院也理应撤销原裁定，并将案件移送给有管辖权的法院处理。但依循法条逻辑亦有可能出现如下情形：一审法院支持了当事人的管辖权异议而裁定将案件移送给其他法院，对方当事人对此裁定不服，提起上诉的，此时，二审法院经审查认为原审法院支持管辖权异议的裁定有错误的，应撤销裁定，并将案件留存在原法院继续审理。

与此相关联的问题还有，根据 2018 年《行诉法解释》第 10 条，法院对管辖异议审查后确定法院有管辖权的，不因当事人增加或者变更诉讼请求等改变管辖，但违反级别管辖、专属管辖规定的除外。对于发回重审或者按一审程序再审的案件，当事人提出管辖异议的，法院应不予审查。当事人在一审程序中未按法定期限和形式提出管辖异议，在二审程序中提出的，二审法院也不予审查。此处还应参照《民诉法解释》第 329 条的规定，即"人民法院依照第二审程序审理案件，认为第一审人民法院受理案件违反专属管辖规定的，应当裁定撤销原裁判并移送有管辖权的人民法院"。

五、禁止不利变更原则与二审裁判的效力

在上文有关二审具体裁判类型及其适用要件的分析中,很多处都涉及相关规定是否违反禁止不利变更原则的问题。而在刑事诉讼二审中被奉为圭臬的禁止不利变更原则,是否同样可毫无差异地适用于行政诉讼,同样是值得探讨的问题。

(一)禁止不利变更原则

在民事诉讼和刑事诉讼的二审裁判中,一直都有"禁止不利变更原则"的适用。在刑事诉讼中,这一原则又被称为"上诉不加刑原则",即第二审法院审判只有被告人一方提出上诉的案件,不得加重对被告人的刑罚。这一原则的主旨当然在于保护被告人的上诉权和当事人对上诉制度的信赖。

在民事诉讼中,禁止不利变更原则同时强调,上诉审审查的对象应限于一审请求中被作为不服申请的部分,进而二审在撤销或变更时亦仅限于不服申请的范围内。由此,才能确保上诉人不会受到比原判决更为不利的判决。换言之,禁止不利变更原则划定了上诉审的审判范围,即该范围仅限于上诉人在原判决中败诉的部分而不涉及胜诉的部分。[①] 这一原则首先被认为是基于民事诉讼中的处分主义,即法院只能在当事人申请的范围内进行审理,上诉审同样如此,上诉法院对上诉人未申明的部分予以变更就违反了处分主义原则。同时,这一原则同样是保障上诉人的上诉利益以及维续上诉是"救济上诉人因原判决而遭受不利"的制度目的。我国《民事诉讼法》也规定,"第二审人民法院应当对上诉请求的有关事实和适用法律进行审查"。该规定已传达出民事诉讼的二审要谨守处分原则的观念。尽管我国民事诉讼的二审实践并未禁止二审法院作出对上诉人完全不利的判决,但伴随处分主义观念在民事诉讼中的引入以及我国民事诉讼体制的转型,禁止不利变更原则已越来越多地被学者主张应适用于民事诉讼中。[②]

禁止不利变更原则在行政诉讼中的明确适用首先体现在变更判决

---

① 参见〔日〕伊藤真:《民事诉讼法》,曹云吉译,北京大学出版社 2019 年版,第 491 页。

② 参见张卫平:《民事诉讼法》,法律出版社 2023 年版,第 451 页。

中。《行政诉讼法》第 77 条规定，"人民法院判决变更，不得加重原告的义务或者减损原告的权益。但利害关系人同为原告，且诉讼请求相反的除外"。在变更判决中适用禁止不利变更是为了保障当事人的诉权，但除变更判决外，禁止不利变更原则是否同样可适用于二审裁判，也是行政诉讼二审中的核心问题。2022 年的《最高人民法院第二巡回法庭法官第九次会议纪要》申明，"禁止不利变更原则并非只能在一审程序中适用，在二审程序中适用也并无异议"。但该原则在二审程序中的适用前提是原告单方提出上诉，如果原告、被告都提出上诉或者被告单方提出上诉，则在二审程序中并不适用。在相对人单独起诉或者为其利益继续上诉的行政案件中，如果法院作出撤销原判、发回重审的裁定，则一审法院仍受该原则的约束。该纪要还强调，文书中具有既判力的对象基本限于主文，因此判断构成禁止不利变更原则也应该以文书主文作为判断对象，理由的变更不属于禁止不利变更原则规制的对象。① 这一发表于 2022 年的纪要为禁止不利变更原则在行政诉讼二审中的适用及其边界提供了明确的说明。

除纪要列举的禁止不利变更原则适用的例外以外，又根据民事诉讼法的原理，在欠缺诉讼要件的情况下，例如不属于法院主管，违反专属管辖，不具有当事人能力、诉讼能力、诉权要件等，上诉审法院可以作出对上诉人不利的变更，这同样不属于禁止不利变更原则的适用范围。② 由此来看，2018 年《行诉法解释》规定，第一审人民法院作出实体判决后，第二审人民法院认为不应当立案的，在撤销第一审人民法院判决的同时，可以径行驳回起诉，并不属于对不利变更原则的违反。

司法实践中常见的禁止不利变更情形主要有以下几类：其一，一审法院判决当事人（上诉人）部分胜诉，上诉审法院在上诉审判决上诉人全部败诉。其二，一审法院判决当事人（上诉人）部分胜诉，上诉法院虽然也判决部分胜诉，但胜诉部分少于原审判决的胜诉部分。其三，民事诉讼中还认为因一审被告主张的抵销抗辩成立而被驳回请求的原告对一审判决提起上诉的，二审法院以原告诉求债权不成立为由驳回上诉

① 参见贺小荣主编：《最高人民法院第二巡回法庭法官会议纪要》，人民法院出版社 2022 年版，第 329 页。

② 参见［日］兼子一等主编：《条解民事诉讼法》，弘文堂 1986 年版，第 1190 页。

的，该上诉判决属于应当禁止变更不利判决。因为一审中抵销抗辩的成立，并没有否认原告诉求债权的成立。[①] 将这一条类比于行政诉讼中，尤其是在科以义务之诉和给付之诉中，一审法院对被告抗辩权的认可也不能被直接等同于对原告诉讼请求的否定，二审以此为由驳回上诉也应被认为属于禁止变更的不利判决。总之，二审裁判是有利还是不利，是相对于一审判决而言的。

（二）二审裁判的效力

我国行政诉讼与民事诉讼、刑事诉讼一样是两审终审制，因此二审裁判原则上具有最终的效力。二审裁判的效力具体可表现为：其一，不得再行上诉。当事人不得再以上诉的方式要求法院变更或撤销判决。其二，不得重新起诉。双方当事人之间争议的诉讼标的已经上诉审法院审理终结，争议自应结束，任何一方当事人不得再以同一诉讼标的重新起诉。其三，强制执行的效力。负有义务的一方当事人无正当理由拒不履行义务的，享有权利的一方当事人有权请求人民法院强制执行，人民法院也可以依职权予以强制执行。[②] 在行政诉讼中，还会涉及判决生效后，公民、法人或者其他组织拒绝履行判决、裁定、调解书的情形，此时，行政机关或者第三人可以向法院申请强制执行，或者由行政机关依法强制执行。

因二审裁判具有最终的效力，而再审只是例外，当事人申请再审也并不必然会引发法院再审。《行政诉讼法》第 91 条规定的再审事由包括事实认定、法律适用和程序三个方面，而且语词表述也和二审裁判的适用事由基本一致，例如"……原判决、裁定认定事实的主要证据不足、未经质证或者系伪造的""原判决、裁定适用法律、法规确有错误的""违反法律规定的诉讼程序，可能影响公正审判的""违反法律规定的诉讼程序，可能影响公正审判的……"。但再审在判断事实认定、法律适用和程序等问题上是否要和二审保持一致值得思考，其原因在于，对再审事由的把握需要在二审裁判的既判力和"有错必纠"的实质正义观念之间进行权衡，也因此，二审裁判的效力也同样取决于法律在多大程度上为当事人开放再审的可能，但实践中，我国法院迄今并未形成较为统一的认定规则。

[①] 参见张卫平：《民事诉讼法》，法律出版社 2023 年版，第 52 页。
[②] 参见张卫平：《民事诉讼法》，法律出版社 2023 年版，第 449 页。

　　综上，二审裁判在具体适用上参考了民事诉讼法及其司法解释的诸多规定，同样也纳入了禁止不利变更的基本要求，但适用标准上同样反映出行政诉讼强化二审监督的现实需求。其条文虽然较为繁复，但基本逻辑却可以借由二审的审查方式和审查范围一起确定和澄清。

第 94 条 (当事人的履行义务)

黄　锴

第九十四条　当事人必须履行人民法院发生法律效力的判决、裁定、调解书。

一、规范沿革与规范意旨

2014 年《行政诉讼法》对"执行"一章的条文进行了扩充，1989 年《行政诉讼法》第 65 条诉讼执行的内容被分成了三个条文予以规定，包括第 94 条当事人的履行义务，第 95 条对公民、法人或者其他组织的诉讼执行以及第 96 条对行政机关的诉讼执行。其中第 94 条并未对强制执行的具体内容进行规定，该条在各种释义中往往被忽略，事实上它起到了承上启下的重要作用：既总结上一章的内容，肯认了行政诉讼法律文书的效力，又总起本章的内容，明确了强制执行的执行依据。

（一）历史沿革

1989 年《行政诉讼法》第 65 条第 1 款规定："当事人必须履行人民法院发生法律效力的判决、裁定。"该条明确了当事人履行义务的依据为发生法律效力的判决、裁定，并未包含调解书，这与当时《行政诉讼法》第 50 条"人民法院审理行政案件，不适用调解"的规定相呼应。①《最高人民法院关于审理行政赔偿案件若干问题的规定》（法发〔1997〕10 号）为行政诉讼中的调解适用留下了空间，允许行政赔偿案件中就赔偿范围、赔偿方式和赔偿数额进行调解，相应地，该规定第 30 条规定："人民法院审理行政赔偿案件在坚持合法、自愿的前提下，可以就赔偿范围、赔偿方式和赔偿数额进行调解。调解成立的，应当制作行政赔偿调解书。"由此将调解书纳入当事人履行义务的依据中。2000 年《行诉法解释》第 83 条吸收了这一规定："对发生法律效力的行政判决书、行政裁定书、行政赔偿判决书和行政赔偿调解书，负有义务的一方当事人拒绝履行的，对方当事人可以依法申请人民法院强制执行。"

2014 年《行政诉讼法》第 60 条将行政诉讼调解的范围扩张到行政赔偿、补偿以及行政机关行使法律、法规规定的自由裁量权的案件，因此，行政诉讼调解书也不再限于行政赔偿调解书。据此，《行政诉讼法》第 94 条规定："当事人必须履行人民法院发生法律效力的判决、裁定、调解书。"另外考虑到该条内容的宣示性、原则性，在立法技术上将该原则性规定与其他具体规定相区分，单列为一条。②

（二）规范意旨

早在 1989 年《行政诉讼法》之前，1982 年《民事诉讼法（试行）》就规定了几乎相同的条款，该法第 45 条第 3 款规定："当事人必须依法行使诉讼权利，遵守诉讼秩序，履行发生法律效力的判决、裁定和调解协议。"这一规定基本被保留到 2023 年《民事诉讼法》第 52 条第 3 款："当事人必须依法行使诉讼权利，遵守诉讼秩序，履行发生法律效力的判决书、裁定书和调解书。"有意思的是，同样的规范内容身处的章节却并不相同，《民事诉讼法》的该条内容出现在"诉讼参加人"一章的"当事人"一节中，《行政诉讼法》的该条内容则出现在"执行"一章中。不同的体系位置也决定了其规范意旨的分野。《民事诉讼法》的这

---

① 需要说明的是，1989 年《行政诉讼法》第 67 条第 3 款虽然规定了"赔偿诉讼可以适用调解"，但关于调解成立后的处理并未规定。因此，可以说在当时的行政诉讼中并不存在"调解书"的概念。

② 参见全国人民代表大会常务委员会法制工作委员会编：《中华人民共和国行政诉讼法释义》，法律出版社 2014 年版，第 246 页；江必新主编：《新行政诉讼法专题讲座》，中国法制出版社 2015 年版，第 306 页。

一条文普遍被认为是规定当事人在诉讼中的义务，其目的在于保护当事人的合法权益，保障诉讼的顺利及时进行①，而不是强调当事人违反该种义务时的法律后果。② 相对地，《行政诉讼法》第94条的规范意旨则更多地与行政诉讼法律文书的效力、行政诉讼强制执行的前提相关。理论上主要有两种观点：一种观点认为该条是对行政诉讼判决、裁定、调解书效力的总体肯定，据此可以导出形成力、既判力、拘束力等效力内容③；另一种观点则认为该条旨在明确行政诉讼的执行依据，即判决、裁定、调解书，当事人拒绝履行的，对方当事人可以依法申请人民法院强制执行。④ 事实上，这两种观点并不矛盾，它们各自观察到条文的一个侧面，而《行政诉讼法》第94条是以当事人的履行义务作为连接起这两个侧面的线索：一方面，该条强调了判决、裁定、调解书三种法律文书是当事人履行义务的依据，进一步地，其能成为依据，是立基于法律文书的效力；另一方面，该条明确了当事人主动履行是法院强制执行的前置环节，只有当事人拒不履行法律文书确定的义务时才能强制执行。⑤ 将这两个方面的规范意旨分述如下：

（1）以确定的法律文书的效力作为当事人履行义务的基础。《行政诉讼法》第94条以"必须"二字强调了履行判决、裁定、调解书是当事人的一项义务。之所以称其为"义务"，按照权威解释，是因为"判决书、裁定书和调解书是人民法院审判权的体现"⑥。但更深层次的理由是，判决、裁定、调解书是经过人民法院审理出具的法律文书，具有特定的效力，对当事人的行为产生约束。遗憾的是，该条并未如比较法

---

① 参见王瑞贺主编：《中华人民共和国民事诉讼法释义》，法律出版社2023年版，第89页。

② 参见张卫平：《民事诉讼法》，法律出版社2016年版，第128–129页。

③ 参见杨建顺：《论行政诉讼判决的既判力》，载《中国人民大学学报》2005年第5期，第18页；王贵松：《行政诉讼判决对行政机关的拘束力——以撤销判决为中心》，载《清华法学》2017年第4期，第84页。

④ 参见应松年主编：《〈中华人民共和国行政诉讼法〉修改条文释义与点评》，人民法院出版社2015年版，第348页；江必新主编：《新行政诉讼法专题讲座》，中国法制出版社2015年版，第306页。

⑤ 参见李广宇：《新行政诉讼法逐条注释》，法律出版社2015年版，第799–804页。

⑥ 王瑞贺主编：《中华人民共和国民事诉讼法释义》，法律出版社2023年版，第89页。

上立法例那样对法律文书的效力进行列举，但结合《行政诉讼法》及其司法解释的相关条文，可以推出此处作为履行义务基础的效力主要是指既判力、拘束力和形成力。不同的效力对当事人产生不同的约束，继而形成当事人的不同义务类型。

（2）以履行义务的违反作为法院强制执行的前提。当形成力、既判力、拘束力对当事人的约束落空，即当事人拒不履行义务时，执行力作为最后的保障出场，即 2018 年《行诉法解释》第 152 条第 2 款的规定："对发生法律效力的行政判决书、行政裁定书、行政赔偿判决书和行政调解书，负有义务的一方当事人拒绝履行的，对方当事人可以依法申请人民法院强制执行"。需要强调的是，虽然法院强制执行是以当事人拒不履行义务为前提，但拒不履行义务并不必然导致强制执行。如撤销判决将会导出行政机关将事实状态恢复原状的义务，但即便行政机关不履行该义务，法院也不能对其进行强制执行。比较法上的见解一般为："倘原处分机关不依撤销判决意旨为适当处分，或为实现判决内容之必要处置时，则亦仅得申请主管机关及其监督机关办理"①。

二、作为履行义务依据的法律文书

根据《行政诉讼法》第 94 条的规定，能够作为履行义务依据的法律文书是"发生法律效力的判决、裁定、调解书"，在种类上包含了判决、裁定、调解书，在状态上须是"发生法律效力的"，即"确定的"。

（一）判决

行政诉讼判决，是指法院通过法定程序，行使国家审判权，根据所查清的事实，依据法律、法规规定，对行政案件实体问题作出的结论性处理决定。② 对照 2000 年《行诉法解释》第 83 条的规定，《行政诉讼法》第 94 条只规定了"判决"，而没有规定"行政赔偿判决书"，事实上，行政诉讼判决当然地包含了行政赔偿判决，无须进一步赘述："行政诉讼判决书，包括一般的行政判决书，也包括行政赔偿判决书。行政赔偿诉讼本身就是一种特殊的行政诉讼形式，没有必要将行政赔偿判决

---

① 陈清秀：《行政诉讼法》，法律出版社 2016 年版，第 852 页。
② 参见全国人民代表大会常务委员会法制工作委员会编：《中华人民共和国行政诉讼法释义》，法律出版社 2014 年版，第 246 页。

书予以单列"①。需要讨论的是，行政附带民事判决是否包含在此处的"判决"之中。2018年《行诉法解释》第142条第1款规定："对行政争议和民事争议应当分别裁判"，因此，行政附带民事诉讼在法律文书上最终呈现为行政判决书和民事判决书，应当在行政诉讼和民事诉讼当中分别讨论其效力。② 2014年《行政诉讼法》第69条至第78条规定了行政诉讼判决的种类，由于判决是针对实体问题的决定，无论何种类型的判决均能对当事人产生效力。

关于判决何时"发生法律效力"，需要区分一审判决与二审判决进行分析。对于一审判决，根据2014年《行政诉讼法》第85条的规定，上诉期届满当事人没有提起上诉的，一审判决发生法律效力；对于二审判决，根据2014年《行政诉讼法》第88条的规定，二审判决为终审判决，宣判即发生法律效力。

（二）裁定

与判决相对，行政诉讼裁定是法院在行政诉讼过程中解决程序问题所作出的结论性处理决定。③ 所谓程序问题，主要包括两方面内容：（1）在人民法院主持下，人民法院指挥当事人和其他诉讼参与人按照法定程序进行诉讼活动中所发生的问题；（2）人民法院依照法定程序审理行政案件和审查非诉执行行政行为中发生的问题。④ 2018年《行诉法解释》第101条不完全列举了十四种行政诉讼裁定类型。关于裁定能否对当事人产生效力，比较法上普遍根据裁定的内容区分讨论。德国法将裁定区分为程序中的裁定与裁判争议之裁定，前者不产生既判力，后者则产生既判力。⑤ 从我国的立法例来看，其也是承认部分裁定能够对当事人产生效力的，如2018年《行诉法解释》第106条关于行政诉讼中

---

① 向忠诚：《行政诉讼执行程序制度研究》，中国政法大学出版社2014年版，第25页。

② 学理上也有观点认为，行政争议和民事争议分别裁判并非意味着两种案件必须分别裁判，应当允许在同一裁判中予以阐释。参见梁凤云：《行政诉讼讲义》，人民法院出版社2022年版，第728页。

③ 参见全国人民代表大会常务委员会法制工作委员会编：《中华人民共和国行政诉讼法释义》，法律出版社2014年版，第246页。

④ 参见梁凤云：《行政诉讼讲义》，人民法院出版社2022年版，第1013页。

⑤ 参见［德］弗里德赫尔穆·胡芬：《行政诉讼法》，莫光华译，法律出版社2003年版，第597-598页。

"一事不再理"的规定，除了涉及行政诉讼判决，也同样涉及驳回起诉、不予立案等裁定。[①]

关于裁定何时"发生法律效力"，需要区分可以上诉的裁定与不可以上诉的裁定：不予立案、驳回起诉、管辖异议这三类可以上诉的裁定，在上诉期间不发生法律效力，但二审裁定是发生法律效力的裁定；至于其他不可以上诉的裁定，法院一经作出并送达当事人即发生法律效力。

（三）调解书

2014 年《行政诉讼法》第 60 条第 1 款规定："行政赔偿、补偿以及行政机关行使法律、法规规定的自由裁量权的案件可以调解。"相应地，《行政诉讼法》第 94 条将"调解书"列为履行义务的依据之一。调解书是人民法院主持达成调解协议后制作的法律文书。调解书虽然是基于调解协议作出的，但能够成为履行义务依据并进而成为执行依据的一般只能是调解书，而不是调解协议。[②]《最高人民法院关于进一步推进行政争议多元化解工作的意见》（法发〔2021〕36 号）规定，法院可以引导起诉人申请诉前调解，对于诉前调解达成调解协议的，法院也应出具诉前调解书。诉前调解书也应包含在《行政诉讼法》第 94 条的"调解书"范畴内。[③] 关于调解书能否产生等同于裁判文书的效力，比较法上一般予以肯定，我国实务中也基本持相同观点："既然允许某些特定类型案件在自愿、合法以及不损害国家利益、社会公共利益和他人合法权益的前提下可以调解，那么经调解达成协议的，人民法院应当制作调解书。该调解书与判决书、裁定书具有同等法律效力，当然可以作为履行依据之一"[④]。

---

① 参见马立群：《行政诉讼一事不再理原则及重复起诉的判断标准》，载《法学评论》2021 年第 5 期，第 118 页。

② 民事诉讼法上有将调解协议直接作为执行依据的例外情形。2022 年《民诉法解释》第 151 条第 1 款规定："根据民事诉讼法第一百零一条第一款第四项规定，当事人各方同意在调解协议上签名或者盖章后即发生法律效力的，经人民法院审查确认后，应当记入笔录或者将调解协议附卷，并由当事人、审判人员、书记员签名或者盖章后即具有法律效力。"参见最高人民法院民法典贯彻实施工作领导小组办公室编：《新民事诉讼法司法解释理解与适用》，人民法院出版社 2022 年版，第 370 - 373 页。

③ 有学者对诉前调解的效力评道："由法院以司法确认的方式认可诉前调解合意，使之具有如诉中调解相当的法律效力。"章剑生：《行政争议诉前调解论：法理、构造与评判》，载《求是学刊》2023 年第 4 期，第 97 页。

④ 江必新主编：《新行政诉讼法专题讲座》，中国法制出版社 2015 年版，第 308 页。

关于调解书何时"发生法律效力",《行政诉讼法》及其司法解释未作规定,可以参照适用《民事诉讼法》第 100 条第 3 款的规定:"调解书经双方当事人签收后,即具有法律效力。"

三、履行义务依据对当事人的效力

当事人履行义务的产生表面上的原因是判决、裁定、调解书等法律文书的存在,但更深层次的原因是这些法律文书对当事人产生了效力。不能产生效力的法律文书即便存在也无法导出当事人的履行义务。关于法律文书效力的讨论,学理上多集中于对判决效力的讨论,裁定与调解书的效力一般根据具体情况参照适用判决效力。民事诉讼法理论上一般将判决的效力区分为自缚力、既判力、形成力和执行力四种,其中:自缚力是针对本案法院的效力,是指一旦宣判后,法院不可无理由撤销或变更判决;既判力既针对法院也针对当事人,是指对于经过法院判断的诉讼标的,不得再次争议,并约束后续行为;形成力是对世效力,是指通过判决宣告作为诉讼标的的权利义务关系的发生、消灭或变更;执行力针对的是当事人,是指可请求国家实现符合判决内容之状态。[1] 行政诉讼法基本继承了民事诉讼判决效力的体系,在此之外补充了"拘束力"。拘束力针对的主要是作为当事人的行政机关,是指在既判力客观范围(诉讼标的)外,行政机关的行为还须受到判决理由的约束。[2]

我国《行政诉讼法》及其司法解释虽未直接对行政诉讼判决的效力作出规定,但理论上和实务中基本沿袭了比较法上关于行政诉讼判决的

---

[1] 参见 [日] 伊藤真:《民事诉讼法》,曹云吉译,北京大学出版社 2019 年版,第 346 - 403 页。

[2] 拘束力理论主要源于日本立法例。日本《行政案件诉讼法》第 33 条规定:"1. 撤销处分或者裁决的判决,关于本案,拘束作出处分或者裁决的行政机关和其他有关行政机关。2. 驳回或者拒绝申请的处分,或驳回或者拒绝审查请求的裁决被判决撤销的,作出该处分或者裁决的行政机关,必须按照判决的意思,重新作出对申请的处分或者对审查请求的裁决。3. 根据申请作出的处分或者对审查请求予以认可的裁决,被判决以程序违法为由撤销的,准用前项的规定。4. 第 1 项的规定准用于停止执行决定。"比较法理论上对于拘束力属于既判力还是既判力之外的特殊效力存在争论,既判力说认为拘束力属于既判力的一种,无非需要扩大既判力的客观范围,将事实认定和理由说明纳入其中,特殊效力说则认为拘束力与既判力不同,既判力是判决主文对当事人的约束,而拘束力是裁判理由对当事人的约束。我国台湾地区学理上和实务中多采特殊效力说。参见李惠宗:《行政法要义》,元照出版有限公司 2020 年版,第 682 页。

效力体系。我国通说认为，行政诉讼判决的效力为确定力、拘束力、实现力，此外撤销判决和变更判决还具有特别效力。这里的确定力意指生效行政判决不受任意改变和撤销的法律效力，相当于自缚力；拘束力要求当事人和法院不得就受生效判决羁束的诉讼标的为不同的主张和行为，相当于既判力；实现力包含了强制执行力和主动履行力，其中的强制执行力就相当于执行力。撤销判决和变更判决的特别效力包含两方面：一方面判决能够直接导致行政行为的消灭或变更，另一方面判决的理由对行政机关重新作出行政行为产生拘束。前者相当于形成力，后者则相当于拘束力。[①] 我国实务中对行政诉讼判决效力的认知主要是拘束力、确定力、形成力、执行力，其中的拘束力包含了自缚力和限他力，限他力的内涵基本与比较法上的拘束力的内涵相当，确定力则内含了既判力，因此实务中的观点也基本可以对应于上述效力体系。[②]

上文已经指出，《行政诉讼法》第 94 条的规范基础为行政诉讼法律文书的效力，自缚力、既判力、拘束力、形成力和执行力构成的效力体系应当均能为该条所涵盖。但在下文分析当事人履行义务的内容时，主要涉及的是上述效力体系中针对当事人的既判力、拘束力和形成力。为此，需要作出以下两点说明：（1）效力对象的切分。行政诉讼法律文书的效力对象是多元的，包括法院、当事人和当事人以外的人，但基于《行政诉讼法》第 94 条的文义，该条所强调的应当是针对"当事人"的效力。[③] 对当事人的理解，诉讼法上有狭义和广义之分。狭义的当事人仅包含了原告和被告，广义的当事人在原告和被告之外还包含了共同诉讼人、第三人。[④] 结合《行政诉讼法》第 31 条、第 32 条等法条对"当事人"一词的使用，应当认为《行政诉讼法》采取了广义当事人的概念。因此，在分析当事人履行义务的内容时，对效力体系中的内容作出适当限定：自缚力是对本案法院的效力，应当予以排除；既判力是对法

---

① 参见姜明安主编：《行政法与行政诉讼法》，北京大学出版社、高等教育出版社 2019 年版，第 524 页。

② 参见江必新、梁凤云：《行政诉讼法理论与实务》，法律出版社 2016 年版，第 1588－1599 页。

③ 应当指出，行政诉讼法律文书对当事人的效力与对法院的效力以及对当事人以外的人的效力之间是密不可分的。举例而言，若没有对法院的自缚力，法院可以朝令夕改，那么对当事人的既判力也就无从谈起了。因此，行政诉讼法律文书对法院的效力和对当事人以外的人的效力也是《行政诉讼法》第 94 条的题中之义。

④ 参见张卫平：《民事诉讼法》，法律出版社 2016 年版，第 125 页。

院和当事人的效力，因此既判力内容中针对法院的效果应排除；形成力是对世的效力，因此只能保留其中涉及当事人的部分内容。（2）效力种类的切分。《行政诉讼法》第 94 条能够涵盖确定的法律文书的各种效力，但这些效力处于不同的阶段，并非都能导出当事人的履行义务。具体而言，既判力、拘束力、形成力是在当事人主动履行阶段发生作用的效力，其对当事人主动履行的方式和内容产生约束；执行力则是在法院强制执行阶段发生作用的效力，只有在当事人拒不履行义务时方能发生作用。因此，执行力并不能导出当事人的某种具体履行义务，而只是作为当事人拒不履行义务时的兜底保障。

四、当事人履行义务的种类

基于行政诉讼法律文书的效力，可以将当事人履行义务区分为三种，继而根据消极义务、积极义务的分类再作内部区分，导出当事人的五种履行义务（见表1）。

表 1　当事人履行义务的内容

效力	效果类型	效果	当事人履行义务
既判力	消极效果	不得就前案诉讼标的提出争议	禁止重复起诉
	积极效果	根据主文内容作出行为	履行主文内容
拘束力	消极效果	不得违反裁判理由作出行为	禁止重复行为
	积极效果	根据裁判理由作出行为	按照裁判理由行为
形成力	积极效果	消除已被撤销法律行为的事实影响	恢复原状

（一）源于既判力的履行义务

既判力对当事人的约束主要源于诉讼标的内容的明确，在消极效果上，由于诉讼标的内容已经明确，因此当事人不能就同一诉讼标的再起诉争；在积极效果上，由于诉讼标的内容已经明确，因此当事人应当积极履行诉讼标的的相关内容。

1. 消极义务——不得重复起诉

禁止重复起诉是我国实定法上既判力的集中体现，2000 年《行诉法解释》第 44 条规定，对于重复起诉的，应当裁定不予受理或驳回起诉，2018 年《行诉法解释》继承了这一规定。禁止重复起诉要求当事人对已经生效的裁判不得再行提起诉讼。

关于重复起诉的识别标准，2018 年《行诉法解释》第 106 条采用了"三要素说"，即从当事人、诉讼标的、诉讼请求三方面进行判断。实践中较为疑难的是诉讼标的和诉讼请求的判断：（1）诉讼标的。关于行政诉讼的诉讼标的为何，学理上有行政行为说、行政行为违法性说、实体法上的请求权说、权利主张说等不同见解，从最高人民法院的案例来看，似亦未形成统一的意见。[①] 近年有学者借鉴民事诉讼法的相关理论提出行政诉讼法上诉讼标的的相对化识别："在与既判力的客观范围相关联的各个问题、诉讼中行政行为理由的追加和变更、'一行为一诉'原则的排除等诉讼制度环节分别采纳不同的诉讼标的之意涵"[②]。在禁止重复起诉中，关于诉讼标的的意涵，目前更多观点倾向于采用行政行为违法性说中的个别违法性说。[③]（2）诉讼请求。诉讼请求同一性的判定也是实务中的一个难题，尤其是不同诉讼类型对应的诉讼请求能否相互包含的问题。在陈某生与安徽省金寨县人民政府房屋行政征收再审案中，最高人民法院指出："无论原告的诉讼请求是确认无效，还是请求撤销（或确认违法），法院通常都会对行政行为是否违法以及违法的程度作出全面的审查和评价。在对前诉实体上判决驳回后，后诉即因前诉已经进行了全面的合法性审查而构成重复起诉"[④]。据此可以认为，确认行政行为违法、确认行政行为无效、撤销行政行为三种诉讼请求具有同一性。但对于履行法定职责与履行给付义务之间、履行给付义务与确认行政行为违法之间、撤销行政行为与变更行政行为之间的包含关系，

---

① 如最高人民法院在梁某香诉海口市美兰区人民政府房屋征收决定案中指出："行政诉讼的诉讼标的是被诉行政行为"，似采取了行政行为说。参见梁某香诉海口市美兰区人民政府房屋征收决定案，最高人民法院（2019）最高法行申 889 号行政裁定书。但在陈某生诉安徽省金寨县人民政府房屋行政征收及补偿协议案中，最高人民法院则指出："撤销诉讼的诉讼标的，系由违法性与权利损害两者所构成"，显然采取了行政行为违法性说和实体法上的请求权说。参见陈某生诉安徽省金寨县人民政府房屋行政征收及补偿协议案，最高人民法院（2016）最高法行申 2720 号行政裁定书。

② 陈鹏：《行政诉讼标的的相对化识别——以撤销诉讼为中心的阐释》，载《法学家》2023 年第 4 期，第 160 页。

③ 参见梁凤云：《行政诉讼讲义》，人民法院出版社 2022 年版，第 523 - 525 页；梁君瑜：《论行政诉讼中的重复起诉》，载《法制与社会发展》2020 年第 5 期，第 60 页。

④ 陈某生诉安徽省金寨县人民政府房屋行政征收及补偿协议案，最高人民法院（2016）最高法行申 2720 号行政裁定书。

目前在学理上与实务中仍待进一步明确。①

　　基于对 2018 年《行诉法解释》第 69 条 "诉讼标的已为生效裁判或者调解书所羁束" 表述的理解，我国行政诉讼法肯定了判决、裁定和调解书均具有既判力，都能对当事人产生禁止重复起诉的义务。判决、调解书对实体问题进行判断从而给出结论，因此经过判断的诉讼标的不能再行争议。需要讨论的是，针对程序问题的裁定能否产生禁止重复起诉的义务：（1）不予立案、驳回起诉裁定。2018 年《行诉法解释》第 106 条对于重复起诉的前诉范围扩大至 "裁判"，因此，学理上一般承认不予立案、驳回起诉等裁定也具有既判力。实务中也基本持相同观点，在赵某顺诉张家界市自然资源和规划局行政补偿案中，法院以原告的起诉已经被前诉驳回起诉裁定约束为由，认定原告的起诉为重复起诉。②（2）准许撤诉裁定。较具有争议的是准予撤诉裁定能否产生既判力的问题。2018 年《行诉法解释》第 60 条第 1 款规定："人民法院裁定准许原告撤诉后，原告以同一事实和理由重新起诉的，人民法院不予立案。" 有些学者将该条纳入禁止重复起诉之中讨论，变相承认了准予撤诉裁定的既判力。③ 事实上，准许撤诉裁定既未如判决一样直接对实体问题作出判断，又未如不予立案、驳回起诉裁定一样通过程序问题间接影响实体问题，因此，其并不具备既判力。2018 年《行诉法解释》第 60 条第 1 款的规定与其说是基于裁定效力，毋宁说是基于司法政策。相同的情形，2022 年《民诉法解释》作了截然相反的规定："原告撤诉或者人民法院按撤诉处理后，原告以同一诉讼请求再次起诉的，人民法院应予受理。"

　　2. 积极义务——履行主文内容

　　既判力对于当事人的积极效果是诉讼标的的内容通过诉讼得以明确，因此当事人应当主动履行法律文书的主文部分。调解书的内容依赖于调解协议的约定，并不区分主文与裁判理由，与履行合同无异，因此，此处主要讨论判决与裁定。根据裁判主文内容的不同，可以区分为

---

　　① 参见李傲、刘晓思：《论行政诉讼中重复起诉的识别标准——以〈行诉解释〉第 106 条为分析对象》，载《学术交流》2023 年第 2 期，第 71－74 页。

　　② 参见赵某顺诉张家界市自然资源和规划局行政补偿案，湖南省张家界市中级人民法院（2021）湘 08 行终 117 号行政判决书。

　　③ 参见何海波：《行政诉讼法》，法律出版社 2022 年版，第 265－266 页。

具有给付内容的裁判和不具有给付内容的裁判两种类型。能够履行的裁判主要为具有给付内容的裁判。具有给付内容的裁判又可区分为具有给付内容的判决与具有给付内容的裁定分别讨论：（1）具有给付内容的判决主要包含了重作判决、履行判决、给付判决、责令补救判决和行政协议继续履行判决，这些判决的主文部分均声明了行政机关所应承担的给付内容，无论该给付内容是否明确，行政机关均应主动履行该给付内容。（2）具有给付内容的裁定主要包括财产保全、先予执行、证据保全、承认和执行外国法院行政判决的裁定。[①] 如《行政诉讼法》第57条第1款规定："人民法院对起诉行政机关没有依法支付抚恤金、最低生活保障金和工伤、医疗社会保险金的案件，权利义务关系明确、不先予执行将严重影响原告生活的，可以根据原告的申请，裁定先予执行。"此处的先予执行裁定即具有实体上的给付内容。

值得讨论的是，主文部分不具有给付内容的裁判是否可能产生履行义务？对此，讨论最多的是驳回诉讼请求判决和撤销判决：（1）对于驳回诉讼请求判决，其主文部分的内容为驳回原告的诉讼请求，并无给付内容的设定。但在实务中关于能否执行驳回诉讼请求判决存在争议。[②]《最高人民法院关于判决驳回原告诉讼请求行政案件执行问题的答复》（〔2008〕行他字第24号）对此问题进行了明确："被诉具体行政行为具有可执行内容的，人民法院作出驳回原告诉讼请求判决生效后，行政机关申请执行被诉具体行政行为的，人民法院应依法裁定准予执行，并明确执行的具体内容。"可见，此时当事人履行的给付内容是基于被诉行政行为，而非源于驳回诉讼请求判决。（2）对于撤销判决，其主文部分的内容为撤销被诉行政行为，也无给付内容的设定。但实务中有观点认为："对于撤销判决而言，行政机关应当根据法院的判决作出相应地履行判决的行为"[③]。这种观点实际上混淆了撤销判决的既判力与拘束力，撤销判决能够对行政机关重新处理产生约束并非源于既判力，而是源于拘束力。

---

① 参见向忠诚：《行政诉讼执行程序制度研究》，中国政法大学出版社2014年版，第25页。

② 参见江必新主编：《新行政诉讼法专题讲座》，中国法制出版社2015年版，第309-310页。

③ 江必新、梁凤云：《行政诉讼法理论与实务》，法律出版社2016年版，第1780页。

（二）源于拘束力的履行义务

拘束力和既判力最大的不同是，既判力是以法律文书的主文部分约束当事人，拘束力则是以法律文书的理由部分约束当事人。正如上文所言，调解书并不区分主文与理由，因此调解书的拘束力与既判力也无明显的界限，本部分主要讨论判决与裁定。拘束力的对象主要是行政机关一方，一般不及于相对人一方。裁判理由对行政机关的拘束主要体现为，在消极方面禁止重复行为，在积极方面按照裁判理由行为。

1. 消极义务——禁止重复行为

禁止重复行为的义务主要产生于撤销附带重作判决，该判决的既判力的积极效果体现为行政机关必须重新作出行政行为，不得拒绝作出，其拘束力的消极效果则主要体现为重新作出的行政行为要受到法院撤销判决所认定的事实和阐述的理由的约束，即不得以同一的事实和理由作出与原行政行为基本相同的行政行为。《行政诉讼法》第 71 条规定："人民法院判决被告重新作出行政行为的，被告不得以同一的事实和理由作出与原行政行为基本相同的行政行为。"有学者指出："此条仅规定了行政机关依重作判决重新作出具体行政行为时的应禁止反复，但我国现行法中对于撤销判决后依职权的重作却没有明确的关于禁止反复的法律依据"①。但这并不影响学理上和实务中对于单独作出撤销判决具有同样效果的认知。②

《行政诉讼法》第 71 条将重复行为的认定分解为"基本相同的行政行为"和"同一的事实和理由"两个要件。2018 年《行诉法解释》第 90 条对此进行了补充：（1）基本相同的行政行为是指处理结果基本相同的行政行为。（2）同一的事实和理由是指主要事实和主要理由的同一性。正如学者所说："禁止反复效力并不拘束理由中未作判断的事情、理由中的旁论和间接事实的认定判断。换言之，这里的事实和理由应当是支持判决主文判断的必不可少的事实和理由"③。（3）禁止重复行为

---

① 章剑生主编：《行政诉讼判决研究》，浙江大学出版社 2010 年版，第 421 页。

② 通说主张撤销判决的效力包括"被诉行政机关不得基于同一事实和理由重新作出与原行政行为基本相同的行政行为"。参见姜明安主编：《行政法与行政诉讼法》，北京大学出版社、高等教育出版社 2019 年版，第 524 页。

③ 王贵松：《行政诉讼判决对行政机关的拘束力——以撤销判决为中心》，载《清华法学》2017 年第 4 期，第 93 页。

需要区分实体违法与程序违法。对于前者，主要是禁止行政行为在实体认定、理由阐述以及行政行为结果上出现与法院意旨不一致；对于后者，主要是禁止行政行为再行违反法定程序。①

2. 积极义务——按照裁判理由行为

拘束力的积极效果主要针对具有给付内容的裁判，如重作判决、给付判决、履行判决。对于这些判决类型，法院可以根据裁判时机是否成熟作出包含明确给付内容的裁判和包含一定给付内容的裁判。对于前者，无论是给付行为还是给付内容均受到既判力约束；对于后者，给付行为受到既判力的约束，但给付内容由于在主文部分并不明确，因此受到裁判理由部分拘束力的约束。根据 2018 年《行诉法解释》第 91 条和第 92 条的规定，法院应当尽量作出给付内容明确的裁判，对于无法明确给付内容的情形，也应当尽量给出相应的指引和限定。② 如在张某扬诉辽宁省沈阳市浑南区人民政府履行征收补偿义务案中，法院虽未在主文部分明确临时安置补助费的具体金额，但在裁判理由中要求按照规定最高标准进行计算。③ 裁判理由中的该项计算标准就对后续行政机关给付临时安置补助费的行为产生拘束力。

值得注意的是，在具有给付内容的裁判之外，比较法上认为撤销判决同样能够产生拘束力的积极效果，使行政机关产生重新处理的义务。关于撤销判决能否产生重新处理义务的问题，我国实务中多持否定态度："对于被撤销行政行为具有否定性评价的撤销判决，并不意味着行政机关具有必须为某种行为的义务，即并非非黑即白的关系，行政机关仍然可能具有一定的裁量权或酌处权"④。这可能与我国《行政诉讼法》已经规定了撤销附带重作判决相关。对于行政机关重新作出行政行为的裁量权收缩至零的情况，法院径行作出撤销附带重作判决即可，因此在

---

① "如果行政机关再行违反法定程序，以同一的事实和理由作出基本相同的行政行为，法院仍然可以判决撤销该对抗法院判决意旨的行政行为，并可以按照《行政诉讼法》第 96 条的规定进行处理。"梁凤云：《行政诉讼讲义》，人民法院出版社 2022 年版，第 967 页。

② 参见最高人民法院行政审判庭编：《最高人民法院行政诉讼法司法解释理解与适用》，人民法院出版社 2018 年版，第 423 - 430 页。

③ 参见张某扬诉辽宁省沈阳市浑南区人民政府履行征收补偿义务案，最高人民法院（2019）最高法行申 1240 号行政裁定书。

④ 江必新主编：《新行政诉讼法专题讲座》，中国法制出版社 2015 年版，第 311 页。

学理上承认撤销判决导出的重新处理义务并不紧迫。

（三）源于形成力的履行义务

所谓恢复原状的义务，是指行政机关基于行政行为而采取了事实上的措施时，如果行政行为因撤销判决而溯及地失效，事实上的措施也失去根据，行政机关负有将事实状态恢复原状的义务。形成力主要产生于撤销判决，因此恢复原状的义务主要附随于撤销判决。比较法上有将恢复原状的义务置于拘束力之下还是形成力之下的争议[①]，国内学者倾向于将其置于形成力之下："将恢复原状义务理解为形成力的附随效果，有助于对形成力的理解和贯彻"[②]。

从我国《行政诉讼法》的体系解释来看，应当是承认撤销判决所导出的恢复原状义务的。《行政诉讼法》第76条规定了判决确认违法或者无效时可以同时判决责令采取补救措施，但在第70条判决撤销行政行为时却未规定责令采取补救措施。按理说，确认事实行为违法后要将事实状态恢复原状，撤销行政行为后同样要将事实状态恢复原状，两者并无差别，因而与其说是立法者的遗漏，不如说是立法者承认了撤销判决所附随的恢复原状义务。但在实务中，我国法院仍习惯于在撤销判决之外，针对当事人的结果除去请求权作出给付判决从而达成恢复原状的效果。如在杨某卫诉卫辉市公路管理局行政给付案中，原告以被告行政处罚违法为由，要求被告返还罚款，此时法院应当作出撤销行政处罚的判决。基于撤销判决附随的恢复原状义务，罚款自应返还给原告，但在本案中，法院作出给付判决，责令被告返还罚款。[③]

[①] 参见〔日〕盐野宏：《行政救济法》，杨建顺译，北京大学出版社2008年版，第127页。

[②] 王贵松：《行政诉讼判决对行政机关的拘束力——以撤销判决为中心》，载《清华法学》2017年第4期，第101页。

[③] 参见杨某卫诉卫辉市公路管理局行政给付案，河南省辉县市人民法院（2015）辉行初字第71号行政赔偿判决书。

第 95 条（对私人的执行）

毕洪海

第九十五条　公民、法人或者其他组织拒绝履行判决、裁定、调解书的，行政机关或者第三人可以向第一审人民法院申请强制执行，或者由行政机关依法强制执行。

一、规范沿革和规范意旨

（一）规范沿革

现行《行政诉讼法》第 95 条规定的内容基本沿袭了 1989 年《行政诉讼法》第 65 条第 2 款的规定，变化之处有两个方面。第一，在形式上将 1989 年《行政诉讼法》第 65 条第 2 款独立成条。第二，在内容上，除了扩充生效法律文书的范围使之包括调解书外，还增加了第三人申请强制执行的情形。首先，《行政诉讼法》第 95 条的规定将强制执行的名义从"判决、裁定"扩充为"判决、裁定、调解书"，这是因为

2014 年《行政诉讼法》第 60 条增加了可以适用调解的几种情形，部分案件以调解方式结案的，当事人应当履行调解书所确定的权利和义务。所以，除非特别说明的情形，生效裁判和生效法律文书是在相同的意义上使用的。其次，《行政诉讼法》第 95 条将对私人执行的申请主体从"行政机关"扩大为"行政机关或者第三人"。这是因为根据《行政诉讼法》第 29 条的规定参加诉讼的第三人同案件结果具有利害关系，在行政机关怠于申请执行生效法律文书的情况下，倘若不赋予第三人申请执行的权利，第三人的合法权益就难以得到有效的保护，法院生效法律文书的内容也得不到实现。因此，通过执行力主观范围的扩张，即赋予了行政诉讼第三人申请执行人的权利，解决了这一难题。[①]

除此之外，自 1989 年《行政诉讼法》实施以来，政策实践层面关于行政机关和司法机关执行权的分配一直在演进，基本逻辑是两条线：第一条线是机关意义上的分离，围绕包括非诉强制执行在内的裁决权和执行权推进"裁执分离"，最典型的领域是征收拆迁案件的强制执行[②]，次之则是行政机关在拥有强制执行权时申请法院非诉执行是否应当予以受理[③]；第二条线是机构意义上的分离，即在法院系统内部实行"裁执分离"，执行的裁决权和执行的实施权分别由不同的机构实施。执行权的性质以及模式向来是一个有争议的问题，后面在"执行主体"部分还会再讨论这一内容。

（二）规范意旨

《行政诉讼法》第 95 条承续第 94 条自动履行的内容，与第 96 条共同构成了关于行政诉讼生效法律文书强制执行的相对两方的条款，具体内容是在私人拒不履行生效法律文书所规定的义务的情况下，行政机关或者第三人可以申请强制执行；同时还规定了法院强制执行的管辖和行

[①] 参见江必新、邵长茂、方颉琳编著：《行政诉讼法修改资料汇纂》，中国法制出版社 2015 年版，第 388 页。

[②] 例如《最高人民法院关于办理申请人民法院强制执行国有土地上房屋征收补偿决定案件若干问题的规定》（法释〔2012〕4 号）第 9 条。

[③] 就此可以对比 2000 年《行诉法解释》第 87 条第 2 款的规定和此后最高人民法院的批复，例如《最高人民法院关于违法的建筑物、构筑物、设施等强制拆除问题的批复》（法释〔2013〕5 号）、《最高人民法院关于对公路桥梁下面违法建筑强制拆除适用法律问题的答复》（〔2013〕行他字第 12 号）。

政机关的强制执行。实务中有观点认为该条主要适用于原告败诉的情形[1]，但是不能一概而论，少数被告败诉的情形也会涉及私人履行义务的问题，例如在专利强制许可费行政裁决的案件中，如果专利权人认为许可费用过低而提起行政诉讼，法院判决行政机关败诉，此时取得专利强制许可的主体负有履行法院生效判决的义务。

就《行政诉讼法》第 95 条的地位而言，这一规定是法院生效法律文书重要的实效保障机制。就该条的特殊性而言，行政诉讼裁判的执行通常并非研究重点，法院对于私人的执行也不存在重大的问题，实务层面更关注的是对行政机关的执行，因为行政诉讼法律文书的执行，对私人来说，可以按照法院判决执行的一般方式操作，无须特别说明。[2] 这里所说的一般方式是指除了少数特殊的规定，行政诉讼法律文书的执行根据《行政诉讼法》第 101 条，适用《民事诉讼法》关于法院生效法律文书执行的相关规定。这一点与 2000 年《行诉法解释》规定的参照民事诉讼的有关规定不同。2018 年《行诉法解释》除了共同适用于对私人的执行和行政强制执行的三条简略规定（第 152～154 条），关于对私人的强制执行并无更进一步的解释。实务部门认为，行政诉讼仅应适用民事诉讼法的规定，该法以外关于民事诉讼的规定并不在适用的范围内。[3] 这里认为，只要关于民事诉讼法相关规定的解释并不违反行政诉讼执行的基本原则、理念和精神，同样可以参照适用。

需要指出的是，《行政诉讼法》第 95 条规定的行政诉讼生效法律文书的强制执行与《行政诉讼法》第 97 条规定的行政行为非诉强制执行，虽然在结构上存在相似性，但属于两种不相同性质的程序。理论上和实践中争论较多的是第 95 条后半句，即"或者由行政机关依法强制执行"。鉴于本条的规范意旨是行政诉讼生效法律文书的执行，这一规定意味着在行政机关有权强制执行的情况下，可以由行政机关执行法院生效的法律文书，例如在征地拆迁的案件中，目前已经形成的基本模式是由政府组织实施强制拆迁，但此时行政机关的执行名义仍然需要进一步厘清。再者，该处规定的"依法"指的是《行政强制法》还是《行政诉

---

[1] 参见李广宇：《新行政诉讼法逐条注释》，法律出版社 2015 年版，第 806 页。

[2] 参见王名扬：《法国行政法》，中国政法大学出版社 1989 年版，第 660 页。

[3] 参见江必新、邵长茂：《新行政诉讼法修改条文理解与适用》，中国法制出版社 2015 年版，第 355 页。

讼法》并不明确。考虑到行政机关取得强制执行权的依据并非诉讼法，可以采取的强制执行的措施需要有法律的专门规定，这里的依法应当只限于赋予行政机关强制执行权的实体法和《行政强制法》。相应地，倘若法律并无明确规定，即便是拥有强制执行权的行政机关也不能当然行使只有法院可以采取的实体性强制执行措施和保障性强制执行措施。①

法院生效法律文书由行政机关还是法院执行更优，是由行政机关自身负责执行还是由专门设立的行政机关执行，行政机关是自行执行还是代执行或根据法院委托组织实施执行等问题，可以再讨论。② 不过一个更加直接的问题是，倘若《行政诉讼法》第 95 条后半句规定的是由行政机关依照《行政强制法》的规定自行执行，由此所产生的争议是否属于行政诉讼的受案范围。这里认为，行政机关依法强制执行生效法律文书可以视作一种特殊的委托执行，关于行政机关强制执行措施的违法或扩大执行范围而非为生效裁判所拘束的诉讼标的发生争议，不应该排除在行政诉讼的受案范围外，但是如果仅起诉行政机关并无组织实施强制执行职权的情形除外。③ 此外，就其实质目的而言，这里的行政机关依法强制执行具有司法执行的性质，但是有别于行政机关单纯的司法协助行为。目前在实践层面达成的共识是，行政机关根据司法机关的协助执行通知书实施的行为属于司法执行的延伸，行政机关具有法定的协助义务，行政机关实施的司法协助行为不属于行政诉讼的受案范围。④ 行政机关拒不履行协助义务的，法院应当采取措施督促其履行。如果行政机关在协助执行时扩大了范围或违法采取措施造成被执行人损害⑤，或者当事人认为行政机关不履行协助执行义务造成损害，请求确认不履行协

---

① 参见胡建淼：《行政诉讼法学》，法律出版社 2019 年版，第 556-557 页。
② 参见江必新、梁凤云：《行政诉讼法理论与实务》，法律出版社 2016 年版，第 1822 页。
③ 参见江必新主编：《中华人民共和国行政诉讼法及司法解释条文理解与适用》，人民法院出版社 2015 年版，第 620 页。
④ 例如皖东三宝有限公司与明光市人民政府房产行政登记案［最高人民法院（2018）最高法行申 904 号行政裁定书］；周某华、周某诉江苏省镇江市房产管理局房屋行政登记案［江苏省镇江市中级人民法院（2010）镇行终字第 9 号行政裁定书］，参见最高人民法院行政审判庭编：《中国行政审判案例》（第 2 卷），中国法制出版社 2011 年版，第 40-43 页。
⑤ 参见《最高人民法院关于行政机关根据法院的协助执行通知书实施的行政行为是否属于人民法院行政诉讼受案范围的批复》（法释〔2004〕6 号）。

助执行行为违法并予以行政赔偿①，法院应当受理。

二、执行名义

执行名义是权利人依照法律规定据以申请执行的基础，《行政诉讼法》第 95 条规定的"执行名义"即法院的生效法律文书。执行名义与执行依据通常是可以互换的，不过也有观点主张，在行政机关实体和程序胜诉的情况下，执行的依据是生效的行政法律文书，与执行的名义不同。② 作为执行名义的法律文书需要具备三个方面的实质要件：第一，行政诉讼法律文书已生"既判力"，或者属于可以临时执行的法院法律文书。第二，生效的法律文书具备可以强制执行的内容。生效的法律文书具有执行力，当事人有权请求执行机关实现法律文书所确定的内容。法院的生效法律文书应当具有给付的内容，判令或确定一方当事人给付金钱、财物或履行一定行为等。不具有给付内容的法律文书无须采取强制执行，不能作为执行名义。行政诉讼的形成判决和确认判决通常并不具有执行的内容，因此无须执行。不过理论上和实务中就此存在不同的认识和不同的做法。第三，生效法律文书应当具有明确的执行内容，即执行标的（内容、种类、范围）和被执行人都是明确的。

就执行名义的具体类型而言，2018 年《行诉法解释》第 152 条列举了"行政判决书、行政裁定书、行政赔偿判决书和行政调解书"四种类型。行政诉讼的执行名义整体上可以归纳为四种类型③：（1）行政判决。行政判决是指根据行政诉讼法和司法解释作出的实体性裁判。并非所有判决都具有执行力，具有执行力的判决类型主要是给付判决，包括行政赔偿判决在内，除此之外的撤销判决、确认判决和课予义务判决通常无须以直接强制的手段实现判决内容；但是，不仅法院会作出变更判决，有时撤销重作判决、确认判决和课予义务判决也要求行政机关就实现判决的内容进行相应的处置，就此，法院不能采取直接强制的措施，只能通过间接强制的措施督促行政机关履行。除此之外，于单独撤销判决的情形，如果行政决定的内容在诉讼期间已经得到了部分或全部执

---

① 参见《最高人民法院关于行政机关不履行人民法院协助执行义务行为是否属于行政诉讼受案范围的答复》（〔2012〕行他字第 17 号）。

② 参见最高人民法院行政审判庭编著：《最高人民法院行政诉讼法司法解释理解与适用》，人民法院出版社 2018 年版，第 711－712 页。

③ 参见梁凤云：《行政诉讼讲义》，人民法院出版社 2022 年版，第 1034 页。

行，此后也会涉及有关已经执行部分的处置问题。（2）行政裁定。行政裁定是指根据行政诉讼法和司法解释作出的程序性裁判。大多数裁定并没有执行力，在行政诉讼中具有执行力的裁定主要包括财产保全、先予执行，也即属于临时执行的法院裁定；此外还有承认和执行外国法院行政判决的裁定等，不过就此执行的依据本质上是外国法院的行政判决。（3）行政附带民事诉讼判决和行政调解书。行政附带民事诉讼判决是指在行政诉讼中就相关民事争议作出的判决，这些判决通常具有具体的权利义务内容，具有执行力。行政调解书是新增的法律文书类型，指在行政诉讼中就相关事宜自愿达成的协议而制作的法律文书。《行政诉讼法》第 60 条规定了可以适用调解的情形，即行政赔偿、补偿以及行政机关行使法律、法规规定的自由裁量权的案件可以调解。① 当然这里是就整体上具有执行内容的法律文书进行的概括，就《行政诉讼法》第 95 条的宗旨而言，据以执行的生效法律文书是课予私人义务的判决、裁定、行政调解书，而非课予行政机关义务的法律文书。

理论上和实践中存在较大争议的一个问题是执行名义到底是司法裁判还是行政行为，这在对私人的执行方面表现得尤为突出，因为如果对私人的执行主要是原告败诉的情形，而原告败诉的主要判决类型是驳回诉讼请求判决。在此情形下，课予私人义务的法律文书到底是法院的生效裁判还是行政法律文书，就与执行名义的问题密切相关。围绕法院不同的裁判类型，存在"司法行政区分说"、"司法行政结合说"和"司法行政吸收说"三种观点。根据"司法行政区分说"，只有法院对行政行为作出某种形式的"处分"，法院的裁判才是执行名义；如果法院未就行政行为作某种形式的处分，则行政行为是执行名义。也就是说，在行政诉讼中，如果法院判决撤销或变更行政行为，或者判决行政机关履行法定职责，义务人拒绝履行判决所确定的义务，这时执行名义是业已生效的判决书；如果法院判决认可行政行为，义务人拒绝履行，这时执行名义是业已生效的行政行为。② 驳回诉讼请求的判决没有执行标的，因为该判决类型没有改变行政行为的效果③，换言之，以法院裁判为执行

---

① 有些行政诉讼的决定书具有执行内容，例如《行政诉讼法》第 59 条规定对妨碍诉讼行为的实施者处以罚款或者拘留的决定。

② 参见梁凤云：《行政诉讼讲义》，人民法院出版社 2022 年版，第 1035 页。

③ 参见王振宇：《行政诉讼的证据规则、判决和执行》，载江必新主编：《贯彻〈中华人民共和国行政诉讼法〉专题讲座》，人民法院出版社 2015 年版，第 318 页。

名义，是为了实现司法机关意思表示的内容，而以行政行为为执行名
义，是为了实现行政机关意思表示的内容。"司法行政结合说"认为，
赋予行政行为生命力的是法院的裁判①，主张根据行政行为是否已经在
裁判中体现来确定执行名义。如果行政行为的内容已经在法院的裁判中
完整体现，在裁判生效后，私人应当履行的就是法院作出的裁判，拒绝
履行时，具有执行权的机关采取强制措施的名义应当是法院业已作出的
裁判，而不是行政机关作出的行政行为。如果法院作出的裁判只是简单
地维持行政行为或驳回诉讼请求，没有在裁判中体现表达具体行政行为
的内容，那么在判决生效后，私人应当履行的就是法院的判决以及裁判
所决定的行政行为，此时法院的裁判以及裁判确认的行政行为一起作为
执行名义。② 更进一步来说，按照这种观点，是否具有给付内容或者说
可执行的内容，不能仅从判决主文判断，而应当结合被诉的具体行政行
为判断。行政诉讼的驳回诉讼请求判决与民事诉讼的驳回诉讼请求判决
不同，后者并没有设定权利义务关系，而前者的权利义务关系是明确
的，不能认为不具有可以执行的内容，应当执行的是被维持了的具体行
政行为。③ "司法行政吸收说"认为，不管法院作出的裁判中是否包含
了行政行为的内容，由于行政行为已经法院合法性的审查，因而此时的
执行名义是法院的裁判而非行政行为。④ 这种观点实质上认为法院的裁
判最终统合吸收了行政行为的内容，且具有判断上的简洁性。"司法行
政吸收说"与"司法行政结合说"的逻辑有所不同，分别用来解释维持
判决和驳回诉讼请求判决情形下的执行名义更加合理，就执行名义而
言，最终并无差别。不过，在驳回诉讼请求判决取代维持判决以后，相
较于"司法行政吸收说"，"司法行政结合说"的解释逻辑更加符合诉判
关系的特点，但是在执行名义所要实现的意思表示内容和执行力的来源
方面，行政行为本身具有独立性，因此"司法行政区分说"更加合理，

---

① 参见胡康生主编：《〈中华人民共和国行政诉讼法〉讲话》，中国民主法制出版
社 1989 年版，第 224 页。

② 参见梁凤云：《行政诉讼讲义》，人民法院出版社 2022 年版，第 1037 - 1038 页。

③ 参见耿宝建：《行政裁判执行制度的反思与重构》，载最高人民法院行政审判庭
编：《行政执法与行政审判》2008 年第 6 集（总第 32 集），法律出版社 2008 年版，第
1007 - 1009 页。

④ 参见张相军、韩成军、高鹏志：《驳回诉讼请求行政判决申请强制执行的期限
判断》，载《中国检察官》2023 年第 5 期，第 49 - 53 页；另参见梁凤云：《行政诉讼讲
义》，人民法院出版社 2022 年版，第 1038 页。

就此而言可以说是"实体法管辖权优先"。

最高人民法院倾向于执行名义的"司法行政区分说"。在目前司法执行和行政执行的二元体制和裁执分离的模式下，这种区分并非无关紧要，涉及对执行程序、申请期限、执行措施以及执行措施是否可诉等重大问题的回答。最高人民法院的裁判观点是：行政机关申请法院强制执行已经生效的行政决定，即便经过行政诉讼程序被认可合法后，由行政机关在法院作出准予强制执行裁定后实施的执行行为，执行的依据仍然为行政决定，执行活动的性质仍然属于行政强制执行[①]，也就是说并非执行法院生效裁判的执行行为。在驳回原告的诉讼请求后，行政机关依据《行政诉讼法》第 95 条的规定，经向法院申请并由法院裁定准予执行后组织实施的执行行为，执行的实体依据依然是生效的行政决定，按照非诉执行的方式来处理，法院仍然要进行合法性审查，当然与普通非诉行政执行案件相比，这应该是一种简化了的形式审查，而非复杂的双重审查。同时，行政机关的执行行为并不属于 2018 年《行诉法解释》第 1 条第 2 款第 7 项的"行政机关根据人民法院的生效裁判、协助执行通知书作出的执行行为"[②]，相应地，可以被纳入行政诉讼的受案范围。

三、执行的机关与管辖

（一）执行机关

这里是在狭义上使用执行主体这一概念的，指的是作为生效法律文书执行机关的法院或行政机关。广义的执行主体是指行政诉讼执行法律关系中享有权利和承担义务的主体，还包括执行申请人和被执行人。世界各国关于行政诉讼生效裁判的执行机关具有不同的模式，背后的理论基础与执行权属于司法权还是行政权有关。例如德国、法国、日本等执行权由法院行使，而英国、美国、加拿大、澳大利亚等国家的执行主体则是由发出命令的机关（司法机关）和执行命令的机关（行政机关）组成。就执行权的内容而言，执行裁决权与执行实施权是两种不同性质的

---

① 参见林某洪诉福建省莆田市荔城区人民政府行政强制案，最高人民法院（2018）最高法行申 2940 号行政裁定书。

② 最高人民法院行政审判庭编著：《最高人民法院行政诉讼法司法解释理解与适用》，人民法院出版社 2018 年版，第 760-762 页。

权力，前者是司法权，以当事人主义理念构建执行程序，贯彻平等、中立的司法原则；后者是行政权，以职权主义理念构建执行程序，贯彻迅速、及时等原则。[①] 我国在执行主体上采行二元制的混合模式，即司法机关实施执行和行政机关实施执行相结合的模式，前者按照民事强制执行程序进行，后者按照行政强制执行的方式进行。但是关于法院和行政机关在执行生效裁判方面何者居于主导地位，存在意见分歧。一种意见认为行政机关是生效裁判执行的发起者，因此人民法院只是辅助执行生效的法律文书。另一种意见则认为生效裁判的执行以法院为主，理由是《行政诉讼法》第 95 条的规定具有次序意义，即通常情况下行政机关可以向第一审法院申请强制执行；如果行政机关拥有强制执行权，行政机关可以依法强制执行。[②] 关于生效裁判的执行，法院可以依申请或者依职权强制执行；在特定情形下，行政机关可以依据法律规定自行强制执行。对于专属行政机关的强制执行权限，行政机关无须申请法院执行，法院也不得行使强制执行权。[③]

关于生效裁判在行政机关和法院都具有执行权的情况下如何处理，实务层面发生了更加趋向于"行政执行优先"的变化。2000 年《行诉法解释》第 87 条第 2 款规定：法律、法规规定既可以由行政机关依法强制执行，也可以申请人民法院强制执行，行政机关申请人民法院强制执行的，人民法院可以依法受理。此后最高人民法院在关于判决维持行政决定或者驳回原告诉讼请求的情形如何执行的答复中称：法律规定有强制执行权的行政机关申请人民法院法院强制执行，人民法院不予受理，并告知由行政机关强制执行；法律未授予行政机关强制执行权的，人民法院对符合法定条件的申请，可以作出准予强制执行的裁定，并应明确强制执行的内容。[④] 更进一步的主张则是，根据《行政强制法》的规定，行政机关拥有排他性的强制执行权，即行政机关一经被授予强制

[①] 参见江必新主编：《中国行政诉讼制度的完善：行政诉讼法修改实务问题研究》，法律出版社 2005 年版，第 332－335 页。

[②] 参见梁凤云：《行政诉讼讲义》，人民法院出版社 2022 年版，第 1039－1040 页。

[③] 参见梁凤云：《行政诉讼讲义》，人民法院出版社 2022 年版，第 1040 页。

[④] 参见《最高人民法院关于判决驳回原告诉讼请求行政案件执行问题的答复》（〔2008〕行他字第 24 号）；《最高人民法院行政审判庭关于行政机关申请法院强制执行维持或驳回诉讼请求判决应如何处理的答复》（〔2013〕行他字第 11 号）。

执行权，法院即应该退出这一权域。① 这一点与法院非诉强制执行最初乃是基于行政强制执行程序的不健全而诞生的"临时性"机制的背景也是吻合的②，随着行政强制执行程序的完备，尤其是《行政强制法》的颁布，司法机关的强制执行逐渐回归本质上的"裁判"的角色。

关于具体的执行机构，法院通常是设立专门的执行机构和执行人员负责执行工作，同样实行裁执分离的原则。如果涉及财产保全和先予执行裁定，则由审理案件的审判庭负责执行。

行政机关可否作为法院生效裁判的强制执行机关取决于是否具有法律的授权。《行政诉讼法》与司法解释就此都没有明确，《行政诉讼法》第95条后半句的内容不能视作行政机关强制执行的赋权性规定。就负责具体执行的行政机关而言，理论上存在两种选项：第一种选项是由被告行政机关负责执行，第二种选项是由法律、法规授权的专门行政机关负责执行。但是鉴于我国目前尚无专门机关负责执行法院生效裁判的立法例，所以这里的行政机关只能是被告行政机关，而不能是被告行政机关以外的其他行政机关。③ 这里关键的问题在于法院可否委托行政机关执行或代为执行。鉴于目前裁执分离的实践和未来的发展趋势，需要法律明文规定法院委托行政机关执行或代为执行的条件，除此之外，原则上不应该禁止委托执行或代为执行。在实践中，法院在征收拆迁非诉执行的案件中确立了"以政府组织实施为总原则、以法院个别执行为例外情形"的基本要求，不与政府搞联合执行、委托执行，杜绝参加地方政府组织的各类"拆迁领导小组""项目指挥部"等。④ 这里关于非诉强制执行领域中法院执行角色的特别规定，是在目前非诉执行二元制的模

---

① 参见蔡小雪、耿宝建、金诚轩：《行政机关申请法院强制执行维持或驳回诉讼请求判决应如何处理》，载最高人民法院行政审判庭编：《行政执法与行政审判》2013年第6集（总第62集），中国法制出版社2014年版，第7-11页。

② 行政诉讼法制定时确立的双轨制，有两种看上去并非一致的理由：第一种是行政机关的手段匮乏，以法院执行可以弥补行政机关在执行方式上的不足；第二种则是由于行政法律规范的匮乏，以法院分割行政执行权力约束行政强制执行。参见梁凤云：《行政诉讼讲义》，人民法院出版社2022年版，第1059页。第一种理由似乎是行政诉讼法制定过程中的主要考量。参见何海波编：《行政法治奠基时：1989年〈行政诉讼法〉史料荟萃》，法律出版社2019年版，第414-415、505页。

③ 参见梁凤云：《行政诉讼讲义》，人民法院出版社2022年版，第1041-1042页。

④ 参见江必新、邵长茂、方颉琳编著：《行政诉讼法修改资料汇纂》，中国法制出版社2015年版，第389页。

式下，维护法院在类似案件中的中立角色和公正性，这种考虑与法院委托行政机关执行生效裁判的考虑并不冲突，后者的执行名义与非诉执行的执行名义是不同的。

（二）执行管辖

关于执行管辖，《行政诉讼法》第 95 条规定的是由第一审法院执行，或者是由行政机关依法强制执行。非诉行政执行由申请人所在地的基层法院管辖，主要是基于地域管辖的便利主义。法院生效裁判的执行由第一审法院管辖，主要是基于级别管辖的便利主义，第一审法院更加了解、熟悉案件的情况，有利于案件的执行。当然，第一审法院与最初作出行政行为的行政机关以及申请执行人和被执行人通常都在同一地，因而这便于当事人申请，也便于法院受理和执行。这与民事诉讼确立法院生效法律文书执行的管辖原则也是相同的。但是随着行政诉讼实践中跨行政区划法院或集中管辖、交叉管辖改革的推行，前述便利主义的优势也会受到影响。《行政诉讼法》并未规定第一审法院可以自行委托其他法院执行，鉴于私人住所地或者财产所在地处于异地的情形，不排除根据《民事诉讼法》第 235 条的规定，委托当地法院代为执行。不过，由于行政案件的复杂性和行政机关职权的地域性特点，委托执行的情形在行政诉讼中并不普遍。

除了前述原则性的规定，2018 年《行诉法解释》第 154 条第 2 款规定，第一审法院认为情况特殊，需要由第二审法院执行的，可以报请第二审法院执行；第二审法院可以决定由其执行，也可以决定由第一审法院执行。这一规定确立的是一审法院执行的例外情形。这里所谓"特殊情况"，一般是指一审法院由于客观上存在某种困难或障碍，不便于、不适宜执行，或者难以达到执行目的和效果。[1]

与前述执行名义问题相关的一点是，倘若驳回诉讼请求判决的执行名义是法院的生效裁判，那么原则上就应该由第一审法院管辖；倘若驳回诉讼请求判决的执行名义仍然是行政机关的行政决定，那么按照非诉执行程序的规定，原则上应该由基层法院管辖。在实践中，大量行政诉讼生效裁判的执行都是由基层法院管辖的，第一审法院和基层法院在很多情况下是重合的，但是这两种程序的处理原则显然是不同的，而且第

---

[1] 参见最高人民法院行政审判庭编著：《最高人民法院行政诉讼法司法解释理解与适用》，人民法院出版社 2018 年版，第 724 页。

一审属于中级法院和高级法院专属管辖的情形也不少见，因此在基层法院并非第一审法院的情形下，两种程序的处理结果也是不同的。

最高人民法院在关于执行工作的规定中，已经就部分类型的行政案件特别规定了由中级人民法院管辖，这可以在一定程度上缓和处理结果上的差异：（1）专利管理机关依法作出的处理决定和处罚决定，由被执行人住所地或财产所在地的省、自治区、直辖市有权受理专利纠纷案件的中级人民法院执行；（2）国务院各部门、各省、自治区、直辖市人民政府和海关依照法律、法规作出的处理决定和处罚决定，由被执行人住所地或财产所在地的中级人民法院执行。①这里的规定虽然是非诉执行案件普通管辖的例外，但考虑到非诉执行的管辖通常都是以"申请人所在地"为原则，即行政机关的所在地，这两种情形都是以"被执行人"即私人住所地或财产所在地确定管辖法院的连接点，显然是出于执行便利的考虑。这里在级别管辖方面规定由中级人民法院负责，兼顾了此类案件在实践中通常由中级人民法院一审的情形。

关于行政机关执行法院生效裁判的情形，除了前述由被告负责执行的原则外，对于经过行政复议的案件如何确定行政机关的管辖，法律和司法解释没有明确的规定，考虑到复议机关无论是作出维持还是变更决定都是行政诉讼的被告，在实务中可以遵循"实体法管辖权优先"原则确定以原行政机关作为执行机关。

四、执行当事人

执行当事人的范围即执行的主观范围，根据既判力的相对性原则，通常既判力的主观范围仅包括生效法律文书所确定的当事人双方，而狭义的当事人仅指原告和被告，不包括原告和被告以外的第三人。生效法律文书作为执行名义，同样决定了执行的主观范围是执行依据所确定的权利义务人。由于在法律文书生效后权利义务主体发生变化，因而执行力的主观范围也会随之扩张至生效法律文书所确定的权利义务的继受人。这一点同样适用于行政诉讼的执行程序的当事人。行政诉讼第三人的情形非常复杂，《行政诉讼法》第95条规定执行力的主观范围扩张至行政诉讼的第三人，明确了第三人申请执行人的地位。

---

① 参见《最高人民法院关于人民法院执行工作若干问题的规定（试行）》（2020年修正，法释〔2020〕21号）。

（一）申请执行人

申请执行人通常是生效法律文书所确定的权利人或其继受人。《行政诉讼法》第 95 条规定的"申请执行人"包括行政机关和第三人两种类型。行政机关作为生效法律文书的申请执行人，原则上应该限于行政机关自身并无强制执行权的情形。行政机关是否拥有强制执行权，根据《行政强制法》的规定，需要由法律加以设定。当然，正如前所述，即便由拥有强制执行权的行政机关执行生效的法律文书，关于执行名义和执行程序等问题，仍然需要避免与非诉强制执行程序的混淆。

至于行政诉讼的第三人，《行政诉讼法》第 29 条规定了两种第三人的情形：或者与被诉行政行为有利害关系，或者与案件处理结果有利害关系。第一种情形是针对作为程序标的的行政行为具有独立的请求权的第三人，这种情形的第三人是有原告资格的，其可以以自己的名义提起行政诉讼而没有提起。典型的如行政裁决的双方当事人；反倾销或反补贴调查的申请人或有关出口经营者和进口经营者等。在这种情形下，法院应当通知第三人参加诉讼。这里独立的请求权与必要的共同诉讼人并没有严格的区分。第二种情形是私人针对作为程序标的的行政行为没有独立请求权，但是与案件处理结果具有利害关系，为了维护自己的合法权益，作为第三人参加已经开始的诉讼。在这种情形下，第三人参加诉讼是依照申请或者由法院通知参加诉讼。在实践中，行政机关的同一行政行为涉及两个以上的利害关系人，无论利害关系人是具有独立的请求权还是作为必要的共同诉讼人，如果部分利害关系人对行政行为提起诉讼，因为行政行为的效力有可能发生变动，为了更好地查清案件事实，实现公正审判，同时避免同一问题引发新的争议，提高司法效率，做到案结事了和实质性化解行政争议，法院应当通知没有起诉的其他利害关系人作为第三人参加诉讼。[①]

《行政诉讼法》规定的第三人，不仅包括私主体，还包括行政机关。2018 年《行诉法解释》第 26 条第 2 款规定：应当追加被告而原告不同意追加的，人民法院应当通知其以第三人的身份参加诉讼。此外，《最高人民法院关于审理反补贴行政案件应用法律若干问题的规定》（法释〔2002〕36 号）第 4 条规定：与被诉反补贴行政行为具有法律上利害关

---

① 参见最高人民法院行政审判庭编著：《最高人民法院行政诉讼法司法解释理解与适用》，人民法院出版社 2018 年版，第 168-169 页。

系的其他国务院主管部门，可以作为第三人参加诉讼。《最高人民法院关于审理反倾销行政案件应用法律若干问题的规定》（法释〔2002〕35号）第4条规定：与被诉反倾销行政行为具有法律上利害关系的其他国务院主管部门，可以作为第三人参加诉讼。

申请法院强制执行生效法律文书的第三人，是自己的合法权益通过行政诉讼得到维护的第三人，因此作为申请的第三人也应该是生效法律文书所确定的权利人。关于第三人申请强制执行，《行政诉讼法》虽然规定的是可以申请法院强制执行，但是鉴于强制执行的二元体制，实务上认为第三人既可以向行政机关提出申请，也可以向法院提出申请。①由于两种程序可能存在交叉，第三人不能同时向行政机关和法院提出执行申请，如果同时提出申请，应该由先立案的机关负责执行，但是两种程序如何在立案和执行层面沟通和协调、避免操作上的混乱，仍然有待进一步观察。

（二）被执行人

被执行人即根据法院生效裁判文书负有履行义务的私主体，范围即《行政诉讼法》第95条所规定的"公民、法人或者其他组织"。被执行人有时候也被称作执行被申请人、执行对象，但是执行对象容易与执行标的混淆。这里的被执行人除行政诉讼的原告以外，也可能是行政诉讼的第三人。2018年《行诉法解释》第152条采取的是"负有义务的一方当事人"和"对方当事人"的用语，因此这里不应简单地将申请执行和被执行人与行政诉讼的原告或被告画等号。

五、执行程序

行政诉讼生效裁判的执行程序与其他法律多有交叉，《行政诉讼法》和司法解释仅规定了原则性的内容，具体可以分别依照《民事诉讼法》和《行政强制法》的规定进行。当然，广义的执行程序也可以包括执行措施和救济程序等在内。这里只就执行程序的启动要件、申请期限等重要的程序环节，结合《行政诉讼法》和司法解释的特殊规定加以说明。

（一）前提：私人拒绝履行生效法律文书

《行政诉讼法》第95条规定的强制执行的实质前提是负有履行义务

---

① 参见李广宇：《新行政诉讼法逐条注释》，法律出版社2015年版，第808页。

的私人一方拒绝履行生效的法律文书。首先，拒绝履行既可以表现为积极的拒绝，即私人通过明确的意思表示拒绝履行生效法律文书所确定的义务，原因或者是无力履行或者是不愿意履行；拒绝履行还可以表现为消极的拒绝，即表现为怠于履行或逃避履行的形式。为了给履行义务人留有自行履行的余地，避免强制执行给私人造成损害，只有当私人不履行生效法律文书达到一定程度时，才可以进入强制执行的程序。[①] 其次，私人拒绝履行的法律文书已经发生法律效力。至于判决、裁定和调解书生效的具体规则，则视所处的是一审程序、二审程序、再审程序而有所不同。

（二）依申请或依职权启动

《行政诉讼法》第 95 条规定了两种执行程序的启动方式，即依申请和依职权。就法院的执行程序而言，实务的见解认为"行政诉讼法确立了申请执行原则，但是并没有排除移送执行的可能"[②]。以申请为原则是因为当事人比法院更加清楚生效法律文书的内容是否已经履行。同时，法院在审理民事、行政案件中作出的财产保全和先予执行裁定，一般应当移送执行机构实施。[③] 至于行政机关的执行程序，《行政诉讼法》第 95 条虽然并无规定，但是基于实务的考虑，既可以是依第三人申请启动，也可以是行政机关依职权启动。

在行政机关拥有强制执行权的情形下，《行政诉讼法》第 95 条后半句的规定似乎是赋予了行政机关选择权，但是如果行政机关选择了自行强制执行程序且已经开始执行，那么行政机关又向法院申请的，法院一般不应受理；同样地，如果行政机关已经申请法院强制执行，那么原则上也不应该再启动自行强制执行程序。这里不排除实践中行政机关只拥有部分行政强制执行权，而对于法律没有授权的部分则申请法院强制执行，例如公安机关同时作出拘留和罚款的行政处罚决定，前者可自行执行，后者则需要申请法院执行。

（三）申请执行的期限

关于申请执行的期限，《行政诉讼法》并未具体规定，主要内容是

---

① 参见江必新主编：《中华人民共和国行政诉讼法理解适用与实务指南》，中国法制出版社 2015 年版，第 425 - 426 页。

② 江必新主编：《新行政诉讼法专题讲座》，中国法制出版社 2015 年版，第 316 页。

③ 参见《最高人民法院关于人民法院执行工作若干问题的规定（试行）》（2020 年修正，法释〔2020〕21 号）。

通过司法解释加以明确的。2000 年《行诉法解释》规定的申请执行的期限区分了公民和行政机关、法人、其他组织，公民申请执行行政诉讼生效裁判的时间是 1 年，行政机关、法人、其他组织申请执行行政诉讼生效裁判的时间是 180 日（第 84 条）。2018 年《行诉法解释》不再区分自然人和法人，统一将申请执行的期限扩展为两年（第 153 条）。这与《民事诉讼法》的规定是一致的。修改既是平等保护的需要，也是为了防止在执行或者履行条件不成熟的情况下，申请强制执行加剧行政机关和相对人之间的紧张关系，使一些不具备执行条件的案件过早进入执行程序，转化为执行难题，浪费宝贵的司法资源，增加当事人的成本。① 非诉强制执行的申请时间是 3 个月的不变期间，行政诉讼法律文书申请执行的时效是 2 年，考虑到行政诉讼强制执行的主要获益者是相对人，更长的申请时效有利于保护私人的合法权益。行政机关非诉执行的期限是更短的 3 个月，旨在敦促行政机关及时行使权力并且保证行政目的及时实现。②

　　实务层面存在的主要争论是驳回诉讼请求判决的情形下，行政机关申请强制执行的期限是适用三个月还是两年的规定。这一点既与行政机关胜诉但又没有强制执行权的特殊体制有关，又与前述执行名义有关。造成这一争议问题的直接原因是《行政强制法》和 2018 年《行诉法解释》关于非诉强制执行和生效裁判执行两种程序的申请执行期限的规定不同。第一种意见认为，驳回原告诉讼请求的判决生效后，私人仍不履行行政行为确定的义务，没有强制执行权的行政机关申请人民法院强制执行的，性质上属于生效判决的执行，申请期限应当按照两年计算。③ 第二种意见认为，驳回原告诉讼请求的判决生效后，行政机关申请强制执行的期限是三个月。主要理由是：驳回诉讼请求的行政判决，不涉及执行问题，没有需要强制执行的判决义务内容。④ 作为执行依据的法律

① 参见梁凤云：《行政诉讼法司法解释讲义》，人民法院出版社 2018 年版，第 426 页。
② 参见刘文华、梁春程：《被驳回诉讼请求后行政非诉执行的时效问题》，载《西部法学评论》2021 年第 4 期，第 101－110 页。
③ 参见郭修江：《维持具体行政行为或驳回原告诉讼请求行政判决的执行》，载《人民法院报》2014 年 7 月 4 日；张相军、韩成军、高鹏志：《驳回诉讼请求行政判决申请强制执行的期限判断》，载《中国检察官》2023 年第 5 期，第 49－53 页；另外参见胡建淼：《行政诉讼法学》，法律出版社 2019 年版，第 542 页。
④ 参见蔡小雪、耿宝建、金诚轩：《行政机关申请法院强制执行维持或驳回诉讼请求判决应如何处理》，载最高人民法院行政审判庭编：《行政执法与行政审判》2013 年第 6 集（总第 62 集），中国法制出版社 2014 年版，第 7－11 页。

文书的可执行性体现在生效法律文书的判决主项中确定了权利义务主体及明确了给付内容，这是执行工作的一项基本原则。行政机关或第三人在行政判决驳回诉讼请求后，向法院申请执行的实质仍然是请求执行具体行政行为所确定的义务。[1] 第二种意见更加合理。根据前述执行名义的分析，虽然在形式上驳回诉讼请求也是生效的裁判，但此时执行的内容和执行力的基础都源自行政决定。当然，为了简化判断的成本，可以在不考虑执行名义的情况下，根据申请执行人是私人还是行政机关来统一划定，前者适用两年的时效规定，后者适用 3 个月的除斥期间。

关于期限的性质和计算方法，2018 年《行诉法解释》第 153 条第 2 款规定：申请执行的期限从法律文书规定的履行期间最后一日起计算；法律文书规定分期履行的，从规定的每次履行期间的最后一日起计算；法律文书中没有规定履行期限的，从该法律文书送达当事人之日起计算。申请执行时效的中止、中断，适用法律的有关规定。这里时效的中止、中断主要是适用《民事诉讼法》的相关规定。这意味着申请执行的期限并非不变期间，与非诉强制执行 3 个月的申请期限是除斥期间的规定有所不同。[2] 如果申请执行的期限届满，权利人未申请执行的，即丧失了申请执行的权利。但是申请执行权利的丧失，根据民事诉讼的原理，并不意味着实体权利的丧失。对方当事人在申请执行的期限届满后仍自愿履行义务的，不受申请执行期限的限制，其履行部分仍然有效，权利方有权接受，义务方也不得以已过申请执行期限为由要求返还。行政诉讼生效裁判的执行同样可以参照民事诉讼执行时效的这一原理。根据《民事诉讼法》的规定，申请执行人超过申请执行的时效期间向法院申请强制执行的，法院应当予以受理。被执行人对申请执行的时效期间提出异议，法院经过审查异议成立的，裁定不予执行。但是行政诉讼的规定有所不同，根据 2018 年《行诉法解释》，申请法院强制执行，逾期提出申请的，除有正当理由外，法院不予受理。同时 2018 年的规定与 1991 年《行诉法意见》第 87 条形成了对照，后者规定"逾期申请的，除有正当理由外，不予执行"。从民事诉讼的"予以受理、不予执行"

---

[1] 参见邵长茂：《执行法律适用方法与常见实务问题 327 例》，人民法院出版社 2024 年版，第 423 - 426 页。

[2] 关于其性质的讨论，参见杜昕怡：《行政非诉执行申请期限性质的困惑与出路》，载《南大法学》2023 年第 5 期，第 74 - 84 页。

到行政诉讼的"不予执行"和"不予受理",这种差异和变化意味着逾期申请只是导致当事人无法通过向法院申请执行,并不必然导致实体权利义务(执行力)的丧失,这时仍然存在通过非强制的方法敦促当事人履行的可能性。[①]

2018年《行诉法解释》的"正当理由"是两年申请期限的例外规定,具体何种理由构成正当理由法院裁量。这里的正当理由与执行时效的中止(暂停)和中断(重新计算)的情形有所区别,实践中的正当理由是指逾期申请是由于不可抗力或其他不能归责于当事人的客观原因所致,其法律效果是期限的延长。例如在法定期限内,作为申请执行人的公民突然患病失去行为能力,或者由于某种特殊原因其本人不能亲自申请又无法委托他人代为申请,或者遭遇不可抗力的天灾人祸而不能在有效的期限内提出申请;行政机关、法人和其他组织合并、分立或解散,尚未确定承受其权利义务的主体;等等[②];需要通过公告方式送达催告书因而无法在法定期限内申请。当事人遇有特殊情况,不能在法定期限内申请的,法院经审查属实,可以根据具体情况适当延长申请执行的期限。不过,司法实践中就同样的情形是否同样处理存在不一致的情形。[③]

(四)执行和解

执行和解是指双方当事人在执行过程中自愿协商达成协议,结束执行程序的活动。行政诉讼的强制执行是否允许和解,《行政诉讼法》并无明文规定,通说认为可以适用《民事诉讼法》关于执行的规定,允许和解。《民事诉讼法》第241条规定:在执行中,双方当事人自行和解达成协议的,执行员应当将协议内容记入笔录,由双方当事人签名或者盖章。申请执行人因受欺诈、胁迫与被执行人达成和解协议,或者当事人不履行和解协议的,人民法院可以根据当事人的申请,恢复对原生效法律文书的执行。同时,可以作为参照对象的是行政强制执行。《行政强制法》第42条规定:"实施行政强制执行,行政机关可以在不损害公

[①] 参见最高人民法院行政审判庭编著:《最高人民法院行政诉讼法司法解释理解与适用》,人民法院出版社2018年版,第719页。

[②] 参见杜昕怡:《行政非诉执行申请期限性质的困惑与出路》,载《南大法学》2023年第5期,第81页。

[③] 参见最高人民法院行政审判庭编著:《最高人民法院行政诉讼法司法解释理解与适用》,人民法院出版社2018年版,第718-719页。

共利益和他人合法权益的情况下，与当事人达成执行协议。执行协议可以约定分阶段履行；当事人采取补救措施的，可以减免加处的罚款或滞纳金。协议应当履行。当事人不履行执行协议的，行政机关应当恢复强制执行。"

这里有两个方面需要进一步说明。首先，鉴于行政案件自身的特点，行政诉讼执行和解需要进一步考虑适用的允许性和适用范围的有限性，通常来说，只有在非涉及国家利益和社会公共利益、行政机关拥有裁量权以及涉及相对人民事权益的行政案件中，允许在执行过程中进行和解。为了避免执行程序的拖延和司法资源的浪费，对行政机关和私人达成的执行和解协议，执行机关应该进行审查，审查的内容包括：当事人达成和解协议是否出于自愿、是否存在欺诈和胁迫的情形、协议的内容是否违反法律的强制性规定、协议是否损害公共利益和他人合法权益等。

其次，执行和解的效力仍有进一步明确的必要。理论上，执行和解协议的效力可以分为实体和程序两个方面。实体方面在于执行和解协议是否具有取代原生效法律文书的效果。就此，根据《民事诉讼法》的规定，执行和解与诉讼和解不同，执行和解是由当事人自行达成的，而非在执行机构的主持下达成的，因此不具有执行力，否则当事人不履行执行和解协议，应该执行的就是和解协议而非恢复执行。实务中通常认为当事人不履行和解协议，原则上以恢复原生效法律文书的执行作为救济途径。这一点同样可以得到《行政强制法》第 42 条的印证。不过根据2018 年《最高人民法院关于执行和解若干问题的规定》，申请执行人除了申请恢复执行原生效法律文书外，也可以就履行执行和解协议向执行法院提起诉讼。这一规定试图在维护生效法律文书的权威和尊重当事人意思自治两种价值之间进行平衡。[1] 然而这一规定是否以及在多大范围上适用于行政诉讼，在理论上和实践中有待进一步的考察。就程序方面而言，执行和解协议具有中止或终结执行程序的效果，申请执行时效因当事人双方达成和解协议而中断。当事人之间达成的和解协议合法有效且已经履行完毕的，法院作执行结案处理；申请执行人因受欺诈、胁迫与被执行人达成和解协议，或者当事人不履行和解协议的，法院可以根

---

[1] 参见江必新主编：《新民事诉讼法条文理解与适用》，人民法院出版社 2023 年版，第 1162－1163 页。

据当事人的申请，恢复对原生效法律文书的执行，因此申请执行的时效因执行和解协议而中断。这里"当事人不履行和解协议的"情形包括申请执行人不履行和解协议申请恢复执行的情形，不限于被申请执行人不履行和解协议的情形，因此执行和解的确定性和法律效力是比较低的，与生效法律文书的效力存在差别。申请恢复执行的时间通常是在协议履行完毕前，但是于因欺诈、胁迫达成和解协议的情形，申请恢复执行原生效法律文书的时间并不限于协议履行完毕前。不过，在执行和解协议已经履行完毕的情况下，恢复执行的条件应该从严掌握，恢复执行后应当扣除执行和解协议已经履行的部分。

（五）执行的中止、终结和结案

执行中止是指在执行程序开始后，由于发生法定的特殊情况，执行程序暂时停止，待中止执行的情况消失后执行程序再继续进行的制度。关于中止执行的情形，《民事诉讼法》第 267 条规定了五种情形：（1）申请人表示可以延期执行的；（2）案外人对执行标的提出确有理由的异议的；（3）作为一方当事人的公民死亡，需要等待继承人继承权利或者承担义务的；（4）作为一方当事人的法人或者其他组织中止，尚未确定权利义务承受人的；（5）法院认为应当中止执行的其他情形。[①] 应当注意的是，中止执行既有全案的中止执行，也有部分中止执行；部分中止执行，既有对部分被执行人的中止执行，也有对被执行人部分财产的中止执行。裁定中止执行后原则上应当维持作出裁定时执行措施的状态，确有必要为防止被执行人转移隐匿财产等逃避执行行为而需要继续采取执行措施的，应当仅限于采取查控类执行措施，而不得采取处分类执行措施，除非是变卖保管困难或者保管费用过高的动产。[②] 中止的情形消失后，法院可以依申请或者依职权恢复执行。

执行终结是指在执行程序开始后，由于发生法定的特殊情况，继续执行已无必要或者成为不可能时结束执行程序的制度。关于终结执行的情形，《民事诉讼法》第 268 条规定了六种情形：（1）申请人撤销申请的；（2）据以执行的法律文书被撤销的；（3）作为被执行人的公民死

---

① 关于实践中其他中止执行的情形，参见江必新主编：《新民事诉讼法条文理解与适用》，人民法院出版社 2023 年版，第 1314 页。

② 参见江必新主编：《新民事诉讼法条文理解与适用》，人民法院出版社 2023 年版，第 1315－1316 页。

亡，无遗产可供执行，又无义务承担人的；（4）追索赡养费、扶养费、抚养费案件的权利人死亡的；（5）作为被执行人的公民因生活困难无力偿还借款，无收入来源，又丧失劳动能力的；（6）法院认为应当终结执行的其他情形。[①] 终结执行意味着执行程序彻底结束，以后不再恢复执行，但是因撤销申请而终结执行后，在特定情形下终结执行可以再次申请执行。此外，还有终结本次执行程序的制度，即被执行人无可供执行的财产情形下，法院依法对本次执行程序终结执行的特殊制度。但是，终结本次执行程序后，申请执行人发现被执行人有可供执行的财产的，可以再次申请执行，再次申请不受申请执行时效的限制。[②]

执行结案是指执行程序的完成。根据《最高人民法院关于人民法院执行工作若干问题的规定（试行）》（2020 年修正）第 64 条的规定，执行结案的方式有：（1）执行完毕；（2）终结本次执行程序；（3）终结执行；（4）销案；（5）不予执行；（6）驳回申请。

执行案件应当在立案之日起 6 个月内执结，有特殊情况需要延长的，经本院院长批准，可以延长 3 个月，还需延长的，层报高级人民法院备案。但是下列期间不计入执行结案期限：（1）执行案件由专业机构进行审计、评估、资产清理的期间；（2）中止执行至恢复执行的期间；（3）当事人达成执行和解或者提供执行担保后，执行法院决定暂缓执行的期间；（4）上级法院通知暂缓执行的期间；（5）执行中拍卖、变卖被查封、扣押的财产的期间。[③]

六、执行措施

对私人的执行措施，是指执行机关根据生效法律文书所载明的实体权利义务类型，所采取的保证生效法律文书所确定的内容有效实现的方法和步骤。对私人执行的具体措施主要是参考《民事诉讼法》的相关规定，可以分为直接强制执行措施和间接强制执行措施两类。

（一）直接强制执行措施

直接强制执行是法院凭借强制力直接实现生效法律文书所确定的内

[①] 关于实践中其他终结执行的情形，参见江必新主编：《新民事诉讼法条文理解与适用》，人民法院出版社 2023 年版，第 1319 页。

[②] 参见江必新主编：《新民事诉讼法条文理解与适用》，人民法院出版社 2023 年版，第 1321－1322 页。

[③] 参见汤维建主编：《民事诉讼法学》，北京大学出版社 2023 年版，第 448 页。

容的方法，根据其标的可以分为针对财产的和针对行为的两大类执行措施。针对财产的执行措施包括：（1）查询、扣押、冻结、划拨、变价被执行人的金融资产。根据《民事诉讼法》的相关规定，法院查询、扣押、冻结、划拨、变价的财产时应当遵循价值相当的原则，不得超出被执行人应当履行义务的范围（第253条）。（2）扣留、提取被执行人的收入。扣留是临时性措施，目的在于促使被执行人主动履行义务。提取属于最终性措施，目的是实现生效法律文书的内容。根据《民事诉讼法》的相关规定，在扣留、提取被执行人应当履行义务部分的收入时，应当保留被执行人及其所扶养家属的生活必需费用（第254条）。（3）查封、扣押、冻结、拍卖、变卖被执行人的非金钱财产。根据《民事诉讼法》的相关规定，在查封、扣押、冻结、拍卖、变卖被执行人应当履行义务部分的财产时，应当保留被执行人及其所扶养家属的生活必需品（第255条）。2022年《民诉法解释》第484条规定，对于被执行的财产，法院非经查封、扣押、冻结不得处分。这是因为查封、扣押和冻结本身具有公示的作用。对于银行存款等各类可以直接扣划的财产，法院的扣划裁定同时具有冻结的法律效力。

针对行为的执行措施，包括针对可替代行为的执行措施和针对不可替代行为的执行措施。就前者而言，例如拆除违章建筑、修复生态环境损害等，法院可以强制被执行人履行，也可以委托有关单位或他人代履行，因此发生的费用由被执行人承担（《民事诉讼法》第263条）。如果被执行人拒不交付费用，法院可以采取前述针对财产的措施强制执行，即转换成金钱债权的执行。就后者而言，因为执行标的与义务人的学识、技能、身份或资格密不可分，所以相应的行为具有不可替代性，例如赔礼道歉等[1]，被执行人拒不履行，经教育，被执行人仍拒不履行的，原则上可通过间接强制措施执行的，法院应当按照妨害执行行为的有关规定处理。[2] 关于不作为义务的执行同样具有不可替代性。

（二）间接强制执行措施

间接强制执行措施是指通过对被执行人施加一定的要求促成或便利

---

[1]　赔礼道歉可否采取代履行的方式，可以参见葛云松：《民法上的赔礼道歉责任及其强制执行》，载《法学研究》2011年第2期，第113-129页。《民法典》第1000条规定，法院可以采"在报刊、网络等媒体上发布公告或者公布生效裁判文书等方式执行"。

[2]　参见汤维建主编：《民事诉讼法学》，北京大学出版社2023年版，第455-459页。

执行目的的达成，或者是施加一定的不利益或限制迫使义务人自行履行的方法，或者是对于义务人拒绝履行的行为予以制裁的方法。因此，间接强制执行措施包括制裁性执行措施、保障性执行措施和限制性执行措施。需要注意的是，间接强制执行措施在适用时需要按照一定顺位进行，应受比例原则等一般法律原则的约束。

（1）制裁性执行措施。

制裁性执行措施（执行罚）针对的是妨害执行行为的情形。根据《民事诉讼法》第 114 条至第 117 条的规定，制裁性执行措施包括罚款、拘留和追究刑事责任。根据《刑法》第 313 条的规定，"对人民法院的判决、裁定有能力执行而拒不执行，情节严重的，处三年以下有期徒刑、拘役或者罚金"。这一规定不仅适用于自然人，也适用于单位。刑法这里只提到了法院的判决、裁定。无论是民事诉讼法还是行政诉讼法，都是将调解书与判决、裁定区分规定的。具有给付内容的调解书在发生法律效力后，与法院的判决、裁定具有同等效力，也可以作为执行的依据。但是拒不执行调解书能否构成《刑法》第 313 条的拒不执行判决、裁定罪尚有争议。《最高人民法院研究室关于拒不执行人民法院调解书的行为是否构成拒不执行判决、裁定罪的答复》（法研〔2000〕117号）明确规定：《刑法》第 313 条规定的"判决、裁定"，不包括法院的调解书。对于行为人拒不执行法院调解书的行为，不能依照《刑法》第313 条的规定定罪处罚。

这里之所以不把拒不履行调解书纳入拒不执行判决、裁定罪的范围，主要是因为调解书是经双方合意达成的，调解书的生效要件不同于判决、裁定，当事人在送达签收之前都可以反悔，此时的反悔并不构成拒不履行调解书。[①] 此外，调解书通常都已经考虑了当事人的履行意愿和履行能力，以当事人的主动履行为要件。因此，虽然调解书的法律效

---

① 2022 年《人民法院办理执行案件规范（第二版）》第 251 条规定："有能力执行而拒不执行判决、裁定的时间从判决、裁定发生法律效力时起算。具有执行内容的判决、裁定发生法律效力后，负有执行义务的人有隐藏、转移、故意毁损财产等拒不执行行为，致使判决、裁定无法执行，情节严重的，应当以拒不执行判决、裁定罪定罪处罚。"另外参见毛某文拒不执行判决、裁定案〔浙江省平阳县人民法院（2014）温平刑初字第 314 号刑事判决书，最高人民法院指导案例第 71 号〕。关于被执行人在诉讼中转移财产构成拒不执行判决、裁定罪的情形，参见杨某荣、颜某英、姜某富拒不执行判决、裁定案〔浙江省衢州市中级人民法院（2018）浙 08 刑终 33 号刑事裁定书，最高人民法院指导案例第 1396 号〕。

果与判决、裁定的相同，但是在拒不履行是否构成犯罪的问题上，存在明显的区别。如果当事人并不主动履行，法院在调解书的执行程序中作出执行裁定，当事人仍然拒不履行的，则属于《刑法》第313条规定的"判决、裁定"的范围，可以适用拒不执行判决、裁定罪。2002年8月29日全国人大常委会作出的《关于〈中华人民共和国刑法〉第三百一十三条的解释》就此进行了说明：第313条规定的"人民法院的判决、裁定"是指人民法院依法作出的具有执行内容且已发生法律效力的判决、裁定。人民法院为依法执行支付令、生效的调解书、仲裁裁决、公证债权文书等所作的裁定属于该条规定的裁定。①

制裁性执行措施还包括加倍支付延迟履行期间的债务利息和迟延履行金的情形。根据《民事诉讼法》第264条的规定，对于被执行人迟延履行的行为，法院既要强制其履行义务，又要追究被执行人迟延履行的法律责任。但是迟延履行金因为涉及的是非金钱给付义务的履行，所以没有发生损害时标准应该如何计算、执行程序是否可以判断迟延履行造成的损害以及程度、就迟延履行金发生争议时如何救济，仍然需要奉行严格的法治主义，通过立法和司法实践进一步予以明确。

（2）保障性执行措施。

保障性执行措施包括报告财产、搜查、办理有关财产权证照的转移手续、强制迁出房屋或强制退出土地、继续履行等，这里是狭义的保障性执行措施。广义的保障性执行措施包括制裁性、限制性措施在内的所有间接强制执行措施。② 被执行人的财产报告制度是指被执行人未按执行通知履行法律文书确定的义务的，应当向法院申报当前及收到执行通知之日前1年的财产情况（《民事诉讼法》第252条）。搜查是法院的工作人员对不履行法律文书确定的义务并隐匿财产的被执行人及拒绝按照法院的要求提供有关财产状况的被执行人的人身及其住所地，或者财产隐匿地依法进行搜查、查找的措施（《民事诉讼法》第259条）。办理财产权证照的转移手续，是指法院在执行某些特殊的财产需要同时转移财产权证照的登记人时，强制办理财产权证照转移手续（《民事诉讼法》第260条）。强制迁出房屋和强制退出土地是执行机关强制搬迁被执行

---

① 参见江必新主编：《新民事诉讼法条文理解与适用》，人民法院出版社2023年版，第1183-1184页。

② 参见汤维建主编：《民事诉讼法学》，北京大学出版社2023年版，第459页。

人在房屋内或特定土地上的财物，并将腾出的房屋和土地交给权利人的执行措施（《民事诉讼法》第 261 条）。继续履行是对于被执行人还有剩余义务尚未履行的案件，法律并未允许其退出执行程序，而是要求被执行人继续履行义务，直至全部清偿完毕，但是可以裁定终结本次执行程序（《民事诉讼法》第 265 条）。

（3）限制性执行措施。

限制性执行措施是指通过公权力的限制措施和施加负面影响的方式对不履行义务的被执行人的相关活动加以约束和惩戒并向社会公告和警示的措施。根据《民事诉讼法》第 266 条和相关的司法解释，限制性执行措施包括限制出境、在征信系统记录或通过媒体公布不履行信息、限制消费、公布失信被执行人名单，还可以将被执行人不履行或不完全履行义务的信息向其所在单位、征信机构以及其他机构通报。[①]限制出境是有权机关依法对入境的外国人、无国籍人或本国公民采取的阻止其离境的措施。除此之外，在探索解决执行难问题的过程中，法院提出了若干行之有效的措施，最有代表性的就是推动社会信用机制的建设，最高人民法院自 2010 年以来相继出台了《关于限制被执行人高消费及有关消费的若干规定》（2015 年修正）、《关于对失信被执行人实施联合惩戒的合作备忘录》（2016 年）、《关于公布失信被执行人名单信息的若干规定》（2017 年修正）。由于这些限制措施会给私主体的社会活动和社会评价带来严重的影响，例如根据 2018 年修订的《公务员法》的规定，被纳入失信联合惩戒的被执行人，不得被录用为公务员（第 26 条），以及被执行人在政府采购、招标投标、行政审批、政府扶持、融资信贷、市场准入、资质认定等方面都会被予以信用惩戒，所以对其设定的依据、具体适用的条件和范围以及目的和手段的关联性方面都有必要严格加以限定。

七、执行救济

执行救济分为执行程序进行中的救济和执行程序终结后的救济两种。就执行程序进行中的救济，还可以具体区分为程序上的执行救济和实体上的执行救济。程序上的执行救济针对的是当事人对法院执行程序中的瑕疵不服所提出的异议，即因执行方法、措施和具体执行程序违反

---

① 参见《民诉法解释》第 516 条的规定。

法律规定侵害程序上的利益，法院对于异议进行审查后，理由成立的，裁定撤销或改正，理由不成立的，裁定驳回。当事人对裁定不服的，可以在规定的时间内向上一级法院申请复议。这种救济制度被称作"执行异议复议"制度（《民事诉讼法》第236条）。

实体上的执行救济针对的是被执行人或案外人因强制执行侵害其实体法上的权利所提起的诉讼。被执行人或案外人对执行标的提出异议的，法院对异议进行审查后，理由成立的，裁定中止执行；理由不成立的，裁定驳回。被执行人或案外人对裁定不服的，如果认为原判决、裁定错误，依照审判监督程序处理；如果与原判决、裁定无关，可以向法院提起诉讼。在此期间，法院不得对执行标的进行处分。① 这种救济制度被称作"执行异议之诉"（《民事诉讼法》第238条）。

执行程序终结后的救济主要是执行回转和国家赔偿，二者的实质要件存在不同。如果执行程序已经进行完毕（形式要件），而执行的依据被依法撤销（实质要件），则此时通过执行回转补救执行的错误。执行回转是执行法院按照新的生效法律文书，对已经被执行的财产重新采取执行措施，使之恢复到执行前的状态。执行回转的程序既可依当事人的申请启动，也可由法院依职权启动，但是应当重新立案而非在原执行案件中进行。执行回转的执行措施与普通执行案件的并无不同，法院应当作出裁定，责令取得财产的人返还；拒不返还的，强制执行（《民事诉讼法》第244条）。这里应该注意的是执行回转和国家赔偿的实质要件不同，执行回转是因执行的依据被撤销，而在执行程序中采取的执行措施具有合法性，不符合国家赔偿的归责原则，即便执行回转未能全部弥补原被执行人所受的损害，执行机关也不是赔偿义务机关。②

如果执行程序已经进行完毕（形式要件），而执行的措施确有错误的（实质要件），此时则通过国家赔偿补救执行的错误。法院在民事诉讼、行政诉讼过程中，违法采取对妨害诉讼的强制措施、保全措施或者对判决、裁定及其他生效法律文书执行错误，造成损害的，依法应当承担赔偿责任（《国家赔偿法》第38条）。关于执行程序终结的形式要件，

---

① 参见广东恒润互兴资产管理有限公司、山东胜利投资股份有限公司等与公司有关的纠纷执行复议案，最高人民法院（2021）最高法执复34号执行裁定书。

② 参见江必新主编：《新民事诉讼法条文理解与适用》，人民法院出版社2023年版，第1178-1179页。

司法解释也规定了在例外的情形下可以在执行程序终结前提出①，考虑到在执行过程中申请错误执行赔偿，可能和执行异议、复议或者执行监督程序出现交叉，此时法院应该不予受理，已经受理的予以驳回，并且告知当事人在执行异议、复议或者执行监督程序终结后提出赔偿申请。②

---

① 参见《最高人民法院关于审理涉执行司法赔偿案件适用法律若干问题的解释》（法释〔2022〕3 号）第 5 条；另外参见丹东益阳投资有限公司申请丹东市中级人民法院错误执行赔偿案，最高人民法院（2018）最高法委赔提 3 号国家赔偿决定书，最高人民法院指导案例第 116 号。

② 参见《最高人民法院关于审理涉执行司法赔偿案件适用法律若干问题的解释》第 6 条。

第 96 条（对行政机关的执行）

王世杰

第九十六条　行政机关拒绝履行判决、裁定、调解书的，第一审人民法院可以采取下列措施：

（一）对应当归还的罚款或者应当给付的款额，通知银行从该行政机关的账户内划拨；

（二）在规定期限内不履行的，从期满之日起，对该行政机关负责人按日处五十元至一百元的罚款；

（三）将行政机关拒绝履行的情况予以公告；

（四）向监察机关或者该行政机关的上一级行政机关提出司法建议。接受司法建议的机关，根据有关规定进行处理，并将处理情况告知人民法院；

（五）拒不履行判决、裁定、调解书，社会影响恶劣的，可以对该行政机关直接负责的主管人员和其他直接责任人员予以拘留；情节严重，构成犯罪的，依法追究刑事责任。

一、规范沿革与规范意旨

（一）规范沿革

对行政机关执行的规定最早源自 1989 年《行政诉讼法》第 65 条。该条第 1 款规定："当事人必须履行人民法院发生法律效力的判决、裁定"。第 2 款规定："公民、法人或者其他组织拒绝履行判决、裁定的，行政机关可以向第一审人民法院申请强制执行，或者依法强制执行"。第 3 款规定："行政机关拒绝履行判决、裁定的，第一审人民法院可以采取以下措施：（一）对应当归还的罚款或者应当给付的赔偿金，通知银行从该行政机关的帐户内划拨；（二）在规定期限内不履行的，从期满之日起，对该行政机关按日处五十元至一百元的罚款；（三）向该行政机关的上一级行政机关或者监察、人事机关提出司法建议。接受司法建议的机关，根据有关规定进行处理，并将处理情况告知人民法院；（四）拒不履行判决、裁定，情节严重构成犯罪的，依法追究主管人员和直接责任人员的刑事责任。"从整体上看，该条规定了行政诉讼当事人拒绝履行时，法院可以采取的执行措施，以"使人民法院对行政案件的判决、裁定能够得到切实执行"①。

最高人民法院于 1991 年发布的《行诉法意见》对行政机关执行的范围和程序进一步补充，如肯定了行政赔偿判决书和调解书可以被执行，明确了执行法院、申请执行的期限、中止执行、终结执行等。其后，2000 年《行诉法解释》从以下几个方面对于针对行政机关的执行进行全面补充：其一，规定了可执行的生效法律文书的范围。除行政判决书和行政裁定书外，将行政赔偿判决书和行政赔偿调解书也纳入。其二，明确了对行政机关执行的申请期限、管辖法院、申请条件、财产保全和先予执行等。其三，规定了对行政机关的执行可以参照适用民事诉讼法，增加了对行政机关主要负责人或直接负责人的强制措施。②

---

① 王汉斌：《关于〈中华人民共和国行政诉讼法（草案）〉的说明——1989 年 3 月 28 日在第七届全国人民代表大会第二次会议上》，载《最高人民法院公报》1989 年第 2 期，第 14 页。

② 2000 年《行诉法解释》第 96 条规定：行政机关拒绝履行人民法院生效判决、裁定的，人民法院可以依照《行政诉讼法》第 65 条第 3 款的规定处理，并可以参照《民事诉讼法》第 102 条的有关规定，对主要负责人或者直接责任人员予以罚款处罚。1991 年《民事诉讼法》第 102 条第 1 款第 6 项规定：拒不履行人民法院已经发生法律效力的判决、裁定的。其第 2 款规定：人民法院对有前款规定的行为之一的单位，可以对其主要负责人或者直接责任人员予以罚款、拘留；构成犯罪的，依法追究刑事责任。

2014 年《行政诉讼法》修改时，立法者一方面将旧法第 65 条有关行政诉讼当事人执行的内容分别进行规定，区分了对行政机关的执行和对私人的执行；另一方面为强化法院生效裁判的实效，又吸收了 2000 年《行诉法解释》第 96 条和 2012 年《民事诉讼法》的相关规定①，于是就呈现为现行《行政诉讼法》第 96 条的规定。此后，2018 年《行诉法解释》第 152～161 条对执行程序进行了补充。

（二）规范意旨

对《行政诉讼法》第 96 条应置于《行政诉讼法》第八章"执行"之中进行理解。《行政诉讼法》第 94 条规定："当事人必须履行人民法院发生法律效力的判决、裁定、调解书。"该条对法院生效裁判的执行作出一般性规定，明确了行政机关和私人履行生效法律文书的义务。第 95 条规定了私人拒绝履行时的保障机制——行政机关或者第三人可以向一审法院申请强制执行，或者由行政机关自己强制执行。与之相对，第 96 条规定的是行政机关拒绝履行法院生效法律文书时的保障机制。

任何诉讼秩序都离不开有效的执行体系。第 96 条正是为了确保法院生效裁判具有实效。行政诉讼的目的是解决行政争议，保护私人合法权益，监督行政机关依法行使职权。通过采取适当措施保障行政受法律和法院生效法律文书拘束，赋予依法律行政原则以实效，是现代法治国家的应有之义。于私人而言，保护私人合法权益不仅要求国家提供合理的救济路径，而且也要使法院的生效裁判得到执行，以确保权利保护的有效性。生效裁判的执行是权利保护的延续，原告获得胜诉后，自然希望实现胜诉的内容。如果法院裁判的执行不能得到保障，对私人的权利保护难称圆满，司法权威和对行政机关的监督也会受损。② 在过去一段

---

① 《民事诉讼法》第 114 条规定：有义务协助调查、执行的单位有下列行为之一的，人民法院除责令其履行协助义务外，并可以予以罚款：（1）有关单位拒绝或者妨碍人民法院调查取证的；（2）有关单位接到人民法院协助执行通知书后，拒不协助查询、扣押、冻结、划拨、变价财产的；（3）有关单位接到人民法院协助执行通知书后，拒不协助扣留被执行人的收入、办理有关财产权证照转移手续、转交有关票证、证照或者其他财产的；（4）其他拒绝协助执行的。人民法院对有前款规定的行为之一的单位，可以对其主要负责人或者直接责任人员予以罚款；对仍不履行协助义务的，可以予以拘留；并可以向监察机关或者有关机关提出予以纪律处分的司法建议。

② 参见江苏省如皋市好运来刻字社诉如皋市行政审批局行政协议案，江苏省南通市中级人民法院（2023）苏 06 行终 211 号行政判决书。

时期内，行政权较为强势，行政诉讼功效难以完全发挥，对行政机关的执行经常面临困难，不少行政机关以各种方式拖延、阻碍生效法律文书的执行，有的行政机关甚至直接否认法院生效法律文书的效力，例如陕西省国土资源厅就曾于 2010 年召开协调会，公开否定行政判决的效力。①《行政诉讼法》第 96 条正是为了保障行政受法律和司法拘束，以确保私人权利保护的实效。

二、对行政机关执行的根据：执行依据

对行政机关执行的根据是判决、裁定和调解书这三种类型的执行依据。执行依据既是执行的根据，也是执行的标准。

（一）执行依据的概念

执行依据，也称执行名义，是法院根据法律在职权范围内制作的，具有法律拘束力的正式文书。执行依据确定权利人享有特定的权利，义务人负有相应的给付义务。权利人不必重新诉诸诉讼程序，只要通过执行依据就可以利用国家强制力，强制义务人履行义务。

法院就被诉行政行为作出裁判后，执行依据究竟是法院的生效法律文书还是行政行为，此前曾存在争议。②《行政诉讼法》第 96 条确定的执行依据是法院的裁判，而非行政行为。通常而言，执行依据需要满足下述要件。③

首先，执行依据是已经确定的法律文书。所谓已经确定，通常意味着当事人对判决、裁定和调解书已经穷尽了司法救济路径：（1）判决具有形式确定力，即判决不可上诉或者尽管可以上诉但当事人未上诉，或者虽然提出上诉但被驳回，此时判决就已经确定；（2）确定的裁定意味着裁定不可上诉或复议；（3）对调解书而言，双方当事人签收就表明调解书已经确定。④此外，即便并未穷尽司法救济路径，但如果法律规定生效法律文书可以执行（如先予执行的裁定），也可以认为执行依据已经确定。

---

① 该案曾入选 2010 年度中国十大宪法事例。
② 参见梁凤云：《行政诉讼法司法解释讲义》，人民法院出版社 2018 年版，第 425 页。
③ 参见肖建国主编：《民事执行法》，中国人民大学出版社 2014 年版，第 114 页。
④《民事诉讼法》第 100 条第 3 款规定：调解书经双方当事人签收后，即具有法律效力。

其次，执行依据应当具有给付内容或执行力。作为执行依据的生效法律文书，必须判令或者确定行政机关应给付金钱、财物或者为特定行为。确认行政行为的合法性或者形成某种法律关系的法律文书自生效时就产生确认或变更的法律效果。简言之，确认性裁判和形成性裁判不能作为执行依据：前者不能强制执行，后者不需要强制执行。

最后，执行依据应当具有明确性。其一，执行依据须明确指出权利义务主体。在行政诉讼中，执行依据规定的权利人为私人，义务人为行政机关。生效的法律文书应该指明，具体应由哪个行政机关向哪个私人进行给付。其二，给付内容应具有明确性。此即执行依据确认的给付内容应当具体、明确。具体是指执行依据应具体标明给付的种类、范围、数量、期限等。确定是指给付内容自始确定，或者至少可以根据裁判的具体语境确定。[1]

（二）执行依据的范围

根据《行政诉讼法》第 96 条的规定，执行依据包括行政判决、行政裁定和调解书。具体的行政判决、行政裁定和调解书能否成为执行依据，应以裁判是否具有给付内容为标准进行判断。

1. 行政判决

行政判决是指法院依据法律、行政法规通过行政诉讼程序，对案件实体问题所作的权威性判定。可以执行的判决是终局性、确定性、具有给付内容的行政判决，也就是课予了行政机关一定给付义务的判决，具体包括给付判决、履行判决、重作判决、责令补救判决以及部分行政协议判决。不具有给付内容、不具有执行力的判决主要是撤销判决、变更判决[2]、确认违法判决、确认无效判决和驳回判决等。

（1）给付判决。给付判决是指命令作为义务人的行政机关直接给付一定数额金钱、财物的判决。行政机关拒绝给付时，原告能够以之为执行依据，请求法院强制执行。2018 年《行诉法解释》第 92 条规定，被告依法负有给付义务而拒绝或者拖延履行义务的，法院可以判决被告在一定期限内履行相应的给付义务。第 152 条第 2 款也规定，可以执行的判决包括行政赔偿判决、行政补偿判决或者其他行政给付判决。给付判

---

[1]　参见江伟、肖建国：《民事诉讼法》，中国人民大学出版社 2018 年版，第 442 页。

[2]　相反观点认为变更判决具有执行力，参见向忠诚：《行政诉讼执行程序制度研究》，中国政法大学出版社 2014 年版，第 33 页。

决的内容不限于赔偿金、补偿金，还包括奖金、津贴、最低生活保障金等。

（2）履行判决。履行判决是指命令行政机关作出特定的履行法定职责的行为的判决。虽然可以包括要求行政机关进行金钱给付的职责，但履行判决涉及的主要是行政机关非财产性义务的职责。根据 2018 年《行诉法解释》第 91 条，在作出履行判决时，法院可以判决行政机关在一定期限内依法履行法定职责，对于尚需行政机关调查或者裁量的，可以判决行政机关对原告的请求重新作出处理。

（3）附随判决。虽然撤销判决和确认判决不具有给付内容，但是二者的附随判决有可能具有给付内容，主要是重作判决和责令补救判决。

撤销判决属于形成判决，没有可执行的内容。但是法院撤销行政行为后，有时也会同时作出重作判决，责令行政机关重新作出行政行为。行政机关为了实现判决内容，应以重作判决为依据，重新作出行政行为。此时，重作判决就具有可执行的内容。责令补救判决是确认违法判决和确认无效判决的附随判决。责令补救判决的内容较为模糊，法院作出责令补救判决时，应尽可能明确补救措施的作出主体、内容和期限。行政机关不采取补救措施，构成拒绝履行生效判决。[①]

（4）部分行政协议判决。作为特殊的判决类型，有关行政协议的判决也有可能具有给付内容。例如法院判决撤销行政机关变更、解除行政协议的行政行为；责令行政机关依法履行或者按照行政协议约定履行义务；判决行政机关依法或者按照约定订立行政协议；等等。[②]

2. 行政裁定

行政裁定是法院在行政诉讼过程中，根据法律对有关程序性事项以及个别实体事项作出的具有拘束力的结论性判定。行政裁定主要解决诉讼程序事项，但有时也涉及实体问题。行政裁定既可以是法院终局性的结论，也包括尚未最后确定、为维持现状而暂时作出的裁定。但是大多数裁定不具有执行力，不可以作为执行依据。

根据 2018 年《行诉法解释》第 101 条，行政裁定主要适用于下列事项：（1）不予立案；（2）驳回起诉；（3）管辖异议；（4）终结诉讼；（5）中止诉讼；（6）移送或指定管辖；（7）停止执行或者驳回停止执行

---

① 参见何海波：《行政诉讼法》，法律出版社 2022 年版，第 494－496 页。

② 参见《行政协议审理规定》第 9 条。

的申请；（8）财产保全；（9）先予执行；（10）准许或者不准许撤诉；（11）补正裁判文书中的笔误；（12）中止或者终结执行；（13）提审、指令再审或者发回重审；（14）准许或者不准许执行行政机关的行政行为；（15）其他事项。在上述裁定中，只有财产保全裁定、先予执行裁定和准许或不准许执行行政行为的裁定具有给付内容，可以作为执行依据。这里主要讨论具有典型性的保全裁定和先予执行裁定。

（1）保全裁定。

保全裁定是指在法律规定的特定情形下，法院根据当事人或利害关系人的申请，或者依据职权，作出禁止一方当事人处分其财产或采取其他措施，以保全未来裁判能够得以执行的裁定。保全不限于财产保全，也指行为保全，前者针对财产，后者以行政机关的行为为内容。例如2018年《行诉法解释》第76条第1款规定："人民法院对于因一方当事人的行为或者其他原因，可能使行政行为或者人民法院生效裁判不能或者难以执行的案件，根据对方当事人的申请，可以裁定对其财产进行保全、责令其作出一定行为或者禁止其作出一定行为；当事人没有提出申请的，人民法院在必要时也可以裁定采取上述保全措施。"

（2）先予执行裁定。

先予执行裁定是法院对于某些行政案件，在受理案件后、终审判决作出前，根据一方当事人的申请，裁定另一方当事人预先给付一定数额的金钱或者其他财物，或立即实施或者停止某种行为。根据《行政诉讼法》第57条，法院对起诉行政机关没有依法支付抚恤金、最低生活保障金和工伤、医疗社会保险金的案件，权利义务关系明确、不先予执行将严重影响原告生活的，可以根据原告的申请，裁定先予执行。

3. 调解书

调解书是指在法院的主持下，各方当事人自愿协商、相互谅解、达成协议，从而解决纠纷、结束行政诉讼的诉讼活动和结案方式。这里的调解书，仅指通过法院而不是在诉讼之外达成的调解书。法院根据当事人达成的调解协议所作的调解书，经双方当事人签收后，与生效判决具有同等的法律效力，可以成为执行依据。调解书是基于双方当事人意思表示一致的产物，一般不会引发执行争议。但在达成调解协议后，行政机关拒不履行调解书时，就产生了执行问题。

根据《行政诉讼法》第60条的规定，行政诉讼原则上不适用调解。但是行政赔偿、补偿和自由裁量权的案件才可以调解。调解书必须具有适合执行的内容。据此，调解书不仅是指行政赔偿调解书，也包括行政补偿调解书和自由裁量权案件中的行政调解书。对于这三类案件，如果认为法律关系明确、事实清楚，在征得当事人双方同意后，法院可以径行调解。

三、对行政机关执行的条件

在确定了执行依据后，权利人就可以申请法院强制执行。虽然《行政诉讼法》第 96 条并未明确规定对行政机关执行的条件，但可以结合 2018 年《行诉法解释》和《民事诉讼法》进行确定。原则上，对行政机关执行应当满足以下要件：行政机关拒绝履行，权利人申请执行且法院具有执行管辖权。

（一）行政机关拒绝履行

对行政机关的执行以行政机关拒绝履行执行依据为前提。拒绝履行是指行政机关有能力履行而故意不履行，既包括行政机关（事先）明示拒绝履行、没有在规定期限内履行或者没有完全履行，也包括行政机关通过行为默示拒绝履行。

典型的拒绝履行行为包括：（1）法院判决撤销违法行政行为并责令行政机关重作，行政机关拒不重作，或者行政机关以同一事实和理由重新作出与原行政行为基本相同的行政行为[①]；（2）法院判决行政机关在一定期限内履行法定职责，行政机关在该期限内声明不履行或者逾期不履行；（3）法院确认行政行为违法，并责令行政机关采取补救措施，行政机关拒不执行；（4）法院判决行政机关承担赔偿责任，行政机关拒不赔偿；（5）对于没有发给抚恤金、社会保险金、最低生活保障费的案件，法院裁定行政机关先予执行，或者裁定行政机关履行财产保全义务，行政机关拒不执行。

（二）权利人申请执行

执行依据确定的权利人向法院申请执行时，应向法院递交申请执行书、生效法律文书的副本以及申请执行人的身份证明。申请人在执行后

---

① 2018 年《行诉法解释》第 90 条第 3 款规定：行政机关以同一事实和理由重新作出与原行政行为基本相同的行政行为，人民法院应当根据《行政诉讼法》第 70 条、第 71 条的规定判决撤销或者部分撤销，并根据《行政诉讼法》第 96 条的规定处理。

交纳执行申请费，不必预交。① 申请执行人是生效法律文书确定的权利人，在权利人丧失权利能力时，其继承人或权利继受人可以作为申请执行人。

私人申请法院强制执行的期限为 2 年，申请执行时效可以中止、中断。申请执行的期限从法律文书规定的履行期间最后一日起计算；法律文书规定分期履行的，从规定的每次履行期间的最后一日起计算；法律文书中没有规定履行期限的，从该法律文书送达当事人之日起计算。②

（三）具有执行管辖权

与民事诉讼执行类似，对行政机关执行的管辖法院原则上应为一审法院。③ 根据审执分离原则，强制执行的机关是法院内部专门负责执行的执行庭。一审法院在执行被告败诉的行政判决时可能会受到被告的干扰，为了规避和排除不当干扰，行政诉讼法也有必要作出与民事诉讼不同的规定，由二审法院执行。因此，一审法院认为情况特殊，需要由二审法院执行的，可以报请二审法院执行。④ 二审法院可以决定由其执行，也可以决定由一审法院执行。这里所谓"特殊情况"是指，一审法院由于客观上存在某种困难或者障碍，不便、不适宜或者难以达到执行的目的和效果。⑤

法院受理执行申请后，当事人对管辖权有异议的，应当自收到执行通知书之日起 10 日内提出。法院应当对当事人提出的异议进行审查。异议成立的，应当撤销执行案件，并告知当事人向有管辖权的法院申请执行；异议不成立的，裁定驳回。当事人对裁定不服的，可以向上一级法院申请复议。执行管辖权异议审查和复议期间，不停止执行。⑥

---

① 参见《诉讼费用交纳办法》第 20 条第 2 款。

② 参见 2018 年《行诉法解释》第 153 条。

③ 《民事诉讼法》第 235 条第 1 款规定：发生法律效力的民事判决、裁定，以及刑事判决、裁定中的财产部分，由第一审人民法院或者与第一审人民法院同级的被执行的财产所在地人民法院执行。

④ 但是这种表述存在问题，因为在有些行政案件中，法院作出一审裁判后，双方当事人均未上诉，此时不存在二审法院。参见向忠诚：《行政诉讼执行程序制度研究》，中国政法大学出版社 2014 年版，第 39 页。

⑤ 参见甘文：《行政诉讼法司法解释之评论——理由、观点与问题》，中国法制出版社 2000 年版，第 208 - 210 页。

⑥ 参见《最高人民法院关于适用〈中华人民共和国民事诉讼法〉执行程序若干问题的解释》（法释〔2020〕21 号）第 3 条。

四、对行政机关的强制措施

为了解决行政诉讼案件对行政机关执行的"执行难"问题，《行政诉讼法》第 96 条还规定了行政机关拒绝履行时的强制措施。这些措施包括直接强制措施和间接强制措施，前者指向可替代履行的义务，后者针对不可替代履行的义务。但各种强制措施具体该如何适用，《行政诉讼法》第 96 条并未作出规定。

（一）直接强制措施

直接强制措施针对可替代履行的义务，特别是金钱给付义务。《行政诉讼法》第 96 条规定的直接强制措施只有划拨。划拨主要针对以下两种情形：一是行政处罚被撤销或者处罚明显不当被法院判决变更，二是行政机关拒绝支付应当支付的赔偿金、补偿金、抚恤金、社会保险待遇等款额。

划拨应遵守如下要求：其一，应根据具体事项从行政机关的银行账户中划拨专门资金。根据《行政单位财务规则》第 22 条，行政单位从财政部门或者上级预算单位取得的项目资金，应当按照批准的项目和用途使用，专款专用。例如，属于财政性资金的专项债务收入就应当用于公益性资本支出，不得用于经常性支出[①]，自然也不能划拨他用。而赔偿费用列入各级年度财政预算，由各级人民政府按照财政管理体制分级负担[②]，可以从中划拨行政赔偿金。其二，在涉及行政机关的债务时，财政性资金不能被划拨，行政机关只能用财政性资金以外的自由资金清偿。[③] 其三，不得划拨用于行政机关正常履职的行政经费，不得妨碍行政机关正常履行职能。[④] 其四，在划拨财政专户资金时，还需要特定财

---

① 参见《地方政府专项债务预算管理办法》第 5 条。

② 参见《国家赔偿法》第 37 条、《国家赔偿费用管理条例》第 3 条。

③ 实践中，有法院认为，"党政机关的财政经费账户、国家财政性资金（包括预算内资金和预算外资金）等特定财产不得执行，行政性单位只能用该行政单位财政资金以外的自由资金清偿债务"。参见英德中财诚置业有限公司、英德市人民政府英城街道办事处建设用地使用权合同纠纷案，广东省高级人民法院（2023）粤执复 24 号裁定书。

④ 《最高人民法院执行工作办公室对甘肃高院〈关于能否强制执行金昌市东区管委会有关财产的请示〉的复函》（〔2001〕执他字第 10 号）规定："预算内资金和预算外资金均属国家财政性资金，其用途国家有严格规定，不能用来承担连带经济责任。金昌市东区管委会属行政性单位，人民法院在执行涉及行政性单位承担连带责任的生效法律文书时，只能用该行政单位财政资金以外的自有资金清偿债务。为了保证行政单位正常地履行职能，不得对行政单位的办公用房、车辆等其他办公必需品采取执行措施。"

政部门的同意。①

行政机关拒绝履行金钱给付义务时，法院向行政机关的开户银行发出协助执行通知书，详细说明划拨金额、期限等，通知银行从该行政机关的账户内划拨。例如，行政处罚被撤销后，行政机关应当及时通知财政部门将罚款退回并归还给被处罚人。如果法院判决社会保险经办机构向原告支付社会保险待遇，社会保险经办机构拒绝支付，法院有权从社会保险经办机构开立的银行账户内划拨。②

（二）间接强制措施

为了有效保护原告的合法权益，法院应优先选择直接强制措施。③ 然而，如果生效法律文书指定的给付内容是只能由行政机关完成的行为义务，则该义务为不可替代履行的义务。在此，行政机关的作为义务不能由法院或第三人代为履行，法院只能采取间接强制措施。例如，法院判决行政机关在一定期限内依法履行原告请求的法定职责或者重新作出行政行为。间接强制措施是指法院并非直接以强制力实现义务，而是课予行政机关一定的不利后果，迫使行政机关履行义务。《行政诉讼法》第96条规定的主要是间接强制措施，例如对行政机关负责人的按日罚款、公告拒绝履行、提出司法建议、拘留以及刑事责任。如此规定，主要是出于司法权和行政权的分工的考虑。行政机关拒绝履行的，应该由行政机关自行履行，一般不能由法院代替。

1. 罚款

2014年《行政诉讼法》修改前，罚款的对象是行政机关，且按日处50元至100元的罚款。但是行政机关多实行首长负责制，行政机关的负责人是关系法院生效裁判能否最终实现的关键因素；而对行政机关罚款最终动用的仍然是国家财政经费，触及不了行政机关负责人的利

---

① 《预算法实施条例》第52条第3款规定：财政专户资金由本级政府财政部门管理。除法律另有规定外，未经本级政府财政部门同意，任何部门、单位和个人都无权冻结、动用财政专户资金。

② 参见袁杰主编：《中华人民共和国行政诉讼法解读》，中国法制出版社2015年版，第261-262页。

③ 参见江必新、邵长茂：《新行政诉讼法修改条文理解与适用》，中国法制出版社2015年版，第343页。

益。① 制裁行政机关的负责人，有助于敦促行政机关履行生效裁判。因此，2014 年《行政诉讼法》修改后，就将对行政机关的罚款改为对行政机关负责人的罚款。这里的行政机关负责人，应当和《行政诉讼法》第 3 条第 3 款中的"行政机关负责人"同义，包括行政机关的正职、副职负责人以及其他参与分管的负责人。②

性质上，罚款类似于行政强制措施中的执行罚，可以反复适用。对行政机关负责人的罚款须经法院院长批准，金额为人民币 10 万元以下。罚款应采用决定书形式，法院作出罚款决定时，应当告知被罚款人申请复议的权利和期限。对罚款决定不服的，行政机关负责人自收到决定书之日起 3 日内向上一级法院申请复议一次。复议期间不停止罚款的执行。③

2. 公告拒绝履行

2014 年《行政诉讼法》修改时新增了公告拒绝履行的间接强制措施。作为声誉罚，公告拒绝履行类似于行政处罚中的通报批评。它主要通过舆论监督的方式，减损行政机关及其负责人的名誉，给行政机关特别是其负责人施加心理压力，促使行政机关履行生效裁判。但是公告拒绝履行的方式与范围如何，《行政诉讼法》和 2018 年《行诉法解释》没有规定，实践中也缺少相关事例。

3. 提出司法建议

如果行政机关不履行生效裁判，除采取前述强制措施外，法院还可以提出司法建议。在行政诉讼中，司法建议有裁判引导、裁判补充、纠纷预防和裁判执行这四种类型，裁判执行型的司法建议在实践中较为少见。④

法院提出司法建议的对象是对行政机关具有领导或监督权的行政机关，也就是行政机关的上一级行政机关或监察机关。司法建议原则上应采用书面形式，主要是向上述机关通报案件和行政机关拒绝履行的情

---

① 参见江必新主编：《中华人民共和国行政诉讼法及司法解释条文理解与适用》，人民法院出版社 2015 年版，第 623 页。

② 参见 2018 年《行诉法解释》第 128 条第 1 款。

③ 参见《行政诉讼法》第 101 条、《民事诉讼法》第 118～119 条。

④ 参见章志远：《我国行政诉讼司法建议制度之研究》，载《法商研究》2011 年第 2 期，第 69 - 78 页。

况，以及提出予以纪律处分的建议。根据《行政机关公务员处分条例》第19条第4项，公务员拒不执行法院对行政案件的判决、裁定，应给予警告、记过或者记大过处分；情节较重的，给予降级或者撤职处分；情节严重的，给予开除处分。虽然司法建议不具有法律上的效力，但通过介入行政内部的责任体系，司法建议使诉讼的监督和行政内部的监督相互结合，迫使行政机关执行裁判。① 接受司法建议的机关，应当根据法律、行政法规进行处理，并将处理情况告知法院。然而，如果接受建议的行政机关并未督促执行机关积极履行，或者拒绝履行源于上级机关的指示，由于缺少制度化的责任机制，司法建议的实际效果也会大打折扣。

4. 拘留

《行政诉讼法》第96条借鉴《民事诉讼法》第114条规定了拘留。这里的拘留是司法拘留，而非行政拘留，而且也属于妨碍行政诉讼的强制措施。② 拘留既是对人身自由的限制，也有可能影响行政机关的正常运作，因此拘留也须遵守严格的程序规定：首先，只有在拒不履行判决、裁定、调解书，造成恶劣的社会影响时，才可以拘留。其次，拘留的对象包括该行政机关直接负责的主管人员和其他直接责任人员。直接负责的主管人员是对拒绝履行起决定、批准、授意、指挥等作用的人，一般是行政机关的负责人。其他直接责任人员，是对拒绝执行起较大作用的人员，例如行政机关聘任、雇用的人员以及其他工作人员。③ 最后，拘留同样需要经法院院长批准，期限为15日以下。被拘留的人，由法院交由公安机关看管。在拘留期间，被拘留人承认并改正错误的，法院可以决定提前解除拘留。与罚款类似，拘留也应采用决定书的形式。法院作出拘留决定时，应当告知被拘留人申请复议的权利和期限。对拘留决定不服的，行政机关直接负责的主管人员和其他直接责任人员可以自收到决定书之日起3日内向上一级法院申请复议一次，复议期间不停止拘留的执行。法院进行拘留后，行政机关履行期间内仍不履行

---

① 参见最高人民法院《行政诉讼法》培训班编：《行政诉讼法专题讲座》，人民法院出版社1989年版，第230-231页（刘家兴执笔）。

② 参见袁杰主编：《中华人民共和国行政诉讼法解读》，中国法制出版社2015年版，第263页。

③ 参见江必新、邵长茂：《新行政诉讼法修改条文理解与适用》，中国法制出版社2015年版，第344页。

的，法院可以再次拘留。①

5. 追究刑事责任

行政机关拒绝履行法院裁判，有可能构成拒不执行判决、裁定罪。但是只有拒绝执行生效裁判，情节严重，构成犯罪的，才能追究刑事责任。《刑法》第 313 条规定："对人民法院的判决、裁定有能力执行而拒不执行，情节严重的，处三年以下有期徒刑、拘役或者罚金；情节特别严重的，处三年以上七年以下有期徒刑，并处罚金。"

对于"法院的判决、裁定"，《全国人民代表大会常务委员会关于〈中华人民共和国刑法〉第三百一十三条的解释》将其界定为"人民法院依法作出的具有执行内容并已发生法律效力的判决、裁定。人民法院为依法执行支付令、生效的调解书、仲裁裁决、公证债权文书等所作的裁定属于该条规定的裁定"。所以，拒不执行判决、裁定罪自然包括拒绝执行行政判决、裁定和调解书。根据立法解释和《最高人民法院关于审理拒不执行判决、裁定刑事案件适用法律若干问题的解释》（法释〔2020〕21 号）第 2 条的规定，有能力执行而拒不执行，情节严重的情形主要是指下述情形：被执行人隐藏、转移、故意毁损财产或者无偿转让财产、以明显不合理的低价转让财产，致使判决、裁定无法执行；存在拒绝执行行为，经采取罚款或者拘留等强制措施后仍拒不执行；拒不交付法律文书指定交付的财物、票证或者拒不迁出房屋、退出土地，致使判决、裁定无法执行；拒不执行法院判决、裁定，致使债权人遭受重大损失；等等。行政机关实施本罪行为的，对行政机关判处罚金，对行政机关的直接负责的主管人员和其他直接责任人员按照该罪进行处罚。② 但实践中，尚未有因行政机关拒绝履行生效裁判而被追究刑事责任的案例。③

---

① 参见《行政诉讼法》第 101 条、《民事诉讼法》第 118-119 条。

② 参见张明楷：《刑法学》（下），法律出版社 2016 年版，第 1106 页。

③ 例如，在最高人民法院在 2018 年发布的 10 起人民法院依法打击拒不执行判决、裁定罪典型案例中，就没有任何针对行政机关及其法定代表人的情形。

事项索引

C

D

E